Clássicos devocionais

Organizado por:
Richard J. Foster e James Bryan Smith

Clássicos devocionais

Seleção de 52 leituras dos principais autores devocionais sobre renovação espiritual

Tradução
William Lane

EDITORA VIDA
Rua Júlio de Castilhos, 280 Belenzinho
CEP 03059-000 São Paulo, SP
Tel.: 0 xx 11 2618 7000
Fax: 0 xx 11 2618 7044
www.editoravida.com.br

Editor responsável: Sônia Freire Lula Almeida
Revisão de tradução: Judson Canto
Revisão de provas: Andrea Filatro
Assistente editorial: Alexandra Nascimento Resende
Diagramação: Claudia Fatel Lino
Capa: Arte Peniel

©2005, de RENOVARE Inc.
Originalmente publicado nos EUA por
HarperSanFrancisco sob o título
*Devotional Classics: Selected Readings for
Individuals and Groups* (2. ed.)
Copyright © de RENOVARE Inc.
Copyright da edição brasileira © 2009
Edição publicada com permissão de RENOVARE Inc.

∎

*Todos os direitos desta tradução em língua portuguesa
reservados por Editora Vida.*

PROIBIDA A REPRODUÇÃO POR QUAISQUER MEIOS,
SALVO EM BREVES CITAÇÕES, COM INDICAÇÃO DA FONTE.

∎

Scripture quotations taken from *Bíblia Sagrada,
Nova Versão Internacional, NVI* ®
Copyright © 1993, 2000 by International Bible Society ®.
Used by permission IBS-STL U.S.
All rights reserved worldwide.
Edição publicada por Editora Vida,
salvo indicação em contrário.

∎

Todas as citações bíblicas e de terceiros foram adaptadas
segundo o Acordo Ortográfico da Língua Portuguesa,
assinado em 1990, em vigor desde janeiro de 2009.

1. edição: out. 2009

**Dados Internacionais de Catalogação na Publicação (CIP)
(Câmara Brasileira do Livro, SP, Brasil)**

Clássicos devocionais: seleção de 52 leituras dos principais autores devocionais sobre renovação espiritual / organizado por Richard J. Foster e James Bryan Smith; [tradução William Lane]. — São Paulo: Editora Vida, 2009.

Título original: *Devotional Classics: Selected Readings for Individuals and Groups*
ISBN 978-85-383-0136-3

1. Exercícios devocionais 2. Literatura devocional I. Foster, Richard J. II. Smith, James Bryan.

09-07489   CDD-242

Índice para catálogo sistemático:
1. Livros devocionais : Cristianismo   242

Para Carolynn Foster
e Meghan Smith
esposas amorosas, fiéis
companheiras e melhores amigas

SUMÁRIO

Prefácio à edição brasileira 11

Introdução 13

Preparação para a vida espiritual 19

C. S. Lewis — Entregando tudo a Cristo 21

Dallas Willard — O custo do descomprometimento 31

Jonathan Edwards — Envolvimento do coração 39

Francisco de Sales — A verdadeira devoção 48

João da Cruz — Purificação da alma 57

Bernardo de Claraval — Os quatro estágios do amor 67

François Fénelon — Vontade não mais dividida 76

Agostinho — Renúncia total 85

A vida de oração plena 95

Thomas Merton — Os caminhos da meditação 97

Juliana de Norwich — A mais sublime forma de oração 107

Henri J. M. Nouwen — Em busca de solitude para nossa vida 116

George A. Buttrick — Uma simples regra de oração individual ... 125

Evelyn Underhill — O que queremos dizer com oração? 133

Frank Laubach — Abrindo janelas para Deus 142

John Baillie — Orações da alvorada 151

Martinho Lutero — Orando com fé 160

CLÁSSICOS DEVOCIONAIS

A vida virtuosa.. 169

GREGÓRIO DE NISSA — Percorrendo a carreira................................. 171

RICARDO ROLLE — A chama espiritual 179

JOÃO CALVINO — A alegria da abnegação....................................... 187

BLAISE PASCAL — Caindo na arrogância.. 196

THOMAS À KEMPIS — Lidando com as tentações............................. 205

WILLIAM LAW — Deus, a regra e a medida 213

TERESA DE ÁVILA — Esforçando-se para progredir.......................... 221

A vida no poder do Espírito.. 231

THOMAS KELLY — Tornando-se um santuário de adoração 233

CATARINA DE GÊNOVA — Esperando em Deus 242

GEORGE FOX — Andando no poder de Deus................................... 250

INÁCIO DE LOYOLA — Movimentos produzidos na alma 259

JEAN-PIERRE DE CAUSSADE — O movimento presente 267

ISAAC PENINGTON — Aguardando os ventos do Espírito 276

JOHN BUNYAN — Exercitando o dom 284

A vida compassiva 293

WILLIAM TEMPLE — A influência da Igreja na sociedade 295

JOHN WOOLMAN — Quebrando o jugo da opressão........................ 304

HANNAH WHITALL SMITH — Resgatando o prazer de servir............. 313

JEREMY TAYLOR — A graça da humildade 322

ELIZABETH O'CONNOR — Lidando com o dinheiro......................... 331

JOHN WESLEY — Amar o próximo.. 340

CATARINA DE SENA — Transbordando de amor............................... 349

DIETRICH BONHOEFFER — Cristo na comunidade.......................... 358

A vida centrada na Palavra.. 367

E. STANLEY JONES — O hábito da leitura diária da Bíblia................ 369

SUMÁRIO

Sadhu Sundar Singh — Compartilhando a alegria com os outros.... 379

Francisco de Assis — Uma colheita de almas 388

Madame Guyon — Orando com as Escrituras 397

João Crisóstomo — Sermão sobre morrer para o pecado 406

Charles Spurgeon — Sermão sobre avivamento 415

Watchman Nee — Evangelismo 425

A vida sacramental 435

G. K. Chesterton — Universo mágico 437

Atanásio — Jesus Cristo, a imagem de Deus 446

Annie Dillard — Enxergar claramente 454

Søren Kierkegaard — Suplicando por algo 461

Dag Hammarskjöld — Dizer sim 470

Kathleen Norris — Encontrando fé no mundano 478

Irmão Lourenço — Percepção constante da presença de Deus 486

Agradecimentos 497

Índice alfabético de autores devocionais 503

Índice cronológico dos autores devocionais 505

O que é RENOVARE? 507

Fonte de recursos 509

Prefácio à edição brasileira

Caro leitor, você tem nas mãos um livro sobre espiritualidade. Já há alguns anos, percebeu-se no Brasil a importância do tema da espiritualidade para a vida cristã. Antes disso, falava-se muito em santidade e santificação, vocábulos que nos remetiam a determinadas categorias bíblicas que, contudo, continuavam sendo lidas apenas dentro das perspectivas denominacionais correntes do universo evangélico brasileiro. Nesse contexto, a palavra *espiritualidade* funcionou como uma espécie de chave abrindo portas e janelas, novas rotas para a renovação da vida cristã protestante no Brasil.

Juntamente com outros segmentos cristãos, a Editora Vida teve uma responsabilidade direta nessa mudança de paradigma, com a publicação, há quase três décadas, do livro *Celebração da disciplina*, de Richard Foster, obra, com justiça, recentemente reeditada. Inaugurou-se ali a possibilidade de contemplar o patrimônio espiritual das Escrituras com olhos diferentes. E como foi bom! De repente, olhávamos para os mesmos textos, as mesmas narrativas, poesias e personagens da história sagrada e eles se mostravam com outra coloração, oferecendo-nos outros sabores; de fato, fomos aprendendo a saborear as realidades bíblicas tão estranhas a nós, pouco a pouco, minimizando essa alteridade. Um horizonte novo abriu-se: disciplinas interiores e exteriores, oração como encontro, amizade como aliança, mentoria espiritual, imitação e seguimento de Cristo, *lectio divina*, *meditatio*, *contemplatio*, simplicidade, celebração, silêncio, sabedoria, solitude, etc., realidades que passaram a fazer parte do nosso cotidiano, oxigenando e revitalizando a experiência cristã.

Esse processo deflagrado há tantos anos, tem agora uma possibilidade singular de consolidação. Explico-me: com o passar do tempo percebemos que a peregrinação nos campos vastos da espiritualidade supõe aprofundamento e comprometimento de corpo e alma. Ela não se contenta com a realidade abaixo da linha da nobreza da vida que o Senhor oferece; quer dizer, não há espaço para a superficialidade nem para a dissimulação, para o simulacro e muito menos para o modismo religioso, essa estratégia utilitária que tenazmente persiste como modelo cristão nos nossos dias. A espiritualidade rebobina a memória coletiva da identidade cristã vivida pelos que nos antecederam na caminhada da fé, aqueles que por meio de uma sensibilidade aguçada redescobriram a "pérola de grande valor" — a relação com Deus como *devotio* — e exatamente por isso tornaram-se *clássicos*.

Dessa forma, *Clássicos devocionais* oferece pela primeira vez em língua portuguesa um conjunto impressionante de textos da mais fina flor da literatura espiritual cristã. São cartas, tratados, narrativas, poesias, prosas, solilóquios, orações, alegorias, sermões etc., que muito ajudaram a herança espiritual cristã a não ser esquecida ou atropelada em meio à volúpia do poder eclesiástico e do pragmatismo religioso que nos assola. Não tenho dúvidas, *Clássicos devocionais* é um remédio contra enfermidades e patologias tão frequentes em ambientes religiosos. Não se trata de uma medicação instantânea para um fim de semana entediado, não! É uma prevenção cálida e suave, refazendo passo a passo nossos caminhos pelo exemplo dos nossos irmãos do passado. Passado de onde viemos e para o qual sempre voltamos quando queremos continuar o caminho. Boa leitura!

RONALDO CAVALCANTE
Verão de 2009

Introdução

Sofremos hoje da noção acrítica de que, quanto mais recente for uma ideia, melhor e mais autêntica ela será. O propósito deste livro é contestar essa miopia contemporânea, em 52 textos criteriosamente escolhidos dos grandes clássicos devocionais.

É importante recuperar, de início, os termos "devocional" e "clássico". Para muitos hoje, "devocional" significa algo etéreo, de outro mundo e irrelevante. Para outros, sugere sentimentalismo, superficialidade e pouca disposição para encarar as difíceis realidades da vida. Entretanto, os genuínos escritos devocionais não se identificam com essas distorções modernas. Na verdade, são escritos que visam à transformação da personalidade humana. Eles procuram tocar o coração, falar do desejo e moldar a mente. São um convite a uma formação radical do caráter e introduzem paulatinamente alguns hábitos de consagração.

Da mesma forma, a palavra "clássico" foi distorcida nos últimos tempos. Quando um livro é chamado "clássico", logo pensamos em algo obscuro, de difícil leitura e, certamente, sem relevância para as questões modernas. Como Mark Twain observa de modo muito perspicaz, clássico é o tipo de livro que "todo mundo gostaria de ter lido, mas ninguém tem vontade de ler". A verdade, porém, é que um escrito considerado clássico é tão somente aquele do qual muitas pessoas, durante um período razoável de tempo, extraíram vitalidade e confirmaram seu valor.

Quando as duas palavras — "clássico" e "devocional" — se unem, temos uma obra que passou pela prova do tempo e procura moldar a alma diante de Deus.

De fato, é um privilégio poder mergulhar nos clássicos devocionais. A modernidade pura faz-nos limitados, mas esses escritos têm sua qualidade reconhecida. Eles se distanciam dos modismos do mercado e nos proporcionam perspectiva e equilíbrio. C. S. Lewis observa:

> Um livro novo ainda está sob teste, e um leitor leigo não está em condição de pronunciar juízo sobre ele [...]. A única garantia é ter um cristianismo simples e básico ("cristianismo puro" como Baxter denominava) e analisar pela perspectiva correta as controvérsias da atualidade. Esse modelo só pode ser obtido nos livros antigos. Depois de ler um livro novo, uma boa dica é não ler outro livro novo sem antes ler um antigo.[1]

O livro que você tem em mãos representa nossa tentativa de disponibilizar ao leitor comum justamente esse "modelo de cristianismo puro e básico".

Lendo com o coração

Faz-se necessário um breve esclarecimento sobre a leitura dos clássicos devocionais. Seus autores não se esforçam nem um pouco em conquistá-lo de imediato e prender sua atenção. Não é intenção deles entreter o leitor ou incitar sua imaginação. Eles não prometem um caminho fácil para a santidade instantânea, não dão garantias de desenvolvimento pessoal nem ensinam técnicas infalíveis para conquistar a paz interior.

Uma vez que esses homens e mulheres escreveram suas obras antes da noção de leitura dinâmica, não houve a preocupação de inserir chavões e jargões sem sentido em cada parágrafo. Consequentemente, cada frase tem um significado fecundo e precisa ser lida de modo compassado. O leitor precisa fazer pausas para reler, repensar e saborear outra vez as palavras, até que não só compreenda o significado, mas também seja moldado pela verdade nelas contida. Jean-Pierre de Caussade aconselha-nos:

---

[1] HOOPER, Walter (Org.). **God in the Dock**. Grand Rapids: Eerdmans, 1970. p. 201-202.

INTRODUÇÃO

Leia tranquilamente, devagar, palavra por palavra, para inteirar-se do assunto mais por meio do coração que pela mente. [...] Faça breves pausas para dar às verdades tempo de fluir pelos recessos da alma e ao Espírito Santo a oportunidade de agir, o qual, durante esses momentos tranquilos, grava e imprime as verdades celestiais no coração [...] Quanto mais tempo essa paz e esse sossego prevalecerem, maior proveito o leitor terá. Quando perceber que a mente está divagando, retome a leitura e continue desse modo, fazendo várias vezes as mesmas pausas.[2]

Existe um termo técnico para esse tipo de leitura, e seria interessante conhecê-lo: *lectio divina*, "leitura divina". É um tipo de leitura em que a mente desce ao coração, e ambos então se aproximam do amor e da bondade de Deus. Lemos mais que meras palavras: estamos procurando "a Palavra expressa nas palavras", para usar a frase de Karl Barth. Esforçamo-nos para ir da informação à formação, para ser moldados por aquilo que lemos. Ouvimos com o coração o Santo dentro de nós. Essa leitura compenetrada, como podemos chamá-la, transforma-nos e fortalece.

Seis principais correntes

As leituras estão divididas em uma parte preparatória e seis partes organizadas por tópicos: "Preparação para a vida espiritual", "A vida de oração", "A vida íntegra" e "A vida no poder do Espírito", "A vida compassiva", "A vida centrada na Palavra", "A vida sacramental". Não é coincidência que esses temas sigam as seis principais correntes da vida e da fé cristãs identificadas pela comunidade RENOVARE (*renovare* — palavra em latim que significa "tornar novo" — é um esforço de renovação da Igreja de Jesus Cristo em suas múltiplas expressões). Essa divisão, no entanto, é posterior. Primeiro começamos a desenvolver as leituras na tentativa de encontrar nos clássicos reconhecidos da fé e devoção material adequado para os encontros semanais dos grupos de formação espiritual. Só bem mais tarde percebemos que eles se enquadravam perfeitamente nas seis principais tradições — contemplativa,

---

[2]   CAUSSADE, Jean-Pierre de. **The Sacrament of the Present Moment**. San Francisco: Harper & Row, 1982. p. xxiii.

de santidade, carismática, da justiça social, evangelical e sacramental. Na verdade, ficamos surpresos ao ver que havíamos escolhido praticamente o mesmo número de textos de cada tradição.

Ficamos satisfeitos com isso, pois estamos certos de que precisamos experimentar todas essas tradições, se quisermos obter uma visão equilibrada da fé e da vida. Cada uma delas representa uma dimensão vital da espiritualidade cristã integral. Infelizmente, apesar de ser comum nos sentirmos à vontade, adaptados ou interessados em uma ou duas das seis tradições, poucos de nós conseguimos desenvolver-se em todas elas.

Somos semelhantes ao ginasta que se destaca no solo, nas barras assimétricas e nas barras paralelas, mas não consegue competir nas barras fixas nem no cavalo. Esse atleta não domina todas as modalidades ginásticas. Da mesma forma, somos instáveis e ineficientes quando nos destacamos, por exemplo, na evangelização e na oração, mas somos deficitários na santidade de vida e na compaixão para com os necessitados. Qualquer uma das tradições — mesmo a nossa preferida — nos tira o equilíbrio quando cultivada isoladamente. O equilíbrio se obtém quando conseguimos reconhecer o valor de todas elas e decidimos integrá-las à nossa vida.

Portanto, cada divisão tem o propósito de ajudar você a conhecer as principais áreas do desenvolvimento espiritual, mas talvez você não queira ler na ordem em que se encontram. Depois de ler a primeira parte, sobre a preparação para a vida espiritual, você poderá pular para as outras partes do livro. Se você se sente deficitário na área da justiça social, pode iniciar a leitura pela seção cinco: "A vida compassiva". Depois de duas ou três leituras nessa parte do livro, talvez você se sinta impelido a concentrar-se na vida de oração. Nesse caso, deverá voltar para a seção 2, "A vida de oração". Tenha sempre em mente a obtenção de uma dieta equilibrada de nutrientes espirituais.

A tarefa de edição

Cabe aqui uma rápida palavra sobre o trabalho de síntese e edição desses escritos. Muitas das obras foram escritas há séculos, por isso aspectos como

INTRODUÇÃO

o estilo arcaico e frases longas podem desestimular o leitor contemporâneo. Por esse motivo, abreviamos frases e parágrafos. Termos arcaicos foram substituídos por equivalentes contemporâneos. Em casos de digressão ou alusão a situações específicas do contexto do autor, o material foi abreviado. Em certos momentos, optamos por uma linguagem inclusiva para que a mensagem do autor fosse realçada.

Esforçamo-nos para manter a fidelidade à mensagem do autor e seguir quanto possível o estilo original e as próprias palavras do autor. Esperamos que a síntese e a edição da obra contribuam para despertar no leitor contemporâneo o mesmo tipo de reação que provocou nos leitores originais desses escritos.

Somos especialmente gratos a Lynda Graybeal pela revisão de nosso trabalho. Ela dedicou inúmeras horas de trabalho árduo e compenetrado para que as palavras do passado pudessem falar ao presente com clareza e eficácia.

Preparação para a vida espiritual

Os oito primeiros textos nos introduzem na vida espiritual, mas atenção: eles não seguem o padrão com o qual estamos acostumados hoje, ou seja, oferecer "migalhas" ao leitor, na esperança de mais tarde falar de entrega, renúncia e discipulado. Triste ilusão! Os autores aqui selecionados não se iludem. Eles sabem que Deus não é um Deus de meias medidas e não se contentam com nada menos que o compromisso total.

Eles são unânimes. Francisco de Sales fala da "verdadeira devoção"; Agostinho, da "renúncia total"; François Fénelon, da "vontade não dividida"; C. S. Lewis, de "entregar tudo a Cristo". Jonathan Edwards faz-nos lembrar que amamos a Deus tanto com os sentimentos quanto com a mente, e Bernardo de Claraval insiste em que "amemos a Deus pelo bem do próprio Deus" e, em última instância, "amemos a nós mesmos para o bem de Deus". João da Cruz convida-nos à purificação através da "noite escura".

Tudo isso nos tranquiliza e faz-nos lembrar que a graça, apesar de gratuita, não é barata, como ensina Dietrich Bonhoeffer. Seguir a Jesus Cristo como discípulo custa nada menos que tudo. Entretanto, como escreve Dallas Willard, o preço do descomprometimento é muito mais alto, pois "é a ausência da paz duradoura, da vida repleta de amor, da fé que vê todas as coisas à luz do governo geral de Deus, da confiança que nos sustenta nas circunstâncias mais desanimadoras, da capacidade de fazer o que é certo e suportar as forças do mal. Em resumo, o preço é justamente a abundância de vida que Jesus veio trazer".

Todos esses autores dão testemunho unânime de que o custo do discipulado é muito mais benéfico que o custo do descomprometimento.

C. S. Lewis

Entregando tudo a Cristo

Introdução ao autor

C. S. Lewis (1898-1963) será lembrado como um dos principais pensadores cristãos do século XX. Nasceu na Irlanda em 1898 e passou a maior parte da vida adulta como membro da Faculdade Magdalen, em Oxford, na Inglaterra, onde lecionou literatura medieval. Em 1931, foi "surpreendido pela alegria", conforme a descrição do próprio Lewis sobre sua conversão ao cristianismo. Escritor e estudioso brilhante, Lewis aplicou seus talentos para alcançar milhares de pessoas por meio da palavra escrita e falada.

Ele e um grupo de amigos (entre eles, J. R. R. Tolkien, autor de *O senhor dos anéis*) reuniam-se semanalmente para compartilhar seus escritos. Durante esse período, Lewis produziu a famosa obra *Cartas de um diabo a seu aprendiz*. No início da década de 1940, apresentava um programa sobre diversos temas do cristianismo, transmitido por várias rádios da Grã-Bretanha. Sua fama chegou aos Estados Unidos. Como produto de seu programa de rádio, surgiu o livro *Cristianismo puro e simples*, uma obra perspicaz sobre apologética cristã. Inúmeros cristãos afirmam que esse livro foi fundamental para sua peregrinação na fé. Se o número de vendas indica popularidade, então C. S. Lewis, mesmo quatro décadas após sua morte, é um dos pensadores cristãos mais populares do século XX. No texto que se segue, Lewis debate sobre a questão: o cristianismo é difícil ou fácil?

Extratos de *Cristianismo puro e simples*

1. Quanto preciso sacrificar de mim mesmo?

É comum, antes de nos tornarmos cristãos, pensarmos da seguinte maneira: tomamos como ponto de partida nosso simples ser, com todos os seus desejos e interesses; em seguida, admitimos que algo mais — "moralidade", "comportamento correto" ou "o bem social" — requer atenção desse eu — exigências que interferem nos desejos. O que queremos dizer com "ser bom" é cumprir essas exigências. Algumas das coisas que o simples eu gostaria de fazer acabam sendo o que chamamos "errado": por isso, precisamos abandoná-las. Outras coisas são as que chamamos "certas": portanto, precisamos cumpri-las.

Contudo, temos a esperança de que, depois de todas as exigências serem cumpridas, o pobre eu natural ainda terá chance — e talvez tempo — de retomar a vida de sempre e fazer o que gosta. Na verdade, somos muito parecidos com o cidadão honesto que paga impostos. Ele paga todos os impostos corretamente, mas espera sobrar alguma coisa com que viver. Isso porque nosso ponto de partida continua sendo nosso ser natural.

2. Dois resultados

Enquanto pensamos assim, uma de duas possibilidades acontece: ou desistimos de tentar ser bons ou nos tornamos completamente infelizes. Não se engane: se você quer de fato atender a todas as exigências feitas ao ser natural, não sobrará nada para viver. Quanto mais você obedece à sua consciência, mais ela exige de você. Nosso ser natural, faminto, impedido e preocupado a cada momento, tornar-se-á cada vez mais odioso.

No final, você acabará desistindo de esforçar-se para ser bom ou então será uma daquelas pessoas que, como se diz, "vive para os outros", mas sempre descontente e murmurando, sempre pensando por que os outros não a notam mais e sempre se fazendo de vítima. Se isso acontecer, você será um incômodo muito maior para os que vivem à sua volta do que se permanecesse assumidamente egoísta.

3. Mais difícil e mais fácil

A vida cristã é diferente. De certo modo é mais difícil; de outro é mais fácil. Cristo diz: "Dê-me tudo. Não quero tanto de seu tempo, de seu dinheiro e de seu trabalho: quero você. Não desejo atormentar seu ser natural, e sim matá-lo. Nenhuma meia medida é boa. Não quero cortar um galho aqui e outro ali. Desejo derrubar a árvore toda. Entregue todo seu ego natural, todos os desejos, tanto os que você acha inofensivos quanto os maus — o conjunto todo. Em troca, darei a você um novo ser. Na verdade, entregarei meu próprio ser a você: minha vontade se tornará a sua vontade".

Isso é mais difícil e também mais fácil que aquilo que estamos tentando fazer. Espero que você tenha notado que o próprio Cristo às vezes admite que a vida cristã é muito difícil, mas às vezes a considera muito fácil. Ele diz: "Tome a sua cruz". É como ser espancado até a morte num campo de concentração. No minuto seguinte, ele diz: "O meu jugo é suave e o meu fardo é leve". Ele quer dizer uma coisa e outra, e é fácil entender, porque ambos os aspectos são verdadeiros.

4. O maior perigo

Os professores dizem que o aluno mais preguiçoso da sala sempre é aquele que, no fim, terá de se esforçar mais. Eles falam sério. Digamos que você peça a dois alunos para resolver uma proposição de geometria. O que estiver disposto a enfrentar desafios tentará entender a proposição. O aluno preguiçoso tentará decorá-la, pois no momento é o que exige menos esforço. Seis meses depois, entretanto, quando estiverem estudando para o exame, o aluno preguiçoso gastará horas de trabalho enfadonho sobre questões que o outro aluno em poucos minutos entende e desfruta.

A preguiça significa mais trabalho no longo prazo. Veja também desta outra maneira. Numa guerra ou na escalada de uma montanha, há sempre algo que exige determinação, mas também, no longo prazo, é a coisa mais segura. Se você se acovarda, mais tarde irá deparar com um perigo muito maior. A atitude mais covarde sempre é a mais perigosa.

5. A coisa quase impossível

Assim funciona a vida cristã. Entregar todo o seu ser — todos os seus desejos e todas as suas precauções — a Cristo é algo terrível, quase impossível; contudo é muito mais fácil que aquilo que estamos tentando fazer. O que estamos tentando fazer é continuar a ser "nós mesmos", para preservar nossa felicidade pessoal como o principal objetivo da vida e, ao mesmo tempo, ser "bons". Tentamos deixar a mente e o coração seguir seu caminho, voltados para o dinheiro, o prazer e as ambições, acreditando, apesar disso, que nos conduziremos de modo honesto, simples e humilde.

Foi exatamente contra isso que Cristo advertiu. Conforme ele disse, um espinheiro não produz figos. Se eu fosse um campo onde não houvesse nada além de semente de grama, não poderia produzir trigo. Corta a grama eu poderia mantê-la baixa, mas continuaria produzindo grama, não trigo. Se eu quiser produzir trigo, a mudança precisa ser mais profunda. Preciso ser arado e semeado outra vez.

6. Dando ouvidos àquela outra voz

É por isso que o verdadeiro problema da vida cristã reside justamente onde ninguém o procura. Ele se manifesta no exato momento em que você acorda de manhã. Todos os interesses e expectativas para o dia correm na sua direção como animais selvagens, e a primeira tarefa toda manhã consiste simplesmente em afastar tudo isso. Ao dar ouvidos àquela outra voz, você assume aquele outro ponto de vista e deixa fluir aquela outra vida, maior, mais forte e mais tranquila. Fazendo assim o dia inteiro, abrigando-se do vento, você se distancia de toda agitação e lamúria naturais.

No início, conseguimos fazer isso apenas por breves momentos, mas depois o novo estilo de vida se espalha pelo nosso sistema, porque agora estamos permitindo que Deus aja no lugar certo em nós. É a diferença entre pintura, que permanece apenas na superfície, e a tintura ou mancha, que impregna o tecido.

Deus nunca falou à toa, de modo idealista ou ambíguo. Quando diz: "Sê perfeito" (Gênesis 17.1, *ARA*), ele fala sério. Ele quer dizer que precisamos de tratamento completo. É difícil, mas o tipo de concessão que desejamos é muito mais difícil — na verdade, é impossível. Pode ser difícil o ovo transformar-se num pássaro: seria divertido ver o pássaro aprender a voar ainda no ovo. No presente, somos como ovos, mas não podemos prosseguir indefinidamente sendo um simples e modesto ovo. Seremos incubados ou iremos estragar.

7. A razão de ser da Igreja

Permita-me voltar ao assunto de antes. Isso que é cristianismo. Não há nada mais. É fácil nos perdermos no meio disso tudo. É fácil pensar nos vários aspectos da Igreja — educação, construção, missão, culto — assim como é fácil pensar no Estado em sua compleição militar, política ou econômica.

Entretanto, em certo sentido as coisas são mais simples que isso. O Estado existe simplesmente para promover e proteger a felicidade comum dos seres humanos nesta vida. Marido e mulher conversando em torno do fogo, alguns amigos jogando dardo num bar, uma pessoa lendo um livro em seu quarto ou trabalhando no jardim — é para isso que o Estado existe. Se o Estado não promove, não estende nem protege esses momentos, todas as leis, as assembleias parlamentares, o exército, o tribunal, a polícia e a economia serão inúteis.

Da mesma forma, a Igreja existe exclusivamente para conduzir os seres humanos a Cristo, torná-los pequenos cristos. Se não promove tal mudança, as catedrais, os clérigos, as missões, os sermões e até mesmo a Bíblia são pura perda de tempo. Deus tornou-se humano justamente para isso. Pode-se até questionar se há outro propósito além desse para a criação do Universo. A Bíblia diz que o Universo foi criado para Cristo e que todas as coisas nele convergem.

8. Fazendo parte do plano

Não creio que alguém possa entender como isso acontecerá em relação a todo o Universo. Não sabemos o que (se é que há alguma coisa) existe nas regiões a milhões de quilômetros distantes da Terra. Mesmo em nosso planeta, não sabemos como isso se aplica a outra coisa além do ser humano.

Afinal, é o que se pode esperar. O plano nos foi apresentado apenas no que concerne a nós mesmos.

O que nos foi revelado é como podemos aproximar-nos de Cristo, como fazer parte daquele presente maravilhoso que o Príncipe do Universo deseja apresentar ao Pai — o presente que é ele mesmo e, portanto, nós nele. Essa é a única coisa para a qual existimos. Há pistas estranhas e empolgantes na Bíblia que, uma vez decifradas, mostrarão que muitas outras coisas na natureza fazem sentido. O pesadelo terminará. Chegará o dia.

Texto bíblico: Lucas 14.25-33

Uma grande multidão ia acompanhando Jesus; este, voltando-se para ela, disse: "Se alguém vem a mim e ama o seu pai, sua mãe, sua mulher, seus filhos, seus irmãos e irmãs, e até sua própria vida mais do que a mim, não pode ser meu discípulo. E aquele que não carrega sua cruz e não me segue não pode ser meu discípulo."

"Qual de vocês, se quiser construir uma torre, primeiro não se assenta e calcula o preço, para ver se tem dinheiro suficiente para completá-la? Pois, se lançar o alicerce e não for capaz de terminá-la, todos os que a virem rirão dele, dizendo: 'Este homem começou a construir e não foi capaz de terminar'.

"Ou, qual é o rei que, pretendendo sair à guerra contra outro rei, primeiro não se assenta e pensa se com dez mil homens é capaz de enfrentar aquele que vem contra ele com vinte mil? Se não for capaz, enviará uma delegação, enquanto o outro ainda está longe, e pedirá um acordo de paz. Da mesma forma, qualquer de vocês que não renunciar a tudo o que possui não pode ser meu discípulo".

Perguntas para meditação

Estas perguntas poderão ser utilizadas para discussão em pequenos grupos ou para registro em diário pessoal.

1. C. S. Lewis ressalta a necessidade de entregar todas as áreas de nossa vida a Deus. Em sua opinião, qual a maior dificuldade que temos para entregar tudo a Deus?

2. Descreva como você se sentiria se Jesus se apresentasse a você e dissesse as palavras que Lewis cita no item 3 ("Cristo diz: 'Dê-me tudo...' ").

3. De acordo com Lewis, o caminho mais difícil que escolhemos na vida é o que parece mais fácil (por exemplo, o aluno que só estuda para o exame no final do semestre). Como suas experiências confirmam ou negam essa declaração?

4. Lewis declara que a busca da felicidade pessoal, moralmente boa, provoca frustração. Qual a lógica por trás disso? Você concorda ou discorda?

5. Em Lucas 14.25-33, Jesus incentiva os que desejam segui-lo a "calcular o preço" de ser discípulo. Quanto tem custado a você ser cristão?

Sugestão de exercícios

Estes exercícios poderão ser utilizados por indivíduos, compartilhados entre companheiros de caminhada espiritual ou no contexto de pequenos grupos. Escolha um exercício ou mais.

1. Registre num diário esta semana pelo menos uma das seguintes questões:

   a. Que motivos me fazem ter receio de entregar tudo a Deus?

   b. Que áreas de minha vida reluto mais em entregar a Deus?

   c. Em que sentido experimento o peso de tentar manter o controle de minha vida?

2. C. S. Lewis acredita que o caminho para uma vida entregue a Deus começa toda manhã. Esta semana, faça um esforço consciente para deixar de lado o clamor de seu ser natural assim que você acordar e tente ouvir a Deus e deixar que ele dirija e direcione cada pensamento e cada palavra. Coloque um lembrete próximo da cama e no espelho do banheiro com a seguinte frase: "A quem estou dando ouvidos?"; ou: "Quem está no controle?". Isso ajudará você a iniciar o dia com uma atitude tranquila de entrega total.

Reflexão

O contraste entre a maneira de Deus fazer as coisas e a nossa nunca é tão nítido quanto na área da transformação humana. Nós pensamos em coisas específicas; Deus pensa em nós. Nós agimos de fora para dentro; Deus age de dentro para fora. Nós tentamos; Deus transforma.

Jim Smith, meu colega de trabalho nessas leituras devocionais, tem sido grandemente beneficiado pelos escritos de C. S. Lewis e, em particular, por essa passagem. Ele escreveu:

> *Quando li esse texto, pus-me de joelhos. Tive dificuldade de terminar a leitura. De repente, descobri o que estava errado: eu estava partindo do meu "ser natural". Estava tentando manter meu ego e meus desejos intactos. Cristo era um simples acréscimo à minha vida. Depois de ler esse texto, decidi viver cada dia ouvindo conscientemente a voz de Cristo, deixando surgir o novo ser — aquele que Cristo me concede.*

Que Deus use essa leitura para fazer o mesmo em você e em mim.

— RICHARD J. FOSTER

Para seu aprofundamento

LEWIS, C. S. **A anatomia de uma dor: um luto em observação. São Paulo: Vida, 2006.** Nesse relato tocante, C. S. Lewis mostra seu lado sombrio e amargo, até então desconhecido dos leitores. Apesar de ter escrito anteriormente sobre o sofrimento, é neste livro que suas emoções são postas à mostra. Com grande intensidade e sofrimento, o escritor revela seu sentimento de indignação após a perda de Joy, sua esposa.

_____. **As crônicas de Nárnia.** São Paulo: Martins Fontes, 2005. Volume único. Uma coleção de sete histórias agradáveis e instrutivas. São ótimas histórias que podem ser lidas para os filhos. Assim, pais e filhos poderão aprender e crescer com elas.

_____. **Cartas a uma senhora americana. São Paulo: Vida, 2006.** Em 1950, C. S. Lewis iniciou uma correspondência com uma senhora americana que ele nunca conheceria pessoalmente. Treze anos mais tarde, sua vida — e sua correspondência — chegou ao fim. Essas cartas revelam facetas da personalidade de Lewis pouco conhecidas mesmo dos grandes admiradores de suas obras.

_____. **Cartas de um diabo a seu aprendiz.** São Paulo: Martins Fontes, 2005. São conselhos de um diabo experiente a um diabo novato sobre a arte da tentação. O livro contém excelente perspectiva sobre a vida de fé.

_____. **Cristianismo puro e simples.** São Paulo: Martins Fontes, 2005. Uma síntese de três programas de rádio: *The Case for Christianity* [Defendendo o cristianismo], *Christian Behavior* [Conduta cristã] e *Beyond Personality* [Além da personalidade]. Esse livro é uma defesa imperiosa da vida cristã. Leitura obrigatória.

_____. **Milagres. São Paulo: Vida: 2006.** O propósito deste livro, segundo o autor, é servir de introdução à pesquisa histórica, não examinar as evidências históricas dos milagres cristãos. Seu objetivo é "levar os leitores a fazer isso". Nesta obra comovente e inspirada, C. S. Lewis destaca-se por seu estilo entusiástico, lúcido e inteligente, que lhe é característico, e pela capacidade argumentativa com que leva o leitor — crédulo ou cético — a refletir a respeito do sobrenatural.

_____. **O grande abismo. São Paulo: Vida, 2006.** Aqui o autor vale-se mais uma vez de seu incomparável talento para fábulas e alegorias. Em sonho, o escritor-narrador pega um ônibus numa tarde chuvosa e dá início a uma viagem inacreditável, atravessando Céu e Inferno.

_____. **O peso de glória. São Paulo: Vida, 2008 (Edição completa).** Ao lidar com alguns dos temas mais difíceis que enfrentamos em nossa vida diária, as palavras afiadas e atemporais de C. S. Lewis fornecem um caminho ímpar para uma maior compreensão espiritual. Considerado por muitos seu trabalho mais comovente, *O peso de glória* exalta uma visão compassiva do cristianismo e inclui discussões lúcidas e atraentes sobre perdão e fé.

_____. **O problema do sofrimento. São Paulo: Vida, 2006.** Traz à luz a complicada discussão sobre um dos temas mais difíceis do cristianismo — o sofrimento.

_____. **Oração: cartas a Malcolm. São Paulo: Vida, 2009.** Em forma de cartas afetuosas e descontraídas a um amigo muito chegado, C. S. Lewis medita sobre várias questões complicadas concernentes ao diálogo íntimo entre homem e Deus. Ele pondera sobre aspectos práticos e metafóricos da oração tais como quando e onde oramos. Indaga por que buscamos transmitir informações a Deus em nossas orações se ele é onisciente, se existe uma forma ideal de oração e qual dos nossos muitos eus nós mostramos a Deus enquanto oramos.

_____. **Reflections on the Psalms.** Fort Washington: Harvest Books, 1964. Traz esclarecimentos e trata de problemas relacionados à leitura devocional de Salmos.

_____. **Space Trilogy.** New York: Scribner, 1996. É composta de três livros, lançados em português com os seguintes títulos: *Longe do planeta silencioso* (Belo Horizonte: Betânia, s.d.); *Perelandra* (Belo Horizonte: Betânia, s.d.); *Aquela força medonha* (Mem Martins: Europa-América, s.d.), em 2 volumes (Portugal). São obras de ficção científica repletas de sabedoria, discussões teológicas e muita aventura.

_____. **Surpreendido pela alegria.** São Paulo: Mundo Cristão, 2001. A história da conversão de Lewis do ateísmo para o cristianismo.

DALLAS WILLARD

O custo do descomprometimento

Introdução ao autor

Dallas Willard (1935-) nasceu em Buffalo, estado do Missouri, nos Estados Unidos, no dia 4 de setembro de 1935, e cresceu numa região relativamente pobre. Casou-se com L. Jane Lakes em 1955. Eles tiveram um casal de filhos, John Samuel e Rebecca.

Já bem cedo na carreira acadêmica e docente, Dallas concentrou-se em filosofia, sua área preferida de estudo. Lecionou na Universidade de Wisconsin e na Universidade do Sul da Califórnia (onde continua até hoje). No decorrer dos anos, distinguiu-se como principal intérprete da filosofia de Husserl, principalmente sobre o sistema filosófico conhecido por "fenomenologia".

O dr. Willard é um filósofo renomado e publicou mais de 30 obras. Também é uma pessoa de fé e de profunda convicção cristã. Apesar de se destacar entre vários pensadores contemporâneos, eu (Foster) admiro-o principalmente ao vê-lo compartilhar as verdades do evangelho com gente simples. Por exemplo, quando pastoreei uma pequena igreja no sul da Califórnia (que Dallas e Jane frequentavam), fiquei comovido de ver sua profunda e duradoura amizade espiritual com um piedoso operário de construção sem instrução formal. Ainda mais comovente é orar com Dallas Willard. Conhecer sua intimidade com o Pai, sua humildade de espírito e sua compaixão pelo mundo é uma experiência maravilhosa.

O texto que apresentamos foi tirado do apêndice de seu livro *O espírito das disciplinas*. Essa obra procura lançar os fundamentos para compreendermos como Deus muda a personalidade interior e nos conduz a uma conformidade mais profunda com Cristo e a entendermos nossa parte no processo. Essa passagem trata do problema da Igreja contemporânea com os "discípulos descomprometidos".

Extratos de *O espírito das disciplinas*

1. Discipulado: somente para supercristãos?

A palavra "discípulo" ocorre 269 vezes no Novo Testamento. "Cristão" aparece apenas três vezes, e a palavra foi usada pela primeira vez justamente para se referir aos discípulos. O Novo Testamento é um livro sobre discípulos, escrito por discípulos e destinado aos discípulos de Jesus Cristo.

Todavia, a questão não é simplesmente verbal. O que mais chama a atenção é que o modo de vida encontrado nas primeiras igrejas caracteriza-se por um tipo especial de pessoa. Todas as garantias e todos os benefícios oferecidos ao ser humano no evangelho pressupõem evidentemente esse tipo de vida e não parece fazer sentido fora dele. O discípulo de Jesus não é um modelo de cristão, como um automóvel de luxo ou um veículo robusto — almofadado, estofado, aerodinâmico e turbinado para andar na faixa expressa de ruas retas e estreitas. Ele está nas páginas do Novo Testamento como meio de transporte básico para o Reino de Deus.

2. Os discípulos não discipulados

Por pelo menos várias décadas, as igrejas do Ocidente não fizeram do discipulado um requisito para ser cristão. Não se exige de alguém ser ou querer ser discípulo para tornar-se cristão, e é possível continuar sendo cristão sem nenhum sinal de progresso no discipulado. As igrejas contemporâneas, em especial, não exigem como condição para membresia seguir o exemplo, a atitude e os ensinos de Cristo — seja para ingresso, seja para permanência na comunhão da denominação ou da igreja local. Qualquer exceção reforça a validade do argumento e salienta a regra geral. No que diz respeito às instituições cristãs visíveis de nosso tempo, o discipulado é claramente opcional. As igrejas estão cheias de "discípulos não discipulados", como denomina Jess Moody. A maioria dos problemas das igrejas contemporâneas explica-se pelo fato de os membros não terem decidido ainda seguir a Cristo.

Insistir em que Cristo seja considerado Senhor não resolve o problema. Apresentar o senhorio de Cristo como opção é considerá-lo algo como a escolha de pneus de faixa branca ou de um equipamento de som para o carro novo. São opcionais. Além do mais — lamentavelmente — não está clara sua utilidade. A obediência e o preparo para a obediência não estabelecem uma unidade doutrinária ou prática inteligível com a salvação apresentada nas versões recentes do evangelho.

3. Grandes omissões da Grande Comissão

A Grande Comissão de Jesus para a Igreja institui um modelo diferente. O primeiro objetivo apresentado à igreja primitiva foi a utilização de seu poder e de autoridade abrangentes para fazer discípulos. Depois de se tornar discípulos, eles deveriam ser batizados no nome do Pai, do Filho e do Espírito Santo. Com essa dupla preparação, deveriam ser instruídos a guardar e observar "tudo o que eu lhes ordenei" (Atos 28.20). A igreja primitiva do primeiro século foi o resultado da execução desse plano de crescimento — um resultado difícil de superar.

Entretanto, no lugar do plano de Cristo, os ventos históricos substituíram o discipulado por: "Façam convertidos (a uma fé ou prática específica) e batizem-nos para que se tornem membros da Igreja". Isso reforça duas grandes omissões da Grande Comissão. O mais grave é que começamos omitindo o fazer discípulos ou recrutando pessoas como seguidores de Cristo, quando as demais coisas deveriam vir depois. Também omitimos a tarefa de instruir os convertidos no processo que os fará cumprir cada vez com mais acerto as orientações de Jesus.

As duas grandes omissões estão interligadas. Sem transformar os convertidos em discípulos, é impossível ensiná-los a viver conforme Cristo viveu e ensinou. Isso não fazia parte do pacote, do motivo da conversão.

Quando confrontados com o exemplo e os ensinos de Cristo, a resposta dos cristãos de hoje caracteriza-se mais como perplexidade que como rebeldia ou rejeição: "Como podemos identificar-nos com isso? Que relação isso tem conosco?".

4. O discipulado naquela época

Quando Jesus viveu na terra, havia certa simplicidade em ser discípulo. Isso significava principalmente segui-lo em atitude de estudo, obediência e imitação. Não havia curso por correspondência. As pessoas sabiam o que fazer e qual o custo disso. Simão Pedro exclamou: "Nós deixamos tudo para seguir-te" (Marcos 10.28). Família e ocupações eram deixadas para trás por longos períodos para seguir a Jesus. Percorriam-se várias localidades para anunciar, mostrar e explicar o domínio de Deus. Os discípulos precisavam permanecer com Jesus para aprender a fazer o que ele fazia.

Imagine fazer isso hoje! Como os familiares, patrões e companheiros de trabalho reagiriam a esse abandono? Provavelmente, achariam que não damos muita importância a eles, ou mesmo a nós. Zebedeu pode ter pensado isso quando viu seus dois filhos deixar o negócio da família para ficar com Jesus (Marcos 1.20). Pergunte a qualquer pai em situação semelhante. Então, quando Jesus observou que é preciso deixar as coisas mais preciosas — família, "tudo o que possui" e "sua própria vida" (Lucas 14) —, pois era necessário acompanhá-lo, ele declarou algo simples: esse é o único caminho para o discipulado.

5. Discipulado hoje

Apesar de caro, o discipulado tinha um significado bastante claro e direto. Hoje o mecanismo é diferente. Não podemos estar com Jesus literalmente da mesma forma que os primeiros discípulos estiveram. Contudo, as prioridades e intenções — o coração e as atitudes interiores — do discípulo são sempre as mesmas. No coração do discípulo há um desejo, e há decisão e intenção claras. O discípulo de Cristo deseja acima de tudo ser semelhante a ele.

Por causa desse desejo, geralmente produzido pela vida e pelas palavras daqueles que já estão no Caminho, ainda é preciso tomar uma decisão: dedicar-se a ser como Cristo. O discípulo é aquele que, dedicado a tornar-se como Cristo e permanecer em sua "fé e prática", reorganiza sistemática e progressivamente sua vida com vistas a esse objetivo. Com essas ações, mesmo hoje, quem é recrutado para o treinamento de Cristo torna-se seu aluno ou discípulo.

Então, se desejamos ser semelhantes a Cristo, a mudança ficará evidente para todas as pessoas sensatas ao nosso redor, bem como para nós mesmos. Naturalmente, atitudes que definem o discípulo não podem ser cumpridas hoje, como deixar a família e o trabalho para seguir a Jesus em suas jornadas pelo campo. No entanto, o discipulado pode concretizar-se hoje quando amamos os inimigos, abençoamos os que nos amaldiçoam, andamos a segunda milha com um opressor, ou seja, quando praticamos as transformações interiores da fé, da esperança e do amor. Esses atos, realizados por pessoas disciplinadas, que manifestam graça, paz e alegria, tornam o discipulado não menos tangível e influente que os atos de renúncia de muito tempo atrás. Qualquer pessoa que queira ingressar no Caminho constatará essa realidade e provará que o discipulado está longe de ser desagradável.

6. O custo do descomprometimento

Em 1937, Dietrich Bonhoeffer publicou seu livro *Discipulado*, que representa um ataque brutal contra o "cristianismo fácil" ou a "graça barata", mas não despreza — talvez até reforce — a visão do discipulado como sacrifício espiritual fora do comum, reservado apenas para os cristãos especialmente propensos ou chamados para tal. Ele entende, corretamente, que não se pode ser discípulo de Cristo sem sacrificar coisas que costumam ser procuradas na vida humana, e quem contribui pouco, em termos materiais, para preservar seu nome tem razões para duvidar de sua situação perante Deus. O custo do descomprometimento, porém, é muito maior, mesmo tratando-se apenas da vida terrena, que o preço pago para andar com Jesus.

O custo do descomprometimento é a paz permanente, uma vida repleta de amor, fé que vê tudo na perspectiva do domínio supremo de Deus para sempre, esperança que sobrevive aos momentos mais aflitivos, força para fazer o que é certo e resistir ao poder do mal. Em resumo, custa exatamente aquela abundância de vida que Jesus prometeu (João 10.10). O jugo de Cristo na forma de cruz é, afinal, um instrumento de libertação e poder para quem divide o jugo com Cristo e aprende a humildade e a singeleza de coração, que trazem descanso à alma. A perspectiva correta é ver o seguir a Cristo não apenas como necessidade, mas como o cumprimento das possibilidades humanas mais nobres e como vida de alto nível.

Texto bíblico: Mateus 28.16-20

Os onze discípulos foram para a Galileia, para o monte que Jesus lhes indicara. Quando o viram, o adoraram; mas alguns duvidaram. Então, Jesus aproximou-se deles e disse: "Foi-me dada toda a autoridade nos céus e na terra. Portanto, vão e façam discípulos de todas as nações, batizando-os em nome do Pai e do Filho e do Espírito Santo, ensinando-os a obedecer a tudo o que eu lhes ordenei. E eu estarei sempre com vocês, até o fim dos tempos".

Perguntas para meditação

Estas perguntas poderão ser utilizadas para discussão em pequenos grupos ou para registro em diário pessoal.

1. Dallas Willard faz um forte apelo às igrejas, para que enfatizem o discipulado (ensinar novos convertidos a viver de acordo com as ordenanças de Jesus), em vez de se preocupar apenas com o número de membros (deixando os novos cristãos sozinhos depois de ingressarem na Igreja). Descreva sua experiência com a Igreja na perspectiva dessas duas questões.

2. De acordo com o item 3, quais são as duas grandes omissões da Grande Comissão? Leia a passagem de Mateus 28.16-20, observando as palavras exatas usadas por Jesus.

3. Willard diz que o discípulo de Cristo, "deseja acima de tudo ser semelhante a ele [Cristo]". Você já quis "ser igual" a alguém? Cite o nome de algumas dessas pessoas e o que você fez para se tornar mais parecido com elas.

4. Tem havido muita discussão sobre o alto preço do discipulado. De acordo com item 6, qual o custo do *descomprometimento*?

5. Willard afirma: "Se desejamos ser semelhantes a Cristo, a mudança ficará evidente para todas as pessoas sensatas ao nosso redor, bem como para nós mesmos". O que mudaria em sua vida se você concentrasse todas as suas energias procurando ser semelhante a Cristo? Que tipos de reações haveria por parte das pessoas ao seu redor?

Sugestão de exercícios

Estes exercícios poderão ser utilizados por indivíduos, compartilhados entre companheiros de caminhada espiritual ou no contexto de pequenos grupos. Escolha um exercício ou mais.

1. Esta semana, procure memorizar a impressionante frase de Willard sobre o custo do descomprometimento ("O custo do descomprometimento é a paz permanente..."). Escreva a frase num cartão e carregue-o com você. Permita-se aspirar paz, amor, fé, esperança, poder e vida abundante.

2. Willard relaciona algumas ações que podemos realizar hoje tanto ordenadas por Cristo quanto semelhantes às que ele praticou (item 5). Faça um esforço durante a semana para amar os inimigos, orar por eles, abençoar os que amaldiçoam você e andar a segunda milha com alguém que o esteja oprimindo.

3. Jesus instrui seus seguidores "a obedecer a tudo o que eu lhes ordenei" (Mateus 28.16-20). Leia o evangelho de Mateus e relacione todas as coisas que Jesus nos ordenou. A lista formará um mosaico de como deve ser a essência da vida cristã de acordo com Jesus.

4. Medite sobre o senhorio de Cristo. Examine sua vida para ver quanto dela está de fato sob a autoridade de Jesus. Em vez de concentrar-se no custo de dedicar essas áreas a Cristo, concentre-se no alto preço que você está pagando mantendo essas áreas sob seu controle.

Reflexão

Talvez a maior doença da Igreja hoje seja a existência de convertidos a Cristo que não são discípulos de Cristo — verdadeira contradição de termos.

Esse mal afeta toda a vida da Igreja e é o grande responsável pelo baixo nível de nutrientes espirituais de nossas congregações.

Para enfrentar essa lamentável situação, precisamos determinar que, a despeito do que os outros façam, nosso objetivo é submeter-nos à tutela de Jesus Cristo, nosso eterno Salvador, Mestre, Senhor e Amigo. Busquemos viver o tipo de vida que ele viveu — não em imitação escravizante, mas num estilo geral de vida. Disciplinas de oração, solitude, simplicidade e serviço marcarão essa maneira de viver.

Há muita coisa que podemos fazer para superar o "cristianismo sem discipulado". Jesus, nosso eterno Mestre, irá mostrar-nos o caminho.

— RICHARD J. FOSTER

Para seu aprofundamento

WILLARD, Dallas. **Logic and the Objectivity of Knowledge.** Athens: Ohio University Press, 1984. Estudo e crítica da "fenomenologia" de Edmund Husserl, que Willard diferencia nitidamente da "análise linguística". Recomendado apenas para quem tem bastante interesse em filosofia.

_____. **O espírito das disciplinas.** Rio de Janeiro: Habacuc, 2003. Mostra, em termos práticos, como podemos ser moldados à imagem de Cristo. Explica a salvação não só como o perdão dos pecados, mas também como parte da transformação total de nossa vida. Torna o "seguir a Cristo", longe de ser uma frase vazia, uma realidade vibrante repleta de conteúdo. Convida-nos a carregar o jugo suave e fardo leve de Cristo, que contrasta nitidamente com o jugo penoso e o fardo pesado do descomprometimento.

_____. **Ouvindo Deus.** Niterói: Textus; Viçosa: Ultimato, 2002. Esse livro nos orienta a viver além da busca ansiosa do que Deus quer que façamos e ressalta como nos tornar o tipo de pessoa que Deus deseja que sejamos. No final, explica o que devemos fazer.

_____. **Renovação do coração.** São Paulo: Mundo Cristão, 2007. Explica como experimentar crescimento na caminhada cristã, repelir hábitos pecaminosos e assumir cada vez mais o caráter de Cristo. Willard chama "transformação do espírito" o processo divino que "leva todo nosso ser, de dentro para fora, à harmonia com a vontade de Deus ou com o Reino de Deus".

Jonathan Edwards

Envolvimento do coração

Introdução ao autor

Jonathan Edwards (1703-1758) era pastor congregacional e foi uma das principais personagens do Grande Avivamento do século XVIII. Considerado um dos maiores teólogos dos Estados Unidos, nasceu no estado de Connecticut e formou-se na Universidade Yale. Foi pastor durante vinte e três anos de uma igreja em Northampton, Massachusetts. Mais tarde, tornou-se missionário entre índios americanos em Stockbridge. Em 1758, foi nomeado presidente da Universidade de Princeton, mas faleceu algumas semanas depois de tomar posse.

Edwards produziu uma teologia da espiritualidade cristã para sua época que mesclava a filosofia de Locke e a teologia calvinista. A principal preocupação dele era distinguir a presença do Espírito Santo. De acordo com Edwards, a experiência cristã é dom de Deus, mas ele dedicou sua vida tentando definir essa experiência. O principal tema de seus escritos — mostrado no texto a seguir — é a importância das "paixões" religiosas, que ele definia como as paixões que movem a vontade de agir.

Extratos de *Religious Affections* [Sentimentos religiosos]

1. Envolvimento do coração

O tipo de religião que Deus requer e aceita não consiste em "veleidades" fracas, enfadonhas e inertes, aquelas inclinações débeis e sem nenhuma convicção que nos levam não muito além da indiferença. Deus, em sua

Palavra, insiste em que tenhamos forte determinação e espírito ardente e que nosso coração esteja energicamente envolvido na prática religiosa: "Sede fervorosos de espírito, servindo ao Senhor" (Romanos 12.11, *ARA*).

"Agora, ó Israel, que é que o Senhor, o seu Deus, lhe pede, senão que tema o Senhor, o seu Deus, que ande em todos os seus caminhos, que o ame e que sirva ao Senhor, o seu Deus, de todo o seu coração e de toda a sua alma" (Deuteronômio 10.12). Esse envolvimento fervoroso e determinado do coração é fruto de uma circuncisão verdadeira do coração que por si só tem a promessa da vida: "O Senhor, o seu Deus, dará um coração fiel a vocês e aos seus descendentes, para que o amem de todo o coração e de toda a alma e vivam" (Deuteronômio 30.6).

2. Sentimento sagrado

Se não formos sinceros em nossa vida religiosa e se nossos desejos e nossas inclinações não forem exercitados com vigor, não somos nada. A prática religiosa é tão importante que nenhum exercício feito com indiferença será suficiente. Em nenhuma outra circunstância o estado de nosso coração é tão fundamental quanto na prática religiosa, e em nenhum outro lugar a indiferença do coração é tão detestável.

A verdadeira religião é eficaz. Sua eficácia é atestada, primeiramente, por meio dos exercícios interiores do coração (o qual é a base da religião). Portanto, a verdadeira religião é chamada "o poder da devoção", em comparação com as aparências exteriores, isto é, a mera "forma", "tendo aparência de piedade, mas negando o seu poder" (2Timóteo 3.5). O Espírito de Deus manifesta um forte e sagrado sentimento na vida dos que têm uma religião sólida e sadia, por isso está escrito que Deus deu ao seu povo espírito de poder, amor e moderação (2Timóteo 1.7).

Quando recebemos o Espírito de Deus, recebemos o batismo do Espírito Santo, que é como "fogo", e com ele a influência santificadora e salvadora de Deus. Quando isso acontece, quando a graça está operando em nós, às vezes o fogo "arde" dentro de nós, como aconteceu com os discípulos de Jesus (Lucas 24.32).

3. O exercício da vontade

A prática religiosa foi comparada à realização de exercícios. Por meio dela, lutamos para ter o coração envolvido em Deus. Metáforas como "correndo a carreira", "lutando com Deus", "perseverando para alcançar o alvo" e "combatendo violentos inimigos" são muitas vezes usadas para descrever os exercícios que praticamos.

Entretanto, a verdadeira graça possui vários graus. Alguns são novos na fé — "crianças em Cristo" —, e a inclinação deles para se envolver nesses exercícios é fraca. Contudo, cada um de nós que possua o poder de devoção no coração estará inclinado a buscar as coisas de Deus. Seja qual for nossa condição, esse poder nos dará forças suficientes para superar nossas fracas inclinações de modo que esses santos exercícios prevaleçam sobre nossas fraquezas.

Todo verdadeiro discípulo de Cristo o ama mais que a pai e mãe, irmã e irmão, esposa, marido e filhos, casa e terras — sim, até mesmo mais que a própria vida. Disso se conclui que onde quer que a verdadeira religião se manifeste há uma vontade movendo o cristão aos exercícios espirituais, mas o que dissemos anteriormente precisa ser lembrado: o exercício da vontade não é nada mais que o sentimento da alma.

4. O princípio da ação

O ser humano tem a tendência de permanecer inativo até ser influenciado por alguma emoção: amor ou ódio, desejo, esperança, temor etc. Essas emoções representam o "princípio da ação", aquilo que nos impulsiona, que nos faz agir.

Quando olhamos para o mundo, vemos pessoas extremamente ocupadas. As emoções mantêm-nas ocupadas. Se pudéssemos retirar a emoção das pessoas, o mundo ficaria imóvel e inativo; não haveria mais atividade. É o sentimento chamado "cobiça" que impele alguém a buscar vantagens mundanas; é o sentimento chamado "ambição" que induz alguém a buscar glória humana; é o sentimento chamado "lascívia" que leva a pessoa a buscar prazer sensual. Assim como os sentimentos mundanos são o princípio de ações mundanas, os sentimentos religiosos constituem o princípio de ações religiosas.

5. Um coração profundamente afetado

Quem possui apenas conhecimento de doutrina e teologia — sem sentimento religioso — nunca se entendeu a verdadeira religião. Não há nada tão claro quanto isto: nossa prática religiosa tem sua raiz unicamente dentro de nós, até onde as emoções nos levam. Milhares de pessoas ouvem a Palavra de Deus, tomam conhecimento de importantes verdades acerca de si mesmas e de sua vida, mas nada do que ouvem exerce efeito sobre elas, sua maneira de viver não muda.

A razão é esta: eles não são afetados por aquilo que ouvem. Há muitos ouvem a respeito do poder, da santidade e da sabedoria de Deus, de Cristo, das coisas maravilhosas que ele faz e de seu convite gracioso. Entretanto, permanecem exatamente como estão, na vida e na prática.

Sou ousado em dizer isso, mas acredito que ninguém jamais mudou por causa da doutrina, de ouvir a Palavra de Deus ou pelo ensino ou pregação de outra pessoa, a não ser quando esses meios atingiram os sentimentos. Ninguém busca a salvação, clama por sabedoria, luta com Deus, põe-se de joelhos em oração ou foge do pecado se tem o coração insensível. Em resumo, não haverá nenhuma grande conquista pelos instrumentos da religião sem o coração não estiver profundamente afetado por eles.

6. A verdadeira religião

As Sagradas Escrituras veem claramente a religião como resultado de sentimentos: temor, esperança, amor, ódio, desejo, alegria, tristeza, gratidão, compaixão e zelo.

As Escrituras veem a religião como resultado de *santo temor*. Pessoas verdadeiramente religiosas tremem diante da Palavra de Deus. É a santidade de Deus que as faz tremer. O temor de Deus representa boa parte da devoção.

Assim também, a *esperança* em Deus e nas promessas de Deus, de acordo com as Escrituras, é parte importante da verdadeira religião. É mencionada como um dos três principais elementos em que consiste a religião (1Coríntios 13.13). "Feliz aquele cujo auxílio é o Deus de Jacó" (Salmos 146.5). Representa o capacete do soldado cristão, "a esperança da salvação" (1Tessalonicenses 5.8). É uma âncora firme e resistente para a alma (Hebreus 6.19).

7. Participando das bênçãos

Da mesma forma, o *amor* é destacado nas Escrituras como atitude correta. Somos chamados a amar a Deus, ao Senhor Jesus Cristo e ao nosso próximo. São muitos os textos que falam da importância do amor; não é possível enumerá-los. A atitude oposta — o ódio — também faz parte da verdadeira religião, mas no sentido de que odiamos o pecado e o mal: "Temer o Senhor é odiar o mal" (Provérbios 8.13).

O *desejo santo*, que se expressa na sede por Deus, também faz parte da verdadeira religião. "Como a corça anseia por águas correntes, a minha alma anseia por ti, ó Deus" (Salmos 42.1,2). Jesus também disse: "Bem-aventurados os que têm fome e sede de justiça, pois serão satisfeitos" (Mateus 5.6). Essa sede santa é expressa como condição da participação nas bênçãos da vida eterna.

As Escrituras também falam de *alegria* como um aspecto importante da verdadeira religião. "Deleite-se no Senhor, e ele atenderá aos desejos do seu coração" (Salmos 37.4). Está entre os principais frutos do Espírito da graça: "Mas o fruto do Espírito é amor, alegria..." (Gálatas 5.22).

8. Sacrifício agradável e aceitável

O quebrantamento, o lamento e a *aflição religiosa* também são importantes para a verdadeira religião, uma marca distinta dos santos. Jesus disse: "Bem-aventurados os que choram, pois serão consolados" (Mateus 5.4). Também são um sacrifício agradável e aceitável a Deus: "Os sacrifícios que agradam a Deus são um espírito quebrantado; um coração quebrantado e contrito, ó Deus, não desprezarás" (Salmos 51.17).

Outra atitude mencionada muitas vezes é a *gratidão*, cujo exercício compreende boa parte da religião verdadeira, principalmente quando expresso em agradecimento e louvor a Deus. O livro de Salmos e outras partes da Bíblia falam tanto de gratidão que é desnecessário mencionar textos específicos.

Além do mais, as Sagradas Escrituras também citam a *compaixão* como uma atitude genuína da religião verdadeira, tanto que todas as principais personalidades da Bíblia demonstram compaixão. As Escrituras escolhem essa qualidade como aspecto determinante do justo: "o justo [...] se compadece e dá" (Salmos 37.21, *ARA*). "Tratar com bondade o necessitado" é uma forma de honrara Deus (Provérbios 14.31). O próprio Jesus disse que é o modo de alcançarmos misericórdia: "Bem-aventurados os misericordiosos, pois obterão misericórdia" (Mateus 5.7).

9. Deixando a indiferença

Finalmente, o *zelo* é considerado parte essencial da verdadeira religião. É expresso como aquilo que Cristo deseja para nós quando nos redimiu: "Ele se entregou por nós a fim de nos remir de toda a maldade e purificar para si mesmo um povo particularmente seu, dedicado à prática de boas obras" (Tito 2.14). Era justamente o que faltava aos mornos laodicenses (Apocalipse 3.15,16).

Menciono apenas alguns dentre inúmeros textos para mostrar que, por toda a Bíblia, a verdadeira religião está fundamentada em atitudes. A única maneira de negar isso é utilizar outra regra além da Bíblia pela qual se avalie a verdadeira religião.

Texto bíblico: Deuteronômio 10.12-22

Agora, ó Israel, que é que o Senhor, o seu Deus, lhe pede, senão que tema o Senhor, o seu Deus, que ande em todos os seus caminhos, que o ame e que sirva ao Senhor, o seu Deus, de todo o seu coração e de toda a sua alma, e que obedeça aos mandamentos e aos decretos do Senhor, que hoje lhe dou para o seu próprio bem?

Ao Senhor, o seu Deus, pertencem os céus e até os mais altos céus, a terra e tudo o que nela existe. No entanto, o Senhor se afeiçoou aos seus antepassados e os amou, e a vocês, descendentes deles, escolheu entre todas as nações, como hoje se vê. Sejam fiéis, de coração, à sua aliança; e deixem de ser obstinados. Pois o Senhor, o seu Deus, é o Deus dos deuses e o Soberano dos soberanos, o grande Deus, poderoso e temível, que não age com parcialidade nem aceita suborno. Ele defende a causa do órfão e da viúva e ama o estrangeiro, dando-lhe alimento e roupa. Amem os estrangeiros, pois vocês mesmos foram estrangeiros no Egito. Temam o Senhor, o seu Deus, e sirvam-no. Apeguem-se a ele e façam os seus juramentos somente em nome dele. Seja ele o motivo do seu louvor, pois ele é o seu Deus, que por vocês fez aquelas grandes e temíveis maravilhas que vocês viram com os próprios olhos. Os seus antepassados que desceram ao Egito eram setenta ao todo, mas agora o Senhor, o seu Deus, os tornou tão numerosos quanto as estrelas do céu.

Perguntas para meditação

Estas perguntas poderão ser utilizadas para discussão em pequenos grupos ou para registro em diário pessoal.

1. De acordo com Edwards, qual é o "princípio da ação", a fonte de motivação para tudo o que fazemos?

2. Procure lembrar algum momento em que você quis se envolver com alguma atividade (ser sócio de um clube, aprender um novo esporte, ir à igreja). Que "emoções" motivaram você?

3. Edwards acredita que "ninguém jamais mudou por causa da doutrina, de ouvir a Palavra de Deus ou pelo ensino ou pregação de outra pessoa, a não ser quando esses meios atingiram os sentimentos". Descreva um momento em que você foi tocado por uma doutrina, um versículo bíblico ou um sermão e, consequentemente, transformado.

4. Com base em Deuteronômio 10.12,13, cite algumas "atitudes" e "ações" exigidas de nós?

CLÁSSICOS DEVOCIONAIS

5. A partir do item 6, Edwards relaciona e descreve nove sentimentos que as Escrituras nos incentivam a possuir: santo temor, esperança, amor, desejo santo, alegria, aflição religiosa, gratidão, compaixão e zelo. Quais deles você sente mais? Em qual deles você gostaria de crescer mais?

Sugestão de exercícios

Estes exercícios poderão ser utilizados por indivíduos, compartilhados entre companheiros de caminhada espiritual ou no contexto de pequenos grupos. Escolha um exercício ou mais.

1. No item 4, Edwards escreve que todos nós seríamos inativos não fosse pelos sentimentos. Examine suas ações esta semana, simplesmente escrevendo as coisas que você faz sem refletir. No final da semana, pare e procure visualizar a provável motivação para cada ato realizado. Seja sincero ao refletir sobre a razão de ter feito o que fez.

2. Use a relação dos nove sentimentos dos itens de 6 a 9, concentrando-se naquele que você gostaria de ver crescer em sua vida. Observe que cada um deles tem fundamento bíblico. Faça um estudo bíblico pessoal sobre o sentimento escolhido (por exemplo, esperança), prestando atenção à teologia e à doutrina que o fundamentam (por exemplo, promessa de salvação).

3. Em Deuteronômio 10.20ss, Moisés exorta seus ouvintes a temer a Deus, dedicar-se a ele e louvá-lo por aquilo que lhes tem feito. Como Edwards observa, precisa haver uma motivação (ou sentimento) por trás da ação, e nesse caso a motivação para a reverência, a dedicação e o louvor é refletir sobre tudo o que Deus fez. Prepare uma lista de todas as coisas que Deus tem feito para você. A lista provavelmente será bastante comprida. Reflita sobre essa lista e deixe seus lábios encher-se de louvor.

4. Preste culto esta semana. Adore de verdade. Passe a noite de sábado preparando-se para o culto de domingo. Separe um tempo de solitude para refletir sobre o poder e a glória de Deus. Medite sobre o amor dele para com você. Vá para a igreja cedo e passe um tempo louvando e adorando a Deus. Ore para que aqueles que estão ao seu redor sejam tocados por Deus durante o culto. Acima de tudo, deixe-se sentir realmente a presença de Deus agindo entre as pessoas.

Reflexão

Jonathan Edwards ensina que a vida intelectual e a vida emocional devem ser amigas, não inimigas. Sem qualquer contradição, é possível ser ao mesmo tempo resoluto e compassivo. O que aprendemos a fazer é descer com a mente até o coração e aguardar ali o sussurro divino. Adoramos a Deus com a mente e as vísceras!

Precisamos desesperadamente aprender essa lição hoje, pois há um mito moderno prevalecente de que a verdadeira objetividade é livre de paixões. Consequentemente, analisamos e dissecamos a vida espiritual sem o menor envolvimento ou compromisso pessoal e pensamos ser capazes de entendê-la. A vida espiritual, contudo, não pode ser entendida de maneira isolada. Nós a entendemos mediante o compromisso e nos comprometemos e mantemos o compromisso por meio daquilo que Edwards corretamente denomina "santas afeições".

— RICHARD J. FOSTER

Para seu aprofundamento

EDWARDS, Jonathan. **The Nature of True Virtue.** Ann Arbor: University of Michigan Press, 1960. Para quem se interessa por textos mais filosóficos.

MILLER, Perry. **The Works of Jonathan Edwards.** New Haven: Yale University Press, 1959. Essa série é a melhor compilação dos escritos de Edwards e contém mais do que a maioria das pessoas seria capaz de ler. O volume 2 contém seu tratado de 500 páginas sobre *sentimentos religiosos*, do qual extraímos o texto de nossa leitura. Você precisa também conhecer a edição de *Religious Affections* [Aflições religiosas], editada por James Houston, da Faculdade Regent, em Vancouver, Canadá. Faz parte de uma excelente série de clássicos devocionais editada por Houston e publicada pela Multnomah Press (Portland, 1990).

SIMONSON, Harold. **Jonathan Edwards:** Theologian of the Heart. Grand Rapids: Eerdmans, 1974. Uma interpretação séria de Edwards pelas perspectivas literária e teológica. Ao contrário de muitos estudiosos que ressaltam a influência de John Locke sobre Edwards, Simonson insiste em que as influências mais profundas sobre Edwards provêm de Calvino, Agostinho e principalmente da própria Bíblia. Simonson leva a sério a devoção sincera de Edwards como elemento fundamental para sua vida e seu pensamento.

FRANCISCO DE SALES

A verdadeira devoção

Introdução ao autor

Francisco de Sales (1567-1622) nasceu de família nobre num castelo de Sales e estudou numa escola jesuíta em Paris. Os jesuítas ensinaram-lhe os clássicos, o hebraico, o grego e a vida de disciplina. Sua formação também incluiu estudo de direito e ciências humanas. Foi ordenado sacerdote em 1591 contra a vontade da família. Em 1602, tornou-se bispo de Genebra.

Francisco foi escritor fecundo, e sua obra exerceu forte influência sobre a Igreja. Ele uniu profundidade espiritual com preocupação ética de uma forma que poucos autores, antes ou depois dele, conseguiram imitar. Era mestre em metáforas, descrevia mistérios da vida espiritual por meio de figuras simples e corriqueiras como abelhas e leite, pássaros e açúcar. Por causa de sua considerável influência, Francisco é reconhecido como um dos "doutores da Igreja ocidental".

No texto selecionado, Francisco dirige-se à Filoteia, nome que significa "aquela que ama a Deus".

Extratos de *Introdução à vida devota*

1. *A única devoção verdadeira*

Você deseja viver uma vida de devoção, querida Filoteia, porque você é cristã e sabe que essa virtude agrada muito a majestade de Deus. Uma vez que pequenas falhas cometidas no início de um projeto aumentam infinitamente durante sua execução, podendo, no fim, tornar-se irremediáveis, é preciso saber, acima de tudo, o que significa a virtude da devoção.

Há somente uma devoção verdadeira, mas há muitas falsas e presunçosas. Se você não for capaz de discernir a verdadeira, será facilmente enganada e desviada, seguindo algo prejudicial e supersticioso.

2. Aparência de devoção

Em seus quadros, Arelius pintava o rosto das pessoas conforme a aparência das mulheres que amava. Da mesma forma, as pessoas desenham a devoção de acordo com suas paixões e imaginações. Quem é interessado no jejum considera-se muito devoto quando jejua, mesmo que o coração esteja cheio de ódio. A pessoa muito preocupada com abstinência cuida para não molhar a língua com vinho ou mesmo com água, mas não se importa de sugar profundamente o sangue do próximo pela difamação.

Há quem se considere devoto porque recita diariamente várias orações, mas depois de repeti-las profere as palavras mais desagradáveis, arrogantes e injuriosas em casa e entre amigos. Outro tira alegremente uma moeda do bolso para dar ao pobre, mas não consegue extrair bondade do coração para perdoar os inimigos.

Há também quem perdoe seus inimigos, mas não paga seus credores, exceto quando obrigado por força de lei. Todas essas pessoas são, em geral, consideradas devotas, mas não o são de modo algum. Os servos de Saul foram buscar Davi na casa, e Mical, esposa de Davi, colocou uma estátua em sua cama, vestida com as roupas dele, fazendo com que pensassem que era Davi que estava ali, doente e dormindo. Da mesma forma, muitos se vestem de ações exteriores relacionadas com a santa devoção, e o mundo acredita que são de fato cristãos devotos e espirituais, embora não passem de imitação.

3. Agilidade espiritual

A devoção viva e genuína, Filoteia, pressupõe amor de Deus, por isso é tão somente o verdadeiro amor de Deus. Contudo, não é sempre o amor por si só. Visto que o amor divino adorna a alma, é a "graça" que nos torna agradáveis diante da majestade divina. Visto que o amor nos fortalece para fazer o bem, é chamado "caridade"; quando alcança um grau de perfeição que nos leva não só a fazer o bem, mas também a fazê-lo com frequência e prontamente, é chamado "devoção".

A avestruz nunca voa; a galinha voa de maneira desajeitada, próximo ao solo e apenas de vez em quando. Já a águia, a pomba e a andorinha voam alto e com agilidade, o tempo inteiro. Da mesma forma, os pecadores não voam para o alto, onde Deus está; voam apenas sobre a terra e para a terra. Os bons que ainda não possuem devoção voam para Deus por meio das boas obras, mas o fazem com pouca frequência, de modo lento e ineficaz.

Os devotos sobem para Deus com maior frequência, em voos mais altos. Em resumo, a devoção não é outra coisa senão a agilidade espiritual pela qual a caridade opera em nós ou por meio da qual agimos rápida e amorosamente. Assim como é função da caridade capacitar-nos a guardar os mandamentos de Deus em geral e sem exceção, faz parte da devoção capacitar-nos a guardar os mandamentos mais ativa e diligentemente.

Portanto, quem não guarda todos os mandamentos de Deus não pode ser considerado bom ou devoto. Para ser bom, é preciso caridade; para ser devoto, além da caridade, são necessários grande zelo e prontidão em realizar obras de caridade.

4. O fogo da caridade

Uma vez que a devoção consiste em certo grau de notável caridade, ela não só nos torna prontos, ativos e fiéis na obediência aos mandamentos de Deus, mas também nos desperta para realizar ativa e diligentemente o maior número possível de boas obras, tanto as ordenadas quanto as reco-mendadas ou incentivadas. Alguém que tenha acabado de se recuperar de uma enfermidade caminha apenas o necessário, mesmo assim devagar e com dificuldade. De igual modo, o pecador recém-curado da iniquidade caminha até onde Deus lhe ordena, mas caminha devagar e com dificuldade até o alcance de sua devoção. Mais tarde, como alguém em plena saúde, não só andará, mas também correrá e pulará "na direção dos mandamentos de Deus". Além disso, estará caminhando e correndo nos caminhos dos conselhos e inspirações celestiais.

Finalmente, a caridade e a devoção não diferem uma da outra: são como a chama e o fogo. A caridade é fogo espiritual, e quando queima em chamas é chamada "devoção". Portanto, a devoção não acrescenta nada ao fogo da caridade, exceto a chama que torna a caridade pronta, ativa e diligente, não só para observar os mandamentos de Deus, mas também para cumprir os conselhos e inspirações celestiais.

5. O mundo distorce a santa devoção

Os que deixaram os israelitas amedrontados na hora de entrar na terra prometida argumentaram que era um país que "devora os que nela vivem" (Números 13.32). Com isso, queriam dizer que o ambiente era tão maligno que era impossível viver ali muito tempo. Os nativos eram monstros: faziam os seres humanos parecer gafanhotos. É dessa maneira, querida Filoteia, que o mundo distorce a santa devoção tanto quanto pode. Retrata pessoas devotas descontentes, deprimidas e mal-humoradas e alega que a devoção provoca depressão e disposição insuportável.

Contudo, assim como Josué e Calebe defendiam que a terra prometida era boa e maravilhosa e que a conquista seria tranquila e favorável, o Espírito Santo, por intermédio de todos os santos e de nosso Senhor, nos garante que a vida devota é agradável, feliz e amável.

6. Transformando em mel

O mundo vê os devotos quando eles oram, jejuam, suportam afrontas, cuidam dos doentes, ajudam os pobres, fazem vigílias, lutam contra a fome, controlam suas paixões, desviam-se dos prazeres sensuais e realizam outros atos que estão arraigados à pessoa deles ou lhes são naturais.

Entretanto, o mundo não enxerga a devoção interior sincera que torna todos esses atos prazerosos, agradáveis e reconfortantes. Veja a abelha no meio do tomilho. Ela encontra ali uma seiva muito amarga, mas quando a expele transforma-a em mel, porque a abelha tem a capacidade de fazer isso.

Ó povo mundano! É verdade que as almas devotas encontram grande amargura em suas obras de mortificação, mas ao executar essas obras elas as transformam em algo muito doce e delicioso. Uma vez que os mártires foram homens e mulheres devotos, o fogo, a chama, a roda e a espada representavam para eles flores e perfume. Se a devoção é capaz de suavizar os tormentos mais cruéis e até a própria morte, imagine o que poderá fazer com as ações virtuosas!

7. Doçura espiritual

O açúcar adoça a fruta verde e dá gosto e sabor às frutas amadurecidas. A devoção, na verdade, é verdadeiro açúcar espiritual, pois suaviza a sequidão da disciplina e qualquer elemento prejudicial de nossas consolações. Elimina o descontentamento do pobre, a preocupação do rico, a dor do oprimido, o orgulho do altivo, a melancolia do solitário, a falta de objetivo de quem vive em sociedade.

O açúcar produz o mesmo benefício que o fogo no inverno e o orvalho no verão. Sabe como aplicar a prosperidade e suportar a necessidade. Aproveita tanto a honra quanto o desprezo. Aceita prazer e dor quase sem alterar o estado do coração e nos enche de doçura maravilhosa.

8. Vários estágios da caridade

Veja a "escada de Jacó". Ela representa bem a vida devota. Os dois lados, entre os quais subimos e que sustentam os degraus, representam a oração, que clama pelo amor de Deus, e os sacramentos, que aplicam o amor. Os degraus representam os vários estágios da caridade pelos quais passamos, de virtude em virtude, seja descendo pelos atos de ajuda e apoio ao próximo, seja subindo pela contemplação em união com Deus.

9. Corações angelicais

Observe com atenção os que estão nessa escada. São pessoas de coração angelical, anjos em corpo humano. Não são jovens, embora o aparentem por causa do grande vigor e da agilidade espiritual. Têm asas para voar alto em santa oração e também pés para andar entre humanos de modo santo e amoroso.

O rosto deles é maravilhoso e jovial porque aceitam todas as coisas humilde e meigamente. As pernas, os braços e a cabeça estão descobertos porque seus pensamentos, sentimentos e atos não possuem outro propósito ou motivação senão agradar a Deus. O restante do corpo está coberto, mas apenas com um manto leve e decorativo: eles usam o mundo e as coisas do mundo, do modo mais puro e correto, utilizando apenas o necessário para sua condição. Assim são as pessoas devotas.

10. O aroma suave

Acredite-me, querida Filateia, a devoção é a delícia das delícias e a rainha das virtudes, pois é a caridade em toda a sua perfeição. Se a caridade fosse o leite, a devoção seria o creme; se fosse uma planta, a devoção seria a flor; se fosse uma pedra preciosa, a devoção seria o brilho; se fosse um fino cosmético, a devoção seria o aroma agradável, o perfume suave que consola os seres humanos e alegra os anjos.

11. Toda vocação mergulhada em mel

A devoção precisa ser exercida conforme o tipo de pessoa: o patrão, o trabalhador, o operário, o príncipe, a viúva, a moça e a senhora. Não só isso, mas também a prática da devoção precisa adaptar-se à força, às atividades e responsabilidades de cada pessoa.

Filoteia, a verdadeira devoção não causa nenhum mal; pelo contrário, aperfeiçoa todas as coisas. Se vai de encontro à vocação legítima da pessoa, sem dúvida é falsa. Aristóteles diz: "A abelha extrai mel das flores sem machucá-las". Ela as deixa intactas e vigorosas como as encontrou. A verdadeira devoção é ainda melhor. Além de não prejudicar a vocação e a ocupação da pessoa, ela as embeleza. Muitos tipos de pedras preciosas brilham mais quando mergulhadas no mel, cada uma conforme a cor. Assim também toda vocação se torna mais aprazível quando se une à devoção. O cuidado para com a família torna-se mais tranquilo, o amor de marido e mulher mais sincero, a dedicação ao príncipe mais fiel e todo tipo de trabalho mais agradável e prazeroso.

12. Alguém para influenciar

Quando o jovem Tobias foi enviado a Ragues, ele disse:

— Não conheço o caminho.

Seu pai respondeu:

— Procura alguém que possa levar-te.

Digo o mesmo a você, Filateia. Você realmente deseja percorrer o caminho da devoção? Então, procure uma pessoa de confiança que a conduza até lá. Esse é o melhor conselho. Como a devota Ávila diz: "Embora você busque a vontade de Deus, nunca terá tanta certeza de encontrá-la se não for pelo caminho da humilde obediência, tão estimada e praticada por todos os autores consagrados".

Quem encontraria um amigo assim? O sábio responde: "Aquele que teme ao Senhor", isto é, os humildes que desejam sinceramente progredir na vida espiritual. Uma vez que é importante para você, Filateia, ter um guia em sua jornada no caminho sagrado para devoção, insista em que lhe providencie um guia conforme o coração do Senhor. Não tenha receio de fazer tal pedido, pois aquele que enviou um anjo do céu, como o fez a Tobias, enviará a você um guia confiável e fiel.

Texto bíblico: Romanos 13.8-10

Não devam nada a ninguém, a não ser o amor de uns pelos outros, pois aquele que ama seu próximo tem cumprido a Lei. Pois estes mandamentos: "Não adulterarás", "Não matarás", "Não furtarás", "Não cobiçarás", e qualquer outro mandamento, todos se resumem neste preceito: "Ame o seu próximo como a si mesmo". O amor não pratica o mal contra o próximo. Portanto, o amor é o cumprimento da Lei.

Perguntas para meditação

Estas perguntas poderão ser utilizadas para discussão em pequenos grupos ou para registro em diário pessoal.

1. Francisco de Sales escreve: "As pessoas desenham a devoção de acordo com suas paixões e imaginações". Ele quer mostrar que cada cristão ressalta a prática das disciplinas espirituais com as quais se sente mais à vontade, enquanto ignora outras. Quais são suas práticas devocionais preferidas? Com quais você tem maior dificuldade?

2. Francisco fala de três estágios de crescimento espiritual (conscientização — graça; força para fazer o bem — caridade; capacidade de fazer o bem com frequência e prontamente — devoção) e os compara a três tipos de pássaros (os que não conseguem voar — avestruz; os que voam baixo — galinha; os que voam alto — águia). Com qual estágio (ou pássaro!) você se identifica melhor? Por quê?

3. O que o não cristão percebe quando olha para a vida de uma pessoa devota? O que ele não enxerga?

4. Em Romanos 13.10, Paulo diz: "O amor não pratica o mal". Francisco de Sales escreve de maneira semelhante: "A verdadeira devoção [...] não causa nenhum mal". Você já viu a devoção religiosa fazer mal a alguém? Descreva. Você já viu a devoção religiosa "embelezar" alguém?

5. Francisco lembra que a devoção precisa ser praticada de diversas maneiras e que "precisa adaptar-se à força, às atividades e responsabilidades de cada pessoa". Considerando seu nível de energia espiritual, suas atividades e responsabilidades semanais, que tipo de hábitos devocionais se aplicam às suas atividades?

Sugestão de exercícios

Estes exercícios poderão ser utilizados por indivíduos, compartilhados entre companheiros de caminhada espiritual ou no contexto de pequenos grupos. Escolha um exercício ou mais.

1. Pratique a disciplina espiritual com a qual você está menos familiarizado, aquela com a qual você ainda não se envolveu com alegria e regularidade. Dedique uma semana à descoberta da alegria da disciplina espiritual. Use o livro *Celebração da disciplina*, de Richard Foster, como meio de explorar lugares desconhecidos.

2. Paulo exorta-nos a guardar todos os mandamentos obedecendo a este: amar ao próximo como a si mesmo (Romanos 13.9). Manifeste amor ao próximo esta semana. Trate as pessoas ao seu redor exatamente como gostaria de ser tratado.

3. Procure um amigo espiritual. Francisco incentiva-nos a procurar a ajuda de uma "pessoa de confiança que [o] conduza ". Procure alguém que compartilhe seu amor e dedicação a Deus e peça-lhe que se encontre com você regularmente para oração, encorajamento e orientação.

4. Francisco diz que o mundo distorce a santa devoção, pois só vê os atos exteriores, que lhe parecem desagradáveis e insuportáveis. Comece esta semana a mudar essas falsas opiniões, compartilhando a alegria da oração, do jejum, da solitude e outros com aqueles que não conhecem a Deus. Seja ousado em manifestar a alegria da vida espiritual.

Reflexão

Gosto do ensino de Francisco de Sales, pois ele esclarece um aspecto que gera muita confusão hoje. Costuma-se pensar que devoção significa uma série de responsabilidades religiosas acrescentadas a uma agenda já cheia de compromissos, mas não é assim. Os aspectos externos da religião por si sós são áridos, mórbidos e enfadonhos. Na verdade, todos nós precisamos do hábito sincero que Francisco denomina "caridade" — a simples habilidade de fazer o bem a todas as pessoas.

Francisco de Sales lembra que na dimensão vertical, a "verdadeira devoção" significa amor apaixonado por Deus. Na dimensão horizontal, significa um esforço livre de interesses em servir ao próximo. Que Deus desperte em nós anseio profundo por essa única "devoção verdadeira".

— RICHARD J. FOSTER

Para seu aprofundamento

CAMUS, Jean Pierre. **The Spirit of Saint François de Sales.** New York: Harper & Bros., 1952.

FRANCISCO DE SALES. **Introdução à vida devota.** Petrópolis: Vozes, 2004. Esse livro foi considerado uma obra-prima da literatura devocional por três séculos e meio. Escrito para os cristãos de todas as tradições, é de valor inestimável justamente por sua originalidade, inteireza, sinceridade, equilíbrio e profundidade na realidade espiritual.

_____. **On the Preacher and Preaching.** Chicago: Henry Regnery, 1962.

_____. **Tratado do amor de Deus.** Petrópolis: Vozes, 2000.

João da Cruz
Purificação da alma

Introdução ao autor

Nascido em Fontiveros, região de Castela, na Espanha, João (1542-1591) tornou-se monge carmelita em 1564. Estudou filosofia e teologia na faculdade carmelita de Salamanca, uma das principais universidades da Europa. Em 1567, ano em que foi ordenado, encontrou-se com Teresa de Ávila. Teresa percebeu o potencial de João e encarregou-o da ordem. Admirava seu estilo de vida rigoroso e sua capacidade de liderança. Ela não se decepcionou, pois João mostrou-se capaz de dar início a várias novas ordens.

Foi nesse período que ele passou a ser chamado João da Cruz, por causa de seu sofrimento e compromisso. Ele dedicou o restante de sua vida a serviço da reforma católica, por obra de sua liderança e de vários escritos. Acabou preso por aqueles que se opunham às reformas. Foi nesse período de confinamento que ele escreveu sua obra mais famosa, conhecida como *The Dark Night of the Soul* [A noite escura da alma]. Essa obra descreve a ação de Deus na alma — não pela alegria ou pela iluminação, mas por meio de tristeza e trevas. O conceito de "noite escura" veio a integrar a essência da compreensão da jornada espiritual. Embora tenha morrido há quatro séculos, João da Cruz continua exercendo influência significativa sobre a espiritualidade cristã.

Extratos de *The Dark Night of the Soul* [A noite escura da alma]

1. Purificação da alma

Em certo estágio da jornada espiritual, Deus levará a pessoa do estágio inicial para outro mais avançado. Nesse momento, ela começará a envolver-se com práticas religiosas e se aprofundará ainda mais na vida espiritual.

A pessoa provavelmente experimentará o que se chama "noite escura da alma". A "noite escura" é o momento em que se perde todo prazer já experimentado na vida devocional. Isso acontece porque Deus quer purificar a pessoa e conduzi-la a lugares mais elevados.

Depois de se converter a Deus, a pessoa é nutrida e animada pelo Espírito. Como uma mãe amorosa, Deus cuida e conforta a alma infante, alimentando-a com leite espiritual. Existe grande prazer nesse estágio, como também oração insistente e perseverante. A pessoa se envolverá em todo tipo de atividade religiosa por causa da alegria experimentada.

Todavia, chegará o momento em que Deus obstruirá esse crescimento. Ele eliminará da alma o conforto anterior para lhe ensinar a virtude e impedir que desenvolva vícios. Os itens a seguir tratam dos sete pecados capitais. A descrição de cada pecado evidencia como a alma passa a usar de modo indevido o conforto espiritual e por que Deus precisa retirar esse conforto para purificar a alma de tais imperfeições.

2. Orgulho secreto

Os iniciantes na vida espiritual quase sempre são muito dedicados em suas práticas. O maior risco é ficarem satisfeitos com as obras religiosas e consigo mesmos. É fácil desenvolver um *orgulho* secreto, o primeiro dos sete pecados capitais.

Os novos devotos tornam-se muito espirituais. Gostam de falar das "coisas espirituais" todo o tempo e alegram-se com o próprio desenvolvimento. Preferem ensinar a serem ensinados e condenam os que não são tão espirituais quanto eles. Passam a se comportar como o fariseu que se orgulhava de si mesmo e desprezava o publicano, que não atingira o mesmo nível de espiritualidade.

O Diabo muitas vezes lhes atiçará o fervor, de modo que se tornem mais orgulhosos. Satanás sabe que todas as obras e virtudes deles serão inúteis e, se não forem controladas, se tornarão vícios, pois os exercícios espirituais começarão a ser realizados para causar impressão. Eles querem que o povo perceba quanto são espirituais. Também temem admitir erros, pois isso destruiria sua imagem. Por isso, suavizam seus pecados quando fazem confissões para que não pareçam tão graves.

Eles suplicarão para que Deus elimine suas imperfeições, mas o farão apenas porque desejam encontrar paz interior, não por amor a Deus. Não percebem que, se Deus eliminasse a imperfeição deles, provavelmente teriam mais orgulho e mostrar-se-iam ainda mais presunçosos.

No entanto, os que nesse momento estão caminhando em direção a Deus enfrentarão esse orgulho com humildade. Aprenderão a pensar de si e de suas práticas religiosas com humildade. Darão atenção à majestade e à dignidade de Deus e perceberão que não podem fazer quase nada para ele. O Espírito de Deus permanecerá neles, incentivando-os a guardar os tesouros secretamente para si.

3. Apego aos sentimentos

Muitos iniciantes também começarão a ser dominados pela *ganância* por coisas espirituais, o segundo pecado capital. Mostrar-se-ão insatisfeitos com o que Deus lhes concede porque não experimentam o consolo que pensam merecer. Irão dedicar-se à leitura de vários livros e à prática de muitos atos de devoção para obter maior consolo espiritual.

O coração deles se apegará aos sentimentos resultantes da vida devocional. Elas se concentrarão no efeito, não na substância da devoção. Apegar-se-ão a objetos religiosos ou a lugares sagrados específicos e passarão a valorizar demais as coisas visíveis.

Todavia, os que estão no caminho certo fixarão os olhos em Deus, não em elementos exteriores ou em suas experiências interiores.

Entrarão na noite escura da alma e descobrirão que tudo isso foi eliminado. Todo o prazer se terá esvaecido para que a alma seja purificada, pois a alma não se desenvolverá até que seja capaz de abandonar esse anseio errado por Deus.

4. Três causas

O terceiro pecado é a *luxúria* espiritual. É desse pecado que procedem os demais, por isso ele é o mais importante. Eis o que acontece: o cristão profundamente dedicado à oração passa por intensas tentações e percebe quão impotente é em evitá-las. Às vezes, isso ocorre até durante a santa ceia ou na hora da confissão. Isso acontece por uma de três possíveis causas.

A primeira causa é o prazer físico das coisas espirituais. O âmbito inferior de nossa natureza, a carne, às vezes é estimulada nos momentos de devoção; contudo ela não consegue dominar nem prolongar a experiência, por isso começa a incitar o que pertence a seu domínio, isto é, a impureza e o sensual.

A segunda causa é o Diabo. Para perturbar e inquietar a alma, ele tentará incitar impureza na alma, esperando que ela ceda a essas tentações. A alma começará a temer essas tentações e a relaxar nas orações. Se elas persistirem, a oração poderá ser completamente abandonada.

A terceira causa é o medo excessivo de pensamentos impuros. Alguns são tão sensíveis e frágeis que não conseguem suportar pensamentos como esses, por isso ficam muito temerosos. O próprio medo pode levar à ruína. Eles ficam inquietos diante da menor perturbação e, por isso, são facilmente distraídos.

Quando a alma entra na noite escura, todas essas coisas ficam sob controle. A carne se aquieta, o Diabo se cala e o medo é afastado, tudo pelo fato de que Deus elimina todo o prazer sensorial, e a alma é purificada pela ausência desse prazer.

5. Santos por um dia

A alma começa a desfrutar os benefícios da vida espiritual e, quando esses benefícios são retirados, ela se torna irritada e amargurada. Esse é o pecado da *ira* espiritual, o quarto pecado capital, que também precisa ser expurgado na noite escura.

Quando o regozijo termina, os devotos ficam ansiosos e frustrados, assim como o bebê se irrita ao ser tirado do seio da mãe. Não há pecado nessa decepção natural, mas se deixada assim poderá redundar num vício perigoso.

Alguns ficam indignados consigo mesmos, imaginando que a perda da alegria é resultado de algum erro cometido ou de algo que deixaram de fazer. Ficam aborrecidos, irritados e farão de tudo para resgatar o conforto. Esforçar-se-ão para se tornar santos em um dia. Farão todo tipo de resolução para se tornar mais espirituais; no entanto, quanto maior a resolução, maior a queda.

O problema é que eles não têm paciência para esperar o que Deus deseja dar-lhes no tempo dele. Eles precisam aprender a humildade espiritual que resulta da noite escura.

6. Fora dos limites da moderação

O quinto pecado é a *gula* espiritual. Muitos se viciam na brandura da vida espiritual e fazem de tudo para obter cada vez desse benefício. Passam dos limites da moderação e quase destroem o corpo com exercícios espirituais.

É comum tentarem controlar os desejos da carne com marcantes atos de submissão, longos jejuns e penitências dolorosas, mas observe: são penitências unilaterais. Elas não vêm de Deus. Esses cristãos agem por vontade própria, por isso aumentam o vício, não a virtude.

Elas não andam em verdadeira obediência, antes fazem o que desejam na medida e na proporção que escolheram, e não é para Deus, mas para eles mesmos. Por isso, logo se cansarão do esforço. Assim, talvez seja melhor que abandonem de vez a devoção.

A questão é esta: quando eles não têm prazer em sua devoção, acham que não conseguiram realizar nada. Trata-se de um erro grave, que condena a Deus injustamente, porque os sentimentos que adquirimos de nossa vida devocional são os menores dos benefícios. A graça invisível e não sentida de Deus é muito maior e está além de nossa compreensão.

Pode-se dizer que, em razão do esforço pessoal para obter consolo, esses cristãos acabam por perder a espiritualidade, pois a verdadeira espiritualidade consiste em perseverança, paciência e humildade. O pecado da gula espiritual os fará ler mais livros e orar mais, mas Deus, em sua sabedoria, negará a eles qualquer consolo porque sabe que, ao alimentar esse desejo, provocará um apetite desordenado e produzirá inúmeros males. O Senhor cura essas almas por meio da aridez da noite escura.

7. Esgotamento de práticas espirituais

Os dois últimos pecados são os vícios da *inveja* e da *preguiça* espirituais. Os cristãos que se imaginam muito espirituais em geral não se alegram com o crescimento espiritual dos outros. O principal objetivo deles é serem elogiados. Não lhes agrada ver a atenção direcionada a outras pessoas e eles preferem ser lembrados como os mais espirituais. Isso é contrário ao amor, que, no dizer de Paulo, se regozija na bondade.

A preguiça espiritual acontece quando não há mais prazer na vida espiritual. Eles ficam entediados com as práticas espirituais porque estas não lhes proporcionam nenhum conforto e, por esse motivo, acabam abandonando-as. Ficam aborrecidos porque são chamados a fazer algo que não atende às suas necessidades. Começam a perder o interesse por Deus, pois costumam medir a Deus pelo que são, em vez de medir a si mesmos pelo que Deus é. Mostram-se muito frágeis para carregar as cruzes entregues ao cristão para seu crescimento, cruzes que enfrentamos na noite escura da alma.

8. Deus age passivamente

Basta dizer que Deus percebe nossas imperfeições e, por nos amar, nos persuade a crescer. O amor dele não se contenta em nos abandonar às nossas fraquezas, por esse motivo ele nos conduz à noite escura e nos afasta de todos os prazeres, entregando-nos a momentos áridos e trevas interiores.

Ao fazer isso, Deus elimina todos esses vícios e desperta em nós as virtudes. Na noite escura, o orgulho torna-se humildade, a ganância simplicidade, a ira contentamento, a luxúria paz, a gula moderação, a inveja alegria, e a preguiça vigor. Ninguém se aprofundará na vida espiritual, a não ser que Deus aja passivamente na alma por meio da noite escura.

Texto bíblico: Salmos 42

Como a corça anseia por águas correntes,

    a minha alma anseia por ti, ó Deus.

A minha alma tem sede de Deus, do Deus vivo.

Quando poderei entrar

    para apresentar-me a Deus?

Minhas lágrimas têm sido o meu alimento

    de dia e de noite,

pois me perguntam o tempo todo:

    "Onde está o seu Deus?"

Quando me lembro destas coisas

    choro angustiado.

Pois eu costumava ir com a multidão,

    conduzindo a procissão à casa de Deus,

com cantos de alegria e de ação de graças

    entre a multidão que festejava.

Por que você está assim tão triste,

    ó minha alma?

Por que está assim tão perturbada

    dentro de mim?

Ponha a sua esperança em Deus!

    Pois ainda o louvarei;

ele é o meu Salvador e

o meu Deus.

A minha alma está profundamente triste;
por isso de ti me lembro
   desde a terra do Jordão,
das alturas do Hermom,
   desde o monte Mizar.
Abismo chama abismo
   ao rugir das tuas cachoeiras;
todas as tuas ondas e vagalhões
   se abateram sobre mim.
Conceda-me o S̶e̶n̶h̶o̶r̶ o seu fiel amor de dia;
   de noite esteja comigo a sua canção.
É a minha oração ao Deus que me dá vida.
Direi a Deus, minha Rocha:
   Por que te esqueceste de mim?
Por que devo sair vagueando e pranteando,
   oprimido pelo inimigo?
Até os meus ossos sofrem agonia mortal
   quando os meus adversários zombam de mim,
   perguntando-me o tempo todo:
   "Onde está o seu Deus?"
Por que você está assim tão triste,
   ó minha alma?
Por que está assim tão perturbada
   dentro de mim?
Ponha a sua esperança em Deus!
   Pois ainda o louvarei;
ele é o meu Salvador e o meu Deus.

Perguntas para meditação

Estas perguntas poderão ser utilizadas para discussão em pequenos grupos ou para registro em diário pessoal.

1. De acordo com João da Cruz, por que Deus impõe ao cristão a "noite escura da alma"?

2. Com qual dos "sete pecados capitais" você tem maior dificuldade?

3. Você já experimentou o que poderia ser chamado "noite escura" na sua jornada espiritual, um momento em que lhe pareceram ter acabado a alegria e o prazer? Descreva a experiência.

4. O salmista clama a Deus: "Por que te esqueceste de mim?" (Salmos 42.9). Que conselho ou incentivo João da Cruz daria a esse salmista?

5. Qual das virtudes mencionadas por João da Cruz (humildade, simplicidade, contentamento, paz, moderação, alegria e vigor) você sente maior necessidade?

Sugestão de exercícios

Estes exercícios poderão ser utilizados por indivíduos, compartilhados entre companheiros de caminhada espiritual ou no contexto de pequenos grupos. Escolha um exercício ou mais.

1. Examine cada um dos sete pecados e observe as atitudes daqueles que estão lutando com isso (orgulho: desejo de ensinar, não de ser ensinado, contentamento com seu próprio crescimento etc.). Observe qual das sete categorias descreveria melhor sua situação atual.

2. Peça a um amigo próximo para descrever suas qualidades espirituais. Usando os conselhos de João da Cruz, avalie essas virtudes e tome a decisão de mantê-las sob controle para que não se tornem vícios. Ao agradecer por essas virtudes, entendendo-as como dons e não resultado de esforço pessoal, você permitirá a Deus usá-las muito mais no futuro.

3. Abandone por uma semana sua disciplina espiritual. Embora pareça um exercício radical, ele poderá livrar você de vários demônios escondidos, como a armadilha do desempenho, o orgulho das atividades espirituais, o vício religioso e a crítica contra quem é menos dedicado que você. Use esse tempo para descansar e desfrutar a vida com Deus.

4. Seja paciente com Deus esta semana. João da Cruz recomenda-nos constantemente não nos aborrecermos nem nos irritarmos no esforço para assumir o controle de nossa vida espiritual, mas apenas receber o que Deus tem preparado, nada além disso ou menos que isso. Aprenda a disciplina da gratidão pelas pequenas coisas.

Reflexão

O que João da Cruz chama "noite escura da alma" é uma experiência universal dos principais autores devocionais. Desejar maturidade espiritual sem passar pela noite escura é como o atleta que deseja ser campeão sem treinar ou o escritor que espera escrever um livro importante sem se dedicar a pensar.

Todos os resultados dessa obra sobre a alma são excelentes. Na passagem bíblica selecionada, João da Cruz mostra como a noite escura combate os efeitos dos "sete pecados capitais". Ele poderia também ter mostrado como a noite escura desenvolve em nós "as sete grandes virtudes", isto é, firmeza, prudência, justiça, temperança, fé, esperança e amor. A questão é que esse é o meio principal que Deus usa para transformar a personalidade humana. Para nós, a questão crucial é sensibilidade à ação passiva do Espírito Santo.

— RICHARD J. FOSTER

Para seu aprofundamento

HARDY, Richard. **Search for Nothing:** The Life of John of Cross. New York: Crossroad, 1982. Muito útil para quem procura uma biografia desse homem notável.

KAVANAUGH, Kieran (Org.). **John of the Cross:** Selected Writings. New York: Paulist, 1987. Essa obra faz parte da excelente série *The Classics of Western Spirituality* [Os clássicos da espiritualidade ocidental]. Não existe outra obra em um volume melhor do que essa. Há também uma edição de referência em três volumes, *The Complete Works of Saint John of the Cross* [As obras completas de João da Cruz], publicada pela Newman Press.

WOJTYLA, Karol. **Faith According to Saint John of the Cross.** San Francisco: Ignatius, 1981. Esse é um exemplo dos vários artigos e livros que investigam as ideias e ensinamentos de João da Cruz.

Bernardo de Claraval

Os quatro estágios do amor

Introdução ao autor

Bernardo (1090-1153) foi um dos principais líderes na história da Igreja. Foi orador eloquente e considerado por muitos um dos cristãos mais consagrados de todos os tempos. Cresceu em Dijon, na França, e aos 22 anos ingressou como noviço no mosteiro de Citeaux. Três anos depois foi designado supervisor de seus colegas monges no recém-fundado mosteiro de Claraval. Apesar de lhe terem oferecido altos cargos na Igreja, Bernardo permaneceu em Claraval até sua morte.

Graças à zelosa preservação através dos séculos, muitos dos escritos de Bernardo sobreviveram até os dias de hoje. As obras dele exerceram profunda influência sobre Martinho Lutero e João Calvino. O texto a seguir foi extraído de seu famoso tratado *On the Love of God* [Sobre o amor de Deus]. Nessa obra, Bernardo resume incisivamente "os quatro estágios do amor".

Extratos de *On the Love of God* [Sobre o amor de Deus]

1. Por que Deus deve ser amado

Você se pergunta: "Por que Deus deveria ser amado?". Respondo: a razão de amarmos a Deus é o próprio Deus. E por que Deus deve ser amado para o bem dele mesmo? Simplesmente porque ninguém pode ser mais corretamente amado que Deus, ninguém merece mais nosso amor. Alguns perguntarão se Deus merece nosso amor ou se existe algum benefício em amá-lo. A resposta às duas perguntas é afirmativa, entretanto não vejo motivo mais nobre para amá-lo que ele próprio.

Deus tem direito ao nosso amor. Por quê? Porque ele se entregou por nós apesar de não sermos merecedores. O que mais poderíamos oferecer-lhe? Se perguntarmos por que Deus tem direito ao nosso amor, devemos responder: "Porque ele nos amou primeiro" (1João 4.19). Deus sem dúvida merece nosso amor, principalmente quando consideramos quem é aquele que nos ama, quem somos nós e quanto ele nos ama.

Mas, quem é Deus? Não é aquele de quem todo espírito dá testemunho: "Tu és meu Deus"? Deus não tem necessidade de nossas posses terrenas. O verdadeiro amor é exatamente assim: não busca interesse próprio. Quanto ele nos ama? Ele amou o mundo de tal maneira que entregou seu único Filho. Ele deu sua vida por nós.

2. O primeiro estágio do amor: amar a si mesmo por interesse próprio

O amor é um sentimento humano natural. Vem de Deus. Por isso, o primeiro e principal mandamento é: "Ame o Senhor, o seu Deus" (Mateus 22.37). A natureza humana, porém, é fraca e, portanto, levada a amar e servir a si própria. O ser humano ama a si mesmo em benefício próprio. Isso está implantado em nós, pois quem já odiou a si próprio?

Contudo, quando o amor-próprio se torna excessivo e ultrapassa os limites naturais, tem-se um amor exagerado ao prazer. O ser humano torna-se presa fácil do inimigo da alma: a luxúria. O amor-próprio é equilibrado pelo mandamento de amar o próximo. Se não conseguimos amar o próximo por causa do amor-próprio, precisamos conter nossa luxúria e ajudar nas necessidades do próximo. Desse modo, quando você tira de si mesmo para dar ao próximo, seu amor passa a ser equilibrado.

Mas o que fazer quando suas necessidades não são atendidas? Deus promete: quem buscar primeiro o Reino e sua justiça terá todas as demais coisas acrescentadas. Deus promete retribuir com o que for necessário aos que se sacrificam a favor do próximo. Buscar o Reino em primeiro lugar significa preferir carregar o jugo da moderação e impedir, em vez de permitir, que o pecado reine em seu corpo mortal.

Para amar o próximo, precisamos reconhecer que Deus é a causa de nosso amor. Como ter um amor puro pelo próximo se não o amamos em Deus? Você não pode amar o próximo a não ser amando a Deus. Deus precisa ser amado primeiro para que possamos amar o próximo em Deus.

3. O segundo estágio do amor: amar a Deus por interesse próprio

Portanto, Deus, que faz todas as coisas boas, se faz amável, e o faz da seguinte maneira: para começar, ele nos abençoa com sua proteção. Quando estamos livres de aflições, ficamos contentes, mas por causa de nosso orgulho concluiremos que somos responsáveis por nossa segurança. Então, quando sofremos alguma calamidade, algum temporal em nossa vida, apelamos para Deus e pedimos ajuda, clamando a ele na hora da dificuldade. É dessa maneira que nós, que amamos apenas a nós mesmos, começamos a amar a Deus. Começamos a amar a Deus, mesmo que no começo seja em benefício próprio. Amamos a Deus porque descobrimos que podemos fazer todas as coisas por meio dele e que sem ele nada podemos fazer.

4. O terceiro estágio do amor: amar a Deus por amor a Deus

No primeiro estágio do amor, amamos a nós mesmos por interesse próprio. No segundo estágio, amamos a Deus em benefício próprio, principalmente por ele suprir nossas necessidades e nos resgatar; mas, se continuarmos a enfrentar provações e tribulações, cada vez que Deus nos livra delas, nosso coração, ainda que seja feito de pedra, começará a ser amolecido por causa da graça do Redentor. Assim, começaremos a amar a Deus não apenas em benefício próprio, mas por amor a ele.

Até chegarmos a esse estágio é preciso levar constantemente nossas necessidades em oração a Deus. Nessas orações, experimentamos a graça de Deus, e após repetidas experiências constatamos quão amável é o Senhor. Por isso, depois de experimentar a bondade de Deus, seremos atraídos ao seu amor puro: não seremos mais forçados a amá-lo por causa de nossas necessidades. Então, poderemos declarar: "Agora amamos a Deus não por necessidade, pois já experimentamos e reconhecemos quão amável é o Senhor".

Depois que começarmos a pensar assim, não será difícil cumprir o segundo mandamento: amar o próximo, pois quem ama a Deus ama também as coisas de Deus. Além do mais, será mais fácil obedecer aos mandamentos de Deus. Começaremos a amar e a seguir os mandamentos de Deus.

Esse amor é puro por ser desinteressado, isto é, não se manifesta com o propósito de conseguir algo em troca. É puro porque não nos limitamos a servir apenas com palavras, mas também com ações. Amamos porque somos amados. Preocupamo-nos com os outros porque Jesus se preocupa conosco.

Chegamos a esse estágio quando conseguimos dizer: "Louve ao Senhor porque ele é bom — não porque ele é bom para mim, mas porque ele é bom". Assim, amamos a Deus verdadeiramente por amor a ele, não para o nosso bem. O terceiro estágio do amor trata do amor pelo qual Deus é amado para seu próprio bem.

5.   O quarto estágio do amor: amar a si mesmo por amor a Deus

Bendito os que experimentam o quarto estágio do amor, no qual amamos a nós mesmos por amor a Deus. Experiências desse tipo são raras e breves. De certo modo, ficamos atônitos, como se não existíssemos, inconscientes e esvaziados.

Mesmo que experimentemos por breve momento esse tipo de amor, descobriremos a dor de abandonar o estado de contemplação e voltar ao mundo e às suas obrigações. Ao voltar a si, o cristão sentirá a dor de ingressar novamente no estado mortal para o qual fomos destinados a viver.

Contudo, nesse momento nossa mente se une à mente de Deus, e nossa vontade estará em total harmonia com ele. Nossa súplica e nosso prazer serão a oração: "Seja feita a tua vontade" (Mateus 6.10). Assim como a gota de água misturada em bastante vinho parece perder completamente sua característica por assumir o gosto e a cor do vinho; assim como o ferro aquecido e ardente se parece muito com o fogo e perde a aparência original; assim como o ar invadido pelos raios de sol se transforma no mesmo esplendor de luz e se assemelha à própria luz, o mesmo acontece com quem se deixa desfazer de si mesmo para transfundir inteiramente na vontade de Deus.

Esse amor perfeito de Deus em nosso coração, alma, mente e força não acontecerá enquanto formos obrigados a pensar em nós mesmos e atender às necessidades imediatas do corpo. Só então a alma poderá escutar tudo que Deus tem a dizer. Daí a dificuldade em manter essa condição no corpo em que vivemos. Mas está sob o poder de Deus oferecer essa experiência a quem ele desejar: ela não é alcançada por esforço humano.

6.   Entrando nos três primeiros estágios do amor

Quais são os quatro estágios do amor? O primeiro é quando amamos a nós mesmos por interesse próprio. Uma vez que não somos espirituais, somos carnais e não temos condições de nos interessar por nenhuma outra coisa que não esteja relacionada conosco. Quando percebemos que não conseguimos sobreviver por nós mesmos, começamos a buscar a Deus por interesse próprio. Este é o segundo estágio do amor: amamos a Deus, mas pensando em nosso benefício. Quando começamos a adorar e buscar a Deus com mais assiduidade, por meio da meditação, da leitura, da obediência e da oração, aos poucos Deus se torna conhecido de nós por meio da experiência. Estabelecemos uma familiaridade agradável com Deus e, ao experimentar a bondade divina, passamos ao terceiro estágio do amor: amar a Deus não por interesse próprio, mas por amor a ele. É preciso observar que nesse estágio nos sentiremos sossegados um bom tempo.

7.   É possível alcançar o quarto estágio do amor?

Não tenho certeza se o quarto estágio do amor, no qual amamos a nós mesmos por amor a Deus, pode ser alcançado plenamente nesta vida. Quando acontece, porém, experimentamos a alegria do Senhor e nos esquecemos de nós mesmos. É uma experiência extraordinária. Nesse momento, nossa mente e nosso espírito se unem a Deus.

Sou da opinião de que é isso que o profeta quer dizer quando declara: "Sairei na força do Senhor Deus; farei menção da tua justiça, e só dela" (Salmos 71.16, *ARC*). Ele estava certo de que quando recebesse o poder espiritual do Senhor deixaria de lado seu ego, e todo o seu ser estaria, em espírito, consciente apenas da justiça do Senhor.

Quando alcançamos o quarto estágio do amor, a rede de caridade, que, atraída por esse vasto e imenso oceano, não para de capturar toda espécie de peixe, quando finalmente é trazida à praia para descartar os peixes ruins, preservará somente o peixe bom. Mesmo assim, não acredito que possamos alcançar esse estágio nesta vida. Vivemos num mundo de sofrimento e tristeza e experimentamos a misericórdia e o consolo de Deus apenas neste contexto. Como estar atentos à misericórdia, se apenas a justiça de Deus é lembrada? Onde não há lugar para a miséria ou ocasião de sermos misericordiosos, com certeza não haverá sentimento de compaixão.

Texto bíblico: 1 João 4.7-21

Amados, amemos uns aos outros, pois o amor procede de Deus. Aquele que ama é nascido de Deus e conhece a Deus. Quem não ama não conhece a Deus, porque Deus é amor. Foi assim que Deus manifestou o seu amor entre nós: enviou o seu Filho Unigênito ao mundo, para que pudéssemos viver por meio dele. Nisto consiste o amor: não em que nós tenhamos amado a Deus, mas em que ele nos amou e enviou seu Filho como propiciação pelos nossos pecados. Amados, visto que Deus assim nos amou, nós também devemos amar uns aos outros. Ninguém jamais viu a Deus; se amarmos uns aos outros, Deus permanece em nós, e o seu amor está aperfeiçoado em nós.

Sabemos que permanecemos nele, e ele em nós, porque ele nos deu do seu Espírito. E vimos e testemunhamos que o Pai enviou seu Filho para ser o Salvador do mundo. Se alguém confessa publicamente que Jesus é o Filho de Deus, Deus permanece nele, e ele em Deus. Assim conhecemos o amor que Deus tem por nós e confiamos nesse amor.

Deus é amor. Todo aquele que permanece no amor permanece em Deus, e Deus nele. Dessa forma o amor está aperfeiçoado entre nós, para que no dia do juízo tenhamos confiança, porque neste mundo somos como ele. No amor não há medo; ao contrário o perfeito amor expulsa o medo, porque o medo supõe castigo. Aquele que tem medo não está aperfeiçoado no amor.

Nós amamos porque ele nos amou primeiro. Se alguém afirmar: "Eu amo a Deus", mas odiar seu irmão, é mentiroso, pois quem não ama seu irmão, a quem vê, não pode amar a Deus, a quem não vê. Ele nos deu este mandamento: Quem ama a Deus, ame também seu irmão.

Perguntas para meditação

Estas perguntas poderão ser utilizadas para discussão em pequenos grupos ou para registro em diário pessoal.

1. Qual dos quatro estágios do amor você experimentou em sua jornada espiritual?
2. Que fatores de motivação nos levam do estágio 1 para o estágio 2? E do estágio 2 para o 3? E do estágio 3 para o 4?
3. Em sua opinião, qual o estágio mais comum do amor? Por quê?
4. O autor de 1João declara que somos capazes de amar a Deus porque Deus nos amou primeiro. Como o amor de Deus por você o capacita a amar a Deus, a amar a si mesmo e a amar o próximo?
5. O quarto estágio do amor, diz Bernardo, é uma experiência impressionante: há um sentimento de unidade, pelo qual "transfundimos inteiramente na vontade de Deus". Você já foi abençoado com essa experiência? Descreva-a. Por que ela é apenas temporária?

Sugestão de exercícios

Estes exercícios poderão ser utilizados por indivíduos, compartilhados entre companheiros de caminhada espiritual ou no contexto de pequenos grupos. Escolha um exercício ou mais.

CLÁSSICOS DEVOCIONAIS

1. O primeiro estágio do amor consiste em amar a si mesmo por interesse próprio. De acordo com Bernardo, para ultrapassar esse estágio precisamos entender que Deus é aquele que nos criou e nos protege. Dedique um tempo esta semana para meditar sobre seu nascimento, a fim de se conscientizar de que você não criou a si mesmo, que sua vida é uma dádiva e que sua existência não depende de você.

2. O segundo estágio do amor é amar a Deus por interesse próprio: amamos a Deus por tudo o que ele faz, embora não o amemos pelo que ele é (amar a Deus por amor a Deus). Bernardo acredita que, depois de anos sendo guiados por Deus através de provações, podemos começar a amar a Deus por amor a Deus. Por que esperar as tribulações? Faça uma lista de todas as vezes que Deus guiou você por meio de provações. Utilize essa lista para prosseguir até o terceiro estágio do amor.

3. Bernardo diz que amar o próximo mantém o amor-próprio em equilíbrio. Esta semana faça um esforço para aliviar o peso dos que estão ao seu redor, começando com aqueles que moram com você. O dom inestimável de ouvir é uma ótima maneira de começar.

4. Medite sobre o salmo 139. Esse cântico maravilhoso da glória da criação, do amor extraordinário de Deus e de nossa existência miraculosa o ajudará a concentrar-se no Deus cujo amor alcança as regiões mais profundas do coração.

Reflexão

Se existe alguém que merece ser comparado ao apóstolo João como "apóstolo do amor", essa pessoa é Bernardo. Ele escreveu 86 sermões sobre o Cântico dos Cânticos como alegoria do amor divino-humano. Seu maravilhoso hino "Jesus the Very Thought of Thee" [Jesus, o próprio pensamento de ti] *reverbera a linguagem de amor divino:*

Oh, esperança de todo coração contrito! Oh, alegria de todo humilde;
Com os que caem, quão bondoso tu és! Quão bondoso aos que buscam!
Mas quanto aos que encontram? Ah, nenhuma língua ou pena expressará isso;
O amor de Jesus, ninguém exceto seus amados conhecem.

Quão apropriadamente Bernardo nos lembra da centralidade do amor! Passamos com muita facilidade a dar importância a outras coisas: nosso orçamento e construções ostensivas, nossa dedicação ao serviço secular, nossas excentricidades doutrinárias. Bernardo, entretanto, elimina toda nossa atividade pomposa e nos convida outra vez a amar a Deus com o coração puro, a alma sincera e a vida santificada.

— RICHARD J. FOSTER

Para seu aprofundamento

"Bernard of Clairvaux". In: Richard PAYNE (Org.). **The Classics of Western Spirituality.** New York: Paulist, 1987. Contém uma introdução bastante útil sobre o pensamento e a pessoa de Bernardo, escrita por Jean LeClercq, talvez a melhor existente. O prefácio foi escrito pelo tradutor, Gillian Evans, um estudioso da Idade Média formado em Oxford.

BERNARD OF CLAIRVAUX. **The Love of God.** Portland: Multnomah, 1983. Da série *Classics of Faith and Devotion*. Apropriado para leitura devocional com introdução de James M. Houston, ex-professor de Oxford e chanceler da Faculdade Regent. Contém ainda textos do amigo de Bernardo, William de St. Thierry.

_____. **On the Song of Songs.** Kalamazoo: Cistercian, 1980.

_____. **Sermons on Conversion.** Kalamazoo: Cistercian, 1981.

_____. **Treatises I, Treatises II, Treatises III.** Kalamazoo: Cistercian, 1974.

EVANS, Gillian. **The Mind of St. Bernard of Clairvaux.** Oxford: Clarendon Press, 1988.

JAMES, Bruno S. **Saint Bernard of Clairvaux.** London: Hodder & Stoughton, 1957. Biografia breve, porém cativante.

LECLERCQ, Jean. **Bernard of Clairvaux and the Cistercian Spirit.** Kalamazoo: Cistercian, 1987.

FRANÇOIS FÉNELON

Vontade não mais dividida

Introdução ao autor

François de Salignac de La Mothe Fénelon (1651-1715) foi membro proeminente da corte de Luís XIV, servindo como instrutor particular do duque de Borgonha. Muito estimado na Igreja, Fénelon foi nomeado arcebispo de Cambrai em 1695. Nesse período, conheceu Madame Guyon, tendo sido bastante influenciado por ela e por outros membros do movimento quietista na França. (O quietismo enfatizava a importância do desprendimento total das coisas deste mundo.)

Fénelon defendeu o quietismo em sua obra *Maxims of the Saints* [Máximas dos santos], resultando em controvérsia e na consequente denúncia ao papa Inocêncio XII (por ter "amado demais a Deus e muito pouco ao homem"). Ele foi expulso por Luís XIV e designado para uma igreja local, onde ficou conhecido como pastor-modelo.

Fénelon trocava correspondência com várias personalidades de sua época, servindo de guia espiritual para elas. As cartas foram compiladas e publicadas para a edificação de outros leitores. O principal tema dos escritos de Fénelon é o amor total de Deus. O texto selecionado ressalta que a vida espiritual, longe de ser enfadonha, é o único caminho para a alegria.

Extratos de *Christian Perfection* [Perfeição cristã]

1. *Alegria centuplicada*

A perfeição cristã não é tão rigorosa, cansativa e restritiva quanto imaginamos. Ela exige de nós pertencermos a Deus do mais profundo de nosso coração. Uma vez que pertençamos a Deus desse modo, tudo o que fizermos para ele será fácil. Quem pertence a Deus está sempre alegre, quando não está dividido, porque só deseja o que Deus quer e quer fazer para Deus tudo que Deus deseja. Esse cristão se desnuda de tudo e, ao fazer isso, recebe cem vezes mais.

Paz de consciência, liberdade de coração, prazer de nos entregar nas mãos de Deus, alegria de sempre ver a luz crescendo em nosso coração e, finalmente, a libertação do medo e dos desejos insaciáveis dos tempos multiplicam por cem a alegria que os verdadeiros filhos de Deus possuem em meio às aflições, isto é, quando são fiéis.

2. Uma vontade não mais dividida

Alguns sacrificam a si mesmos, mas apenas por algo de que gostam. Sofrem, mas querem sofrer, e preferem o sofrimento a qualquer tipo de alegria ilusória. O corpo suporta fortes dores, a mente é perturbada, o espírito desfalece em fraqueza e exaustão, mas a vontade permanece firme e tranquila no mais profundo do ser.

O que Deus requer de nós é uma vontade que não esteja mais dividida entre ele e qualquer outra criatura. Uma vontade dócil nas mãos dele, que não busque nem rejeite qualquer outra coisa, que deseje sem reservas tudo que ele deseja e que nunca deseje, sob nenhum pretexto, algo que ele não deseje. Quando temos essa disposição, tudo vai bem. Até as distrações triviais se transformam em boas obras.

3. Um estado tão desejável

Felizes os que se entregam a Deus! Eles são libertados de suas paixões, da reprovação alheia, da malícia, da tirania das palavras, do insensível e infame escárnio, do infortúnio que o mundo distribui junto com a riqueza, da infidelidade e inconstância dos amigos, das astuciosas armadilhas do Inimigo, da própria fraqueza, da miséria e brevidade da vida, dos horrores de uma morte profana, do remorso por prazeres pecaminosos e, por fim, da eterna condenação de Deus.

Somos libertados dessa multidão inumerável de maldades porque, quando entregamos nossa vontade às mãos de Deus, passamos a desejar apenas o que Deus deseja. Assim, encontramos consolo na fé e, consequentemente, esperança em meio a todos os sofrimentos. Que fraqueza seria, então, temer entregar-nos a Deus e experimentar logo essa condição tão desejável!

4. Conduzidos com alegria

Felizes são os que se lançam com a cabeça curvada e os olhos fechados nos braços do "Pai das misericórdias e Deus de toda consolação" (2Coríntios 1.3), como disse o apóstolo Paulo! Depois disso, nosso maior desejo é saber o que devemos a Deus, e o maior temor é não ver em nós o que ele pede de nós.

Assim que descobrimos uma nova perspectiva em nossa fé, somos conduzidos com alegria, como o avarento que descobre um tesouro. O verdadeiro cristão, seja qual for o infortúnio reservado a ele pela providência divina, agrada-se de tudo o que recebe e não deseja outra coisa senão o que possui. Quanto mais ele ama a Deus, maior o contentamento. A mais alta perfeição, em vez de nos sobrecarregar, torna nosso jugo leve.

5. Asas para voar em direção a ele

Que insensatez ter medo de se entregar totalmente a Deus! Significa ficar com medo de ser muito feliz. É ter medo de amar a vontade de Deus em todas as coisas. É temer ter coragem para enfrentar as inevitáveis dificuldades, do conforto existente no amor de Deus, do desprendimento das paixões que nos tornam miseráveis.

Portanto, desprezemos as coisas terrenas para pertencer inteiramente a Deus. Não estou dizendo que devemos abandoná-las de vez, pois para viver uma vida honesta e moderada precisamos aprofundar o coração no amor e fazer quase as mesmas coisas que fazíamos antes. Deus não inverte a condição de seu povo, nem as responsabilidades que ele mesmo lhes deu, mas para servirmos a Deus fazemos o que antes fazíamos apenas para servir e agradar o mundo e satisfazer a nós mesmos.

Existe esta única diferença: em vez de sermos devorados pelo orgulho, pelas paixões dominantes e pela crítica maliciosa do mundo, devemos agir com liberdade, coragem e esperança em Deus. A confiança nos fortalecerá. Enquanto nos escapam as coisas aqui da terra, a expectativa das coisas eternas que se aproximam nos sustentará em meio ao sofrimento. O amor de Deus, que nos torna conscientes do amor de Deus para conosco, nos dará asas para voar em direção a ele, para elevar-nos acima de todas as nossas dificuldades. Se tivermos dificuldade em acreditar nisso, a experiência nos convencerá. "Provem, e vejam como o SENHOR é bom", diz Davi em Salmos 34.8.

6. O espírito do amor que torna agradável todas as coisas

Jesus Cristo disse a todos os cristãos, sem exceção: "Se alguém quiser acompanhar-me, negue-se a si mesmo, tome a sua cruz e siga-me" (Mateus 16.24). O caminho largo leva à perdição. Devemos seguir o caminho estreito, que poucos percorrem. Precisamos nascer de novo, renunciar a nós mesmos, odiar a nós mesmos, tornar-nos como criança, ser pobres de espírito, chorar para ser consolados, não ser do mundo, ser amaldiçoados por causa do escândalo do mundo.

Essas verdades atemorizam muita gente, isso porque só eles sabem o que a religião cobra, sem saber o que ela oferece, e ignoram o espírito de amor que torna todas as coisas agradáveis. Eles não sabem que esse caminho nos leva à mais alta perfeição por um sentimento de paz e de amor que ameniza todas as dificuldades.

Os que pertencem inteiramente a Deus sempre estão felizes. Eles sabem por meio da experiência que o jugo do Senhor "suave", que nele encontramos "descanso para a alma" e que ele consola os cansados e sobrecarregados, como prometeu.

7. A eternidade se prepara para nos receber

Contudo, ai daquelas almas fracas e tímidas que estão divididas entre Deus e o mundo! Elas querem e não querem. Estão divididas entre a paixão e o remorso. Temem o julgamento de Deus e das pessoas. Têm horror ao mal e vergonha do bem. Sofrem com as virtudes sem experimentar seu agradável conforto. Oh, quão miseráveis são! Ah, se tivessem um pouco de coragem para desprezar a conversa vã, a zombaria insensível e a crítica temerária! Que paz desfrutariam nos braços de Deus!

O desejo de permanecer no lugar em que estamos é prejudicial à nossa salvação, indigno de Deus e de nós mesmos e nocivo até para a paz do coração. A vida nos foi dada justamente para avançarmos com grandes passadas em direção ao país celestial. O mundo foge como sombra ilusória. A eternidade já se prepara para nos receber. Por que tardamos em progredir enquanto a luz do Pai de misericórdia nos ilumina o caminho? Apressemo-nos em chegar ao Reino de Deus.

8. Esse amor zeloso e dominante

Basta um mandamento para eliminar de vez todo pretexto que possamos apresentar a Deus. "Ame o Senhor, o seu Deus, de todo o seu coração, de toda a sua alma, de todas as suas forças e de todo o seu entendimento" (Lucas 10.27). Veja como os termos foram unidos pelo Espírito Santo para evitar qualquer reserva que alguém queira ter em detrimento desse amor zeloso e dominante.

Tudo não é suficiente para Deus. Ele não suporta divisão e não nos permite amar algo além de Deus, exceto o que o próprio Deus nos ordena amar por amor a ele. Devemos amar a ele somente. Não apenas com todo o nosso esforço e no limite de nosso coração, mas também com toda a concentração da mente. Como poderemos dizer que o amamos se não pensamos em sua lei nem dedicamos toda a nossa energia em fazer a vontade dele?

9. Prosseguindo com coragem

Os que temem enxergar claramente o que esse amor exige enganam a si mesmos, achando que possuem esse amor vigilante e dedicado. Só existe uma maneira de amar a Deus: não dar um passo sem ele e prosseguir com coragem até onde ele nos conduzir.

Quem vive a fé cristã e ainda deseja preservar um pouco das coisas do mundo corre o grande risco de ser considerado morno, isto é, sujeito a se "vomitado" da boca de Deus.

Deus não tem muita paciência com aquelas almas fracas que dizem a si mesmas: "Vou até aqui e nem um passo a mais". Acaso é a criatura que dá ordens ao Criador? O que um rei diria ao seu subordinado ou um mestre ao servo que só trabalha quando e como quer, que receia dar atenção aos interesses do mestre e tem vergonha de pertencer ao mestre? O que o Rei dos reis dirá a nós se agirmos como esses servos medrosos?

10. O princípio do amor puro

Por que preferimos ver os dons de Deus em nós, não nos outros, se isso representa justamente o desprendimento de nós mesmos? Quem prefere ver os dons em si mesmo mais que nos outros também ficará incomodado de ver os dons se manifestar de modo mais perfeito neles que em si mesmo. Daí surge a inveja. O que devemos fazer, então? Precisamos alegrar-nos com o fato de Deus realizar sua vontade em nós. Ele reina em nós não para nossa felicidade nem para nossa perfeição, por ser nossa, mas para o bem de Deus e para sua glória.

Isso não é uma sutileza imaginária, porque Deus, que deseja desnudar a alma para aperfeiçoá-la e a persegue implacavelmente para conduzi-la a um amor puro, fará com que ela supere essas resistências. Ele não a deixará descansar até que tenha eliminado todo estado primitivo e independente. Não há nada tão zeloso, rigoroso e sensível quanto o princípio do amor puro. É como ouro purificado no crisol. O fogo consome tudo que não é ouro. Também precisamos tornar nosso coração um crisol, para purificar o amor divino.

Texto bíblico: 1 Pedro 4.1-6

Uma vez que Cristo sofreu corporalmente, armem-se também do mesmo pensamento, pois aquele que sofreu em seu corpo rompeu com o pecado, para que, no tempo que lhe resta, não viva mais para satisfazer os maus desejos humanos, mas sim para fazer a vontade de Deus. No passado vocês já gastaram tempo suficiente fazendo o que agrada aos pagãos.

Naquele tempo vocês viviam em libertinagem, na sensualidade, nas bebedeiras, orgias e farras, e na idolatria repugnante. Eles acham estranho que vocês não se lancem com eles na mesma torrente de imoralidade, e por isso os insultam. Contudo, eles terão que prestar contas àquele que está pronto para julgar os vivos e os mortos. Por isso mesmo o evangelho foi pregado também a mortos, para que eles, mesmo julgados no corpo segundo os homens, vivam pelo Espírito segundo Deus.

Perguntas para meditação

Estas perguntas poderão ser utilizadas para discussão em pequenos grupos ou para registro em diário pessoal.

1. Qual a única disposição (atitude ou abordagem) que Fénelon acredita necessária para sair de uma vida espiritual miserável e seguir para uma vida jubilosa?

2. De acordo com Fénelon, quem se entrega a Deus é libertado de uma "multidão inumerável de maldades". Cite algumas das quais Deus libertou você.

3. A alma dividida é fraca e tímida e deseja "permanecer onde está". Relate um momento de sua vida em que você quis permanecer onde estava, mas Deus o chamou para seguir adiante.

4. No texto bíblico, Pedro lembra aos leitores o passado deles. Pense sobre seu passado e responda à pergunta: qual a diferença que sua fé faz em sua vida?

5. Pedro fala ainda do problema da "influência dos amigos", que também atinge os adultos. Como novos cristãos, os leitores de Pedro estavam sendo ridicularizados por aqueles que os conheciam antes da conversão. Como você lidou com aqueles que conheciam você antes de seguir a Cristo?

Sugestão de exercícios

Estes exercícios poderão ser utilizados por indivíduos, compartilhados entre companheiros de caminhada espiritual ou no contexto de pequenos grupos. Escolha um exercício ou mais.

1. Tome a resolução de renunciar ao seu principal objetivo desta semana. Cultive o hábito de não buscar outra coisa a não ser Deus em tudo o que você fizer. Oriente-se pela exortação de Fénelon: não dê um único passo sem Deus.

2. Fénelon escreve: "Deus não tem muita paciência com aquelas almas fracas que dizem a si mesmas: 'Vou até aqui e nem um passo a mais' ". Defina sua "zona de conforto" essa semana. Avalie os limites de sua obediência. Pergunte-se por que você só vai "até aqui e nem um passo a mais".

3. Fénelon também observa que muitas vezes ficamos com medo de nos comprometer demais com Deus, temerosos de ficar excessivamente alegres. Apesar de estranho, para muitos esse temor é uma realidade. Registre em seu diário a resposta a esta pergunta: por que tenho medo de ficar alegre?

4. Pedro exorta a jovem Igreja: "Uma vez que Cristo sofreu corporalmente, armem-se também do mesmo pensamento..." (1Pedro 4.1). Esta semana, arme-se com a lembrança do sofrimento de Cristo por você. Diante das dificuldades, lembre-se do amor glorioso do Salvador, que sofreu voluntariamente por você.

Reflexão

Gosto da ênfase de Fénelon sobre os benefícios do discipulado fiel. Os que estão de fora só enxergam esforço inútil em seguir a Cristo. Não conseguem entender a grande libertação: libertação de uma sufocante absorção; libertação de um esquema de vanglória; libertação dos sistemas inseguros do mundo. E muito mais.

Fantástico! Aprecio a maneira pela qual Fénelon analisa as alegrias do viver cristão: alegria de uma crescente disposição para fazer o que é certo; alegria de uma consciência tranquila; alegria de ver "luz crescendo em nosso coração". Ouça estas palavras inspiradoras de outro texto dele: "Deus é tão bom que apenas aguarda que desejemos ser dominados por essa dádiva que é o próprio Deus. Se nos nutrirmos com Jesus Cristo e sua Palavra, seremos como o navio a todo pano com vento favorável". Isso não nos incentiva a obedecer com todo vigor?

— RICHARD J. FOSTER

CLÁSSICOS DEVOCIONAIS

Para seu aprofundamento

FÉNELON, François. **Christian Perfection.** Minneapolis: Bethany House, 1976. A mais famosa e importante obra de Fénelon. Os artigos são breves e abrangem grande quantidade de orientações espirituais sobre "o uso do tempo" até "ajuda nos momentos de tristeza". Devo alertar o leitor para não ler esse livro muito depressa. A melhor maneira de ler é pondo cada artigo em prática por alguns dias, ou mesmo semanas, antes de passar para o próximo.

_____. **Let Go.** Springdale: Whitaker House, 1973. Esse pequeno livro contém uma coleção de 40 cartas escritas por Fénelon. São destinadas a várias pessoas sinceras da corte de Luís XIV que procuravam viver uma verdadeira de espiritualidade em meio ao desavergonhado e imoral estilo vida da corte.

_____. **The Royal Way of the Cross.** Editado por Hal McElwaine Helms. Brewster: Parclete, 1982. Esse livro contém várias cartas e conselhos espirituais de Fénelon. Os assuntos são extraordinariamente amplos e práticos.

AGOSTINHO

Renúncia total

Introdução ao autor

Agostinho (354-430), bispo de Hipona, foi o mais importante doutor da Igreja latina. Ele nasceu no norte da África em 354, filho de pai pagão e mãe dedicadamente religiosa. Foi criado como cristão e aos 16 anos de idade mudou-se para Cartago a fim de completar sua formação em direito. Em 375, interessou-se pela filosofia e abandonou sua herança cristã. Orador habilidoso, recebeu a oferta de um cargo de professor em Roma, onde fundou uma escola de retórica.

Em Roma, foi influenciado pela filosofia de Platão e pelos ensinamentos de Ambrósio. Depois de intensa luta interior, abandonou as antigas convicções filosóficas e abraçou a fé cristã. Voltou para a África e ali formou uma comunidade religiosa. Em 391, foi ordenado sacerdote (contra a vontade) enquanto os vândalos iniciavam a invasão de Hipona.

Agostinho viveu trinta e quatro anos nessa comunidade monástica. Escreveu muitos livros e ficou famoso por sua eloquência, lógica e paixão espiritual. As três características tornaram Agostinho um dos mais importantes pensadores da história da Igreja. Depois do apóstolo Paulo, talvez nenhum autor seja lido tão extensamente e há tanto tempo quanto Agostinho. Sua contribuição teológica moldou não só sua época, mas também todos os séculos subsequentes do cristianismo. É difícil encontrar um teólogo — de qualquer época — que não tenha sido influenciado pelos ensinamentos de Agostinho.

O texto a seguir foi extraído de sua obra autobiográfica: *Confissões*. Nessa passagem, ele esclarece a constante luta entre a vontade e a rendição a Cristo, relembrando a própria conversão à vida de fé.

Extratos de *Confissões*

1. Uma casa dividida

Meu ser interior era como uma casa dividida. Por que acontece esse fenômeno estranho? A mente dá ordens ao corpo, e ele obedece imediatamente, mas quando dá ordens a si mesma, encontra resistência. O que provoca isso? A mente ordena que a mão se movimente, e esta obedece prontamente, de modo que é quase impossível distinguir a ordem da execução. Entretanto, a mente é a mente, e a mão faz parte do corpo, mas quando a mente ordena que a mente execute um ato da vontade, apesar de ser o mesmo órgão, a ordem não é obedecida.

Por que isso acontece? A mente dá ordens a si mesma para executar um ato da vontade, e não daria essa ordem se não quisesse. Entretanto, a mente não cumpre a própria ordem. Todavia, o desejo de cumprir a ordem não é total. Portanto, não são dadas todas as ordens. A mente só dá as ordens que deseja, e se não o desejar, a ordem não será cumprida.

2. Afligido pelo hábito

A vontade ordena que um ato da vontade seja cumprido, e ordena a si mesma, não à outra vontade. Assim, o motivo de a ordem não ser obedecida é não ter sido dada com toda a vontade. Se a vontade fosse completa, não daria ordens para ser completa, uma vez que já seria completa.

Portanto, não é estranho o fenômeno de em parte querer algo e em parte não querer. É uma doença da mente que a impede de elevar-se a um nível em que seja sustentada pela verdade, porque é afligida pelo hábito. Por isso, há dentro de nós duas vontades, pois nenhuma delas é por si só toda a vontade, e cada uma delas possui o que falta na outra.

3. Dividido entre vontades conflitantes

Quando lutava com a decisão de servir ao Senhor meu Deus, como desejava havia muito tempo, era eu quem queria seguir esse caminho e, ao mesmo tempo, era eu quem resistia. Era eu e somente eu, mas não desejei ou me recusei fazê-lo com toda a minha vontade. Por isso, eu discordava de mim mesmo. Estava ficando confuso. Tudo aconteceu comigo contra a minha vontade, mas provou que tenho uma segunda mente dentro de mim além da minha. Simplesmente significava que minha mente estava sendo punida. Meus atos não vinham de mim, mas da essência pecaminosa que habita em mim (Romanos 7.17). Fazia parte do castigo de um pecado cometido livremente por Adão, meu primeiro pai.

Na hora de tomar uma decisão, temos a alma dividida por vontades conflitantes. Alguns dizem que temos duas mentes opostas dentro de nós, uma boa e outra má, e que elas estão em conflito porque surgem de duas substâncias ou essências opostas.

Tu, porém, ó Deus da verdade, mostra como eles estão completamente errados. Tu destróis os argumentos deles e os confundes inteiramente. Pode ser que ambas as vontades sejam ruins. Por exemplo, a pessoa pode tentar decidir se quer gastar seu dinheiro de modo extravagante, ou se irá acumulá-lo como um avarento, ou se cometerá um crime ou um adultério — ou mesmo outra opção: se vai cometer um furto. Já que não poderá fazer tudo de uma vez, sua mente está dividida entre essas vontades irreconciliáveis.

4. A força total da vontade

O mesmo acontece quando a vontade é boa. Quando estou tentando decidir entre ler uma epístola de Paulo ou ler um salmo — ou, talvez, um dos Evangelhos — alguns dirão que, seja como for, a vontade é boa. Suponhamos, então, que alguém considere todas essas opções igualmente atrativas e que a oportunidade de fazer todas elas aconteça no mesmo instante. Não é verdade que a pessoa, enquanto não optar pela que mais lhe interessa, estará dividida entre vários desejos? Todos esses diferentes desejos são bons, contudo estarão em conflito entre si até a pessoa decidir o caminho pelo qual a vontade será unânime, para que não esteja mais dividida entre várias vontades.

Isso também se aplica quando a parte superior de nossa natureza aspira felicidade eterna enquanto nosso ser inferior se detém na paixão pelos prazeres temporais. É a mesma alma desejando ambas as coisas, mas não desejando nenhuma delas com toda a força da vontade. Por isso, está dividida ao meio e sofre grande provação porque, enquanto a verdade aponta a preferência por um caminho, os hábitos impedem a renúncia de outro.

5. Na iminência da resolução

Essa foi a essência de minha doença. Fiquei atormentado, repreendendo a mim mesmo com amargura, como nunca, enquanto me retorcia e me revirava em minha prisão. Eu esperava que minha prisão fosse rompida de uma vez por todas, porque apenas uma pequena coisa me segurava. Ainda assim, ela me prendia. E tu, Senhor, nunca deixaste de cuidar do íntimo de meu coração. Por tua severa misericórdia, castigaste-me com o duplo açoite do temor e da vergonha, caso eu cedesse outra vez e a corrente gasta e fraca não arrebentasse, porém recebesse mais força, prendendo-me ainda mais.

Ficava dizendo em meu coração: "Deixa como está! Deixa como está!", e só dizendo isso eu estava à beira de tomar uma decisão. Estava a ponto de fazê-lo, mas não fui bem-sucedido. Contudo, não voltei ao meu estado anterior. Continuei na iminência de uma resolução, esperando tomar novo fôlego. Tentei novamente e cheguei mais próximo de meu alvo, e depois um pouco mais perto, de modo que quase podia alcançá-lo e agarrá-lo.

Todavia, não alcancei o alvo. Não tinha como alcançá-lo e agarrá-lo, pois não dei o passo por meio do qual eu deveria morrer e reviver. Meus instintos inferiores, que tomaram conta de mim, eram mais fortes que os do ser superior, que continuavam intocáveis. Quanto mais se aproximava o momento que deveria marcar a grande mudança em mim, mais eu me afundava, horrorizado. Mas isso não me conteve nem me desviou de meu propósito: simplesmente deixou-me em suspenso.

6. Minha indecisão

Fiquei detido por todas as minhas antigas atrações. Elas puxavam minha veste de carne e sussurravam: "Você me dispensará? De agora em diante nunca mais estaremos contigo, nunca mais! De agora em diante, você nunca mais poderá fazer isto ou aquilo". Qual o sentido disso que sussurraram, Deus meu: "Isto ou aquilo"? Coisas tão sórdidas e vergonhosas que suplico, por tua misericórdia, livrar a alma de teu servo!

Essas vozes, quando as ouço, parecem estar na metade do volume que estavam antes. Elas não me impedem mais; seus murmúrios, porém, chegam a mim por trás, tentando fazer com que eu vire o rosto enquanto desejo seguir adiante. Contudo, em minha indecisão, elas impediram que eu fosse rasgado ao meio, que eu me livrasse delas e transpusesse a barreira para chegar ao lugar de onde me chamavas. A força do hábito era muito superior a mim quando pedia: "Você acha que pode viver sem essas coisas?".

7. Trêmulo diante da barreira

Entretanto, nessa hora a força do hábito enfraquecia. Voltei para ver outra coisa e, enquanto continuava a tremer diante da barreira, do outro lado eu podia ver a beleza modesta da Moderação, em toda a sua serenidade, alegria imaculada quando ela acenava humildemente para eu que vencesse a barreira sem vacilar. Ela estendeu mãos ternas para receber-me e abraçar-me, pondo diante de mim uma imensidão de bons exemplos.

Ela sorriu para transmitir coragem, como se estivesse dizendo: "Você não consegue fazer o que estes homens e mulheres estão fazendo? Acha que eles encontram forças em si mesmos para vencer, não no Senhor Deus deles? Foi o Senhor Deus deles que me entregou a eles. Por que você insiste no esforço próprio, se fracassa? Entregue-se a Deus e não tema. Ele não retrocederá nem o deixará cair. Entregue-se a ele sem temer, pois ele o acolherá e irá curá-lo de todos os males".

Fui tomado de vergonha porque ainda estava dando ouvidos aos murmúrios inúteis de meu ser inferior e continuava suspenso. Mais uma vez, a Moderação parecia dizer: "Feche os ouvidos aos sussurros impuros de seu corpo, para que seja mortificado. Eles falarão de coisas que lhe agradarão, mas não de coisas como a lei do Senhor, que seu Deus quer lhe ensinar".

8.   Por que não agora?

Sondo as profundezas de minha alma arrancando dela os segredos deploráveis e, depois de revistar todos eles diante de mim, uma grande perturbação irrompeu em meu interior. De alguma maneira, atirei-me para baixo da figueira e dei lugar às lagrimas que corriam de meus olhos. Pois achava que ainda estava preso aos meus pecados e continuei chorando em desespero: "Até quando vou ficar dizendo: 'Amanhã, amanhã'? Por que não agora? Por que não terminar agora com meus pecados abomináveis?".

Eu me perguntava essas coisas, chorando o tempo inteiro com profunda amargura no coração, quando de repente ouvi o canto de uma criança, vindo de uma casa das redondezas. Não sei dizer se era menino ou menina, mas repetia várias vezes o refrão: "Pegue e leia, pegue e leia". Olhei, enquanto me esforçava para lembrar se havia algum tipo de brincadeira em que as crianças recitavam palavras como aquelas, mas não conseguia lembrar de tê-las ouvido.

Estanquei minhas lágrimas e fiquei de pé, dizendo a mim mesmo que a voz só podia ser uma ordem divina para eu abrir as Escrituras e ler a primeira passagem na qual meu olhar se fixasse. Então, apressei-me para o lugar onde eu havia deixado o livro que continham as epístolas de Paulo. Peguei, abri e em silêncio li a primeira passagem que vi: "Não em orgias e bebedices, não em cobiça e libertinagem, não em contendas e rivalidades. Antes, arme-se com o Senhor Jesus Cristo; não dê atenção à natureza e seus apetites" (Romanos 13.13,14, tradução do editor).

Não desejei ler mais, nem precisava. Pois no mesmo instante, quando terminei a frase, foi como se a luz da confiança invadisse meu coração e toda a escuridão da dúvida se dissipasse. Marquei o lugar com o dedo e fechei o livro. Tu converteste a mim para ti mesmo, para que eu não depositasse nenhuma esperança neste mundo, mas continuasse firme sobre a regra de fé.

Texto bíblico: Romanos 7.14-25

Sabemos que a Lei é espiritual; eu, contudo, não o sou, pois fui vendido como escravo ao pecado. Não entendo o que faço. Pois não faço o que desejo, mas o que odeio. E, se faço o que não desejo, admito que a Lei é boa. Neste caso, não sou mais eu quem o faz, mas o pecado que habita em mim. Sei que nada de bom habita em mim, isto é, em minha carne. Porque tenho o desejo de fazer o que é bom, mas não consigo realizá-lo. Pois o que faço não é o bem que desejo, mas o mal que não quero fazer, esse eu continuo fazendo. Ora, se faço o que não quero, já não sou eu quem o faz, mas o pecado que habita em mim.

Assim, encontro esta lei que atua em mim: Quando quero fazer o bem, o mal está junto a mim. No íntimo do meu ser tenho prazer na Lei de Deus; mas vejo outra lei atuando nos membros do meu corpo, guerreando contra a lei da minha mente, tornando-me prisioneiro da lei do pecado que atua em meus membros. Miserável homem que eu sou! Quem me libertará do corpo sujeito a esta morte? Graças a Deus por Jesus Cristo, nosso Senhor! De modo que, com a mente, eu próprio sou escravo da Lei de Deus; mas, com a carne, da lei do pecado.

Perguntas para meditação

Estas perguntas poderão ser utilizadas para discussão em pequenos grupos ou para registro em diário pessoal.

1. Agostinho diz que se sentiu como "uma casa dividida" entre dois desejos opostos. Você já teve essa experiência? Descreva-a.

2. Agostinho escreve que uma força que age contra nossa unidade interior é a que nos aflige pelo hábito. Que papel os hábitos ocupam em sua luta de compromisso com Deus?

3. Em Romanos 7.19, Paulo confessa-se incapaz de fazer o que deseja, isto é, o que ele entende ser correto e bom, mas se vê fazendo o que não quer fazer, o que entende ser errado e ruim. Como Jesus Cristo soluciona esse problema?

4. Agostinho escreve sobre os sussurros dos velhos hábitos e como eles tentam persuadi-lo até que a voz deles enfraquece. Que vozes protestariam mais, caso você quisesse quebrar algum de seus hábitos?

5. Na última parte, Agostinho se pergunta: "Até quando vou ficar dizendo: 'Amanhã, amanhã'? Por que não agora? Por que não terminar agora com meus pecados abomináveis?". Como você responderia a essa questão?

Sugestão de exercícios

Estes exercícios poderão ser utilizados por indivíduos, compartilhados entre companheiros de caminhada ou no contexto de pequenos grupos. Escolha um exercício ou mais.

1. Decida essa semana acabar com um mau hábito. Recuse-se a ser dirigido por algo além de Deus. Use a história de Agostinho como incentivo. Não tente dominar o hábito por si mesmo: confie no poder de Deus.

2. Próximo do final da jornada, Agostinho recebeu a visita da Moderação, que o fortaleceu pelo exemplo de outros homens e mulheres que venceram suas tentações. Leia esta semana algo sobre a vida de Jim Eliott, Hudson Taylor, Elizabeth Fry ou qualquer outra pessoa cuja vida represente um incentivo para você.

3. A Moderação também insistia em que Agostinho não desse ouvidos aos sussurros profanos. Cada vez que você passar por uma provação esta semana, desvie-se do apelo desses sussurros. Volte-se para o que é formoso, honroso e verdadeiro.

4. Deixe Cristo livrar você da luta interior, como ele fez com Paulo. Decida não decidir, antes submeta-se. Deixe Cristo assumir o controle de sua luta interior.

Reflexão

Poucos conseguem igualar Agostinho na compreensão da teologia moral. Nesse texto, ele nos revela o dilema do conflito da vontade, que todos nós experimentamos. Discordamos de nós mesmos, somos uma casa dividida. Refletimos a imagem de Deus, por isso queremos o bem, a verdade e a formosura.

Por vivermos num mundo maravilhoso que se arruinou, ansiamos pelas distorções da boa criação de Deus. Tentamos alcançar o bem por pura força de vontade, mas fracassamos, sempre fracassamos, porque a vontade está em conflito consigo mesma e carece de redenção. Só pensar bons pensamentos ou desejar coisas boas não é o suficiente. Precisamos — como no caso de Agostinho e de Paulo antes dele — do poder transformador de Jesus Cristo vivo e presente entre nós. Então, nossa conflitante vontade se submeterá ao domínio do Árbitro divino.

— RICHARD J. FOSTER

Para seu aprofundamento

AGOSTINHO. **Confissões.** Tradução de Nair de Assis Oliveira. Petrópolis: Vozes, 2005. Esse livro é leitura obrigatória. Um dos melhores exemplos do gênero autobiográfico, que omite as trivialidades e a egolatria dos relatos autobiográficos contemporâneos. Entendendo que a evolução do coração é o verdadeiro conteúdo de uma autobiografia, Agostinho apresenta sua própria peregrinação intelectual e espiritual do maniqueísmo para Cristo, passando pela "academia" e pelo neoplatonismo.

_____. **O livre-arbítrio.** São Paulo: Paulus, 1995. Esse livro foi chamado "marco da maré alta" dos escritos filosóficos de Agostinho. Utilizando diálogo socrático, ele trata de uma das questões mais difíceis da fé cristã — o problema do mal.

BROWN, Peter. **Augustine of Hippo.** Berkeley and Los Angeles: University of California Press, 2000. A melhor biografia de Agostinho — vivaz e cativante.

FERREIRA, Franklin. **Agostinho de A a Z. São Paulo: Vida, 2006.** Livro elaborado com citações relevantes distribuídas em mais de cem verbetes, de A a Z. Essas citações fornecem uma visão abrangente da reflexão teológica deste que é considerado por muitos o maior teólogo cristão após o apóstolo Paulo.

_____. **Gigantes da fé. São Paulo: Vida, 2006.** Introdução à história da espiritualidade cristã partindo do exemplo contagiante de homens como Policarpo de Esmirna, Agostinho de Hipona, John Wycliffe, Martinho Lutero, João Calvino, John Wesley, Charles Spurgeon e muitos outros que marcaram época e serviram de "... terreno onde a devoção e a espiritualidade cristã foram formadas".

A vida de oração plena

A tradição contemplativa (a vida de oração plena) enfatiza o amor de Deus. Agostinho diz: "Oração verdadeira e completa não é nada mais que amar". Cada um dos textos deste capítulo trata de uma forma ou outra de oração, e é interessante observar a enorme variedade de abordagens dos autores. Juliana de Norwich convida-nos a orar "conforme a bondade de Deus"; Evelyn Underhill insiste em que deixemos "a vaidade do temporal" para desfrutar "a preciosidade da eternidade"; George A. Buttrick convida-nos a "uma simples regra de oração individual". A variedade é grande, contudo se complementam de inúmeras maneiras.

Um texto trata de orações escritas: John Baillie. Você logo perceberá a dependência total e a ênfase sobre o terno amor de Deus que permeia as orações desse autor.

Observe como Martinho Lutero, no século XVI, e Thomas Merton, no século XX, manifestam sua preocupação com nossas tentativas de manipular a Deus por meio da oração. Às vezes, podemos "pecar para o lado direito" pelo legalismo (Lutero) ou tentamos dominar a Deus por meio de "truques da vida espiritual" (Merton).

Outro autor, Frank Laubach, escreve sobre uma profunda experiência de "percepção da presença de Deus". Abrangendo todos os ensinamentos, está o convite de Henri J. M. Nouwen à solitude, na qual criamos um espaço aberto e vazio em nosso coração para Deus agir.

THOMAS MERTON

Os caminhos da meditação

Introdução ao autor

Nascido em Prades, na França, Thomas Merton (1915-1968) teve uma infância atribulada e dolorosa — sua mãe morreu quando ele tinha 6 anos de idade, e seu pai (um artista que mudava de um lugar para outro, deixando muitas vezes o pequeno Thomas desacompanhado) morreu quando ele tinha 15 anos. Na adolescência e até seus vinte e poucos anos Merton levou uma vida pródiga e sensual em busca de realização.

Quando estudava na Universidade Colúmbia, em torno dos 25 anos de idade, Merton passou por uma profunda experiência de conversão e afiliou-se à Igreja católica romana. Aos 26 anos, ingressou no Mosteiro Gethsemane, no estado do Kentucky, nos Estados Unidos, onde passaria o restante de sua vida como monge trapista.

Em 1948 publicou *A montanha dos sete patamares*, uma autobiografia que reflete o clima espiritual da época. A obra logo se tornou um *best-seller* internacional. Merton escreveu muitos outros livros que influenciaram significativamente a espiritualidade ocidental. Conhecido por seu diário, suas meditações e sua crítica social, Merton continua influenciando a espiritualidade contemporânea de diversas maneiras.

Alguns criticam sua tentativa de aproximar a espiritualidade ocidental da oriental, mas ele nunca abandonou a convicção da importância do relacionamento com Deus por meio de Cristo. Nessa mesma direção, Merton também mantinha um equilíbrio sensível entre a vida interior e exterior

— contemplação e ação. Por causa disso, ele influenciou não só a Igreja, mas também o mundo secular.

Sua morte acidental, em 1968, foi uma perda trágica, mas Merton continua inspirando inúmeros homens e mulheres. O texto aqui apresentado foi extraído de um pequeno livro escrito para os companheiros monges, mas contém uma sabedoria inestimável para todos os cristãos que pretendem aprofundar-se na vida espiritual.

Extratos de *Contemplative Prayer* [Oração contemplativa]

1. *Métodos mágicos*

Não devemos procurar um "método" ou um "sistema" de meditação, mas cultivar uma "atitude", uma "perspectiva": fé, franqueza, atenção, reverência, expectativa, súplica, confiança, alegria. Tudo isso, por fim, permeia nosso ser com amor na medida em que nossa fé viva nos diz que estamos na presença de Deus, que vivemos em Cristo, que no Espírito de Deus "enxergamos" a Deus, nosso Pai, sem no entanto "vê-lo". Conhecemos a Deus "sem perceber". A fé nos une a ele por meio do Espírito que nos ilumina e ama.

Alguns cristãos, sem dúvida, têm o dom espontâneo para a oração meditativa. Isso não é comum atualmente. A maioria precisa aprender a meditar. Há *maneiras* de meditar, mas não devemos esperar encontrar métodos mágicos, sistemas capazes que eliminar todas as dificuldades e obstáculos.

2. *Dificuldades da oração*

Às vezes, a meditação é bastante difícil. Se conseguirmos suportar as dificuldades da oração e aguardar com paciência o tempo da graça, descobriremos que a meditação e a oração são experiências muito prazerosas. Não devemos, porém, julgar o valor de nossa meditação pelo que "sentimos". Uma meditação difícil e aparentemente infrutífera poderá na verdade ser muito mais valiosa que a meditação tranquila, alegre, iluminadora e, a nosso ver, bem-sucedida.

Há um "movimento" da meditação que expressa o compasso "pascal" básico da vida cristã, a passagem da morte para vida em Cristo. Às vezes, a oração, a meditação e a contemplação significam "morte" — uma forma de descida à nossa insignificância, um reconhecimento de impotência, frustração, infidelidade, confusão e ignorância. Observe como esse tema é comum no Saltério (v. os salmos 39 e 56).

Deve haver todo esforço e sacrifício para ingressar no Reino de Deus, e os resultados compensam, ainda que não sejam tão evidentes para nós. Contudo, o esforço é necessário, *iluminado*, *bem orientado* e *consistente*.

3. Mera boa vontade

Deparamos logo de início com um dos problemas da vida de oração: saber quando nosso esforço é iluminado e bem orientado, ou quando é mero produto de nossas fantasias confusas e desejos imaturos. É um equívoco pensar que a mera boa vontade, por si só, seja a garantia de obter bons resultados por meio de esforço próprio. Graves erros podem ser cometidos, mesmo com boas intenções.

Certas tentações e desilusões devem ser consideradas normais na vida de oração, mas, quando achamos que atingimos certo grau de habilidade na contemplação, podemos descobrir que estamos tendo muitas ideias estranhas. Podemos até nos apegar a elas com ardente dedicação, convencidos de que são expressões da graça sobrenatural e sinais da bênção de Deus sobre nosso esforço, quando, na verdade, elas tão somente indicam que saímos do caminho e corremos sério perigo.

4. Orientação para iniciantes

Por esse motivo, na vida de oração é preciso ter humildade e dócil aceitação de sábios conselhos. Apesar de a orientação espiritual não ser tão necessária na vida cristã comum e de o monge poder viver sem ela, em certa medida (alguns até precisam!), torna-se uma necessidade moral para quem pretende aprofundar-se na vida de oração.

O guia espiritual é a pessoa capaz de orientar o iniciante nos modos de oração e de perceber qualquer sinal de zelo desorientado e esforço obstinado.

É preciso ouvir e obedecer ao guia, principalmente quando o diretor alerta contra o uso de certos métodos e práticas que ele entende estar fora de propósito ou que sejam danosos, ou quando o diretor se recusa a aceitar certas "experiências" como sinal de progresso espiritual.

5. Resistindo a Deus

O uso correto do esforço é determinado pelas manifestações da vontade e da graça de Deus. Quando alguém está de fato obedecendo, um pouco de esforço já é bastante eficaz, mas quando ele resiste a Deus (embora diga não ter outra intenção a não ser fazer a vontade dele), não importa quanto se esforce, não obterá grandes resultados.

Pelo contrário, a capacidade obstinada de resistir a Deus apesar das indicações cada vez mais claras de sua vontade é sinal de um perigo espiritual muito maior. Muitas vezes, somos incapazes de perceber isso em nós. Essa é outra razão da necessidade de um orientador espiritual.

O trabalho desse orientador consiste não tanto em ensinar um método secreto e infalível para alcançar experiências esotéricas, mas em mostrar como reconhecer a graça e a vontade de Deus, como ser humilde e paciente, como perceber as próprias dificuldades e como eliminar os principais obstáculos que nos impedem de ser pessoas de oração.

6. Os "truques" da vida espiritual

Esses obstáculos podem ter raízes profundas em nosso caráter. Na verdade, podemos descobrir que uma vida inteira não será suficiente para removê-los. Por exemplo, muitos dos que possuem alguns dons naturais e uma pequena dose de ingenuidade tendem a imaginar que conseguirão aprender facilmente, por meio das próprias habilidades, a dominar certos métodos — podem-se dizer "truques" — da vida espiritual.

O único problema é que na vida espiritual não há truques nem atalhos. Os que acham que poderão descobrir esquemas e pô-los em prática em sua vida geralmente ignoram a vontade e a graça de Deus. São autoconfiantes e até satisfeitos consigo mesmos. Estão decididos a conseguir isso ou aquilo e garantir seu lugar na prática da contemplação.

Eles podem até parecer bem-sucedidos em alguns aspectos, mas certos sistemas de espiritualidade — notavelmente o budismo zen — dão muita ênfase ao estilo severo e direto de orientação que abreviam esse tipo de confiança. Ninguém pode enfrentar as verdadeiras dificuldades da vida de oração e meditação sem estar plenamente satisfeito em ser um iniciante e experimentar a si próprio como alguém que sabe pouco ou nada e está desesperado para aprender os simples rudimentos. Os que acham que "sabem" desde o início na verdade nunca irão conhecer nada.

7. Aprisionados em si mesmo

Os que procuram orar e meditar além do que é apropriado, os afoitos em alcançar o que acreditam ser um "alto nível de oração" distanciam-se da verdade e da realidade. Ao observar a si mesmos e tentar convencer-se de seu desenvolvimento, tornam-se prisioneiros de si mesmos. Então, depois de perceber que a graça os abandonou, são dominados pelo próprio vazio e pela futilidade, por isso permanecem impotentes. A *acédia* (indolência, apatia de espírito) segue o entusiasmo do orgulho espiritual. A solução é um longo caminho de humildade e arrependimento!

Não desejamos ser iniciantes, mas o certo é que não seremos outra coisa.

8. Tentativa ousada e absurda de fugir da realidade

Outro obstáculo — talvez o mais comum — é a inércia espiritual, a confusão interior, a frieza, a falta de confiança. Pode ser o caso dos que, depois de começar bem, passam por uma desilusão inevitável, que acontece quando a vida de meditação se torna séria.

Aquilo que no início parecia fácil e compensador, de repente virou frustração. A mente não funciona, não consegue concentrar-se em nada. A imaginação e as emoções dispersam-se e às vezes se perdem. Talvez, nesse momento, em meio à oração árida, desolada e inconsistente, algumas fantasias inconscientes se apoderem do pensamento. Elas poderão ser desagradáveis e aterrorizantes. Na maioria dos casos, a vida interior torna-se um deserto: perde-se o interesse por qualquer coisa.

Isso pode, certamente, ser explicado como uma provação passageira, mas precisamos encarar o fato de que, muitas vezes, se trata de algo mais grave. Poderá ser o resultado de um mau começo, que resultou num bloqueio e dividiu a "vida interior" do restante da experiência. Nesse caso, a "vida interior" será nada mais que uma tentativa ousada e absurda de fugir à realidade.

9. Firmemente arraigados à vida

Sob o pretexto de que o que está "dentro" é de fato real, espiritual, sobrenatural, passamos a negligenciar e desprezar o "exterior", por considerá-lo mundano, sensual, material e contrário à graça divina. Isso representa má teologia e mau asceticismo. Na verdade, é ruim em todos os sentidos, porque, em vez de aceitar a realidade como ela é, nós a rejeitamos a fim de explorar alguma realidade perfeita de ideais abstratos que, na verdade, não é real.

Contudo, a inércia e a aversão que caracterizam a conhecida "vida espiritual" de tantos cristãos poderiam ser curadas por um simples respeito às realidades concretas da vida cotidiana, à natureza, ao corpo, ao próprio trabalho, aos amigos, ao ambiente, e assim por diante.

Um sobrenaturalismo falso, que imagina ser o "sobrenatural" um tipo de realidade de essência abstrata (conforme concebido por Platão) separada e contrária ao mundo concreto da natureza, não encontra apoio algum na vida genuína de meditação e oração. A meditação não faz sentido se não estiver profundamente arraigada à vida.

Texto bíblico: Salmos 39

Eu disse: Vigiarei a minha conduta
   e não pecarei em palavras;
porei mordaça em minha boca
enquanto os ímpios
   estiverem na minha presença.
Enquanto me calei resignado,
   e me contive inutilmente,
minha angústia aumentou.

Meu coração ardia-me no peito
e, enquanto eu meditava, o fogo aumentava;
então comecei a dizer:
Mostra-me, Senhor, o fim da minha vida
e o número dos meus dias,
para que eu saiba quão frágil sou.
Deste aos meus dias
   o comprimento de um palmo;
a duração da minha vida é nada diante de ti.
   De fato, o homem não passa de um sopro. [Pausa]
Sim, cada um vai e volta como a sombra.
Em vão se agita, amontoando riqueza
   sem saber quem ficará com ela.
Mas agora, Senhor, que hei de esperar?
Minha esperança está em ti.
Livra-me de todas as minhas transgressões;
não faças de mim
   um objeto de zombaria dos tolos.
Estou calado! Não posso abrir a boca,
pois tu mesmo fizeste isso.
Afasta de mim o teu açoite;
fui vencido pelo golpe da tua mão.
Tu repreendes e disciplinas o homem
   por causa do seu pecado;
como traça destróis o que ele mais valoriza;
de fato, o homem não passa de um sopro. [Pausa]
Ouve a minha oração, Senhor;
escuta o meu grito de socorro;
não sejas indiferente ao meu lamento.
Pois sou para ti um estrangeiro,
como foram todos os meus antepassados.
Desvia de mim os teus olhos,
para que eu volte a ter alegria,
antes que eu me vá e deixe de existir.

Perguntas para meditação

Estas perguntas poderão ser utilizadas para discussão em pequenos grupos ou para registro em diário pessoal.

1. Descreva suas experiências anteriores com a meditação.

2. Merton fala asperamente contra quem tenta aproximar-se de Deus por meio de um sistema ou método. Você já tentou manipular a Deus com "métodos mágicos"? Como?

3. Dons naturais como destreza ou inteligência, diz Merton, podem causar vários problemas na vida espiritual, principalmente quando procuramos "truques" e "atalhos". O que está errado com essa abordagem de crescimento espiritual?

4. Merton considera o salmo 39 um bom exemplo de como nossa vida diante de Deus pode tornar-se "uma forma de descida à nossa insignificância, um reconhecimento de impotência, frustração, infidelidade, confusão e ignorância". Você já teve esse sentimento de impotência e de frustração em sua vida espiritual? Descreva a experiência.

5. Merton acredita que o esforço e o empenho na vida espiritual só são úteis quando estamos sendo guiados por Deus. Quando o cristão resiste à orientação de Deus, "não importa quanto se esforce, não obterá grandes resultados". Se Thomas Merton fosse seu orientador espiritual e ouvisse você compartilhar suas práticas atuais, ele descreveria você como alguém que já é orientado ou como alguém que ainda procura ser dirigido? Por quê?

Sugestão de exercícios

Estes exercícios poderão ser utilizados por indivíduos, compartilhados entre companheiros de caminhada ou no contexto de pequenos grupos. Escolha um exercício ou mais.

1. Separe 15 minutos por dia para um momento de solitude e meditação. Esqueça a tensão e o estresse e simplesmente descanse na presença de Deus.

2. Merton acredita que precisamos cultivar uma "atitude" em nossa vida diante de Deus. Ele relaciona oito atitudes que nos unem a Deus: fé, franqueza, atenção, reverência, expectativa, súplica, confiança, alegria.

Em seus momentos de reflexão, escolha uma dessas atitudes e alimente-a, concentrando-se em orações breves e simples. Por exemplo, sobre a *fé*, diga simplesmente: "Senhor, eu creio em ti. Sei que podes todas as coisas...".

3. Faça uma lista de seus truques espirituais. De quais métodos mágicos você dependeu no passado ou usou como forma de manipular a Deus? Recuse-se a chegar a Deus com o falso sentimento de controle. Confesse a ele o pecado de ter reduzido seu relacionamento a mero formalismo.

4. O salmista promete: "Eu disse: Vigiarei a minha conduta e não pecarei em palavras; porei mordaça em minha boca enquanto os ímpios estiverem na minha presença". Assuma um compromisso semelhante, passando parte do dia em silêncio. O silêncio livrará você da compulsão de controlar as pessoas.

Reflexão

Sempre fico contente ao ver como os escritos de Merton são aplicáveis à realidade não monástica, na qual a maioria de nós se encontra. A orientação que ele oferece para a oração meditativa é prática e em "pequenas doses". É algo que dou conta de pôr em prática. Além do mais, as dificuldades a que ele se refere descrevem a situação em que estou.

Gosto disso porque a oração é uma daquelas áreas nas quais precisamos de toda a ajuda que pudermos obter. Por meio da oração, adentramos o Lugar Santo, por isso precisamos simplesmente reconhecer nossa pobreza de espírito. Nenhuma denominação, igreja ou grupo detém toda a verdade nessa questão a ponto de serem bem-sucedidos quando se isolam do restante da comunidade cristã. Precisamos da riqueza de experiências e de perspectivas conquistadas com os esforços de todos os que buscam seguir a Cristo e tornar-se amigo dele.

— RICHARD J. FOSTER

Para seu aprofundamento

MERTON, Thomas. **A montanha dos sete patamares.** Petrópolis: Vozes, 2006. Foi essa obra autobiográfica que chamou a atenção do público leitor para Merton. Ele não só foi um pensador meticuloso com profundas experiências, mas também um bom escritor — uma rara combinação.

_____. **Contemplative Prayer.** New York: Doubleday/Image Books, 1971. Em minha opinião, o melhor livro de Merton. Escrito com base num rascunho de experiência vivida, descreve para nós a obra criativa e restauradora da oração "realizada em silêncio, com espírito aberto, esvaziamento e humildade". Procure ler também *Spiritual Direction and Meditation* [Direção e meditação espiritual] (Collegeville: Liturgical, 1986), que trata de temas semelhantes.

_____. **Novas sementes de contemplação.** Rio de Janeiro: Fisus, 2001. Esse livro não tinha o objetivo de ser uma obra "popular", mas é bom saber que se tornou popular. Contém reflexões maduras sobre a vida interior, úteis tanto para quem vive fora dos mosteiros quanto para quem está dentro.

_____. **The Sign of Jonas.** Fort Washington: Harvest Books, 2002. Um escrito de qualidade, sólido e profético.

JULIANA DE NORWICH

A mais sublime forma de oração

Introdução à autora

Juliana (1343-1413) é a mais conhecida dos místicos ingleses. Ela era freira beneditina em Norwich, ao lado da Igreja de São Juliano, de onde provavelmente veio seu nome. Pouco se sabe sobre a vida de Juliana, apesar de ela ser mencionada por Margery Kempe, sua contemporânea.

O livro de Juliana *Revelations of Divine Love* [Revelações do amor divino] deu a ela o título de primeira autora da língua inglesa. Embora alegasse não possuir habilidades para escrever, sua prosa era vívida, com um estilo todo próprio. Ele conhecia bem a Bíblia e os ensinos da Igreja.

Sua teologia baseava-se nas experiências místicas. Aos 30 anos de idade, ficou gravemente enferma e, em meio ao sofrimento, pediu uma visão da paixão de Cristo. Certo dia, enquanto orava, Juliana ouviu a frase: "Eu sou o fundamento de sua oração", que muito influenciou sua vida espiritual. Ela sempre procurava mostrar a bondade e o amor de Deus, uma luz em momento de trevas para Juliana, que viveu numa época de inquietação social e sob o pavor da peste negra.

Talvez a ideia básica de seus escritos seja a alegria. Ela escreveu o famoso dito: "Tudo ficará bem e tudo ficará bem, e todo tipo de situação ficará bem". Os escritos dela são considerados "o resultado mais perfeito do misticismo medieval tardio na Inglaterra". O texto seguinte mostra tanto seu intenso desejo quanto sua sensatez. Apesar de ser difícil para nós uma identificação completa com suas "revelações", elas contêm uma perspectiva importante da qual todos podemos aprender algo.

Extratos de *Revelations of Divine Love* [Revelações do amor divino]

1. Eu ainda desejo mais

No ano de 1373, no dia 13 de maio, Deus deu-me uma revelação em três partes. Foi sua dádiva graciosa para mim em resposta ao meu desejo de conhecê-lo melhor.

A primeira foi uma profunda recapitulação de sua paixão. A segunda foi uma enfermidade física. A terceira dádiva de Deus foi ter três feridas.

Quanto à primeira, parecia que eu tinha algum sentimento sobre a paixão de Cristo, mas ainda queria mais pela graça de Deus. Meu desejo era estar presente com aqueles que Cristo amou e que estavam com ele na paixão para que eu pudesse, como meus próprios olhos, ver a paixão sofrida pelo Senhor a meu favor, e pudesse sofrer com ele, como aqueles que o amavam. Eu não tinha desejo de nenhuma outra visão ou revelação de Deus.

2. Purificada pela misericórdia de Deus

Quanto à segunda graça, passou pela minha mente o desejo de receber como dádiva de Deus uma enfermidade física. Queria que a doença fosse tão grave que parecesse mortal, para que eu pudesse receber todos os rituais da Igreja como se estivesse, de fato, morrendo.

Eu queria experimentar todo tipo possível de dor, física e espiritual, caso tivesse de morrer — todo tipo de medo e tentação. Queria isso porque desejava ser purificada pela misericórdia de Deus e, depois, dedicar-me mais à glória dele por causa da enfermidade.

Os dois desejos, o da paixão e o da enfermidade, tinham uma condição, pois não parecia uma petição comum. Portanto, orei: "Senhor, tu conheces meu desejo. Se for, ou não, da tua vontade conceder-me, não te importunes com minha oração, pois não quero nada que não seja da tua vontade".

3. Três feridas

Quanto à terceira, pela graça de Deus e o ensino da Igreja tive grande desejo de receber três feridas em minha vida. São elas: a ferida da verdadeira contrição, a ferida da compaixão amorosa e a ferida de aspirar ardentemente por Deus.

Embora eu tenha suplicado pelas duas graças anteriores de modo condicional, na terceira pedi urgência, sem nenhuma condição. Os dois desejos mencionados primeiro saíram da mente, mas o terceiro era contínuo.

4. Viver para amar mais a Deus

Quando eu tinha 30 anos, Deus enviou-me uma enfermidade física que me fez permanecer confinada à cama três dias e noites. Na terceira noite, recebi todos os ritos da Igreja e não esperava viver até o dia seguinte.

Depois disso, fiquei mais dois dias na cama e na sexta noite achei que estava a ponto de morrer, como também pensavam os que estavam comigo. Contudo, relutei em morrer — não que algo me segurasse na terra ou que eu temesse o sofrimento, pois eu confiava na misericórdia de Deus, mas eu queria viver para amar a Deus com maior intensidade e por mais tempo, para que por meio da graça desse viver eu conhecesse e amasse mais a Deus do que conseguiria até mesmo no céu!

Descobri que toda a minha vida aqui foi muito insignificante e breve, em comparação com os benefícios da vida eterna no céu. Pensei: "Senhor Deus, meu viver não pode ser mais dedicado à tua glória?". Com toda a vontade de meu coração, consenti em dedicar-me inteiramente a Deus.

5. "A imagem do seu Salvador"

No sétimo dia, comecei a sentir meu corpo morto por dentro. Mandaram chamar o pároco, para ele estar presente quando eu morresse. Antes de ele entrar no quarto, meus olhos ficaram parados, olhando para cima, e eu não conseguia falar. Ele colocou a cruz em meu rosto e disse: "Coloquei a imagem do seu Salvador diante de você. Olhe para ela e console-se com ela".

Parecia que eu estava bem, embora meus olhos continuassem fixos no teto, pois parecia que eu ia subir para o céu. No entanto, concordei em tentar olhar para o crucifixo. Consegui, mas logo em seguida comecei a perder a visão, e o quarto começou a escurecer. Enquanto meus olhos se fixavam na cruz, tudo o que estava ao redor parecia feio, como se fossem apavorantes demônios.

Depois disso, a parte superior do meu corpo começou a morrer. Eu não conseguia sentir nada. Minha maior dor era a falta de respiração. Pensei que havia chegado o momento de minha morte, quando de repente toda a dor desapareceu, e eu estava bem, como nunca me sentira antes. Contudo, fiquei ansiosa, querendo ser liberta deste mundo para estar com Deus, como desejava meu coração.

6. Sangue quente escorrendo

De repente, achei que deveria buscar aquela primeira graça, que meu corpo se enchesse de lembranças da paixão de Cristo. Eu achava que deveria também receber as feridas pelas quais orava. Contudo, nunca pedi nenhum tipo de revelação ou visão de Deus — queria apenas a compaixão que uma alma amorosa teria por Jesus ao testemunhar o sofrimento dele.

Foi naquele momento que vi o sangue escorrendo por baixo da coroa, quente e abundante, como deve ter acontecido sob a coroa de espinhos pressionada sobre a cabeça de Cristo. Naquele instante, entendi que era Jesus, homem e Deus, que sofreu em meu lugar, pois agora eu sabia por mim mesma, sem ninguém ter de me contar.

Nessa mesma revelação, de repente a Trindade encheu meu coração da maior alegria, e pude entender que será assim no céu. Pois a Trindade é Deus; Deus é a Trindade. A Trindade é nosso Criador, nosso protetor, nosso amor eterno. A Trindade é nossa alegria e prazer infindável, por meio de nosso Senhor Jesus Cristo e em nosso Senhor Jesus Cristo.

Onde Jesus aparece a Trindade bendita é entendida. Eu disse em voz alta: "Bendito seja o Senhor!". Fiquei espantada como nosso Deus, que deveria ser temido e reverenciado, poderia ser tão acessível a uma criatura pecadora como eu.

7. Menor que uma avelã

Ao mesmo tempo em que tive a visão da cabeça sangrando, nosso bendito Senhor mostrou-me uma visão espiritual de seu amor familiar.

Vi que ele é para nós tudo o que é bom. Ele nos consola e nos faz bem. Ele é a vestimenta que nos envolve. Ele nos protege com amor, nos abraça e nos ampara, cobre-nos com seu amor tão terno e nunca nos abandona. Nessa visão, percebi que ele é tudo de bom, da maneira em que entendo.

Com isso, ele me mostrou algo pequeno, menor que uma avelã, que parecia estar na palma de minha mão, redondo como uma bola. Observei com os olhos do entendimento e pensei: "O que será isto?". Fiquei impressionada de aquilo permanecer ali, pois achava que, por ser tão pequeno, logo desapareceria. Tive a resposta em minha mente: "Vai permanecer para sempre porque Deus a ama, e assim tudo passa pelo amor de Deus".

Nesse pequeno objeto, percebi três propriedades. A primeira é que Deus o havia feito; a segunda é que Deus o amava; a terceira é que Deus o preservava. Mas o que vi no objeto? Vi que Deus é o Criador, meu protetor e aquele que me ama. Pois até que eu esteja substancialmente unida a ele, nunca terei descanso perfeito ou verdadeira alegria, isto é, até que esteja tão ligada a ele que não haja nenhuma criatura entre mim e meu Deus.

Nosso bendito Senhor também revelou que ele se agrada muito quando uma simples alma se aproxima dele esvaziada e aberta, buscando intimidade. Carinhosamente, suplico a ti, ó Deus; por tua bondade dá-me de ti mesmo, pois és suficiente para mim.

As palavras da bondade de Deus são preciosas para a alma e chegam a tocar a vontade de Deus, pois sua bondade enche todas suas criaturas e todas as suas obras benditas e flui plena e incessantemente sobre elas. Deus é eterno e formou-nos para ele, restaurou-nos por sua preciosa paixão e sempre nos preserva debaixo de seu bendito amor. Tudo isso provém de sua bondade.

8. A mais sublime forma de oração

Essa revelação foi concedida ao meu entendimento para ensinar nossa alma a apegar-se com sabedoria à bondade de Deus. Ao mesmo tempo, nossos hábitos de oração foram trazidos à mente — o fato de, pela nossa ignorância acerca do amor, estarmos acostumados a recorrer a intermediários na oração. Então percebi que honramos e agradamos mais a Deus quando oramos fielmente a ele, por sua bondade, do que quando empregamos qualquer outro meio. Por quê? Porque sua bondade é plena e completa, sem faltar nada.

Pedimos a Deus para entender sua paixão, morte e ressurreição — que vem da bondade de Deus. Suplicamos a Deus força vinda de sua cruz — que também vem da bondade de Deus. Suplicamos a Deus com toda a ajuda dos santos que foram antes de nós — que também procede da bondade de Deus. Toda força que adquirimos por meio da oração procede da bondade de Deus, pois ele é a bondade de todas as coisas.

A forma sublime de oração serve à bondade de Deus. Ela desce a nós para atender às nossas necessidades mais singelas, dá vida à nossa alma e nos faz viver e crescer em graça e virtude. Ela, por natureza, está sempre próxima e, pela graça, sempre pronta, pois é a mesma graça que nossa alma busca e sempre buscará.

9. Amor infinito

Assim como o corpo é revestido pela roupa e o sangue é revestido pelo corpo, somos nós, corpo e alma, cobertos e envolvidos pela bondade de Deus. As vestes e o corpo deixarão de existir, mas a bondade de Deus sempre permanecerá e estará mais próxima de nós que nosso corpo.

Deus deseja apenas que nossa alma se apegue a ele com toda a força, principalmente que se apegue à sua bondade. Pois de tudo o que possamos pensar a respeito de Deus, é o refletir sobre sua bondade que agrada mais a ele e traz maior benefício para nós.

Somos amados tão intensamente que nem conseguimos compreender tudo. Nenhum ser criado poderá entender quão amável e ternamente Deus nos ama. Só com a ajuda da graça de Deus seremos capazes de manter a contemplação espiritual com admiração infindável pela sua majestade e pelo amor infinito e incomparável que o Senhor, por sua bondade, tem reservado para nós.

Portanto, podemos pedir ao nosso Amado para possuir tudo o que desejamos dele, pois nossa natureza anseia por ele, e a natureza dele anseia por nós. Nesta vida, não há como deixar de amá-lo.

Aprendi uma grande lição de amor por meio dessa abençoada visão. Contemplar e amar o Criador fez minha alma parecer menor à vista de si mesma e encheu-a de reverente temor e verdadeira humildade, além de muito amor pelos meus irmãos em Cristo.

Texto bíblico: Salmos 8

SENHOR, Senhor nosso,
    como é majestoso o teu nome em toda a terra!
Tu, cuja glória é cantada nos céus.
Dos lábios das crianças e dos recém-nascidos
    firmaste o teu nome como fortaleza,
por causa dos teus adversários,
    para silenciar o inimigo que busca vingança.
Quando contemplo os teus céus,
    obra dos teus dedos,
a lua e as estrelas que ali firmaste,
pergunto: Que é o homem,
    para que com ele te importes?
E o filho do homem,
    para que com ele te preocupes?
Tu o fizeste um pouco menor
    do que os seres celestiais
e o coroaste de glória e de honra.
Tu o fizeste dominar
    sobre as obras das tuas mãos;
sob os seus pés tudo puseste:
todos os rebanhos e manadas,
    e até os animais selvagens,
as aves do céu, os peixes do mar
    e tudo o que percorre as veredas dos mares.
SENHOR, Senhor nosso,
    como é majestoso o teu nome em toda a terra!

Perguntas para meditação

Estas perguntas poderão ser utilizadas para discussão em pequenos grupos ou para registro em diário pessoal.

1. Você já teve alguma experiência parecida com o que Juliana chama "revelação"? Descreva como foi. Caso contrário, você acredita que essas experiências são verdadeiras?

2. A oração de Juliana, conforme ela observa, não era uma oração comum, por isso ela acrescenta uma renúncia ("Se for da tua vontade..."). Cite algumas coisas que você almejou, porém relutou em pedir a Deus, por não estar certo de que estivessem em sintonia com os desejos de Deus?

3. Por que Juliana almejava ficar doente? O que ela conquistou na vida espiritual? Você já teve alguma enfermidade que levou você ou outra pessoa a uma consciência maior da presença de Deus?

4. Para você, o que significa orar de acordo com a "bondade de Deus", como Juliana recomenda? Se essa fosse a base de sua oração, o que mudaria em sua maneira de orar?

5. O que o salmo 8 nos ensina sobre a natureza de Deus e sobre a natureza e a importância do ser humano?

Sugestão de exercícios

Estes exercícios poderão ser utilizados por indivíduos, compartilhados entre companheiros de caminhada ou no contexto de pequenos grupos. Escolha um exercício ou mais.

1. Juliana foi inspirada, ainda jovem, a desejar três coisas de Deus. Reflita um pouco sobre esta questão: "Quais são as três coisas que eu mais desejo receber de Deus?". Faça delas o objeto de sua oração esta semana.

2. O principal desejo de Juliana era experimentar a paixão ou a morte de Jesus. Isso tem sido há séculos um objeto proveitoso de reflexão cristã. Esta semana, concentre sua oração na paixão de Cristo, dedicando cada dia a um aspecto da morte do Senhor.

3. A meditação de Juliana sobre a "avelã" fez com que ela percebesse que Deus é aquele que cria, ama e preserva a vida. Faça uma caminhada pela

natureza. Deixe-se impressionar pela criação, com a alegria de Deus em criar cada árvore e cada folha de grama e como Deus, por sua graça, preserva tudo isso.

4. Juliana escreve: "É o refletir sobre sua bondade que agrada mais a ele [Deus]". Esta semana, concentre seus pensamentos na bondade de Deus. Aproveite todas as oportunidades para falar da bondade de Deus aos seus amigos. Concentre-se na presença da bondade de Deus, onde quer que você esteja.

Reflexão

Você observou que as experiências de Juliana aproximaram-na de uma profunda compreensão da bondade de Deus? Na verdade, ela chamou a experiência da bondade de Deus "a mais sublime forma de oração".

É difícil para a mentalidade moderna entender essa realidade. Fomos ensinados que "a vida boa" está em todas as coisas e em qualquer coisa, menos em Deus. Discipulado, cruz, obediência — dificilmente associamos essas palavras com a bondade. Por não conseguir enxergar a bondade da retidão, deixamos de enxergar a bondade de Deus, mas talvez possamos seguir o exemplo de Juliana — e do salmista: "Provem e vejam como o Senhor é bom" (Salmos 34.8).

— RICHARD J. FOSTER

Para seu aprofundamento

"Juliana de Norwich". In: **Showings**. New York: Paulist, 1978. Faz parte da série *The Classics of Western Spirituality* [Os clássicos da espiritualidade ocidental]. Contém tanto o texto breve quanto o longo e é a melhor versão em inglês. A introdução também é muito proveitosa, bem como as introduções em toda a série. (Essa obra é também intitulada **Revelations of Divine Love**.)

HENRI J. M. NOUWEN

Em busca de solitude para nossa vida

Introdução ao autor

Henri Nouwen (1932-1996) nasceu em Nijkerk, na Holanda, e mudou-se para os Estados Unidos em 1964. Como sacerdote e psicólogo católico romano, lecionou em várias universidades de renome, como Yale, Harvard e Notre Dame. Escreveu mais de 20 livros, entre eles *The Genesee Diary* [O diário de *Genesee*], *O sofrimento que cura* (São Paulo: Paulinas, 2001) e *With Open Hands* [De mãos abertas]. Outros mais recentes são: *Gracias* [Graças] e *O caminho para o amanhecer* (São Paulo: Paulinas, 1999).

A jornada espiritual de Nouwen levou-o a servir numa entidade para deficientes mentais, a L'Arche, uma rede internacional de comunidades de assistência. Depois de um ano em Trosly, na França, ele permaneceu de 1986 até sua morte na Daybreak, em Richmond Hills, Ontário, no Canadá. Nas casas da L'Arche, o deficiente e os que o ajudam moram juntos, como filhos de Deus, procurando encarnar o evangelho. Os ajudantes cuidam das necessidades básicas de seus afilhados: alimentação, limpeza, incentivo e oração.

A sensibilidade espiritual de Henri Nouwen é tão animadora quanto profética. O texto a seguir convida-nos à intimidade e a perseguir a vida espiritual.

Extratos de *Renovando todas as coisas*

1. Trabalho árduo

A vida espiritual é um dom. É o dom do Espírito Santo que nos eleva para o Reino do amor de Deus, mas dizer que ser elevado para o Reino do amor é um dom divino não significa esperar passivamente até que o dom seja concedido a nós.

Jesus diz que nosso coração tem de estar no Reino. Pôr o coração em alguma coisa presume não só uma aspiração séria, mas também forte determinação. A vida espiritual exige esforço humano. As forças que nos desviam para uma vida cheia de preocupações não são fáceis de superar.

Jesus exclamou: "Como é difícil aos ricos entrar no Reino de Deus!" (Marcos 10.23). Para convencer-nos da necessidade do trabalho árduo, ele diz: "Se alguém quiser acompanhar-me, negue-se a si mesmo, tome a sua cruz e siga-me" (Mateus 16.24).

2. A voz mansa e suave

Entramos, então, na questão da disciplina da vida espiritual. É impossível uma vida espiritual sem disciplina. A disciplina é a outra face do discipulado. A prática da disciplina espiritual torna-nos mais sensíveis à voz mansa e suave de Deus.

O profeta Elias não encontrou Deus no vendaval, no terremoto ou no fogo, e sim no murmúrio de uma brisa (v. 1Reis 19.9-13). Por meio da prática da disciplina espiritual, tornamo-nos atentos a essa voz suave e, ao ouvi-la, nos dispomos a responder.

3. De vida absurda para vida obediente

De tudo o que já foi sobre a vida cheia de preocupações, fica claro que sempre estamos rodeados de tanto distúrbio exterior que fica difícil ouvir de verdade a voz de nosso Deus quando ele fala conosco. Muitas vezes, tornamo-nos surdos, incapazes de saber quando Deus nos chama e de entender para onde ele nos chama.

Por isso, nossa vida tornou-se absurda. Na palavra "absurdo" encontramos a palavra em latim *surdus*, que significa "surdo". A vida espiritual exige disciplina porque precisamos aprender a ouvir a Deus, que está sempre falando e a quem raramente damos ouvido.

Entretanto, quando aprendemos a ouvir, tornamo-nos obedientes. A palavra *obediente* vem do latim *audire*, que significa "ouvir". A disciplina espiritual é necessária para a lenta jornada da vida absurda para a vida obediente, da vida cheia de ruídos de preocupações para uma vida na qual haja algum espaço interior disponível para ouvir a Deus e seguir sua orientação.

A vida de Jesus foi uma vida de obediência. Ele estava sempre escutando o Pai, sempre atento à sua voz, sempre alerta à sua direção. Jesus era um "ouvinte pleno". Esta é a verdadeira oração: ouvir a Deus plenamente. O centro de toda oração é, de fato, ouvir, permanecer em atitude de obediência na presença de Deus.

4. O esforço concentrado

Portanto, disciplina espiritual é um esforço concentrado para criar um espaço interior e exterior em nossa vida, no qual essa obediência possa ser praticada. Por meio da disciplina espiritual, impedimos o mundo de preencher nossa vida a ponto de não haver mais espaço para ouvir. A disciplina espiritual liberta-nos para orar ou, melhor dizendo, permite que o Espírito de Deus ore em nós.

5. Tempo e lugar

Sem a solitude, é praticamente impossível viver uma vida espiritual. A solitude começa com um tempo e um lugar para Deus, e só para ele. Se crermos que Deus não apenas existe, mas também está ativamente presente em nossa vida — curando, ensinando e guiando —, precisamos separar um tempo e um lugar para lhe dedicar nossa atenção total. Jesus diz: "Vá para seu quarto, feche a porta e ore a seu Pai, que está em secreto" (Mateus 6.6).

6. Caos interior

Buscar solitude em nossa vida é um dos aspectos mais necessários da disciplina e também a mais difícil das disciplinas. Embora desejemos a verdadeira solitude, também passamos por certa apreensão à medida que nos aproximamos do lugar e do momento em que ela ocorre. Assim que nos achamos sós, sem ninguém para conversar, livros para ler, TV para assistir ou telefone para falar, um caos interior toma conta de nós.

Esse caos pode ser tão perturbador que não vemos a hora de voltar à atividade. Portanto, entrar no quarto e fechar a porta não significa que eliminamos imediatamente de nosso interior todas as dúvidas, ansiedades, medos, más lembranças, conflitos não resolvidos, sentimentos de ira e desejos impulsivos. Pelo contrário, depois de nos afastarmos de todas as outras distrações, logo descobrimos que nossas distrações interiores se manifestam com força total.

Em geral, utilizamos as distrações exteriores como proteção contra os ruídos interiores. Por isso, não é de surpreender que tenhamos dificuldades para ficar sós. O confronto com nossos conflitos interiores pode ser muito doloroso de suportar.

Isso torna a disciplina da solitude muito mais importante. A solitude não é uma resposta espontânea a uma vida ocupada e preocupada. Há muitas razões para não ficarmos sozinhos. Portanto, precisamos planejar cuidadosamente nosso tempo de solitude.

7. Escreva claramente

O máximo que conseguimos tolerar talvez seja 5 a 10 minutos por dia. Talvez estejamos prontos para uma hora todo dia, uma tarde por semana, um dia por mês ou uma semana por ano. O tempo gasto varia de pessoa para pessoa, de acordo com o temperamento, a idade, o trabalho, o estilo de vida e a maturidade.

Se não separarmos algum tempo para estar com Deus e ouvi-lo, é porque não levamos a vida espiritual a sério. Talvez seja preciso anotar na

CLÁSSICOS DEVOCIONAIS

agenda para que ninguém nos tire esse tempo. Assim, poderemos dizer aos amigos, vizinhos, alunos, clientes ou pacientes: "Sinto muito, já tenho um compromisso nesse horário, e não pode ser mudado".

8. Bombardeado por milhares de pensamentos

Depois de assumir o compromisso de dedicar tempo à solitude, desenvolvemos a atenção à voz de Deus em nós. No início, nos primeiros dias, semanas ou mesmo meses, talvez tenhamos a sensação de estar perdendo tempo. O tempo da solitude, de início, pode parecer pouco maior que o tempo em que somos bombardeados por milhares de pensamentos e sentimentos, que surgem das áreas ocultas da mente.

Um antigo escritor cristão descreveu o primeiro estágio da oração em solitude como a experiência de alguém que, depois de anos vivendo com as portas abertas, de repente resolve fechá-las. Os visitantes acostumados a entrar na casa começam a bater à porta, querendo saber por que não podem entrar. Só depois de perceberem que não são bem-vindos eles param de vir.

Essa é a experiência de quem decide experimentar a solitude depois de uma vida sem muita disciplina espiritual. De início, surgem muitas distrações. Depois, à medida que recebem menos atenção, elas se vão retirando.

9. Tentação de fugir

É claro que a questão é fidelidade à disciplina. No início, a solitude parece tão contrária aos nossos desejos que ficamos constantemente tentados a fugir dela. Um meio de escapar é através dos devaneios ou simplesmente caindo no sono. Contudo, quando persistimos na disciplina, na convicção de que Deus está conosco ainda que não consigamos ouvi-lo, aos poucos descobrimos que não queremos perder nosso tempo a sós com Deus. Embora não tenhamos grande satisfação com nossa solitude, descobrimos que um dia sem solitude é menos "espiritual" que quando a temos.

10. O primeiro sinal de oração

Sabemos por intuição que é importante dedicar tempo à solitude. Até começamos a aguardar a esse estranho momento de inutilidade. O desejo de estar em solitude geralmente é o primeiro sinal de oração, a primeira indicação de que a presença do Espírito de Deus não passa mais despercebida.

À medida que nos esvaziamos das muitas preocupações, passamos a perceber, não só com a mente, mas também com nosso coração, que nunca estivemos de fato sozinhos, que o Espírito de Deus esteve conosco o todo o tempo. Por isso, começamos a entender as palavras de Paulo: "Sabemos que os sofrimentos produzem a paciência, a paciência traz a aprovação de Deus, e essa aprovação cria a esperança. Essa esperança não nos deixa decepcionados, pois Deus derramou o seu amor no nosso coração, por meio do Espírito Santo, que ele nos deu" (Romanos 5.3-6, *NTLH*).

11. O caminho da esperança

Por meio da solitude, conhecemos o Espírito que já foi concedido a nós. Por isso, as dores e lutas encontradas em nossa solitude se tornam o caminho da esperança, porque nossa esperança não se baseia em algo que acontecerá depois de vencermos nossos sofrimentos, mas na verdadeira presença do Espírito restaurado de Deus em meio a esses sofrimentos.

A disciplina da solitude permite-nos entrar em contato com a presença esperançosa de Deus em nossa vida e experimentar, mesmo agora, o princípio da alegria e paz do novo céu e da nova terra.

A disciplina da solitude, como a descrevo aqui, é uma disciplina eficaz para o desenvolvimento de uma vida de oração. É uma maneira simples, mas não fácil, de nos livrarmos da escravidão de nossas ocupações e preocupações e começar a ouvir a voz que renova todas as coisas.

Texto bíblico: 1Reis 19.9-13

Entrou [Elias] numa caverna e passou a noite.

E a palavra do SENHOR veio a ele: "O que você está fazendo aqui, Elias?"

Ele respondeu: "Tenho sido muito zeloso pelo SENHOR, o Deus dos Exércitos. Os israelitas rejeitaram a tua aliança, quebraram os teus altares, e mataram os teus profetas à espada. Sou o único que sobrou, e agora também estão procurando matar-me".

O Senhor lhe disse: "Saia e fique no monte, na presença do Senhor, pois o Senhor vai passar".

Então veio um vento fortíssimo que separou os montes e esmigalhou as rochas diante do Senhor, mas o Senhor não estava no vento. Depois do vento houve um terremoto, mas o Senhor não estava no terremoto. Depois do terremoto houve um fogo, mas o Senhor não estava nele. E depois do fogo houve o murmúrio de uma brisa suave. Quando Elias ouviu, puxou a capa para cobrir o rosto, saiu e ficou à entrada da caverna.

E uma voz lhe perguntou: "O que você está fazendo aqui, Elias?"

Perguntas para meditação

Estas perguntas poderão ser utilizadas para discussão em pequenos grupos ou para registro em diário pessoal.

1. Henri Nouwen refere-se a dois aspectos da vida espiritual: ela consiste tanto em dom quanto em esforço de nossa parte. De que modo sua caminhada espiritual se assemelha ao recebimento de uma dádiva? De que maneira é um esforço?

2. Nouwen diz que nos envolvemos com as disciplinas espirituais para impedir "o mundo de preencher nossa vida a ponto de não haver mais espaço para ouvir". O que hoje em sua vida impede você de ouvir?

3. De acordo com Nouwen, a solitude abre espaço para Deus, mas também elimina as distrações que nos protegem, forçando-nos a lidar com nosso caos interior. Por que isso torna a solitude muito mais importante para nós?

4. Os pensamentos que nos bombardeiam nos momentos de solitude podem ser comparados com visitantes que não são mais bem-vindos. Como Nouwen usa essa analogia para nos incentivar em nossa batalha contra as distrações?

5. Deus poderia ter falado com Elias no meio do vendaval, do terremoto ou do fogo, mas preferiu falar por meio de um murmúrio. Como Deus tem usado o silêncio para falar com você?

Sugestão de exercícios

Estes exercícios poderão ser utilizados por indivíduos, compartilhados entre companheiros de caminhada ou no contexto de pequenos grupos. Escolha um exercício ou mais.

1. Durante a semana, procure passar da vida absurda para a vida obediente, ouvindo a Deus em solitude. Comece a deixar de lado as distrações e envolva-se com a disciplina da solitude.

2. Não fuja das distrações, antes transforme-as em oração. Mantenha um lápis e uma caderneta ao seu lado enquanto descansa em solitude. Quando uma distração vier à mente, anote na caderneta e depois apresente-a em oração.

3. Agende os compromissos com Deus. Nouwen sugere que se anote na agenda o momento devocional com Deus. Isso nos ajudará a honrar nosso compromisso com Deus e evitará que outros ocupem esses momentos preciosos.

4. Acorde cedo no próximo domingo e vá à igreja para um momento de solitude antes do culto. Passe uma hora ou mais ouvindo a Deus, e orando pelas pessoas que compartilham o mesmo espaço com você.

Reflexão

A solitude é uma das disciplinas mais profundas da vida espiritual, porque crucifica nossa necessidade de importância e de proeminência. As pessoas — a começar por nós — entendem a solitude como perda de tempo. Somos afastados de "do local de atividade". É justamente disso que precisamos. Em silêncio e solitude, Deus irá ao poucos, mas seguramente, nos libertar da egolatria.

Com o tempo, começamos a perceber que a atividade de fato importante acontece em solitude. Depois que Deus age em nossa alma, todo o glamour e a atenção do mundo parecerão um eco distante e desconexo. Só então seremos capazes de entrar na agitação da máquina da civilização atual com perspectiva e liberdade.

— RICHARD J. FOSTER

Para seu aprofundamento

NOUWEN, H. J. M. **O caminho para o amanhecer.** São Paulo: Paulinas, 1999. A história da jornada de Nouwen para a comunidade L'Arche. Ele escreve: "A vida não competitiva com pessoas mentalmente deficientes, o dom delas de me acolher sem se preocupar com nome ou posição e o convite persistente para 'perder tempo' com eles abriram em mim um espaço que até então era inacessível para mim, um lugar onde eu podia ouvir o convite gentil de Jesus para habitar com ele. Meu sentimento de chamado para L'Arche baseou-se mais no que eu precisava receber do que em algo que eu podia dar".

_____. **O sofrimento que cura.** São Paulo: Paulinas, 2001. Uma exegese viva sobre como ministrar restauração e integridade no mundo fragmentado de hoje.

_____. **Renovando todas as coisas.** São Paulo: Cultrix, 1984. Esse pequeno livro convida-nos às profundezas de uma vida espiritual. Procura responder à dupla pergunta: "O que significa viver uma vida espiritual?" e "Como vivê-la?".

_____. **The Genesee Diary:** Report from a Trappist Monastery. New York: Doubleday, 1981. Um diário da estadia de Nouwen no mosteiro no norte do estado de Nova York, próximo da cidade de Rochester.

Bitun, Ricardo. Henri Nouwen de A a Z. São Paulo: Vida, [no prelo].

George A. Buttrick

Uma simples regra de oração individual

Introdução ao autor

Nascido na Inglaterra, George Buttrick (1892-1980) estudou na Faculdade Independente de Lancaster. Mais tarde, mudou-se para os Estados Unidos e foi ordenado ministro da Igreja Congregacional em 1915. Cinco anos depois, ingressou no ministério presbiteriano. Em 1927, tornou-se pastor da Igreja Presbiteriana da Avenida Madison, na cidade de Nova York, permanecendo ali até sua morte, em 1980.

Durante seu ministério, Buttrick deu inúmeras palestras em faculdades e universidades por todo o mundo. Ele também foi um escritor talentoso sobre o tema da vida espiritual. Seu livro *Prayer* [Oração] é considerado uma das obras mais completas e abrangentes sobre oração já escritas. O texto a seguir trata da prática propriamente da oração e apresenta ao leitor, em suas palavras, "orientação detalhada". Que Deus use essas "sugestões", como Buttrick as denomina, para melhorar sua vida de oração.

Extratos de *Prayer* [Oração]

1. Uma simples regra de oração individual

Pretendemos oferecer aqui alguma orientação clara e detalhada sobre oração individual. Não há regras, certamente nenhuma regra obrigatória, apenas sugestões. Contudo, ninguém precisa percorrer um caminho nunca trilhado. Os santos são nossos mestres, e também outros cristãos versados na oração, que ficariam espantados de serem chamados "santos". O próprio Jesus é *o* Mestre.

A oração consiste em amizade com Deus. A amizade é informal, mas não é informe: tem seu próprio cultivo, conduta, obrigações e mesmo disciplinas. Por isso, a mente irregular a destrói. Desse modo, apresentamos aqui — como roteiro, não como sequência — uma simples regra de oração individual.

2. Uma quietude ordeira

A oração começa, não em súplica, mas em *silenciosa preparação*. Não nos devemos apressar na Presença. Devemos adentrar nosso templo de devoção particular pelo saguão da quietude ordeira. A melhor maneira é como subproduto de uma mente voltada a Deus. Dizemos a nós mesmos: "Sua luz enche o mundo. Ela enche esse recinto". Assim meditamos.

O passo seguinte é um *ato de fé*, sobre o qual Jesus deu muita ênfase: "Tudo o que pedirem em oração, se crerem, vocês receberão" (Mateus 21.22). Nesse momento inicial de oração silenciosa, dizemos a nós mesmos que tudo o que pedirmos "na natureza de Cristo" é nosso, concedido somente pela nossa dedicação à oração e à vida. A oração sempre é introduzida por um ato de fé. Sempre consultamos nossas certezas, nunca nossas dúvidas e medos.

3. A misericórdia predominante

Na oração, propriamente, não há uma ordem determinada, mas tanto o impulso preliminar quanto a experiência de quem ora mostram que o primeiro passo da oração é a *ação de graças*.

O conferencista de um grupo de executivos mostrou uma folha de papel branca com uma mancha. Ele perguntou o que eles estavam vendo. Todos responderam: "Uma mancha". O teste não era justo: induzia à resposta errada. Todavia, existe a ingratidão na natureza humana, que nos faz observar a mancha preta e esquecer a misericórdia que a cerca.

Precisamos despertar a mente para as alegrias de nossa caminhada. Talvez devêssemos registrar por escrito as bênçãos do dia. Poderíamos começar, mas nunca terminaríamos: não há canetas ou papéis suficientes no mundo. Perceberíamos nosso "vasto tesouro de conteúdo".

4. Radicado na vida além da vida

Portanto, a oração de ação de graças deve ser bem específica: "Eu te agradeço por *essa* amizade, *essa* vitória, *esse* sinal da graça". A frase "por todas as tuas misericórdias" é correta para uma lembrança coletiva, mas não para a gratidão individual. Se estivermos "agradecidos por todas as coisas", talvez acabemos gratos por nada.

A gratidão também deve aprofundar-se, perguntando: "Quais as misericórdias *permanentes* da vida?". Por isso, a gratidão se livraria do mundano e circunstancial e se fundamentaria na vida além da vida. Um hino antigo diz "Conta as bênçãos, dize quantas são [...] Pois verás surpreso quanto Deus já fez". Essa oração deve terminar numa decisão feliz e solene: "Senhor, confirma essa gratidão sobre mim, minhas palavras, meu interesse genuíno para com o próximo, cada um de meus atos e pensamentos".

5. Ligando os fatos

Em seguida, a oração pode passar para *confissão*. Um ressalto da natureza mostra que essa seria uma ordem sábia. Podemos confessar: "Deus tem sido extremamente bondoso para comigo, e tenho devolvido egoísmo em troca de seu amor". A verdadeira confissão não é autocensura — "Ser impiedoso com todos, inclusive com nós mesmos, não é uma virtude" — nem subterfúgio fortuito. Excesso de consciência resulta em morbidez; falta de consciência, em indiferença e ruína.

Às vezes, nem sempre é sábio confessar a quem ofendemos. Há circunstâncias em que esse tipo de confissão agrava a ofensa, mas a confissão a Deus, a quem ofendemos mais profundamente, é sempre uma atitude sábia: ele entende e nos ama.

Nosso pecado é contra a Ordem viva, e não teremos paz interior nem força interior até que oremos, confessando o pecado. A confissão, assim como a ação de graças, deve ser específica. Não deve ser insensível, porém, não deve justificar-se: deve ligar os fatos: "Confesso-te *essa* crítica maldosa, *essa* inveja, *essa* covardia, *essa* escravidão aos maus hábitos, *essa* participação nas maldades mundanas".

6. Nova liberdade em sua graça

A contrição não é fácil: é como uma cirurgia. Contudo, como a cirurgia, não é um fim em si mesmo: a oração sábia de confissão sempre leva a uma aceitação do perdão de Deus. Ele não quer que tenhamos lembrança do pecado, exceto como lembrança de nossa dependência, pois está disposto a esquecer todas as coisas.

Se a oração for de joelhos, é aconselhável levantar-se nesse momento, como sinal de nossa aceitação do perdão de Deus, da certeza da absolvição e da nova liberdade em sua graça. Ficar de pé pode também representar tanto a sábia decisão de remediar nossas atrapalhadas quanto nossa sincera renúncia ao pecado.

A confissão é incompleta sem a decisão. Nossa vontade, por mais frágil que seja, precisa aproximar-se do lado novo de uma nova vida. Todavia, até mesmo nossa penitência pode ser um autoengano e um abuso contra a bondade de Deus. A verdadeira confissão, porém, purifica a alma.

7. O amor vê pessoas

Em seguida, poderá vir uma oração de *intercessão*, sem a qual a oração mais honesta poderá ser apenas expressão de egoísmo. Quase todas as frases da oração do pai-nosso mantêm nossa atenção no próximo: "Pai *nosso*", "*nosso* pão de cada dia", "*nossas* dívidas".

A intercessão individual deve ser específica. "Suplicamos humildemente a ti por todo tipo e situação de pessoas" é uma frase coletiva — que, como a própria palavra indica, leva os adoradores a um ato de devoção e oferece um meio pelo qual todo adorador poderá derramar sua oração particular —, mas não se enquadra na súplica individual.

O amor genuíno visualiza pessoas, não uma multidão: o bom pastor "chama as suas ovelhas pelo nome". A intercessão é mais que específica: é ponderada, pois exige que suportemos no coração o peso daqueles por quem oramos.

8. Súplica sincera

Qual nome deve vir primeiro? Talvez o nome de nossos inimigos. A ordem de Jesus é clara: "Orem por aqueles que os maltratam". Ele disse que a adoração será inútil se estivermos amargurados; que é aconselhável deixarmos nossa oferta no altar e nos reconciliarmos com o próximo para depois prestar culto. Só então poderemos adorar verdadeiramente. Portanto, a primeira intercessão deve ser: "Abençoa fulano a quem tolamente considero um inimigo. Abençoa fulano, a quem ofendi. Protege-os sob tua graça. Elimina minha amargura".

A intercessão também menciona os líderes da humanidade em funções políticas, médicas, educacionais, artísticas e religiosas; os necessitados do mundo; nossos amigos no trabalho e no lazer e nossos parentes. O senso de responsabilidade poderá levar-nos a preparar uma lista de intercessão, para que possamos envolver-nos sinceramente com as necessidades do mundo, sem esquecer ou abandonar ninguém que dependa de nossas orações.

Desse modo, a verdadeira intercessão é específica e ponderada. Também é ousada: carrega em sua súplica sincera a crise do mundo. Como a ação de graças, não é completa sem nosso compromisso. A oração com sincero amor nunca é inútil.

9. Diante de olhos eternos

A quarta parte da oração é a *petição*. Vem por último, não por ser mais importante, mas porque precisa da proteção das formas anteriores da oração. Não precisamos ter receio de elevar *nossas* necessidades terrenas diante dos olhos eternos, pois somos sustentados por amor eterno.

Contudo, devemos preservar-nos da invasão do pensamento egoísta. A petição estará protegida contra essa ameaça se antes tivermos dado graças, confessado nosso pecado, intercedido pelo próximo. Depois disso, a petição prosseguirá livremente.

Às vezes, em meio à tristeza, ao pavor e ao desamparo, haverá o clamor de uma crise da criatura — uma batida na porta do céu com o punho ferido na escuridão. Em outras ocasiões, será uma conversa amiga com Deus sobre os problemas do dia. Sem dúvida, ambas as orações serão aceitas por Cristo: os discípulos clamaram, apavorados: "Senhor, salva-nos!" (Mateus 8.25). Todos os dias, conversavam com ele sobre suas lutas, dilemas e alegrias da caminhada.

Tentar impedir a petição significa negar a natureza humana. O Novo Testamento tem um conselho melhor: "Não andem ansiosos por coisa alguma, mas em tudo, pela oração e súplicas, e com ação de graças, apresentem seus pedidos a Deus" (Filipenses 4.6). Contudo, a petição deve desenvolver-se por meio da graça, para buscar "com dedicação os melhores dons" (1Coríntios 12.31), e precisa sempre reconhecer que nossa visão é ofuscada e que nossos propósitos têm motivos escusos. Deverá sempre terminar assim: "Não seja feita a minha vontade, mas a tua" (Lucas 22.42).

10. *Amizade sustentada em reverência*

Os intervalos dessas quatro formas de oração devem ser preenchidos com *meditação*. Depois da ação de graças, devemos contemplar a abundante bondade de Deus e aguardar sua palavra sobre suas dádivas. Depois da confissão, devemos louvar a Deus pelo amor perdoador manifesto em Cristo e estar atentos à sua orientação. Depois da intercessão, devemos parar e tentar ver as necessidades do mundo como Cristo as viu, lá da cruz. Depois da petição, precisamos esperar outra vez, para meditar sobre a vontade de Deus.

A oração envolve ouvir e falar, receber e pedir. Sua disposição mais profunda é a amizade sustentada pela reverência. Desse modo, a oração diária deve terminar onde começou — na adoração. A melhor conclusão é: "Em nome de Jesus Cristo. Amém". Porque no nome ou na pessoa de Jesus está nossa melhor compreensão acerca de Deus, e a melhor correção de nossas orações precipitadas. A palavra "amém" não é vã: significa "assim seja". Significa nossa decisão de viver fielmente no curso de nossa oração e de nosso ato de fé no poder de Deus.

Texto bíblico: Lucas 6.27-36

Digo a vocês que estão me ouvindo: Amem os seus inimigos, façam o bem aos que os odeiam, abençoem os que os amaldiçoam, orem por aqueles que os maltratam. Se alguém lhe bater numa face, ofereça-lhe também a outra. Se alguém lhe tirar a capa, não o impeça de tirar-lhe a túnica. Dê a todo aquele que lhe pedir, e se alguém tirar o que pertence a você, não lhe exija que o devolva. Como vocês querem que os outros lhes façam, façam também vocês a eles.

Que mérito vocês terão, se amarem aos que os amam? Até os "pecadores" amam aos que os amam. E que mérito terão se fizerem o bem àqueles que são bons para com vocês? Até os "pecadores" agem assim. E que mérito terão, se emprestarem a pessoas de quem esperam devolução? Até os "pecadores" emprestam a "pecadores", esperando receber devolução integral. Amem, porém, os seus inimigos, façam-lhes o bem e emprestem a eles, sem esperar receber nada de volta. Então, a recompensa que terão será grande e vocês serão filhos do Altíssimo, porque ele é bondoso para com os ingratos e maus. Sejam misericordiosos, assim como o Pai de vocês é misericordioso.

Perguntas para meditação

Estas perguntas poderão ser utilizadas para discussão em pequenos grupos ou para registro em diário pessoal.

1. Buttrick alerta-nos contra o perigo de sermos muito formais ou informais na vida de oração. Para que lado você tende mais?
2. Buttrick diz ser fácil esquecer "a misericórdia predominante" de Deus e pensar só em nossos problemas. Como a recomendação de dedicar um tempo à ação de graças poderá ajudar você a enxergar mais a "folha em branco" que a "mancha preta"?
3. Nos quatro aspectos da oração, Buttrick insiste em que sejamos específicos. Por que isso é tão importante?
4. Você já se sentiu culpado ao orar por si mesmo? O que George Buttrick diria para quem se sente culpado?
5. Se você seguisse o mandamento de Jesus de orar pelos inimigos, por quem começaria a orar hoje?

Sugestão de exercícios

Estes exercícios poderão ser utilizados por indivíduos, compartilhados entre companheiros de caminhada ou no contexto de pequenos grupos. Escolha um exercício ou mais.

1. Use nesta semana o guia de oração de Buttrick. Prossiga calmamente da preparação em quietude para a ação de graças, a confissão, a intercessão até a petição.
2. Mesmo que você não siga a regra de Buttrick, siga o conselho dele sobre ser específico na oração. Torne visível sua ação de graças registrando todas

as coisas pelas quais você se sente grato. Faça pedidos mais tangíveis, visualizando as pessoas, não só as multidões.

3. Ore durante a semana pelos seus inimigos, por aqueles que o ofenderam. Faça deles o alvo principal de sua oração. Observe como é difícil orar por alguém e manter os sentimentos de ira.

4. Além de orar pelos inimigos, Jesus recomendou fazer o bem, não só para quem é bom para nós, mas também para quem não é. Esta semana, faça algo útil ou benéfico para alguém que você não conhece, alguém que nunca fez nada a seu favor.

Reflexão

As palavras de George Buttrick sobre a oração me ajudam muito. Nem tanto por ele oferecer novas perspectivas de oração — de uma maneira ou de outra, eu já tinha ouvindo isso antes. Contudo, quando leio essas palavras, tenho vontade de orar. Muitos autores ajudam-me a entender a oração; poucos me ajudam a praticá-la.

Gosto dessa característica de Buttrick, pois preciso de constante incentivo para prosseguir na experiência da oração. É fácil voltar à análise e à discussão e evitar "a prática da Presença". Talvez você tenha a mesma dificuldade. Sem dúvida, todos podemos ser gratos pelas "sugestões" de Buttrick a respeito da oração, que nos anima a continuar no Caminho.

— RICHARD J. FOSTER

Para seu aprofundamento

BUTTRICK, George Arthur. **God, Pain and Evil.** Nashville: Abingdon, 1966. Buttrick era pastor, por isso se preocupava em comunicar a fé cristã ao homem e à mulher modernos, influenciados pelo ceticismo contemporâneo. Para responder a essa necessidade pastoral, ele escreveu três obras sobre apologética, das quais esta é uma delas. As outras são: *The Christian Fact and Modern Doubt* [A verdade cristã e a dúvida moderna] e *Christ and History* [Cristo e a História].

_____. **Prayer.** New York: Abingdon-Cokesbury, 1977. Esse é um livro muito amplo e completo. Não é para leitura rápida, tampouco para deixar de ser lido.

_____. **The Parables of Jesus.** Grand Rapids: Baker Book House, 1990. Série de sermões que mostra o melhor da pregação de Buttrick. Ele foi um grande pregador e até escreveu um livro sobre a técnica da pregação — *Jesus Came Preaching* [Jesus veio para pregar].

Evelyn Underhill

O que queremos dizer com oração?

Introdução à autora

Poucas mulheres do século XX contribuíram tanto para a compreensão da vida devocional quanto Evelyn Underhill (1875-1941). Suas pesquisas e escritos acadêmicos ajudaram santos e céticos no estudo de religião e da espiritualidade. Seu elogiado livro *Mysticism: A Study in the Nature and Development of Man's Spiritual Consciousness* [Estudo na natureza e desenvolvimento da consciência espiritual humana] teve muitas edições e continua sendo o texto fundamental para todos os que estudam a espiritualidade.

Underhill estudou na Faculdade do Rei para Mulheres, em Londres, onde passou boa parte de seu tempo escrevendo e lecionando. Foi conferencista Upton da Faculdade Manchester, em Oxford, de 1921 a 1922. Entretanto, a maior contribuição de Underhill não veio de suas realizações acadêmicas, mas de uma percepção muito particular sobre a vida devocional. Depois de uma conversão religiosa, aos 32 anos, ela praticou intensamente essa vida de devoção.

A jornada espiritual pessoal de Underhill cruza com sua capacidade intelectual, produzindo a combinação necessária de autêntica espiritualidade e integridade acadêmica. Em razão disso, ela se tornou uma orientadora espiritual muito procurada. Ganhou prestígio também como dirigente de retiros de vários centros religiosos anglicanos.

No texto a seguir, Underhill descreve os mecanismos interiores da oração, esclarecendo o lugar da mente, das emoções e a vontade na vida de oração.

Extratos de *The Essentials of Mysticism*
[Aspectos essenciais do misticismo]

1. Ampliando as estacas

O que queremos dizer com oração? Com certeza, é apenas isto: aquela parte de nossa vida consciente e deliberadamente orientada e que responde apenas à realidade espiritual. Deus é aquela realidade espiritual, e acreditamos que ele é imanente em todas as coisas. Ele não está distante de todos nós, "pois nele vivemos, nos movemos e existimos" (Atos 17.28).

Walter Hilton diz: "A oração é nada mais que subir ou elevar o desejo do coração para Deus, distanciando-se dos pensamentos terrenos". Para Ruysbroeck, é a "ascensão" na escada do amor. No mesmo sentido, William Law define a oração como "a elevação da alma da vaidade temporal para a preciosidade da eternidade".

Implica, então, subir ou sair do ambiente comum dos interesses terrenos. A oração finca as estacas de nossa consciência não tanto em direção àquela Vida divina que parece ser exaltada em nossas lutas e mudanças no mundo, mas em direção à "verdade eterna, ao amor verdadeiro e à amada eternidade", onde o mundo parece exaltado.

2. Dupla situação

Toda a vida da pessoa consiste em uma série de respostas equilibradas a essa realidade transcendente-imanente. Uma vez que vivemos sob duas ordens, somos, ao mesmo tempo, cidadãos da eternidade e da temporalidade. Como um pêndulo, nossa consciência se move perpetuamente — ou deveria mover quando está saudável — entre Deus e o próximo, entre este mundo e aquele.

A inteireza, a sanidade e o equilíbrio de nossa existência dependem inteiramente da perfeição de nossa adaptação a esta dupla situação: na oscilação constante de nossa adoração exterior e em nosso movimento de retorno para a caridade. É justamente o movimento exterior que desejo considerar: as forças que podem ser aplicadas e a melhor maneira de empregá-las.

3. Três habilidades

Há três capacidades ou habilidades que estamos considerando: pensar, sentir e querer ou agir. Elas abrangem praticamente todas as maneiras em que o ser reage a outros seres e coisas. Da combinação dessas três habilidades surgem todas as possibilidades de autoexpressão disponíveis a nós.

Na vida natural precisamos aplicar todas elas. Precisamos delas em nossa vida espiritual também? O cristão precisa responder a essa questão afirmativamente. É a *pessoa inteira* do intelecto, sentimento e vontade que encontra o único objetivo verdadeiro no Deus cristão.

4. Trabalho e descanso

A oração deve voltar-se para a ordem espiritual com todas as forças de nosso ser intelectual, emocional e volitivo. Deve ser o principal exercício dessas forças, pois nisso elas são direcionadas ao único objeto adequado do pensamento, do amor e do desejo. Deve, na verdade, elevar-nos ao topo de nossa condição e representar o pleno florescimento de nossa consciência, pois nisso respiramos o ar da ordem sobrenatural e alcançamos proporcionalmente aquela comunhão com a realidade para a qual fomos feitos.

A oração implicará vários tipos de atividade espiritual; e também — o que muitas vezes é esquecido — o dom inestimável do descanso espiritual. Compreenderá diversas formas de intercâmbio com a realidade — adoração, petição, meditação, contemplação — com todos os seus graus e variações nomeados e classificados pelos autores religiosos.

Como na ordem natural, a criatura viva precisa nutrir-se *e* crescer, precisa sofrer *e* alegrar-se, precisa extrair força do mundo *e* devolvê-la para viver uma vida integral e sadia. Na ordem espiritual, também é assim. Tudo isso — dar e receber, trabalho e descanso — enquadra-se no campo da oração.

5. A transição da inatividade para a ação

Quando fazemos qualquer coisa conscientemente, a transição da inatividade para a ação se desenvolve em certa ordem. Em primeiro lugar, formamos um conceito daquilo que devemos fazer. A ideia aparece aos poucos em nossa mente. Em segundo lugar, sentimos o que queremos ou devemos fazer. Em terceiro lugar, decidimos fazer. Essas fases às vezes seguem uma a outra tão rapidamente que devem ser entendidas como uma só, mas quando analisamos o processo por trás de cada ato consciente descobrimos que essa é a sequência natural do desenvolvimento.

Primeiro pensamos, depois sentimos e em seguida desejamos. Não é preciso enfatizar tanto essa breve generalização, porém, de modo geral, ela é verdadeira e nos oferece um ponto de partida para delinear o caminho pelo qual as três forças principais do ser agem na oração. É importante saber como agem ou devem agir.

6. Uma inteligência ativa e disciplinada

A oração, via de regra, começa com algo que geralmente qualificamos como ato intelectual: pensar sobre o que vamos fazer. Todos os grandes autores que escreveram sobre oração partem do pressuposto de que a "meditação" precede a "oração" (audível). A meditação é a arte de pensar constante e metodicamente sobre as coisas espirituais. Muitos psicólogos modernos nos garantem que as emoções instintivas funcionam melhor quando agem em harmonia com as forças da razão.

Alguns acreditam que, quando nos voltamos para Deus, precisamos deixar a mente para trás. É certo que por uma questão de necessidade ela ficará para trás à medida que avançamos em direção a Deus, que está acima de toda razão e de todo conhecimento, pois o Espírito passa rapidamente sobre esses instrumentos imperfeitos. Todavia, aqueles cujos pés estão firmemente plantados sobre a terra não contribuem com nada ao tentar apressar esse momento. Não alcançarão as profundezas da oração pelo mero aniquilamento da inteligência.

Ao dizer isso — insistindo em que a razão tem um lugar bem definido e necessário na aproximação entre nossa alma e Deus — não estou defendendo um intelectualismo religioso. Sou consciente de que "mediante o amor", como dizia o antigo místico, "Deus pode ser tomado e contemplado; pelo pensamento, nunca". É a humildade e o amor que são essenciais para a oração bem-sucedida, mas seria um erro supor que essas qualidades não possam existir simultaneamente a uma inteligência ativa e disciplinada.

7. Preparando a consciência

Assim, a oração começa por uma adaptação intelectual, pensando em Deus honesta e humildemente, excluindo outros objetos do pensamento, entregando a mente às coisas espirituais e preparando a consciência para o fluir da nova vida.

Contudo, se você pensar em Deus e parar por aí, o contato do ser com ele não permanecerá o mesmo. Você poderá pensar quanto quiser, mas nada acontecerá. O pensamento isento de sentimentos permanece distante de seu objeto. O intelecto é essencialmente estático: não podemos percorrer na mente o majestoso caminho que leva ao céu.

8. A vontade diligente e o coração ardente

Quando termina a função do pensamento, começa a função da vontade e do sentimento: "No lugar em que o intelecto precisa ficar fora", diz Ruysbroeck, "eles entram". O desejo e a intenção são nossas habilidades mais dinâmicas: eles funcionam. São os verdadeiros exploradores do Infinito, os instrumentos de nossa ascensão a Deus. A razão vai para o sopé da montanha; é a vontade diligente impulsionada pelo coração ardente que sobe a ladeira.

A experiência confirma essa ênfase sobre a vontade como um fator fundamental de nossa personalidade, a parte de nós que é nossa acima de tudo. Quando direcionamos nossa vontade para a Realidade espiritual, estamos fazendo tudo o que está ao nosso alcance, estamos escolhendo e deliberadamente concentrando nela nossa paixão e nossas forças.

9. O centro e a arte de oração

Todavia, o intelecto e o sentimento não estão totalmente sob nosso controle. Eles variam a cada dia, de hora em hora, dependem de muitos ajustes sensíveis. Às vezes, estamos mentalmente fragilizados; em outras ocasiões, emocionalmente arrasados. Nessas situações, é inútil tentar controlar-nos: forçar a nós mesmos a pensar mais profundamente ou intensificar nossa concentração.

Se o valor de nossa vida de oração dependesse da manutenção de um nível constante e elevado de sentimento e entendimento, estaríamos em perigo. Embora em muitos momentos essas coisas nos possam faltar, o prevalecente permanecerá. Ainda que nosso coração esteja frio e nossa mente obscurecida, ainda é possível orar. "Nossos desejos são nossos, para torná-los teus."

A determinação de submeter nossa vontade a Deus e a constante caminhada em direção a ele, sem desvios, são o centro e a arte da oração. As ideias teológicas mais elaboradas logo se tornam insuficientes; as emoções mais espirituais não passam de ventos favoráveis, porém breves. Que a embarcação faça bom proveito disso, mas não dependa deles. Ela precisa preparar-se para navegar contra o vento se quiser alcançar seu objetivo.

Texto bíblico: Atos 17.22-34

Paulo levantou-se na reunião do Areópago e disse: "Atenienses! Vejo que em todos os aspectos vocês são muito religiosos, pois, andando pela cidade, observei cuidadosamente seus objetos de culto e encontrei até um altar com esta inscrição: Ao Deus Desconhecido. Ora, o que vocês adoram, apesar de não conhecerem, eu lhes anuncio.

"O Deus que fez o mundo e tudo o que nele há é o Senhor dos céus e da terra, e não habita em santuários feitos por mãos humanas. Ele não é servido por mãos de homens, como se necessitasse de algo, porque ele mesmo dá a todos a vida, o fôlego e as demais coisas. De um só fez ele todos os povos, para que povoassem toda a terra, tendo determinado os tempos anteriormente estabelecidos e os lugares exatos em que deveriam habitar. Deus fez isso para que os homens o buscassem e talvez, tateando, pudessem encontrá-lo, embora não esteja longe de cada um de nós. 'Pois nele vivemos, nos movemos e existimos', como disseram alguns dos poetas de vocês: 'Também somos descendência dele'.

"Assim, visto que somos descendência de Deus, não devemos pensar que a Divindade é semelhante a uma escultura de ouro, prata ou pedra, feita pela arte e imaginação do homem. No passado Deus não levou em conta essa ignorância, mas agora ordena que todos, em todo lugar, se arrependam. Pois estabeleceu um dia em que há de julgar o mundo com

EVELYN UNDERHILL — O QUE QUEREMOS DIZER COM ORAÇÃO?

justiça, por meio do homem que designou. E deu provas disso a todos, ressuscitando-o dentre os mortos".

Quando ouviram sobre a ressurreição dos mortos, alguns deles zombaram, e outros disseram: "A esse respeito nós o ouviremos outra vez". Com isso, Paulo retirou-se do meio deles. Alguns homens juntaram-se a ele e creram. Entre eles estava Dionísio, membro do Areópago, e também uma mulher chamada Dâmaris, e outros com eles.

Perguntas para meditação

Estas perguntas poderão ser utilizadas para discussão em pequenos grupos ou para registro em diário pessoal.

1. Quais as três habilidades que Evelyn Underhill recomenda utilizar no momento da oração? Dê alguns exemplos de como essas habilidades funcionam na vida diária (v. itens 3 e 5).
2. De acordo com Underhill, a mente não deve ficar de lado durante a oração, porque representa a capacidade que prepara o crente para a oração. Como seu intelecto ajuda ou impede sua vida de oração?
3. A mente pode ficar inerte de vez em quando, e as emoções, apáticas, mas, de acordo com Underhill, o que sempre está sob nosso controle? Por que isso é importante na oração?
4. O apóstolo Paulo diz aos atenienses que Deus não está distante de nós. Você sente às vezes que Deus está longe de você? Quando se sentiu mais próximo de Deus? Quem você acha que, de fato, mudou: você ou Deus?
5. Underhill enfatiza que, embora nossa capacidade racional seja limitada, não precisamos deixar a mente de lado na vida de oração. Por que você acha que existe a tendência de desvalorizar o intelecto na vida espiritual?

Sugestão de exercícios

Estes exercícios poderão ser utilizados por indivíduos, compartilhados entre companheiros de caminhada ou no contexto de pequenos grupos. Escolha um exercício ou mais.

CLÁSSICOS DEVOCIONAIS

1. Aplique esta semana o processo de oração em três partes de Evelyn Underhill. Comece pela mente, dando espaço para Deus e refletindo sobre verdades espirituais; prossiga para as emoções, concentrando-se em seu desejo por Deus; mantenha-se na presença dele por meio de um ato deliberado da vontade.

2. Underhill escreve que a oração também envolve tempo de descanso. Talvez você esteja esforçando-se demais na oração. Deixe-se experimentar um breve lazer sagrado esta semana, sabendo que existe tempo para o trabalho e tempo para o descanso. Negar esse fato significa agir contra o ritmo de Deus.

3. Underhill nos incentiva a pensar "constante e metodicamente sobre as coisas espirituais". Faça uma lista dos atributos de Deus (por exemplo, Deus é onisciente, onipotente, imutável, misericordioso). Pense constantemente nesses atributos, fazendo deles o objeto de sua contemplação.

4. O apóstolo Paulo sabia que seus ouvintes eram intelectuais e, portanto, alterou seu estilo sem mudar o conteúdo de sua pregação. Esta semana, procure alguém cuja origem na fé seja diferente da sua. Procure falar na linguagem dessa pessoa. Mostre-se sensível à maneira com a qual ela enxerga o mundo, mas não faça concessões às suas convicções acerca de Cristo e do evangelho.

Reflexão

O texto de Evelyn Underhill oferece auxílio expressivo à nossa compreensão da vida de oração. É muito fácil nos equivocarmos ao presumir — sem reflexão — que Deus nos dá o dom da oração ou não e que nossa contribuição para o processo é insignificante. Com certeza, sem a mediação ativa do Espírito Santo nossa oração se resumiria a mero palavreado.

Entretanto, temos um papel importante no processo, e Underhill ressalta nossa participação ativa na obra de Deus. Ela mostra como nossa mente, nossa vontade e nossas emoções podem ser canalizadas a serviço da oração. Quantas vezes deixamos de alistar nossas importantes habilidades racionais nessa atividade sagrada! Quantas vezes recusamos deixar que nossos sentimentos nos levem para níveis mais elevados ou mais profundos! Quantas vezes nos falta a vontade de perseverar quando estamos prestes a entrar no Lugar Santíssimo! É, sem dúvida, muito melhor preparar toda a nossa força mental, volitiva e emocional para o serviço de Cristo.

— RICHARD J. FOSTER

Para seu aprofundamento

ARMSTRONG, Christopher J. R. **Evelyn Underhill: An Introduction to Her Life and Writings.** Grande Rapids: Eerdmans 1975. Esse livro situa Evelyn Underhill em seu contexto histórico, entre as duas grandes guerras, e analisa sua influência. Contém uma excelente bibliografia com cerca de cem ensaios e artigos de sua autoria.

UNDERHILL, Evelyn. **The Essentials of Mysticism.** Oxford: Oneworld Publications, 1999. Underhill foi capaz de oferecer suporte intelectual e teológico para a profunda, porém às vezes complicada, tradição do misticismo cristão. Escreveu no mesmo gênero *The Mystic Way* [O caminho místico] (1913), *Practical Mysticism* [Misticismo prático] (1915) e *The Life of the Spirit and the Life of Today* [A vida do Espírito e a vida atual] (1922).

_____. **Worship.** Eugene: Wipf & Stock, 2002. Esse livro explora as principais realidades de nosso relacionamento com Deus, que nosso ato devocional pretende expressar.

FRANK LAUBACH

Abrindo janelas para Deus

Introdução ao autor

Em 1915, Frank Laubach (1884-1970) e sua esposa foram enviados como missionários para as Filipinas. Depois de fundar igrejas nas ilhas de Mindanao, Laubach fundou a Faculdade União, em Manila, e foi seu deão. Em 1930, voltou a Mindanao para trabalhar com os mouros, povo maometano que considerava os cristãos filipinos seus inimigos. Entretanto, Laubach tinha o coração cheio da presença de Deus e procurou apenas viver entre eles, sem tentar forçá-los a se tornar cristãos, mas vivendo cada momento com percepção da presença de Deus.

Estima-se que com esse esforço educacional ele foi responsável por ensinar cerca de metade dos 9 mil habitantes da região a ler e escrever. Além disso, conduziu milhares de pessoas a uma experiência mais enriquecedora de Deus. O texto a seguir foi extraído de algumas cartas escritas na época de sua permanência em Mindanao.

Extratos de *Letters by a Modern Mystic* [Cartas de um místico moderno]

1. *Janelas abertas*

3 de janeiro de 1930

Ser capaz de olhar para trás e dizer: "Este, *este* foi o melhor ano da minha vida" é maravilhoso! Mas dizê-lo antecipadamente... ser capaz de olhar adiante e dizer: "Este ano pode e *será* muito melhor" é mais maravilhoso ainda! Não faço nada mais que abrir janelas. Deus faz o restante. Tenho tido várias experiências maravilhosas de amizade com Deus. Decidi que este ano seria melhor que o ano passado, experimentando preencher cada minuto com o pensamento de Deus. Acrescentei outra decisão: manter--me acessível às pessoas e suas necessidades tanto quanto estou à disposição de Deus. Janelas abertas para fora e também para cima. Janelas abertas *principalmente* para baixo, onde as pessoas mais precisam!

2. Submissão: a primeira e última responsabilidade

20 de janeiro de 1930

A submissão é a primeira e última responsabilidade do ser humano. É exatamente disso que preciso em minha vida cristã. Dois anos atrás, uma profunda insatisfação levou-me a tentar sintonizar minhas ações com a vontade de Deus a cada 15 ou 30 minutos. Pessoas a quem confessei essa intenção disseram que seria impossível. Julgo, pelo que eu disse, que algumas pessoas nem mesmo tentam isso. Este ano, porém, comecei procurando viver cada momento acordado, ouvindo conscientemente a voz interior, perguntando sem parar: "Pai, o que desejas que eu diga? Pai, o que desejas que seja feito neste momento?".

3. Sentindo Deus a cada momento

26 de janeiro de 1930

Nos últimos dias, tenho experimentado uma entrega mais completa, como nunca antes. Por um ato deliberado da vontade, tenho dedicado tempo suficiente a cada hora para pensar bastante em Deus. Ontem e hoje, aventurei-me em algo novo, difícil de expressar. Sinto Deus em cada movimento, por um ato da vontade — desejando que ele dirija estes dedos que estão datilo-grafando, querendo que ele dirija meus passos quando caminho, querendo que ele dirija minhas palavras quando falo e meu maxilar quando mastigo!

Você poderá não gostar dessa intensa introspecção. Não tente fazer isso, a não ser que esteja insatisfeito com seu relacionamento com Deus, mas pelo menos me permita conceber toda a liderança de Deus que eu puder. Estou enfastiado com a insignificância e a futilidade de meu ser desorientado. Se a saída não for uma escravidão mais perfeita a Deus, então qual será? Estou tentando ser completamente livre de todas as pessoas, livre de mim mesmo, porém totalmente escravizado à vontade de Deus em todos os momentos do dia.

4. Cada momento

Eu gostava muito de um hino que cantávamos na igreja em Benton, mas que nunca ensaiei até agora. É assim:

> Cada momento me guia o Senhor,
> Cada momento dispensa favor.
> Sua presença me outorga vigor;
> Cada momento sou teu, ó Senhor.

É justamente esse "cada momento" — cada momento acordado, entregue, receptivo, obediente, sensível, maleável, "perdido no amor dele" — que agora com todas as minhas forças volto minha atenção para explorar. Significa duas ardentes paixões. Primeira: ser como Jesus. Segunda: responder a Deus como um violino responde ao arco do músico. Abra sua alma e acolha a glória de Deus, e depois de um tempo essa glória se refletirá no mundo ao seu redor e nas próprias nuvens acima de sua cabeça.

5. Uma coisa de cada vez

29 de janeiro de 1930

Eu simplesmente me sinto levado a cada hora, fazendo minha parte num plano que está muito além de mim. Esse sentimento de cooperação com Deus nas pequenas coisas é o que me espanta. Parece que preciso assegurar-me de uma única coisa neste momento, e o restante "se resolve", ou prefiro dizer algo mais verdadeiro: Deus cuida do restante. Minha responsabilidade é *viver essa hora numa conversa interior incessante com Deus e perfeitamente atento à vontade dele. Tornar essa hora gloriosamente rica.* Essa parece ser a única coisa com que preciso preocupar-me.

6. Continentes inexplorados da vida espiritual

1º de março de 1930

Cresce em mim diariamente o sentimento de ser guiado por uma mão invisível que segura a minha, enquanto outra mão se estende adiante, abrindo caminho. Não preciso preocupar-me em encontrar oportunidades. Talvez alguém que seja pastor ordenado desde 1914 devesse envergonhar-se de admitir que nunca sentiu a alegria completa a cada hora, minuto a minuto — como chamar isso —, a não ser renúncia.

Isso é um ato da vontade. Forço minha mente a se abrir diretamente para Deus, aguardo e ouço com certa sensibilidade. Fixo a atenção nele, e, às vezes, é preciso bastante tempo cedo de manhã para alcançar esse estado mental. Decidi não sair da cama até essa atitude mental, a concentração em Deus, se manifestar. Também exige determinação para preservá-la. Depois de algum tempo, talvez se torne um hábito, e a sensação de esforço diminuirá. Mas por que insisto nessa experiência interior? Porque estou convencido de que existem diante de mim — e de você, leitor — continentes inexplorados da vida espiritual, comparados aos quais somos crianças de colo.

Todavia, até que ponto isso é "prático" para as pessoas em geral? Parece-me que aquele lavrador poderia ser como Calixto Sanidad, quando este era um jovem lavrador solitário e maltratado, "com meus olhos nos sulcos e minhas mãos nas fileiras, mas meus pensamentos em Deus". Os milhares nos teares e tornos poderiam transformar as horas em algo glorioso. Alguns momentos gastos por um vigia noturno poderiam ser os mais gloriosos vividos na terra.

7. Infinitamente precioso

15 de março 1930

Cada momento em que estou acordado durante a semana, olho para Deus, talvez com a exceção de uma hora ou duas. Quão infinitamente precioso é esse apego direto ao próprio Deus, comparado ao antigo método que eu utilizava e que por muitos anos recomendei, as leituras infindáveis de livros devocionais. Parece que a própria Bíblia não pode ser lida como substituto de um encontro com Deus face a face, alma a alma.

8. Isso pode ser feito?

23 de março de 1930

É preciso manter duas coisas em mente. De fato, não conseguimos manter nada na mente por mais de meio segundo. A mente humana é fluida. Ela oscila. A concentração é tão somente o retorno contínuo ao mesmo problema a partir de milhões de ângulos. Então, meu problema é este: poderia eu trazer Deus continuamente de volta ao fluxo mental, no espaço de poucos segundos, a fim de que ele sempre esteja em minha mente como uma sensação visual, presente em cada conceito ou regra? Decido tornar o restante de minha vida um experimento para responder a essa pergunta.

Não convido ninguém a percorrer esse árduo caminho. Gostaria que muitos pudessem. Gostaríamos de saber, por exemplo: pode um operário alcançar essa renuncia contínua a Deus? Pode o homem que trabalha numa máquina orar por pessoas o dia inteiro e, ao mesmo tempo, realizar seu trabalho com eficiência? Pode uma mãe lavar louças, cuidar das crianças e conversar continuamente com Deus?

Se você for como eu, sabe que essa é uma dieta rigorosa. Então, apresentarei algo mais simples e atingível: qualquer momento de qualquer dia pode ser perfeito, bastando que se decida isso. Seria perfeito olhar para Deus toda aquela hora, aguardando a orientação dele durante a hora inteira e procurando cumprir todas as pequenas coisas, exatamente como Deus deseja.

9. Dificuldade e fracasso

19 de abril de 1930

Se esse registro da luta da alma para encontrar-se com Deus for completo, não poderá omitir as histórias de dificuldade e fracasso. Até agora, não tenho sido bem-sucedido. Por exemplo, esta semana não tem sido uma das melhores de minha vida, mas decidi não desistir. Contudo, esforçar-me não parece ajudar. Neste momento, sinto algo "saindo", e — veja só! — Deus está aqui! É uma presença comovente, um murmúrio terno de um pai para o filho, e a razão de eu não ter conseguido isso antes foi por me negar a deixa esse algo "ir".

10. Deixando Deus assumir o controle

22 de abril de 1930

Hoje, comecei logo cedo, procurando uma experiência rica com Deus no nascer do sol. Deixei que ele controlasse minhas mãos quando eu me barbeava, me vestia e tomava café. Agora estou tentando fazer com que Deus controle minhas mãos enquanto pressiono as teclas da máquina de escrever. Não há nada que possamos fazer, exceto nos expor a Deus. Há, e deve haver, muito mais nele do que ele poderá conceder-nos. Deve ser de grande proveito adquirir o hábito de alcançar os pensamentos de Deus e perguntar: "Deus, o que colocarás em minha mente agora, se eu puder apenas ser grande o suficiente?". Essa espera, essa atitude ansiosa precisa oferecer a Deus a oportunidade que ele exige.

Essa coisa de manter contato constante com Deus, tornando-o objeto de meu pensamento e a companhia em minhas conversas, é a coisa mais impressionante que já experimentei na vida. Está *funcionando*. Não consigo manter isso nem metade de um dia — ainda não, mas acredito que um dia conseguirei fazê-lo o tempo todo. É questão de adquirir novo hábito de pensar. Agora, *aprecio* tanto a presença de Deus que, quando ele escapa da minha mente por meia hora ou mais — como acontece muitas vezes ao dia —, sinto como se o tivesse abandonado e perdido algo muito precioso na vida.

11. Uma poesia muito mais maravilhosa

24 de maio de 1930

O dia foi proveitoso, mas extenuante, então subi a Signal Hill, que fica atrás de minha casa, falando com Deus e ouvindo sua voz durante toda a subida, toda a descida e naquela arrebatadora meia hora que fiquei no topo. E Deus respondeu! Deixei minha língua solta, e dela saiu uma poesia, mais maravilhosa que qualquer outra que eu tenha composto. Fluiu sem parar e sem perder uma sílaba durante meia hora inteira. Eu ouvia as palavras com espanto e repleto de alegria e gratidão. Queria ter um ditafone, pois sabia que não iria lembrar — e agora não consigo. "Por que", alguém perguntará, "Deus desperdiçou a poesia somente com você, se você não podia levá-la para casa?". Você terá de fazer essa pergunta a Deus. Só sei que ele falou, e eu estou contente em lembrar disso.

Texto bíblico: Salmos 139.1-10,17,18,23,24

Senhor, tu me sondas e me conheces.
Sabes quando me sento e quando me levanto;
de longe percebes os meus pensamentos.
Sabes muito bem quando trabalho
   e quando descanso;
todos os meus caminhos
   são bem conhecidos por ti.
Antes mesmo que a palavra
   me chegue à língua,
tu já a conheces inteiramente, Senhor.
Tu me cercas, por trás e pela frente,
e pões a tua mão sobre mim.
Tal conhecimento é maravilhoso demais
   e está além do meu alcance;
é tão elevado que não o posso atingir.
Para onde poderia eu escapar do teu Espírito?
Para onde poderia fugir da tua presença?
Se eu subir aos céus, lá estás;
se eu fizer a minha cama na sepultura,
   também lá estás.
Se eu subir com as asas da alvorada
   e morar na extremidade do mar,
mesmo ali a tua mão direita me guiará
   e me susterá.
Como são preciosos para mim
   os teus pensamentos, ó Deus!
Como é grande a soma deles!
Se eu os contasse, seriam mais
   do que os grãos de areia.

Se terminasse de contá-los,
eu ainda estaria contigo.
Sonda-me, ó Deus,
e conhece o meu coração;
prova-me, e conhece as minhas inquietações.
Vê se em minha conduta algo te ofende,
e dirige-me pelo caminho eterno.

Perguntas para meditação

Estas perguntas poderão ser utilizadas para discussão em pequenos grupos ou para registro em diário pessoal.

1. O que levou Frank Laubach a experimentar a prática da presença de Deus? (v. o item 2). Descreva como você se sente a respeito de sua vida espiritual neste momento.

2. Laubach refere-se a essa prática como um ato da vontade. Para onde ele direciona sua vontade? Quais são os pensamentos? Quais são as ações?

3. O autor descreve essa prática como hábito. Que pensamentos fazem parte de seu hábito? Como seus pensamentos formam quem você é?

4. Laubach escreve: "Há [...] muito mais nele do que ele poderá conceder--nos". Mencione algumas coisas que Deus lhe concedeu nos últimos anos. O que impede que Deus lhe conceda mais?

5. De acordo com o salmo 139, existe algum lugar a que possamos ir para escapar da presença de Deus? Como você se sente a respeito da presença constante de Deus?

Sugestão de exercícios

Estes exercícios poderão ser utilizados por indivíduos, compartilhados entre companheiros de caminhada ou no contexto de pequenos grupos. Escolha um exercício ou mais.

1. Tente aplicar o experimento de Laubach de pensar em Deus a cada instante. Tente por 10 minutos. Por uma hora. Um dia inteiro. Registre sua experiência.

2. De acordo com Laubach, a submissão foi fundamental para seu experimento. Antes de planejar as atividades desta semana, pare um pouco para ouvir a orientação de Deus e procure sintonizar suas ações com a vontade de Deus toda vez que pensar sobre isso.

3. Distribua alguns lembretes (um bilhete, uma cruz, um versículo bíblico) em seu local de trabalho a fim de despertar o pensamento para a presença de Deus toda vez que você deparar com eles durante o dia.

4. Faça da oração do salmista (Salmos 139.23,24) sua oração esta semana. Peça a Deus que examine seu coração e sua mente enquanto você se aplica a levar uma vida íntegra e plena.

Reflexão

Fico maravilhado com as experiências de oração de Frank Laubach. Eis aí um gigante, um homem que desenvolveu um método de alfabetização usado no mundo todo, declarando de maneira compassiva: "Quero aprender a viver de maneira que olhar para uma pessoa signifique orar por ela". Ele me ajudou tremendamente.

Até hoje, gosto de manusear suas cartas e diários até encontrar um de seus experimentos na oração que seja adequado à situação que estou vivendo. Talvez seja o experimento de orar pelas pessoas no avião, convidando Jesus Cristo a passar pela vida de cada passageiro e conceder amor a cada um deles. Tento fazer isso algumas vezes e vejo o que consigo aprender. A vida de oração é uma grande aventura, e Frank Laubach abriu novos caminhos para muitos de nós.

— Richard J. Foster

Para seu aprofundamento

Brother Lawrence; Laubach, Frank. **Practicing His Presence.** Atlanta: Christian Books Publishing House, 1988. O único escrito de Laubach ainda impresso [em inglês], e contém apenas partes de seu diário. Para encontrar outras obras, percorra as bibliotecas, sebos e a Internet. Procure títulos como *Letters by a Modern Mystic* [Cartas de um místico moderno], *Game with Minutes* [Jogo dos minutos], *Learning the Vocabulary of God* [Conhecendo o vocabulário de Deus] e *Prayer: The Mightiest Force in the World* [Oração: a força mais poderosa do mundo].

JOHN BAILLIE

Orações da alvorada

Introdução ao autor

John Baillie (1886-1960) nasceu em Gairloch, Escócia, e estudou na Academia Real de Inverness, Edimburgo. Também estudou nas universidades de Jena e Marburgo. Anos mais tarde, lecionou em Edimburgo, em Toronto, no Seminário Teológico União e no Seminário Teológico de Auburn. Foi moderador da Assembleia Geral da Igreja da Escócia em 1943.

Baillie foi teólogo, professor e escritor muito respeitado. Apesar de ser professor de teologia sistemática por ofício, Baillie não era aquele teólogo para quem Deus representava mera especulação. Poucos teólogos conseguiram combinar tão bem a mente e o coração como John Baillie. Sua vida devocional era o centro de todas as suas realizações acadêmicas e, como Evelyn Underhill, foi capaz de encontrar aquele equilíbrio sutil entre fé e razão.

O texto a seguir foi extraído de um dos escritos mais populares de Baillie — uma coleção de orações a ser utilizada de manhã e à noite. As orações matutinas são mais bem proveitosas se feitas na hora de levantar. Leia cada uma delas vagarosamente, orando com elas e fazendo sua cada palavra.

Extratos de *A Diary of Private Prayer* [Diário de oração individual]

1. Primeira manhã: "Meu primeiro pensamento"

Pai eterno, de minha alma, que meu primeiro pensamento hoje seja a respeito de ti, que eu seja impelido a adorar a ti, que minha primeira palavra seja teu nome, minha primeira ação seja ajoelhar-me diante de ti em oração.

> Por tua perfeita sabedoria e bondade;
>
> pelo amor com que amaste a humanidade;
>
> pelo amor com que me amaste;
>
> pela grande e misteriosa oportunidade de minha vida;
>
> pela habitação do Espírito em meu coração;
>
> pelos sete dons do teu Espírito;
>
> eu te louvo e adoro, ó Senhor.

Contudo, ao final desta oração matutina, não permita que, ao encerrar a adoração, eu passe o dia esquecido de ti. Pelo contrário, que deste momento de quietude proceda iluminação, alegria e poder que estejam comigo todas as horas do dia,

> mantendo meu pensamento puro;
>
> mantendo minha fala moderada e verdadeira;
>
> mantendo-me fiel e diligente no trabalho;
>
> mantendo-me humilde no que penso a meu respeito;
>
> mantendo-me respeitável e generoso no tratamento que dispenso aos outros;
>
> mantendo-me leal a toda lembrança sagrada do passado;
>
> mantendo-me atento ao meu destino eterno como filho teu.
>
> Por meio de Jesus Cristo, meu Senhor. Amém.

2. Segunda manhã: "Contínua dependência de ti"

Ó Deus, Criador e Redentor, não poderei prosseguir hoje sem tua companhia e tua bênção. Não permitas que a vitalidade e o frescor da manhã, ou o calor da boa saúde, ou a prosperidade atual de meus empreendimentos me enganem e me levem à falsa confiança em meus esforços. Todas essas boas dádivas vêm de ti para mim. Tu as concedes e as retiras.

Não são minhas para sempre: são apenas confiadas a mim e só podem ser desfrutadas dignamente na dependência contínua de ti, o Doador.

Deixa-me, então, devolver a ti tudo o que me deste, dedicando novamente a teu serviço toda a força de meu corpo e de minha mente, todos os meus bens terrenos, toda a minha influência entre as pessoas. Tudo isso, ó Pai, pertence a ti para utilizar conforme tua vontade. Tudo isso é teu, ó Cristo. Tudo isso é teu, ó Espírito Santo. Fala minhas palavras hoje, pensa meus pensamentos e faze todos os meus feitos. Sabendo que em tua graça desejas usar instrumentos humanos fracos como esses para cumprir teu grandioso propósito no mundo, que minha vida hoje seja o canal através do qual pequenas porções de teu amor e de tua compaixão alcancem a vida dos que estão próximos de mim.

Em tua solene presença, ó Deus, lembro-me de todos os amigos e vizinhos, meus concidadãos, e principalmente dos pobres de nossas cidades, suplicando tua graça em mim para servi-los em teu nome. Amém.

3. Terceira manhã: "Trabalho útil e feliz"

Senhor de minha vida, cuja lei eu cumpriria de bom grado, cuja comunhão desfrutaria com prazer e a quem teria o prazer de servir, ajoelho-me diante de ti ao enviar-me para a atividade de mais um dia.

Neste dia, ó Senhor,

dá-me polidez:

dá-me humilde conduta, com firmeza de caráter;

dá-me paciência;

dá-me pureza;

dá-me sinceridade de expressão;

dá-me diligência em minhas responsabilidades.

Ó tu, que na plenitude do tempo enviou nosso Senhor e Salvador Jesus Cristo para iluminar nosso coração com o conhecimento de nosso amor, concede-me a graça para ser digno de teu nome. Amém.

4. Quarta manhã: "Tua esperada presença"

Deus eterno e poderoso,

tu estás escondido de minha vista:

tu estás além da compreensão de minha mente:

teus pensamentos não são como os meus pensamentos:

teus caminhos não podem ser descobertos.

Contudo, sopraste o teu Espírito em minha vida;

formaste minha mente para te buscar;

inclinaste meu coração para te amar;

tornaste-me inquieto por buscar descanso encontrado em ti;

deste-me fome e sede que me tornam insatisfeito com todas as alegrias terrenas.

Ó tu, o único que conheces o que está diante de mim neste dia, concede-me que a cada hora eu possa estar próximo de ti. Permita-me estar no mundo, mas não ser do mundo. Permita-me usar o mundo, mas não abusar dele. Se tiver de comprar algo, seja como se eu não o possuísse. Se não tiver nada, seja como se eu tivesse tudo. Não permitas que eu tenha nenhum entendimento que não esteja sintonizado com tua vontade para minha vida, nem que recue diante de nenhum sacrifício que tua vontade exija de mim. Indica, direciona e controla todo movimento de minha mente. Por amor de Cristo, meu Senhor, Amém.

5. Quinta manhã: "Senhor e fonte de vida"

Deus de meus antepassados, clamo a ti! Tu tens sido o refúgio de pessoas bondosas e sábias a cada geração. Quando a história iniciou, foste o primeiro a iluminar as mentes, e teu Espírito as tirou do estado selvagem para torná-las humanas. Através dos tempos, tens sido Senhor e fonte de vida, fonte de todo conhecimento, manancial de toda bondade.

Os patriarcas confiaram em ti e não foram envergonhados;

os profetas te buscaram, e puseste tua palavra em seus lábios;

o salmista regozijou-se em ti, e estavas presente em seus cânticos;

os apóstolos esperaram em ti e foram cheios com teu Santo Espírito;

os mártires clamaram a ti, e estavas com eles no meio das chamas.

Não permitas, Santo Senhor, que eu deixe de aprender com essas maravilhosas lembranças dos tempos passados ou deixe de entrar na gloriosa herança que preparastes para mim. Por meio de meu Senhor Jesus Cristo, Amém.

6. Sexta manhã: "Essa tua maior dádiva"

Ó Deus, que provaste teu amor a toda humanidade enviando nosso Senhor Jesus Cristo, e iluminaste toda vida humana pelo resplendor de sua presença, agradeço-te essa tua maior dádiva.

Os dias de meu Senhor na terra;
a lembrança de seus feitos de amor;
as palavras proferidas para minha orientação e ajuda;
sua obediência até a morte;
seu triunfo sobre a morte;
a presença de seu Espírito em mim agora;
eu te agradeço, ó Deus.

Permita que a lembrança da abençoada vida dele, passada em certo momento nesta terra, comum sob este céu comum, permaneça comigo em todas as tarefas e responsabilidades deste dia.

Que eu lembre:
seu anseio, não para ser ministrado, mas para ministrar;
sua empatia com todo tipo de sofrimento;
sua coragem diante do próprio sofrimento;
sua humilde conduta, de modo que, quando ultrajado, não revidou;
seu firme propósito em realizar a tarefa designada;
sua simplicidade;
sua autodisciplina;

sua serenidade de espírito;

sua total dependência de ti, o Pai celeste.

Em cada uma dessas lembranças, concede-me a graça de seguir os seus passos. Amém.

7. Sétima manhã: "Senhor e Criador de todas as coisas"

Ó Senhor e Criador de todas as coisas, de cujo poder criador surgiu a primeira luz, que olhou para a primeira manhã do mundo e viu que era boa, louvo-te por essa grande luz que entra pela janela para acordar-me para um novo dia.

Louvo-te pela vida dentro de mim;

louvo-te pelo mundo radiante e maravilhoso em que vivo;

louvo-te pela terra, mar e céu, pelas nuvens tocadas pelo vento e pelos pássaros cantando;

louvo-te pelo trabalho que me deste;

louvo-te por tudo o que me deste para preencher o tempo de lazer;

louvo-te pelos amigos;

louvo-te pelas músicas, pelos livros, pela boa companhia e por todo prazer que seja puro.

Amém.

Texto bíblico: Lucas 12.22-31

Dirigindo-se aos seus discípulos, Jesus acrescentou: "Portanto eu lhes digo: Não se preocupem com sua própria vida, quanto ao que comer; nem com seu próprio corpo, quanto ao que vestir. A vida é mais importante do que a comida, e o corpo, mais do que as roupas. Observem os corvos: não semeiam nem colhem, não têm armazéns nem celeiros; contudo, Deus os alimenta. E vocês têm muito mais valor do que as aves! Quem de vocês, por mais que se preocupe, pode acrescentar uma hora que seja à sua vida? Visto que vocês não podem sequer fazer uma coisa tão pequena, por que se preocupar com o restante?

"Observem como crescem os lírios. Eles não trabalham nem tecem. Contudo, eu lhes digo que nem Salomão, em todo o seu esplendor, vestiu-se como um deles. Se Deus veste assim a erva do campo, que hoje existe e amanhã é lançada ao fogo, quanto mais vestirá vocês, homens de pequena fé! Não busquem ansiosamente o que comer ou beber; não se preocupem com isso. Pois o mundo pagão é que corre atrás dessas coisas; mas o Pai sabe que vocês precisam delas. Busquem, pois, o Reino de Deus, e essas coisas lhes serão acrescentadas".

Perguntas para meditação

Estas perguntas poderão ser utilizadas para discussão em pequenos grupos ou para registro em diário pessoal.

1. A primeira oração de Baillie pede, entre outras coisas, que "[essa oração esteja] comigo todas as horas do dia". Você já sentiu a força da sua oração matutina enfraquecer no decorrer do dia? O que podemos fazer para que nossas orações permaneçam conosco o dia todo?

2. Baillie agradece as muitas bênçãos — saúde, prosperidade, bens materiais, influência no mundo — e pede a Deus que disponha tudo isso a serviço dele. Quais bênçãos você acha mais difícil pôr a serviço de Deus? Por quê?

3. Baillie extrai força da "nuvem de testemunhas" (Hebreus 12.1) que o precederam: os santos, apóstolos e mártires que passaram pelo caminho e deixaram sua marca. Pense em cristãos do passado que lhe deram alguma compreensão e incentivo em sua caminhada espiritual. Que bênçãos eles proporcionaram a você?

4. O tema da sexta oração matutina é Jesus Cristo. Para Baillie, Jesus não é só a ênfase da oração, mas um modelo de viver cristão ao qual ele aspira. Relacione alguns aspectos nos quais Cristo é um exemplo inspirador para você.

5. Jesus nos estimula a observar os corvos e os lírios, que não se preocupam, contudo são cuidados por Deus. Cite algumas coisas com as quais você tem dificuldade de não se preocupar. Como a oração poderá conceder a você vitória sobre as preocupações?

Sugestão de exercícios

Estes exercícios poderão ser utilizados por indivíduos, compartilhados entre companheiros de caminhada ou no contexto de pequenos grupos. Escolha um exercício ou mais.

1. Deixe as orações matutinas de John Baillie guiar você nos próximos sete dias em seus momentos de oração. Leia cada uma delas com atenção, meditando em cada frase, deixando as palavras residir dentro de você até que se transformem em palavras suas também.

2. Muitas das orações de Baillie pedem que Deus alimente certos valores em sua vida. Escolha uma ou mais dessas virtudes (pureza de pensamento, moderação no falar, fidelidade no trabalho) e faça delas objeto especial de oração esta semana.

3. A maior dádiva, de acordo com Baillie, é a vida abençoada de Cristo. Ele pede que Deus o ajude a lembrar tudo o que Jesus disse e realizou. Esta semana, concentre-se nas palavras e ações de Jesus, lendo um dos Evangelhos.

4. Na oração da sétima manhã, Baillie apresenta uma litania de louvor a Deus pelos muitos motivos que o fazem ser grato. Escreva sua própria oração de louvor, agradecendo a Deus as diversas coisas com as quais você tem sido abençoado, mas que muitas vezes passam despercebidas ou são consideradas naturais.

Reflexão

Não há maneira melhor de aprender sobre a oração que orando, e não há melhor professor humano que John Baillie. É bom discutir os mistérios da oração, refletir sobre as profundezas da oração, aprender os métodos de oração, porém melhor ainda é orar.

A oração é parecida como um automóvel: você não precisa entender tudo sobre seu funcionamento para chegar a algum lugar. Já descobri que, se você simplesmente orar — mesmo orando de maneira errada —, Deus se agrada de nossos esforços insignificantes e Jesus nos dirige com amor por caminhos mais excelentes. Também podemos estar certos de que o bendito Espírito Santo ajustará, corrigirá e interpretará nossa oração diante do trono de Deus.

— Richard J. Foster

Para seu aprofundamento

Baillie, John. **A Diary of Private Prayer.** New York: Scribner, 1996. Trinta dias de oração escrita para manhã e tarde. Cada oração tem uma folha em branco ao lado, para nossas anotações, reflexões e orações. O formato é bastante útil para nos conduzir a uma atitude de adoração e oração.

_____. **A Diary of Readings.** London: Oxford University Press, 1981. Breves leituras diárias que se baseiam em grande variedade de fontes, desde Atanásio até Bonhoeffer.

_____. **The Sense of the Presence of God.** New York: Scribner, 1962. Esse é o ultimo livro da pena criativa de John Baillie. Foi escrito para ser proferido nas palestras Gifford. Apesar de a morte de Baillie ter impedido sua preleção, a comissão de Gifford reconheceu o valor do manuscrito, atribuindo-lhe o *status* concedido pela instituição, publicando-o postumamente. Trata de questões difíceis: como o ser humano finito pode conhecer ao Deus infinito, tudo em interação com os movimentos filosóficos predominantes da atualidade — positivismo lógico, análise linguística, existencialismo e outros.

Martinho Lutero

Orando com fé

Introdução ao autor

Martinho Lutero (1483-1546) é mais conhecido como o pai da Reforma Protestante. Nasceu numa família de camponeses em Eisleben, Alemanha. Lutero procurou aprimorar-se pessoalmente pelos meios acadêmicos. Entretanto, aos 20 anos de idade passou a experimentar profunda ansiedade a respeito de sua salvação, por isso ingressou num mosteiro agostiniano para acalmar sua consciência religiosa. Logo depois, sentiu-se chamado para o sacerdócio, sendo ordenado em 1507. Quando foi professor de literatura bíblica em Wittenberg, em 1512, lecionou sobre a carta aos Romanos, uma prática que formou seu pensamento teológico — principalmente com respeito à salvação. Em 1517, compôs as famosas *Noventa e cinco teses* e pregou-as na porta da catedral de Wittenberg, registrando suas queixas contra a Igreja católica romana e dando início à Reforma Protestante.

Lutero não foi apenas um teólogo brilhante, mas também um homem de profunda religiosidade. O texto a seguir, compilado de três fontes, demonstra sua perspectiva sobre a oração. Ele foi profundamente influenciado pelos escritos de Agostinho e Bernardo de Claraval. A fé manifestada por Lutero era viva, simples e prática; sua lógica era eficaz; sua habilidade de liderança era incomparável. Ao ler esse texto devocional, você estará assentado aos pés de uma das pessoas mais influentes da história da Igreja. Mais importante, a experiência dele com Deus era profunda e permanente.

Extratos de *Table Talk* [Conversa à mesa], "Epistle Sermon, Fourth Sunday in Advent" [Sermão nas epístolas, quarto domingo do Advento] e "Treatise on Good Works" [Tratado sobre as boas obras]

1. Oração e súplica

Com o termo "oração" queremos dizer apenas palavras e expressões formais — como, por exemplo, a oração do pai-nosso e os salmos — que às vezes expressam mais que nosso pedido. Por meio da "súplica", fortalecemos a oração e tornamo-la eficaz por certa forma de persuasão. Por exemplo, podemos rogar a alguém que conceda num pedido por amor de um pai ou de algo muito estimado. Rogamos a Deus, por meio de seu Filho, seus santos, suas promessas e seu nome. Por isso, Salomão diz: "SENHOR, lembra-te de Davi e das dificuldades que enfrentou" (Salmos 132.1), e Paulo insiste: "Irmãos, rogo-lhes pelas misericórdias de Deus..." (Romanos 12.1; novamente: "Pela mansidão e pela bondade de Cristo, apelo para vocês" (2Coríntios 10.1).

2. Petição e ação de graças

"Petição" significa declarar o que temos no coração, mencionando o desejo que expressamos em oração e súplica. Na oração do pai-nosso, há sete petições, fora a oração propriamente. Cristo diz: "Peçam, e lhes será dado; busquem, e encontrarão; batam, e a porta lhes será aberta. Pois todo o que pede, recebe; o que busca, encontra; e àquele que bate, a porta será aberta" (Mateus 7.7). Por meio da ação de graças, relembramos as bênçãos recebidas e, assim, fortalecemos nossa confiança e conseguimos aguardar em fé aquilo que pedimos.

3. Oração eficaz

A oração é eficaz por meio da petição; urgente por meio da súplica; agradável e aceitável por meio da ação de graças. Força e aceitação unem-se para predominar e assegurar a petição. Observamos que esse é o modo de orar praticado pela Igreja, e os antepassados, no Antigo Testamento, sempre apresentaram súplicas e gratidão em suas orações. A oração do pai-nosso começa com louvor e ação de graças e com o reconhecimento de que Deus é Pai; dirige-se a ele com sinceridade por meio do amor filial e do reconhecimento da ternura paterna. Pois para a súplica, essa oração é incomparável. Por isso, é a oração mais sublime e nobre já proferida.

4. Oração incessante

Não existe um cristão que não tenha tempo de orar incessantemente. Refiro-me, porém, à oração espiritual, isto é, ninguém está assim tão ocupado com seu trabalho e, se desejar, conseguirá orar enquanto trabalha. Poderá falar com Deus em seu coração, apresentar a ele suas necessidades e as de outras pessoas, pedir ajuda, fazer petições. Com tudo isso, estará exercitando e fortalecendo sua fé.

5. O que esperar da oração

Devemos orar com a mente direcionada para alguma necessidade premente e com desejo sincero, então, exercitar a fé e a confiança em Deus com relação ao assunto, sem duvidar de termos sido ouvidos. Bernardo disse: "Queridos irmãos, nunca duvidem da oração de vocês, pensando que tenha sido vã, pois lhes digo a verdade: antes de proferirem as palavras, a oração já foi registrada no céu. Portanto, vocês devem esperar confiantemente de Deus uma de duas coisas: ou a oração será respondida ou não será respondida, nesse caso porque seu desejo não seria bom para você".

6. Orando com fé

A oração é um exercício especial da fé. A fé torna a oração aceitável porque acredita na resposta da oração ou que algo melhor será concedido, em vez do que foi pedido. Por isso, Tiago diz: "Quando pedir algo para Deus, não vacile na fé, pois quem vacila não pense que obterá alguma coisa do Senhor" (cf. Tiago 1.6,7). A mensagem é muito clara: quem não confia não receberá nada, nem o que pede, tampouco algo melhor.

7. O ensino de Jesus sobre a oração

O próprio Jesus disse: "Eu lhes digo: Tudo o que vocês pedirem em oração, creiam que já o receberam, e assim lhes sucederá" (Marcos 11.24). Em Lucas 11.9-13, ele diz:

> "Peçam, e lhes será dado; busquem, e encontrarão; batam, e a porta lhes será aberta. Pois todo o que pede, recebe; o que busca, encontra; e àquele que bate, a porta será aberta. Qual pai, entre vocês, se o filho lhe pedir um peixe, em lugar disso lhe dará uma cobra? Ou se pedir um ovo, lhe dará um escorpião? Se vocês, apesar de serem maus, sabem dar boas coisas aos seus filhos, quanto mais o Pai que está nos céus dará o Espírito Santo a quem o pedir!"

Será que somos tão obstinados a ponto de as palavras de Jesus não nos incitarem a orar com confiança, alegria e prazer? Muitas de nossas orações precisam ser reformadas se fôssemos orar dessa maneira. Sem dúvida, todas as igrejas da terra estão repletas de pessoas orando e cantando, mas por que então há tão pouca melhoria, tão poucos resultados de tantas orações? O motivo é justamente aquele que Tiago diz: "Quando pedem, não recebem, pois pedem por motivos errados, para gastar em seus prazeres" (Tiago 4.3). Quando a oração não é feita com fé e confiança, a oração está morta.

8. Apresentando a necessidade, não determinando a resposta

Disso ocorre que quem ora corretamente jamais duvidará que a oração será respondida, mesmo que a pessoa não obtenha aquilo que pediu, pois temos de apresentar a Deus em oração nossas necessidades, mas não determinar a Deus a medida, a maneira, o tempo e o lugar. Precisamos deixar essa parte com Deus, pois talvez ele deseje atender-nos de um modo melhor do que imaginamos. Como o apóstolo Paulo diz em Romanos 8, muitas vezes nem sabemos o que pedir; e sabemos que os caminhos de Deus são muitos superiores à nossa capacidade de compreensão, como diz Efésios 3. Portanto, não devemos duvidar que nossa oração será aceita e ouvida, mas precisamos deixar com Deus a medida, o modo, o tempo e o lugar, pois Deus com certeza fará o que é correto.

9. Pecando para a esquerda ou direita

Os verdadeiros adoradores são aqueles que adoram em Espírito e em verdade. Todo aquele que não acredita na resposta de suas orações peca para o lado esquerdo dessa passagem das Escrituras, no sentido que se desvia demais pela incredulidade. Já o que determina tempo, lugar, medida e limites para Deus peca para o lado direito e chega perto de provocar a Deus. Por isso, Deus nos proíbe transgredir sua ordenança, tanto para a esquerda quanto para a direita, isto é, seja pela incredulidade, seja pela provocação. Pelo contrário, devemos aproximar-nos de Deus em fé singela, mantendo-nos no caminho correto, confiando nele, sem, porém, lhe impor limites.

10. O que devemos pedir em oração?

O que devemos apresentar em oração diante do Deus todo-poderoso? Resposta: em primeiro lugar, nossas aflições pessoais. No salmo 32, Davi clama: "Tu és o meu abrigo; tu me preservarás das angústias e me cercarás de canções de livramento" (v. 7). Da mesma forma, no salmo 142: "Em alta voz clamo ao Senhor [...]. Derramo diante dele o meu lamento; a ele apresento a minha angústia" (v. 1,2). Ao orar, precisamos lembrar todas as fraquezas e exageros que sentimos e derramá-los com liberdade diante de Deus, nosso Pai fiel, que está pronto para ajudar. Se você não conhece nem reconhece suas necessidades ou acha que não tem nenhuma, então está na pior situação. A pior coisa que alguém pode pensar é que não tem nenhum problema, pois se tornará obstinado e insensível ao que traz dentro de si.

11. Os Dez Mandamentos: espelho da alma

Não há melhor espelho que os Dez Mandamentos. Neles, você encontrará o que lhe falta e o que procurar. Poderá perceber que você tem uma fé fraca, pequena esperança, pouco amor para com Deus. Você poderá perceber que não louva nem honra a Deus tanto quanto louva e honra a si próprio. Poderá perceber que não ama ao Senhor, seu Deus, de todo o coração. Quando perceber alguma dessas coisas, ponha-se diante de Deus, clame a ele por ajuda e, com toda a confiança, aguarde o auxílio divino, crendo que você será ouvido e obterá misericórdia.

12. A grande dádiva da oração

Ninguém pode acreditar quão eficaz é a oração e o que ela pode realizar, exceto aquele que aprendeu pela experiência. É importante a necessidade de buscar a Deus em oração. Sempre que oro com sinceridade, sei que sou ouvido e obtenho mais que pedi. Deus poderá tardar, mas sempre virá em nosso auxílio.

É impressionante que uma pobre criatura humana seja capaz de falar com a majestade de Deus no céu sem ficar com medo. Quando oramos, nosso coração e nossa consciência não devem distanciar-se de Deus por causa de nossos pecados ou por desmerecimento, e não devemos duvidar nem ficar amedrontados. Quando oramos, precisamos manter confiança e crer que Deus ouviu nossa oração. Foi por isso que os antigos definiram oração como *ascensus mentis ad Deum*, uma "escalada do coração para Deus".

Texto bíblico: Marcos 11.22-25

Respondeu Jesus: "Tenham fé em Deus. Eu lhes asseguro que se alguém disser a este monte: 'Levante-se e atire-se no mar', e não duvidar em seu coração, mas crer que acontecerá o que diz, assim lhe será feito. Portanto, eu lhes digo: Tudo o que vocês pedirem em oração, creiam que já o receberam, e assim lhes sucederá. E quando estiverem orando, se tiverem alguma coisa contra alguém, perdoem-no, para que também o Pai celestial lhes perdoe os seus pecados".

Perguntas para meditação

Estas perguntas poderão ser utilizadas para discussão em pequenos grupos ou para registro em diário pessoal.

1. De acordo com Lutero, a oração diz respeito a expressarmos o que está em nosso coração. Até que ponto sua vida de oração é espontânea e sincera? Você acha difícil ser você mesmo diante de Deus?

2. De acordo com Lutero, uma de duas coisas certamente acontece cada vez que oramos a Deus. Quais são essas duas coisas?

3. De todas as atitudes necessárias para a verdadeira oração, talvez nenhuma delas seja mais essencial para Lutero que a confiança. Em que áreas de sua vida você tem dificuldade para confiar em Deus?

4. Lutero acredita que pecamos para a esquerda quando não temos fé e pecamos para a direita quando determinamos medida e tempo *específicos* para Deus. Para qual dos dois lados você se inclina quando ora?

5. Jesus disse: "Tudo o que vocês pedirem em oração, creiam que já o receberam, e assim lhes sucederá" (Mateus 11.24). Como isso se compara ou contrasta com o que Martinho Lutero ensina sobre a oração?

Sugestão de exercícios

Estes exercícios poderão ser utilizados por indivíduos, compartilhados entre companheiros de caminhada ou no contexto de pequenos grupos. Escolha um exercício ou mais.

1. Procure ser mais sincero na sua vida de oração esta semana. Expresse o que está em seu coração. Tenha a liberdade de ser quem você é quando estiver diante de Deus.

2. Procure aplicar o conselho de Lutero sobre determinar modo, medida, tempo e lugar da oração. Descubra a alegria da fé que confia na resposta de Deus para sua oração na melhor maneira, medida, tempo e lugar.

3. Utilize os Dez Mandamentos em seu tempo de oração. Aplique os mandamentos conforme a recomendação de Lutero — como alguém contemplando um espelho —, procurando enxergar sua vida mais claramente.

4. Jesus relaciona a oração e o perdão de modo inseparável não só nas passagens de Marcos 11, mas também na oração do pai-nosso. Torne esta semana o perdão não só parte de suas orações, mas também um aspecto importante de sua vida com Deus.

Reflexão

Não há nada mais básico na vida espiritual que a oração, pois a oração nos conduz a uma comunhão perpétua com o coração de Deus. Há muito que aprender sobre essa vida de constante conversa com o Santo.

Contudo, precisamos tomar cuidado para não complicar as coisas. Como crianças que procuram os pais, assim nos aproximamos de Deus. Sem dúvida, há respeito, mas também intimidade. Levamos o clamor do coração a um Pai amoroso. Como a galinha que recolhe os pintinhos debaixo de suas asas, assim nosso Deus cuida de nós, nos protege e consola (Mateus 23.37).

Por isso, não importa quanto aprendamos sobre o labirinto da realidade da oração, que sempre possamos aproximar-nos do Aba amoroso que tem o prazer de perdoar e doar.

— RICHARD J. FOSTER

Para seu aprofundamento

BAINTON, Roland H. **Here I Stand: A Life of Martin Luther.** New York: Penguin USA, 1995. História popular escrita com elegância, sem sacrificar a erudição e a exatidão.

DILLENBERGER, John (Org.). **Martin Luther: Selections from His Writings.** Garden City: Anchor Books, 1961. Contém os três tratados de Lutero de 1520 sobre a Reforma: "Open Letter to the Christian Nobility" [Carta aberta à nobreza cristã]; O *cativeiro babilônico da Igreja* (São Paulo: Martin Claret, 2006); *Da liberdade do cristão* (São Paulo: Unesp, 2001), e outras obras criteriosamente selecionadas que mostram o desenvolvimento histórico e teológico do pensamento de Lutero.

LENKER. John N. (Org.). **Sermons of Martin Luther.** Grand Rapids: Baker, 2000.

LUTHER, Martin. **Day by Day We Magnify Thee.** Minneapolis: Augsburg, 1982.

SAUSSURE, A. de. **Lutero: o grande reformador que revolucionou seu tempo e mudou a história da Igreja. São Paulo: Vida, 2004.** Trata do momento histórico que revolucionou seu tempo e mudou a trajetória da Igreja e do mundo e apresenta outras informações sobre a vida do reformador, tais como: sua infância e juventude; sua formação acadêmica e religiosa; seus amigos e adversários; seu celibato e casamento; sua vida pública e privada.

WEYER, Robert Van de. **The Table-Talk of Martin Luther.** New York: HarperCollins, 1995. Impressionante coletânea de sabedoria e perspicácia (algumas não tão sábias) de Lutero.

A vida virtuosa

A tradição de santidade (a vida virtuosa) preocupa-se com a transformação moral pessoal decorrente do desenvolvimento do que os autores antigos chamavam "hábitos sagrados". Fazemos o que está ao nosso alcance (por exemplo, envolver-nos nas disciplinas espirituais) para receber de Deus o poder de realizar o que está fora de nosso alcance (por exemplo, amar os inimigos).

O fio condutor característico de todos os textos escolhidos é a centralidade do amor como elemento motivador da santidade. Esse aspecto é bem nítido na ênfase de Ricardo Rolle sobre a "imensidão e suavidade do amor".

Teresa de Ávila e Thomas à Kempis tratam da tentação e do processo relacionados à luta contra o pecado. Temos o privilégio de olhar essa questão fundamental tanto da perspectiva feminina quanto da ótica masculina.

Gregório de Nissa e João Calvino tratam da santidade pela perspectiva do *athleti dei*, os "atletas de Deus", preparados para a carreira da vida. A abnegação (a *via negativa*) e os vigorosos exercícios espirituais (a *via positiva*) fazem parte do programa de preparação próprio para o desenvolvimento do corpo, da mente e do espírito.

Blaise Pascal lembra-nos a dupla natureza — da dignidade e da desgraça — que persegue a existência humana. Ele não se precipita em reconciliar as contradições interiores que sempre experimentamos, mas por fim aponta "uma luz para quem deseja enxergar". Finalmente, William Law salienta que nossa fé precisa necessariamente produzir atos de amor. As disciplinas espirituais não têm nenhum valor a menos que nos tornem pessoas mais amorosas.

Esses homens e mulheres de fé foram sábios no cultivo da santidade. É aconselhável ponderar longamente sobre suas profundas palavras.

GREGÓRIO DE NISSA

Percorrendo a carreira

Introdução ao autor

Gregório de Nissa (331-396) foi um dos pais da Igreja. Ele viveu no século IV, quando a perseguição aos cristãos estava chegando ao fim. Gregório foi um dos três pais capadócios gregos (os outros dois foram o irmão de Gregório, Basílio, e um amigo comum, Gregório de Nazianzo).

Ele é considerado "um dos pensadores mais contundentes e originais da história da Igreja" (Louis Bouyer). Seus escritos influenciaram muito a espiritualidade da Igreja ocidental. Ele dominava muito bem a filosofia grega, principalmente o platonismo e o estoicismo, mas seu pensamento era fundamentado na Bíblia.

Gregório acreditava que a principal utilidade da Bíblia não era a reflexão histórica, mas o cultivo da virtude. Ele e outros pais da Igreja utilizaram a Bíblia e as personagens bíblicas para ensinar como nos aproximar mais de Deus, como "elevar" a alma a Deus. Ele entendia a vida espiritual como uma carreira na qual nós, como o apóstolo Paulo, "esquecendo [...] das coisas que ficaram para trás [avançamos] para as que estão adiante" (Filipenses 3.13).

O texto a seguir foi extraído da mais obra famosa de Gregório, *The Life of Moses* [A vida de Moisés]. Foi escrita para responder a diversos pedidos de orientação sobre como ter uma vida íntegra. Para Gregório, a perfeição é descoberta por meio de constante luta — um progresso perpétuo arraigado à graça infinita de Deus.

Extratos de *The Life of Moses* [A vida de Moisés]

1. *A carreira divina*

Nas corridas de cavalos, os espectadores torcem pela vitória de seu animal preferido, ainda que todos os cavalos estejam afoitos pela vitória. Das arquibancadas, o povo acompanha a corrida com os olhos, imaginando-se capaz de instigar o jóquei a esforçar-se mais. Ao mesmo tempo, eles incitam os cavalos curvando-se para frente e abanando o braço como se fosse o chicote.

Os espectadores fazem isso não porque esses gestos contribuam de fato para a vitória, mas porque dessa maneira, pela boa vontade, demonstram ansiosamente com sua voz e seus gestos o interesse pelos competidores. Parece-me que estou fazendo a mesma coisa, caríssimo amigo e irmão. Enquanto você disputa admiravelmente a corrida divina através do percurso da virtude, saltando com agilidade e esforçando-se constantemente para conquistar *o prêmio da vocação celestial*, eu exorto, impulsiono e encorajo você vigorosamente a apressar o passo.

2. *Pronta obediência*

Uma vez que a carta enviada recentemente por você pedia conselhos com respeito à vida perfeita, achei proveitoso atender ao seu pedido. Embora minhas palavras possam não ser totalmente úteis a você, talvez este exemplo da pronta obediência não seja de todo desprezível: se nós, que fomos designados pais de tantas almas, consideramos válido nesta idade avançada aceitar a incumbência de um jovem, muito mais a atitude correta da pronta obediência será confirmada em você, pois ensinamos você, um jovem, a obedecer voluntariamente.

3. *A vida perfeita*

Precisamos assumir a responsabilidade sobre o que está diante de nós, aceitando a orientação de Deus na elaboração deste tratado. Você solicitou, querido amigo, que apresentássemos um esboço da vida perfeita.

Sua intenção, naturalmente, era transpor a graça revelada pelas minhas palavras para sua vida, caso encontrasse em meu tratado o que procurava.

Estou igualmente confuso sobre ambas as coisas: está além de minha capacidade abranger toda a perfeição em meu tratado, assim como demonstrar em minha vida a compreensão dele. Talvez eu não esteja só nisso. Muitas pessoas de renome, mesmo os que se destacam na virtude, admitirão que para eles isso é algo inatingível. Como não me parece que eu, conforme as palavras do salmista, *trema de medo onde não há medo*, apresentarei a você com maior clareza meu pensamento.

4. Percorrendo constantemente a carreira da virtude

A perfeição de tudo o que possa ser medido pelos sentidos é delimitada de maneira bem definida. Por exemplo, a quantidade admite tanto continuidade quanto limite. Quem vê o número dez reconhece que sua perfeição consiste no fato de ser tanto o início quanto o fim.

Todavia, no caso da virtude, aprendemos com o apóstolo que uma limitação da perfeição é que ela não tem limites. Pois esse apóstolo divino, notável e grandioso em entendimento, perseverando na carreira da virtude, nunca deixou de *lutar para alcançar as coisas que estão adiante*. Interromper a carreira não seria seguro para ele. Por quê? Porque nenhum bem é limitado por si só, mas pela presença de uma força oposta, assim como a vida é limitada pela morte e a luz pelas trevas. Tudo o que é bom geralmente termina com o que é entendido como contrário ao bem.

5. Interrompendo a carreira

Assim como o fim da vida é o início da morte, também interromper a carreira da virtude marca o início da carreira do mal. Por isso, não concordamos em que seja impossível buscar perfeição em relação à virtude, pois demonstramos que o que é demarcado não é virtude.

Também afirmei que é impossível a quem busca a vida íntegra alcançar a perfeição. Explicarei o sentido dessa declaração.

O Ser divino é ele próprio o Bem (no sentido primário e próprio do termo), cuja natureza é constituída de bondade. Ele é exatamente isso e, por essa razão, recebe esse nome e é conhecido por essa característica. Assim, uma vez que não há provas de haver nenhuma limitação à virtude, exceto o mal, e uma vez que o Divino não admite uma força oposta, acreditamos que a natureza divina é ilimitada e infinita. Sem dúvida, quem busca a verdadeira virtude participa justamente da natureza de Deus, porque ele é a própria virtude absoluta. Então, uma vez que desejam o bem, por natureza desejam participar dele, e, uma vez que esse bem é ilimitado, o desejo do participante não pode ser interrompido, pelo contrário, estende-se ilimitadamente.

6. O mandamento inalcançável

Portanto, é impossível alcançar a perfeição, pois, como afirmei, a perfeição não tem limites: a única limitação da virtude é não ter limites. Como, então, alguém alcançará a demarcação desejada, uma vez que não se pode encontrar essa demarcação?

Embora, em geral, minha argumentação mostre que não é possível alcançar o que se procura, não se deve desprezar o mandamento do Senhor que diz: "Sejam perfeitos como perfeito é o Pai celestial de vocês" (Mateus 5.48). Porque no caso do que é bom por natureza, ainda que pessoas esclarecidas não consigam alcançar tudo o que desejam, ao alcançar apenas uma parte já terão grande proveito.

7. A perfeição alcançável

Devemos demonstrar bastante dedicação para não desviar da perfeição alcançável e procurar obter o máximo possível dela: no sentido de progredir dentro do que buscamos, pois a perfeição da natureza humana consiste, talvez, no próprio crescimento da bondade.

Parece-me certo usar as Escrituras como guia dessa questão. Pois a voz divina declara, em Isaías 51.2: "Olhem para Abraão, seu pai, e para Sara, que lhes deu à luz". As Escrituras fazem essa admoestação aos que vagueiam longe da virtude.

8. De volta ao caminho

Assim como no mar os que são levados para longe do porto voltam ao caminho por meio da sinalização clara de um farol ou de um pico de montanha visto a distância, as Escrituras, pelo exemplo de Abraão e Sara, conduzem ao ancoradouro da vontade divina os que estão à deriva no mar da vida.

A natureza humana está dividida entre macho e fêmea, e a livre escolha da virtude e do mal é posta igualmente perante ambos. Por esse motivo, o exemplo de integridade correspondente a cada gênero é exemplificado pela voz divina, para que cada um, atentando ao que lhe é semelhante (os homens para Abraão e as mulheres para Sara), seja orientado na integridade de vida pelos exemplos apropriados.

9. O ancoradouro seguro da virtude

Assim, talvez a lembrança de uma pessoa ilustre seja suficiente para preencher nossa necessidade de um farol que nos ajude a conduzir a vida para o ancoradouro seguro da virtude. Com isso, evitamos passar o inverno em meio às tempestades da vida ou naufragar nas profundezas do mal pelos sucessivos vagalhões das paixões. Talvez seja exatamente por esse motivo que a vida diária de pessoas magníficas seja registrada em detalhes, para que, ao imitar esses exemplos antigos de conduta correta, possamos conduzir nossa vida para o bem.

Alguém dirá: "Como, então, poderei imitar esses exemplos, se não sou hebreu como era Abraão, nem fui criado pela filha do egípcio, conforme as Escrituras informam sobre Moisés, e em geral nesses aspectos não tenho nada em comum com a vida dos antigos? Como estarei na posição deles, uma vez que não sei como imitar alguém tão distante de mim pelas circunstâncias da vida?".

A essa pessoa respondemos que não consideramos uma virtude ou um defeito ser hebreu, nem alguém será tido por exilado da vida íntegra por viver no Egito ou por passar a vida na Babilônia, nem Deus se tornou conhecido apenas dos moradores da Judeia, nem, como muitos pensam, Sião é o lugar da habitação de Deus. É preciso certa sutileza de entendimento e perspicácia para ter o discernimento histórico e assim, distanciando-nos dos hebreus e egípcios e fugindo do cativeiro babilônico, embarcar na vida abençoada.

10. Tornando-se amigo de Deus

Visto que procuramos justamente alcançar o alvo da vida íntegra, está na hora, caro amigo, de ser conhecido de Deus e ser seu amigo.

Esta é a verdadeira perfeição: não evitar uma vida pecaminosa por temer servilmente o castigo, como o escravo, nem fazer o bem na esperança de recompensa, como se pudéssemos cobrar a vida íntegra por meio de alguma negociação. Pelo contrário, deixando de lado tudo o que aguardamos e que nos é reservado pela promessa, consideremos a coisa mais horrível perder a amizade de Deus, e a mais digna de honra e desejo, tornar-se amigo dele. Isso, como já disse, é a perfeição de vida.

Texto bíblico: Filipenses 3.12-21

Não que eu já tenha obtido tudo isso ou tenha sido aperfeiçoado, mas prossigo para alcançá-lo, pois para isso também fui alcançado por Cristo Jesus. Irmãos, não penso que eu mesmo já o tenha alcançado, mas uma coisa faço: esquecendo-me das coisas que ficaram para trás e avançando para as que estão adiante, prossigo para o alvo, a fim de ganhar o prêmio do chamado celestial de Deus em Cristo Jesus.

Todos nós que alcançamos a maturidade devemos ver as coisas dessa forma, e, se em algum aspecto vocês pensam de modo diferente, isso também Deus lhes esclarecerá. Tão somente vivamos de acordo com o que já alcançamos.

Irmãos, sigam unidos o meu exemplo e observem os que vivem de acordo com o padrão que lhes apresentamos.

Pois, como já lhes disse repetidas vezes, e agora repito com lágrimas, há muitos que vivem como inimigos da cruz de Cristo. O destino deles é a perdição, o seu deus é o estômago e eles têm orgulho do que é vergonhoso; só pensam nas coisas terrenas. A nossa cidadania, porém, está nos céus, de onde esperamos ansiosamente o Salvador, o Senhor Jesus Cristo. Pelo poder que o capacita a pôr todas as coisas debaixo do seu domínio, ele transformará os nossos corpos humilhados, tornando-os semelhantes ao seu corpo glorioso.

Perguntas para meditação

Estas perguntas poderão ser utilizadas para discussão em pequenos grupos ou para registro em diário pessoal.

1. Gregório de Nissa compara a jornada espiritual a uma corrida. Utilizando essa metáfora, como tem sido sua corrida espiritual? Uma corrida de curta distância? Uma maratona? Uma corrida de obstáculos? Ladeira abaixo? Escalada?

2. Pense em algumas pessoas que "torcem por você" na jornada espiritual. Como eles "exortam, impulsionam e incentivam" você?

3. Gregório acredita na possibilidade da perfeição? Por quê?

4. Quais personagens bíblicas são como um "farol" para você? Como a história delas inspira você?

5. Paulo diz que não alcançou a perfeição nem chegou ao aperfeiçoamento, mas prossegue para alcançar alguma coisa. Pelo que ele se esforça? Pelo que você está lutando com diligência (quais seus objetivos e desejos na vida)?

Sugestão de exercícios

Estes exercícios poderão ser utilizados por indivíduos, compartilhados entre companheiros de caminhada ou no contexto de pequenos grupos. Escolha um exercício ou mais.

1. Esta semana, anime alguém na jornada espiritual. Escreva uma carta, ligue para a pessoa, faça uma visita, apenas para encorajar essa pessoa a prosseguir na carreira.

2. Destaque uma ou duas áreas de sua vida nas quais você gostaria de ver algum progresso. Compartilhe seus desejos e intenções com um amigo que poderá auxiliá-lo por meio da graça da responsabilidade mútua.

3. Faça um estudo da vida de um dos heróis da fé (Ester, Moisés, Rute, Abraão ou qualquer outro). Deixe que essa história de coragem, fé e fracasso redimido seja uma fonte de inspiração para você.

4. Gregório de Nissa escreve que a verdadeira perfeição consiste em tornar-se amigo de Deus. Esta semana, aprimore sua amizade com Deus, ficando mais tempo na presença dele e compartilhando mais e mais de sua vida — suas esperanças, sonhos e fracassos. Permita que Deus o ame como amigo íntimo.

Reflexão

Aprecio o fato de que as ideias de Gregório atingem o âmago da discussão contemporânea sobre o perfeccionismo. Ele simplesmente não ressalta uma doutrina de santificação acima das outras.

Observe que a cura para um perfeccionismo doentio não significa rejeitar toda ênfase sobre a santidade (afinal, viver em santificação é ideia de Deus), mas insistir no progresso da vida espiritual. A principal preocupação de Gregório é nosso crescimento em integridade. Para ele, a integridade é alcançada tentando, lutando e correndo a carreira. O objetivo final da virtude é nos tornarmos amigos de Deus. Vale a pena dedicar nossa vida a isso, não é?

— RICHARD J. FOSTER

Para seu aprofundamento

DANIELOU, Jean; MUSURILLO, Herbert (Org). **From Glory to Glory: Texts from Gregory of Nyssa's Mystical Writings.** Crestwood: St. Vladimir's Seminary Press, 2001.

GREGORY OF NYSSA. The Life of Moses. In: PAYNE, Richard J. (Org.). **The Classics of Western Spirituality.** New York: Paulist, 1978. Nessa obra, a mais famosa de suas obras, Gregório procura construir uma ponte entre a sofisticação grega e as Escrituras judaicas. Para isso, ele desenvolve uma espiritualização um tanto elaborada da história de Moisés para ressaltar a *theoria* ou sentido espiritual do texto — uma prática comum no século IV. Para nós, é preciso certo esforço para se acostumar com o estilo.

Ricardo Rolle

A chama espiritual

Introdução ao autor

Nascido no vilarejo de Thornton, na diocese de York, na Inglaterra, Ricardo Rolle (1290-1349) foi um dos grandes líderes espirituais da Inglaterra. De origem humilde, conseguiu estudar em Oxford com a ajuda de um benfeitor. Apesar de ser um aluno brilhante, resolveu desistir dos estudos antes de terminar o mestrado, por não querer se associar com a vaidade do mundo acadêmico.

Rolle voltou para a região do Yorkshire e, literalmente, fugiu de casa para tornar-se eremita. Ele fez da capa de chuva de seu pai um traje de eremita e passou a noite numa igreja próxima, preparando-se em oração. Enquanto estava ali, foi arrebatado numa profunda experiência de oração, tão impressionante que os observadores ficaram maravilhados de vê-lo orando durante a noite. Mais tarde, ele pregou na mesma igreja, e isso marcou o início de um ministério poderoso.

Ele morou em diferentes cidades e vilarejos durante sua vida: às vezes em mosteiros, outras em conventos. Tornou-se também famoso pelos seus escritos, principalmente por sua obra *The Fire of Love* [A chama do amor]. Rolle escreveu com uma paixão e um vigor que poucos autores demonstram. Duzentos anos após sua morte, ele passou a ser reverenciado como São Ricardo, o Eremita, e seus escritos eram valorizados tanto por religiosos quanto não religiosos.

Extratos de *The Fire of Love* [A chama do amor]

1. A chama espiritual que alimenta a alma

Não consigo expressar minha surpresa sobre o que aconteceu na primeira vez em que senti meu coração aquecendo. Era um calor real, não imaginário, e parecia que estava de fato pegando fogo. Fiquei assustado ao sentir que o calor aumentava e ao perceber que essa nova experiência trouxe grande conforto. Tive de apalpar meu peito para ter certeza de que não havia motivo físico para aquela queimação.

Todavia, depois de perceber que esse calor vinha exclusivamente de dentro, que essa chama de amor não tinha nenhuma causa material ou pecaminosa, mas era dádiva do Criador, fiquei absolutamente encantado e desejava que meu amor fosse ainda maior. Esse desejo tornou-se mais urgente por causa do efeito agradável e da graça interior que essa chama espiritual nutria em minha alma. Antes da infusão desse consolo, eu nunca imaginara que nós, exilados, pudéssemos experimentar esse calor, tão agradável foi a devoção despertada em mim. Isso acendeu minha alma como se um fogo verdadeiro estivesse queimando ali.

2. A imensidão e a suavidade do amor

Contudo, como alguns nos lembrarão, há pessoas fervorosas no amor por Cristo, pois podemos perceber como desprezam o mundo e como se entregam totalmente ao serviço de Deus. Se aproximarmos o dedo do fogo, sentiremos calor. Da mesma forma, a alma ardente de amor sente, eu diria, um calor genuíno, que pode ser mais ou menos intenso, dependendo da capacidade de cada um.

Que mortal sobreviveria ao grau máximo desse calor — como o conhecemos aqui —, caso persista? Precisamos inevitavelmente fazê-lo perder força antes que a imensidão e a suavidade do amor se tornem intensas demais, e o calor, indescritível. Contudo, ao mesmo tempo, somos constrangidos a desejar com sinceridade esse acontecimento: descansar nossa alma, com todos os supremos dotes da mente, nessa doce chama e na renúncia ao mundo, e nos apegar aos que louvam seu Criador.

3. Extinguindo a chama

Contudo, algumas coisas são opostas à caridade: coisas carnais e avarentas, que enganam a paz da mente. Às vezes, nesse amargo exílio, a necessidade física e o forte sentimento humano importunam esse calor, perturbando e extinguindo esse fogo (chamo-o metaforicamente "fogo" porque queima e clareia). Naturalmente, não podem eliminar o que é irremovível, por ser algo que tomou conta de meu coração.

Contudo, por causa dessas coisas, esse calor jovial se ausenta por um tempo, mas depois de um tempo reaparecerá. Até que aconteça, porém, ficarei espiritualmente congelado e me sentirei estéril porque sinto falta daquilo com que estava acostumado. É quando sinto o desejo de recuperar a consciência do fogo interior que todo o meu ser, físico e espiritual, aprova tanto. Com isso, meu ser se sente seguro.

4. A alma em devoção

No momento, sinto que até mesmo o sono está contra mim! O único tempo livre que tenho é quando sou obrigado a tirar uma soneca. Quando estou acordado, posso tentar aquecer minha alma, apesar de estar adormecida de frio, pois sei como inflamá-la quando está determinada em devoção e como elevá-la acima das coisas terrenas com desejo irresistível.

Esse amor abundante e eterno não aparece quando estou descansando, nem sinto esse ardor espiritual quando estou cansado, depois de uma viagem, por exemplo. Contudo, ele está lá quando estou absorvido pelos interesses mundanos ou preso a discussões sem fim. Nessas horas, vejo-me esfriando, até que ponha de lado todas as coisas exteriores e faça um esforço real para permanecer na presença do Salvador. Só assim mantenho esse calor interior.

5. Não conhecido por meio de argumentos

Portanto, dedico este livro não aos filósofos e sábios deste mundo, nem aos grandes teólogos atolados em indagações intermináveis, mas às pessoas simples e incultas que preferem amar a Deus a acumular conhecimento. Deus não é conhecido por meio de argumentos, mas pelo que fazemos e pelo modo em que amamos.

Penso que, enquanto as questões existentes nessas indagações sejam as mais penosas para o intelecto, são muito menos importantes quando se leva em consideração o amor de Cristo. É impossível compreendê-las de outro modo! Por isso, não escrevo para os versados, a não ser que eles esqueçam ou ponham de lado as coisas que pertençam ao mundo; a não ser que estejam prontos para entregar-se a um anseio por Deus.

6. Além das coisas temporais

Entretanto, para chegar a essa condição, eles precisam, antes de tudo, fugir das honras mundanas, precisam odiar a vanglória e a ostentação do conhecimento. Assim, por meio da oração e da meditação e condicionados à pobreza, poderão dedicar-se ao amor de Deus. Não seria surpresa se depois disso surgisse uma faísca interior de caridade não criada e preparasse o coração deles para o fogo que consome toda a negridão, elevando-os a um ardor agradável e prazeroso.

Desse modo, superarão as coisas temporais e desfrutarão paz infinita. Quanto mais preparados forem, maior será a habilidade natural para amar, desde que não tenham tanta estima por si mesmos nem tenham prazer em ser estimados pelos outros. Então, pelo fato de eu incitar por esses meios todas as pessoas em direção a Deus e pelo fato de estar tentando esclarecer o caráter ardente do amor e sua qualidade sobrenatural, o título escolhido para este livro foi *A chama do amor.*

7. O que devemos amar

Todos os que vivem essa vida sabem que não podemos ser cheios do amor eterno ou ungidos com o suave óleo celeste, a não ser que sejamos realmente convertidos a Deus. Antes que possamos experimentar um pouco do amor de Deus, precisamos voltar-nos para ele e, pelo menos mentalmente, desviar-nos de todas as coisas terrenas. A conversão é, na verdade, uma questão de aperfeiçoamento do amor, para que possamos amar primeiro o que devemos amar, não o que não devemos. Além disso, nosso amor se inflama mais para com o primeiro que para com o segundo.

Naturalmente, Deus deve ser amado acima de tudo. As coisas celestiais também devem ser muito amadas, mas para as coisas terrenas basta um pouco de amor ou, pelo menos, o necessário. Sem dúvida, esta é a maneira de nos voltarmos para Cristo: almejar nada além dele. Desviar-nos das "coisas agradáveis" do mundo, que pervertem, em vez de proteger os que as amam, envolve a destruição do desejo físico e a aversão de toda sorte de maldade. Por isso, você encontrará pessoas que não têm nenhum prazer nas coisas terrenas e cuidam das questões mundanas o absolutamente necessário.

8. Substituindo a glória

Uma vez que os que acumulam grandes fortunas têm prazer nessas coisas — não sabem quem no fim colherá os frutos! —, não têm direito de desfrutar nem mesmo o amor celeste, consolador e agradável. Contudo, consideram já ter alguma experiência da felicidade futura — pelo menos dizem isso — por causa da devoção, uma devoção fingida, não genuinamente santificada.

Todavia, essa presunção desairosa provocará, sem dúvida, a ruína dessas pessoas, pois o amor às coisas terrenas não tem fim. Além do mais, elas perderão a alegria que Deus propicia a quem ele ama. Todo amor que não for dirigido a Deus é amor ruim e também prejudicial a quem o possui. Por esse motivo, quem ama a glória mundana com amor maligno desperta para outro tipo de amor e se distancia ainda mais da chama do amor divino, muito mais que a distância que separa o mais alto céu do mais profundo da terra.

Na verdade, essas pessoas tornam-se parecidas com o que amam, pois passam a se harmonizar com os desejos de sua época. Uma vez que não deixam seu velho modo de ser, passam a preferir o vazio ilusório da vida à ternura da alegria. Trocam a glória da caridade incorruptível pelo prazer passageiro da "beleza". Seria impossível fazer isso sem estarem obscurecidos por uma falsa "chama de amor", que destrói o bem na fonte e estimula a maldade.

9. Destruindo a raiz genuína

Contudo, há muitos que, por não se interessar pela beleza feminina ou pela vida exuberante, se consideram salvos. Por causa dessa modéstia, exterior e visível, acreditam ser santos, distintos das demais pessoas. Tal suposição, porém, quando não acompanhada da destruição da verdadeira causa do pecado — a cobiça —, é falsa e tola.

Como a Bíblia diz, não há nada pior que o amor ao dinheiro (1Timóteo 6.10), pois significa que o coração da pessoa está sempre preocupado com o amor às coisas passageiras, sem dar oportunidade à devoção. Amor a Deus e amor ao mundo não podem coexistir na mesma alma: o mais forte impulsiona o mais fraco. Logo, fica evidente quem ama o mundo e quem ama Cristo. A força do amor humano é evidente nas coisas que realizamos.

10. Ávidos por amar a Deus

O Diabo aprisiona muitas pessoas que consideramos boas, pois domina o clemente, o puro e o humilde — pecadores que se confessam a um homem, naturalmente, com vestes penitenciais e carregado de penitência! Na verdade, são muitas vezes feridas mortais obscurecidas pelo odor da santidade.

O Diabo pode dominar o trabalhador dedicado ou mesmo o pregador fervoroso, mas não domina aquele cujo coração seja ardente de caridade, sempre ávido por amar a Deus e sempre apático em relação à vaidade. Todavia, o impetuoso amor do ímpio está sempre voltado para o que é indecente. Já abandonou o exercício espiritual ou pelo menos é frouxo e débil. O amor do ímpio segue um padrão, estando entregue mais às coisas deste mundo que as do próximo, mais ao corpo que à alma.

Texto bíblico: Lucas 11.33-36

"Ninguém acende uma candeia e a coloca em lugar onde fique escondida ou debaixo de uma vasilha. Ao contrário, coloca-a no lugar apropriado, para que os que entram possam ver a luz. Os olhos são a candeia do corpo. Quando os seus olhos forem bons, igualmente todo o seu corpo estará cheio de luz. Mas quando forem maus, igualmente o seu corpo estará cheio de trevas. Portanto, cuidado para que a luz que está em seu interior não sejam trevas. Logo, se todo o seu corpo estiver cheio de luz, e nenhuma parte dele estiver em trevas, estará completamente iluminado, como quando a luz de uma candeia brilha sobre você."

Perguntas para meditação

Estas perguntas poderão ser utilizadas para discussão em pequenos grupos ou para registro em diário pessoal.

1. Ricardo Rolle descreve suas experiências espirituais como tendo sido acompanhadas de uma queimação, comparada ao calor do fogo. Você já teve alguma sensação física no momento da adoração ou da devoção?

2. Quais atividades atiçam a chama de devoção em sua vida? Pense na leitura, no ouvir um bom sermão, na oração, em ter comunhão com outras pessoas, em desfrutar a criação ou em qualquer outra atividade espiritual desenvolvida por você.

3. Rolle afirma que as "pessoas tornam-se parecidas com o que amam". Cite alguns de seus amores e diga como você se tornou como eles.

4. Rolle observa que o Diabo domina os que têm apenas aparência religiosa ("o trabalhador dedicado ou mesmo o pregador fervoroso", por exemplo). Cite três características que nos ajudam na oposição ao Diabo.

5. Jesus nos exorta a não escondermos nossa luz, como alguém que acende uma vela e depois a esconde. Em vez disso, ele nos encoraja a colocar a luz no lugar apropriado. Como você, individualmente ou em grupo, poderá ser uma luz num mundo em trevas?

Sugestão de exercícios

Estes exercícios poderão ser utilizados por indivíduos, compartilhados entre companheiros de caminhada ou no contexto de pequenos grupos. Escolha um exercício ou mais.

1. Ricardo Rolle exorta-nos a amar a Cristo de todo o coração, sem misturar esse amor com a paixão por coisas terrenas. Esta semana, pense nas coisas que você ama. Pergunte-se se elas estão tomando lugar da devoção a Deus. Lembre-se da recomendação de Rolle: "Todo amor que não for dirigido a Deus é amor ruim e também prejudicial a quem o possui".

2. Rolle observa que a honraria mundana pode ser um dos maiores empecilhos à vida espiritual, por isso ele nos estimula a fugir disso. Busque maneiras de evitar ser honrado esta semana e, por meio de uma humildade genuína, procure repassar para Deus todo elogio que receber, pois dele procedem todas as bênçãos.

3. De acordo com Rolle, o amor deve seguir um padrão, demonstrado em nossos exercícios espirituais. Esta semana, faça de seu amor a Deus o centro em torno do qual todos os exercícios espirituais se estruturam.

4. Esforce-se para recobrar a "vista". Jesus diz: "Os olhos são a candeia do corpo. Quando os seus olhos forem bons, igualmente todo o seu corpo estará cheio de luz. Mas quando forem maus, igualmente o seu corpo estará cheio de trevas" (Lucas 11.34). Olhos bons são os olhos concentrados num único objetivo: o Reino de Deus. Torne o Reino de Deus o centro de suas atenções esta semana.

Reflexão

Nunca passei pela experiência do coração ardendo, vivida por Rolle, embora tenha sentido muitas vezes calor nas mãos ao interceder por outros. Entretanto, fico contente com o testemunho de Rolle, porque a realidade divina (da qual a manifestação física é mera indicação) experimentada por ele é verdadeira e está de acordo com os caminhos de Deus. O amor divino de Deus em Cristo tanto purifica quanto inflama. "Chama" talvez seja a melhor palavra para descrever esse tipo de amor.

Esse amor de Deus não é mero sentimentalismo. Ele queima tudo o que lhe é contrário. Nada subsiste quando se opõe ao amor divino. Esse amor também consola, é receptivo, nutre e nos inflama com o desejo do Amado. É um "amor que não nos deixará", como reconhece o autor do hino. Que eu e você sejamos, cada vez mais, conduzidos, tomados e consumidos pelo amor de Deus.

— RICHARD J. FOSTER

Para seu aprofundamento

ALLEN, Hope Emily (Org.). **English Writings of Richard Rolle, Hermit of Hampole.** St. Clair Shores: Scholarly, 1971. Esse livro está esgotado, mas você poderá vasculhar uma boa biblioteca ou num sebo, pela Internet. Contém meditação sobre Salmos, a paixão de Cristo e várias epístolas. É preciso estar atento para o fato que foi escrito em inglês médio, difícil para o leitor moderno, mas um prazer para o ouvido preparado.

ROLLE, Richard. **The Fire of Love.** New York: Penguin, 1982. Um tipo de livro admiravelmente desordenado: repetitivo, vigoroso, dogmático e acalentador. A melhor maneira de entender o livro é considerá-lo uma enorme sinfonia, na qual a melodia é introduzida e reintroduzida de diversas maneiras, e, à medida que cada movimento repete a melodia, desenvolve novos temas, acrescentando algo novo cada vez que é repetido.

João Calvino
A alegria da abnegação

Introdução ao autor

Nascido em Noyon, na França, e formado na Universidade de Paris, João Calvino (1509-1564) cresceu num ambiente rico e nobre. Seu pai queria que ele estudasse teologia, mas Calvino desejava formar-se em direito. Entretanto, ele tinha a perspicácia de um teólogo e o coração de um pastor. Embora sem ser ordenado, tornou-se pároco de Saint-Martin de Marteville em 1527. Em 1534, converteu-se ao protestantismo, razão pela qual esteve preso duas vezes, por breve tempo.

Em 1536, ele escreveu a famosa obra *As institutas da religião cristã*, aos 26 anos de idade. Em 1541, mudou-se para Genebra, na Suíça, e influenciou a cidade a ponto de ganhar vários adeptos. Sob a liderança de Calvino e apesar de forte oposição, Genebra ficou famosa pelo alto padrão moral, prosperidade econômica e sistema educacional. Muitos o consideram o pai e fundador das igrejas presbiteriana e reformada (protestantes).

Ele foi profundamente influenciado pelos escritos de Martinho Lutero e Agostinho, principalmente pela enfática teologia da predestinação de Agostinho. É possível afirmar, com toda a segurança, que nenhum teólogo teve maior e mais clara compreensão da soberania de Deus que João Calvino. Ele ficou famoso por sua rigidez e austeridade. O texto a seguir trata da abnegação, que Calvino considerava essencial à vida cristã. Como outros mestres devocionais, as palavras de Calvino são austeras para a mentalidade moderna, que entende toda restrição como negativa.

Extratos de *Golden Booklet of the True Christian Life* [Precioso livreto sobre a verdadeira vida cristã]

1. Um princípio excelente

A lei divina contém o mais próprio e mais bem organizado plano de regulamentação para nossa vida. Contudo, agradou ao Mestre celestial orientar-nos por um princípio excelente. É dever do cristão apresentar "o vosso corpo por sacrifício vivo, santo e agradável a Deus, que é o vosso culto racional" (Romanos 12.1, *ARA*). Esse é o único culto verdadeiro.

O princípio da santidade leva à exortação: "Não vos conformeis com este século, mas transformai-vos pela renovação da vossa mente, para que experimenteis qual seja a boa, agradável e perfeita vontade de Deus" (Romanos 12.2, *ARA*). É fundamental saber que somos consagrados e dedicados a Deus. Significa que iremos pensar, falar, meditar e fazer tudo pensando na glória de Deus.

2. Nosso único e legítimo objetivo

Uma vez que não pertencemos a nós mesmos, mas ao Senhor, fica evidente com que propósito realizamos todas as coisas. Não pertencemos a nós mesmos, portanto nem nossa razão nem nossa vontade devem dirigir nossos pensamentos e ações. Não pertencemos a nós mesmos, portanto esqueçamo-nos quanto possível de nós mesmos e de nossos interesses.

Somos de Deus, portanto vivamos e morramos para ele. Somos de Deus, portanto deixemos todos os nossos atos ser dominados pela sabedoria e pela vontade de Deus. Somos de Deus, portanto que toda nossa existência esteja voltada para ele como nosso único e legítimo objetivo.

3. O veneno mais eficaz

Que grande avanço aprender que não somos donos de nós mesmos e não ser dominado por nossa razão, mas sujeitar nossa mente a Deus! O veneno mais eficaz para nos destruir é nos orgulhar de nossa sabedoria e força de vontade. A única saída é simplesmente seguir a orientação do Senhor.

O primeiro passo é despedir-nos de nós mesmos e dedicar toda a nossa força ao serviço do Senhor. O serviço do Senhor não inclui apenas obediência implícita, mas também a vontade de deixar de lado nosso desejo pecaminoso e sujeitar-nos inteiramente à liderança do Espírito Santo.

A transformação de nossa vida pelo Espírito Santo, que o apóstolo Paulo chama "renovação da mente", é o verdadeiro início da vida, mas isso é estranho aos filósofos pagãos. Esses filósofos põem a razão como único guia para a vida, a sabedoria e a conduta, mas a filosofia cristã requer que sujeitemos a razão ao Espírito Santo. Significa que não viveremos mais para nós mesmos, e sim que Cristo vive e reina em nós (Efésios 4.23; Gálatas 2.20).

4. Grande proveito

Portanto, não busquemos nossos interesses, mas apenas o que agrada ao Senhor e é útil para a promoção de sua glória. Há grande proveito em esquecer-nos de nós mesmos e ignorar deliberadamente todo aspecto egoísta. Só assim poderemos dedicar fielmente nossa atenção a Deus e aos seus mandamentos.

Quando as Escrituras nos exortam a desprezar todas as questões pessoais e egoístas, elas não somente excluem de nossa mente o desejo de riqueza, a cobiça pelo poder e o respeito dos outros, mas também proíbem as falsas ambições e a sede por honrarias humanas, que são acompanhadas de outros males mais obscuros. De fato, os cristãos precisam estar dispostos e preparados para admitir que devem prestar contas a Deus em todos os momentos de sua vida.

5. Sem deixar espaço

Os cristãos medirão todos os seus atos pela lei de Deus e submeterão seus pensamentos à vontade divina. Se aprendermos a levar Deus em conta em tudo o que fizermos, estaremos livres dos desejos fúteis. A abnegação (que Cristo, desde o início, ordenou diligentemente aos discípulos) por fim tomará conta de todos os desejos de nosso coração.

A abnegação não deixará nenhum espaço para o orgulho, a arrogância ou a vanglória, nem para a avareza, a licenciosidade, a luxúria, a libertinagem ou qualquer pecado proveniente do amor egoísta. Sem o princípio da abnegação, somos levados ao prazer dos vícios mais indecentes, sem nenhuma vergonha, e, se existir alguma aparência de virtude em nós, ela estará corrompida pelo pernicioso desejo de honra pessoal. Mostre-me uma única pessoa que não creia na instrução do Senhor acerca da abnegação e consiga viver voluntariamente uma vida de virtude!

6. Mais próximo do Reino

Os que não são influenciados pelo princípio da abnegação, mas seguem a virtude, fazem isso por amor ao elogio. Até mesmo os filósofos, que consideravam a virtude, por si só, desejável, foram possuídos de arrogância: é evidente que desejavam a virtude apenas para ter uma oportunidade de manifestar orgulho.

Deus está tão longe de agradar-se dos que ambicionam o elogio e de quem está cheio de orgulho e presunção que afirma claramente: "Eles já receberam sua plena recompensa" (Mateus 6.5) neste mundo. As prostitutas e os publicanos arrependidos estão mais próximos do Reino dos céus que essas pessoas.

7. Remédio para tudo

Não há limites aos obstáculos para quem deseja viver corretamente e, ao mesmo tempo, se recusa a abnegar-se. Uma antiga e verdadeira máxima diz que há um universo de vícios ocultos na alma, mas a abnegação cristã é o remédio para todos eles. Há libertação reservada apenas para os que abandonam o egoísmo e cujo único objetivo consiste em agradar ao Senhor e fazer o que é certo aos olhos dele.

8. Uma vida regrada

O apóstolo Paulo apresenta um resumo de uma vida regrada quando escreve a Tito:

> A graça de Deus se manifestou salvadora a todos os homens, educando-nos para que, renegadas a impiedade e as paixões mundanas, vivamos, no presente século, sensata, justa e piedosamente, aguardando a bendita

esperança e a manifestação da glória do nosso grande Deus e Salvador Cristo Jesus, o qual a si mesmo se deu por nós, a fim de remir-nos de toda iniquidade e purificar, para si mesmo, um povo exclusivamente seu, zeloso de boas obras (Tito 2.11-14, *ARA*).

Paulo declara que a graça de Deus é necessária para nos encorajar, mas há dois obstáculos à verdadeira adoração que precisam ser removidos. Primeiro: a impiedade (para qual temos forte inclinação); segundo: a cobiça mundana (que nos procura dominar).

A impiedade não significa apenas superstição, mas tudo que obstrui o temor sincero de Deus. A cobiça mundana é representada nos desejos carnais. Paulo insiste em que deixemos os desejos antigos, que estão em conflito com as duas tábuas da Lei e que renunciemos a tudo o que domine nossa razão e nossa vontade.

9. Sobriedade, retidão e devoção

Paulo reduz todas as ações da nova vida a três categorias: sobriedade, retidão e devoção. A sobriedade, sem dúvida, significa moderação e temperança, assim como pureza e simplicidade na aplicação das bênçãos temporais e paciência em tempos de necessidade. A retidão abrange todos os deveres da justiça, para que cada um receba o justo direito. A devoção separa-nos da contaminação do mundo e, por meio da verdadeira santidade, nos une a Deus. Quando as virtudes da sobriedade, da retidão e da devoção estiverem firmemente unidas, produzirão perfeição absoluta.

10. Livrando nossa mente de toda armadilha

Não há nada mais difícil que abandonar os pensamentos carnais, sujeitar e renunciar a todo falso apetite, dedicar-se a Deus e ao próximo e viver a vida de anjos neste mundo corrompido. Para livrar nossa alma de toda armadilha, Paulo chama a atenção para a esperança de uma imortalidade bendita e nos encoraja afirmando que nossa esperança não é vã.

Assim como Cristo se manifestou uma vez como Redentor, na segunda vinda ele revelará os benefícios da salvação obtida por ele. Cristo afasta os encantamentos que nos cegam e nos impedem de desejar, por meio do zelo correto, a glória celeste. Cristo também ensina que devemos viver como estrangeiros e peregrinos neste mundo, para não perdermos a herança eterna (Tito 2.11-14).

11. Nosso Conquistador

Vejamos ainda como a verdadeira abnegação nos torna mais calmos e pacientes. As Escrituras chamam a atenção para o fato de que, se quisermos viver tranquilos, precisamos sujeitar a nós mesmos e tudo o que possuímos à vontade de Deus e, ao mesmo tempo, submeter nossos sentimentos a ele, nosso Conquistador.

Nossa ardente paixão e nosso desejo incontrolado consistem em buscar riqueza e honra, exigir poder, acumular tesouros, possuir todas aquelas vaidades que se mostram tão ostensivas. No entanto, tememos e abominamos a pobreza, a obscuridade, a humildade e procuramos evitá-las a todo custo.

É fácil perceber como as pessoas que seguem o próprio pensamento ficam impacientes, como tentam todo tipo de artimanhas e como se cansam no esforço para conseguir objetos de ambição e da avareza e, também, para evitar a pobreza e a humildade. Se o cristão temente a Deus quiser evitar essa armadilha, terá de procurar outro caminho: não deve esperar, desejar ou mesmo pensar em prosperar sem a bênção de Deus.

Texto bíblico: Filipenses 2.1-11

Se por estarmos em Cristo nós temos alguma motivação, alguma exortação de amor, alguma comunhão no Espírito, alguma profunda afeição e compaixão, completem a minha alegria, tendo o mesmo modo de pensar, o mesmo amor, um só espírito e uma só atitude. Nada façam por ambição egoísta ou por vaidade, mas humildemente considerem os outros superiores a si mesmos. Cada um cuide, não somente dos seus interesses, mas também dos interesses dos outros.

Seja a atitude de vocês a mesma de Cristo Jesus,
que, embora sendo Deus,
não considerou

que o ser igual a Deus
era algo a que devia apegar-se;
mas esvaziou-se a si mesmo,
vindo a ser servo,
tornando-se semelhante
aos homens.
E, sendo encontrado
em forma humana,
humilhou-se a si mesmo
e foi obediente até a morte,
e morte de cruz!
Por isso Deus o exaltou
à mais alta posição
e lhe deu o nome que está acima de todo nome,
para que ao nome de Jesus
se dobre todo joelho,
nos céus, na terra
e debaixo da terra,
e toda língua confesse que Jesus Cristo é o Senhor,
para a glória de Deus Pai.

Perguntas para meditação

Estas perguntas poderão ser utilizadas para discussão em pequenos grupos ou para registro em diário pessoal.

1. João Calvino mostra como "não pertencemos a nós mesmos". Como isso está relacionado à questão da abnegação?
2. No item 3, Calvino escreve sobre o abandono da razão a favor de seguir a vontade de Deus. Você já passou pela experiência de conflito entre sua razão e o que você sentiu como sendo a vontade de Deus? Qual foi sua reação?
3. Um dos temas principais desse texto é a distinção entre os que se sujeitam inteiramente a Deus e os que não o fazem. Calvino diz que quem não se sujeita são pessoas "impacientes". Você já experimentou essa impaciência? Descreva a experiência.
4. O princípio fundamental da santidade, de acordo com Calvino, é apresentar nosso corpo como sacrifício vivo e não nos conformar com este

século, mas ser transformados pela renovação da mente (v. Romanos 12.1,2). De que maneira você se conforma com este mundo?

5. De que maneira a humildade expressa em Filipenses 2.1-11 coincide com a abnegação discutida por João Calvino? As duas ideias diferem de algum modo?

Sugestão de exercícios

Estes exercícios poderão ser utilizados por indivíduos, compartilhados entre companheiros de caminhada ou no contexto de pequenos grupos. Escolha um exercício ou mais.

1. João Calvino escreve: "Que toda nossa existência esteja voltada para ele como nosso único e legítimo objetivo". Esta semana, procure descobrir maneiras de tornar Deus seu único objetivo e fazer "tudo pensando na glória de Deus".

2. Observe como o mundo procura conformar você às atitudes e ações mundanas. Ao assistir à televisão, observe os comerciais e pergunte-se: "Como este comercial tenta influenciar minha maneira de pensar, sentir e agir?".

3. Calvino aconselha-nos a "prestar contas a Deus em todos os momentos". Pratique isso esta semana. O tempo todo, deixe Deus ser sua fonte de orientação e inspiração.

4. Paulo incentiva os filipenses: "Cada um cuide, não somente dos seus interesses, mas também dos interesses dos outros" (Filipenses 2.4). Na tentativa de tornar a abnegação uma realidade, não apenas boa intenção, tenha deliberadamente os interesses e as necessidades das outras pessoas acima dos seus.

Reflexão

Calvino fala de maneira inspiradora quando nos lembra que a abnegação é parte essencial de toda vida genuína com Deus. A abnegação a qual ele se refere não diz respeito à aversão ao corpo, com o castigo como fim em si mesmo ou com a conquista de reconhecimento por meio da força da vontade e do domínio próprio.

A figura mais apropriada é a do atleta que ingressa num treinamento para desenvolver a mente, o corpo e o espírito. E, como todos sabemos, a abnegação é um elemento comum na vida do atleta. Nós, como atletas de Deus, precisamos experimentar a abnegação como elemento comum de nossa preparação, de modo a prosseguir "para o alvo, a fim de ganhar o prêmio do chamado celestial de Deus em Cristo Jesus" (Filipenses 3.14).

— Richard J. Foster

Para seu aprofundamento

Calvin, J. **Golden Booklet of the True Christian Life.** Grand Rapids: Baker, 1952. Noventa e seis páginas resumem a visão de Calvino sobre a prática da vida cristã. Inclui temas como santidade, abnegação, carregar a cruz, esperança do céu e modo correto de viver no presente.

Calvino, João. **As institutas da religião cristã:** edição especial com notas para estudo e pesquisa. Tradução de Odayr Olivetti. São Paulo: Cultura Cristã, 2006. 2 v. A obra-prima de Calvino. São livros difíceis de ler, certamente não se destina ao leitor hesitante. Calvino também escreveu grandes comentários sobre vários livros da Bíblia [alguns publicados em português pela Editora Parakletos].

Costa, Herminsten. **Calvino de A a Z. São Paulo: Vida, 2006.** Obra cuidadosamente elaborada para dar uma visão geral do melhor do pensamento do grande reformador. São cerca de 1.400 citações do próprio Calvino, distribuídas em mais de 200 verbetes, formando uma coletânea riquíssima de conceitos que fizeram e ainda fazem a história da Igreja.

Leith, John H. **John Calvin's Doctrine of the Christian Life.** Philadelphia: Westminster, 1989. Uma boa fonte secundária que define o ensino de Calvino sobre a vida cristã no contexto de sua teologia.

Silvestre, Armando. **Calvino: o potencial revolucionário de um pensamento. São Paulo: Vida, 2009.** Diferentemente dos vários escritos congêneres existentes em língua portuguesa, esse livro dá contribuição especial ao aprimoramento do conhecimento sobre o reformador de Genebra e mostra um outro Calvino. Seu teor ultrapassa em muito o tratamento literário dado a esse tipo de escrito, em geral feito com o levantamento mais preciso possível dos dados referentes à vida e obra do biografado. Neste caso, mesmo, ao se deter em dados biográficos essenciais, o autor não perde de vista a configuração contextual histórica e política em que eles ocorreram, demonstrando sua familiarização com a metodologia histórica contemporânea.

BLAISE PASCAL

Caindo na arrogância

Introdução ao autor

Blaise Pascal (1623-1662) é mais conhecido por sua extraordinária habilidade matemática, mas sua produção como filósofo e teólogo talvez ainda seja a mais criteriosa de todas as suas obras. Nascido na França, Pascal foi criado pelo pai e por uma irmã mais velha depois da morte da mãe, em 1626. A despeito das frequentes enfermidades, ele desde cedo demonstrava um intelecto aguçado.

Ao completar 31 anos, ele já era bem conhecido por suas contribuições nas áreas de matemática e ciências. Entretanto, justamente naquele ano ele visitou sua irmã, numa comunidade religiosa em Port Royal, onde ouviu um sermão que o levou a uma profunda experiência religiosa. Ele marcou aquela data — 23 de novembro de 1654 — como o principal momento de sua vida. Escreveu estas palavras num pedaço de papel costurado no forro de seu paletó, que carregou consigo pelo resto da vida: "Fogo. Deus de Abraão, Deus de Isaque, Deus de Jacó, não dos filósofos e dos estudiosos. Certeza, certeza, sincera alegria, paz. Deus de Jesus Cristo. Alegria, alegria, alegria, oceanos de alegria!".

Todas as dúvidas que ele tinha antes desse episódio foram dissipadas. Nos seis anos seguintes, ele viveu naquela comunidade (não como membro), estudando a Bíblia e os pais da Igreja. Aos 37 anos, começou a escrever uma defesa da fé cristã, mas sua morte, aos 39 anos, impediu-o de terminar. Essas anotações casuais ou "pensamentos" foram agrupados depois da morte de Pascal transformando-se no livro *Pensamentos* (São Paulo: Martins Fontes, 2005), de fama mundial.

Extratos de *Pensamentos*

1. Impressionantes contradições

Nossa grandeza e nossa desgraça são tão evidentes que a verdadeira religião precisa ensinar-nos que há em nós algum princípio fundamental de grandeza e algum princípio fundamental de desgraça. Deve também explicar essas impressionantes contradições.

Para nos alegrar, esse princípio deve mostrar-nos que existe um Deus a quem devemos amar, que nossa única felicidade é estar nele e que nossa única deficiência é sermos distanciados dele. Precisa reconhecer que estamos no meio de trevas, que nos impedem de conhecê-lo e amá-lo. Por isso, entre nosso dever de amar a Deus e nosso pecado que nos afasta dele, somos cheios de iniquidade.

Deve explicar a razão de agirmos contra Deus e contra o bem de nós mesmos. Deve ensinar-nos a cura para nossa incapacidade e os meios de alcançar essa cura. Examine-se essa questão em todas as religiões do mundo, e ver-se-á que apenas a religião cristã satisfaz esse anseio.

2. Quem pode curar o orgulho e a cobiça?

Os filósofos, que não nos podem oferecer nenhum bem, exceto aquele que está dentro de nós? Encontraram eles a cura para nossos males? Curam nossa presunção de nos tornarmos iguais a Deus? Aqueles que nos põem no nível das feras, os mulçumanos, que não nos oferecem nada mais para nosso bem que os prazeres terrenos, mesmo na eternidade, oferecem cura para nossa cobiça?

Então, qual religião nos ensinará a cura do orgulho e da cobiça? Em suma, qual religião nos ensinará o verdadeiro bem, nossas responsabilidades, a fraqueza que nos faz desviar, a causa de nossas fraquezas, o tratamento que cura tudo isso e os meios de alcançar esse tratamento? Nenhuma outra religião conseguiu isso. Vejamos o que a sabedoria de Deus poderá alcançar.

3. Entrega à soberba

A sabedoria de Deus diz: "Ninguém espera verdade ou consolo de outras pessoas. Fui eu quem formou você. Somente eu ensinei a você ser o que é, mas você não está na mesma condição em que o criei. Criei você santo, inocente, perfeito e lhe concedi esclarecimento e compreensão, mostrei-lhe minha glória e minhas maravilhas. Então, seus olhos contemplaram a majestade de Deus. Você não estava nas trevas que hoje o cegam nem entregue à morte e às misérias que o afligem.

"Mas você não pôde suportar tanta glória sem se entregar à soberba. Você queria tornar-se o centro de si mesmo e viver sem ajuda. Você se afastou de minha regra, pondo-se como igual a mim no desejo de encontrar felicidade para você, então o abandonei à própria sorte. Incitei as criaturas subordinadas a você a se revoltarem contra você e se tornarem suas inimigas, para que você se transformasse como as feras. Você está tão distante de mim que resta apenas um vislumbre de seu autor em seu débil e vago conhecimento.

"Os sentimentos, independentemente da razão e de seus senhores, induziram você a buscar o prazer. Todas as criaturas afligem ou provocam você. Elas o dominam, subjugando forçosamente ou fascinando você com certa esperteza, muito mais terrível e danosa. Essa é a condição do ser humano hoje. Elas retêm um fraco instinto da felicidade da natureza original, mas são lançadas na cegueira e na cobiça de sua natureza posterior".

4. O motivo de muitas contradições

Desse princípio que lhe estou mostrando, você pode perceber a razão de muitas contradições que impressionam as pessoas e as dividem entre tantas escolas de pensamento. Observe, agora, os vários impulsos de grandeza e glória, que a experiência de tantas misérias não consegue abafar, e veja se não são provocadas por outra natureza.

"É perda de tempo procurar a cura de suas misérias em si mesmo. Sua inteligência só lhe possibilitará perceber que você jamais encontrará dentro de si bondade e verdade. Os filósofos fizeram promessas assim, mas não puderam cumpri-las. Eles não conhecem seu verdadeiro bem nem sua verdadeira condição.

"Como poderiam oferecer cura para os males que eles mesmos não conheciam? Sua principal doença é o orgulho, que distancia você de Deus, e a cobiça, que o prende à terra. A única coisa que os filósofos fizeram foi manter ativa uma dessas enfermidades. Se eles ofereceram Deus a você como objeto de estudo, foi apenas para exercitar seu orgulho. Eles fizeram você pensar que sua natureza era semelhante à de Deus.

"Os que perceberam a futilidade dessa pretensão lançaram você em outro abismo, fazendo-o entender que sua natureza era semelhante à dos animais. Eles o induziram a buscar o bem na cobiça, que é o que todo animal faz. Não é esse o modo de curar você da injustiça que esses sábios deixaram de perceber em você. Só eu consigo compreender o que você é. Não exijo de você uma fé cega."

5. Dupla capacidade

Adão, Jesus Cristo. Se você está unido a Deus, é pela graça, não pela natureza. Se você é humilhado, é por meio da penitência, não pela natureza. Daí a dupla capacidade. Você não se encontra no mesmo estado em que foi criado. Com a descoberta desses dois estados é impossível você não os reconhecer.

Siga seus impulsos. Observe a si próprio para ver se não reconhece as características claras dessas duas naturezas. Será possível encontrar tantas contradições numa única pessoa? Isso é incompreensível, mas o incompreensível não deixa de existir. Número infinito, um espaço infinito igual ao finito.

É incrível imaginar a razão por que Deus se uniria a nós. Esse pensamento vem apenas da constatação de nossa pequenez. Todavia, se você realmente acredita nisso, siga essa verdade tanto quanto eu, e reconheça, de fato, quão pequenos somos e que, por nós mesmos, somos incapazes de saber se essa bondade nos capacitará a alcançá-la.

6. Amar e conhecer a Deus

Eu gostaria de saber com que direito nós, meros animais, que reconhecemos nossa fraqueza, medimos a misericórdia de Deus e a mantemos dentro dos limites de nossas fantasias. Temos tão pouco conhecimento de quem Deus é que não sabemos quem nós mesmos somos. Perturbados pela contemplação de nossa condição, atrevemo-nos a dizer que Deus não nos pode capacitar para ter comunhão com ele.

Contudo, gostaria de saber se Deus exige outra coisa de nós além de amar e conhecer a ele, uma vez que somos naturalmente capazes de amar e conhecer. Sem dúvida, pelo menos sabemos que existimos e amamos alguma coisa.

Portanto, se pudermos enxergar algo em meio às trevas que nos rodeiam e se conseguirmos encontrar entre as coisas terrenas algo para o qual demonstrar amor, por que, uma vez que Deus revela a nós uma centelha de sua existência, não podemos conhecer e amá-lo da forma em que lhe agrada comunicar-se conosco?

Sem dúvida, há uma presunção intolerável nesses argumentos, embora pareçam baseados em evidente humildade, porém não sincera nem razoável, a não ser que nos faça admitir que, uma vez que não conhecemos a nós mesmos, só podemos conhecer-nos a partir de Deus.

7. Reconciliando as contradições

"Não pretendo que você acredite em mim de modo submisso e sem motivo; não quero subjugá-lo à força. Tampouco tenho a pretensão de oferecer-lhe resposta para tudo. O que quero dizer por reconciliar essas contradições é mostrar a você claramente, por provas convincentes, as marcas divinas dentro de mim. Elas o convencerão de quem eu sou. Pretendo ainda mostrar minha autoridade por meio de milagres e provas irrefutáveis. Desse modo, você acreditará no que ensino e só o rejeitará por causa de sua incapacidade de reconhecer esse ensino como verdadeiro.

"A vontade de Deus é nos salvar e abrir caminho para a salvação de quem o procura. Entretanto, nós nos mostramos tão indignos que é correto Deus recusar a alguns, por causa da obstinação do ser humano, aquilo que oferece a outros por meio de uma misericórdia não conquistada."

8. Luz para quem deseja enxergar

"Se Deus desejasse vencer a teimosia dos mais obstinados, ele poderia fazê-lo revelando a si mesmo de maneira tão clara que eles não pudessem duvidar da verdade de sua essência, como acontecerá no último dia por meio de trovões e relâmpagos e convulsão da natureza a ponto de os mortos ressuscitarem e os cegos verem.

"Não foi desse modo que ele quis se manifestar quando veio em humildade, porque muitos se mostraram tão indignos da clemência dele que ele queria privá-los do bem que não mereciam. Portanto, não seria correto ele aparecer de modo claramente divino e absolutamente capaz de convencer a todos, mas também não seria correto que sua vinda fosse tão oculta que ele não pudesse ser reconhecido por aqueles que o buscassem com sinceridade. Ele desejava fazer-se perfeitamente reconhecível a eles.

"Portanto, com o desejo de se manifestar abertamente a quem o procura sinceramente e de ocultar-se de quem o rejeita com toda a sua força, ele qualifica nosso conhecimento a respeito dele dando sinais que podem ser vistos por aqueles que o procuram, mas não por aqueles que não procuram. Há luz suficiente para quem deseja enxergar e escuridão bastante para quem não tem essa disposição."

Texto bíblico: João 20.24-31

Tomé, chamado Dídimo, um dos Doze, não estava com os discípulos quando Jesus apareceu. Os outros discípulos lhe disseram: "Vimos o Senhor!" Mas ele lhes disse: "Se eu não vir as marcas dos pregos nas suas mãos, não colocar o meu dedo onde estavam os pregos e não puser a minha mão no seu lado, não crerei".

Uma semana mais tarde, os seus discípulos estavam outra vez ali, e Tomé com eles. Apesar de estarem trancadas as portas, Jesus entrou, pôs-se no meio deles e disse: "Paz seja com vocês!" E Jesus disse a Tomé: "Coloque o seu dedo aqui; veja as minhas mãos. Estenda a mão e coloque-a no meu lado. Pare de duvidar e creia".

Disse-lhe Tomé: "Senhor meu e Deus meu!"

Então Jesus lhe disse: "Porque me viu, você creu? Felizes os que não viram e creram".

Jesus realizou na presença dos seus discípulos muitos outros sinais miraculosos, que não estão registrados neste livro. Mas estes foram escritos para que vocês creiam a que Jesus é o Cristo, o Filho de Deus e, crendo, tenham vida em seu nome.

Perguntas para meditação

Estas perguntas poderão ser utilizadas para discussão em pequenos grupos ou para registro em diário pessoal.

1. Blaise Pascal inicia esse texto declarando que o ser humano tem dupla natureza. Quais são os dois aspectos, a *primeira* e a *segunda* natureza?

2. Nosso conhecimento de Deus, diz Pascal, vem dos vislumbres que Deus nos permite enxergar. Quais vislumbres, ou breve conhecimento, Deus lhe tem concedido? Como eles se juntaram para formar a fé que você tem hoje?

3. Pascal acredita que fomos criados em glória, inocência e perfeição, mas nos entregamos à soberba, procurando fazer de nós mesmos o centro de tudo, dispensando a ajuda de Deus e procurando encontrar felicidade em nós mesmos. Como você lida com a tendência de pôr-se no centro, ser independente de Deus e encontrar felicidade em si mesmo?

4. Pascal escreve: "Observe a si próprio para ver se não reconhece as características claras dessas duas naturezas". Olhando para si mesmo, como você percebe a grandeza e a miséria, a pureza e a impureza, o nobre e o ignóbil?

5. Você se identifica de alguma maneira com Tomé, que queria evidências para crer? Você descreveria alguém que tem fé espontânea ou alguém que tem dificuldade de acreditar naquilo que exige um passo de fé?

Sugestão de exercícios

Estes exercícios poderão ser utilizados por indivíduos, compartilhados entre companheiros de caminhada ou no contexto de pequenos grupos. Escolha um exercício ou mais.

1. Blaise Pascal desafia o leitor: "Examine-se essa questão em todas as religiões do mundo...". Procure alguns livros esta semana sobre as principais religiões do mundo. Leia-os pensando nesta questão de Pascal: "Como tal religião explica a situação da humanidade e que soluções apresenta para o problema humano?".

2. Pascal observa que nossa principal doença é o "é o orgulho, que distancia você de Deus, e a cobiça, que o prende à terra". Faça um esforço esta semana para vencer seu orgulho e aproximar-se mais de Deus. Trate com rigor sua cobiça, distanciando-se das coisas do mundo.

3. Deus nos diz (de acordo com Pascal), "Não pretendo que você acredite em mim de modo submisso e sem motivo". Leia, esta semana, um livro de apologética, a fim de se aprofundar na racionalidade do cristianismo. Recomendo, como ótima introdução, *Cristianismo puro e simples* (São Paulo: Martins Fontes, 2005), de C. S. Lewis, ou *Saiba no que você crê* (Rio de Janeiro: GW, 2006) e *Saiba por que você crê* (Rio de Janeiro: GW, 2006), de Paul Little.

4. Pascal escreve: "Há luz suficiente para quem deseja enxergar e escuridão bastante para quem não tem essa disposição". O evangelho de João diz que os sinais foram registrados "para que vocês creiam" (20.31). Esta semana, deixe a Bíblia fortalecer sua fé. Leia a Bíblia com o único desejo de enxergar — essa é a maneira correta de ler as Escrituras.

Reflexão

Refletindo sobre nossa criação conforme a imagem de Deus e sobre a Queda, Pascal fala dos princípios contraditórios de "grandeza" e "miséria" presentes em nós. Ele acertou! Até onde sabemos, ninguém em toda a criação tem mais capacidade para a virtude e para a depravação que a espécie humana. Inventamos o chip *microscópico e as armas nucleares. Criamos orfanatos e Auschwitz. Entre vós viveram Madre Tereza e Pol Pot.**

Pascal ressalta que apenas o cristianismo explica adequadamente as contradições e somente Cristo pode levar-nos para além de nosso orgulho e nossa cobiça.

— RICHARD J. FOSTER

Para seu aprofundamento

KRAILSHEIMER, Alban. **Pascal.** London: Oxford University Press, 1996. Contém excelente introdução de oito páginas sobre Pascal: o cientista e o

---

* *Auschwitz* refere-se aos campos de concentração no sul da Polônia onde, durante a Segunda Guerra Mundial, sob o regime nazista, centenas de milhares de judeus foram exterminados. *Pol Pot* (cujo nome era Saloth Sar) foi o governante da Camboja que entre 1975 e 1979 exterminou quase um quarto da população do país, entre 1 e 2 milhões de pessoas. [N. do T.]

CLÁSSICOS DEVOCIONAIS

homem de fé. O livro traz ainda um excelente capítulo sobre Pascal, escrito por Malcom Muggeridge, intitulado "The Third Testament" [O terceiro testamento]. Se você deseja ler uma biografia completa, sugiro a obra **Pascal: The Emergence of Genius** [Pascal: o surgimento de um gênio], de Emilie Cailliet (New York: Harper & Row, 1970).

PASCAL, Blaise. **Pensamentos.** São Paulo: Martins Fontes, 2005. Esses "pensamentos" de Pascal revelam o gênio espiritual do famoso cientista. Em inglês, a melhor tradução é a de Krailsheimer — ele também traduziu outra obra de Pascal, *Provincial Letters* [Cartas da província], disponível em língua inglesa pela Penguin. A edição das obras de Pascal na série *Harvard Classics* inclui uma coletânea de textos menos conhecidos, entre eles um artigo sobre oração e o "Discourse on the Passion of Love" [Discurso sobre o amor ardente].

THOMAS À KEMPIS

Lidando com as tentações

Introdução ao autor

Em 1399, aos 19 anos, Thomas à Kempis (1380-1471) tornou-se monge num mosteiro agostiniano, onde passaria o restante de sua vida. Foi designado vice-prior em 1429, mas sua vida exterior não foi tão significativa: ele viveu e morreu como um simples monge. Entretanto, sua vida interior foi profunda e rica, repleta de dedicação genuína a Cristo. A última conquista de sua vida foi em 1441, quando ele editou o diário de Gerhard Groote.*

O texto a seguir foi extraído de *Imitação de Cristo*, a obra clássica que, na opinião de alguns, foi escrita por Groote (1340-1384) e editada por Thomas. Apesar do tom sombrio e das recomendações rigorosas, essa obra continua sendo um instrumento de bênçãos para inúmeros cristãos por causa da clareza e da perspectiva em relação ao espírito humano. Na opinião de muitos estudiosos, *Imitação de Cristo* só fica atrás da Bíblia em termos da influência sobre a comunidade cristã universal. O texto a seguir trata de uma luta de todos nós: a tentação. Espero que o texto lhe dê compreensão e encorajamento e o ajude a lidar com as tentações.

Extratos de *Imitação de Cristo*

1. Esteja atento

Enquanto vivermos neste mundo, não conseguiremos escapar de tentações e tribulações. Como está escrito em Jó 7.1: "Nossa vida nessa

---

* Gerhard (ou Geert) Groote foi um místico holandês do século XIV e fundador da congregação dos Irmãos da Vida Comum. [N. do T.]

terra é uma batalha". Por isso, precisamos ser cautelosos e estar atentos às nossas tentações. Precisamos vigiar em oração para não dar ao Diabo ocasião de nos enganar, pois o Diabo nunca descansa, mas "anda ao redor [...] procurando a quem possa devorar" [1Pedro 5.8]. Lembre-se: ninguém é tão santo que esteja livre de tentações. Jamais estaremos livres delas.

2. O proveito das tentações

Contudo, as tentações podem ser proveitosas, ainda que pareçam causar em nós apenas sofrimento. São proveitosas para nos tornar humildes, nos purificar e nos ensinar. Todos os santos passaram por momentos de tentação e tribulação. Eles usaram as tentações para crescer na vida espiritual. Os que não foram bem-sucedidos em lidar com as tentações ficaram à margem do caminho.

3. A origem das tentações: por que não conseguimos escapar?

Ninguém está inteiramente livre das tentações porque a origem da tentação está em nós mesmos. Nascemos com desejo pecaminoso. Depois de passar por uma tentação, outra estará diante de nós. Sempre seremos tentados, porque somos pecadores; perdemos a inocência original no jardim do Éden. Muitos, tentando escapar à tentação, descobrem ter caído mais severamente nela. Não podemos vencer essa batalha ou fugir dela sozinhos. A chave da vitória é a verdadeira humildade e a paciência. Por meio delas, vencemos o Inimigo.

Se nos desviarmos da tentação só de forma exterior, sem atingir a raiz, não iremos muito longe. Na verdade, veremos que as tentações voltarão mais rápida e vigorosamente, fazendo com que nos sintamos piores. Aos poucos, por meio de paciente persistência do espírito (com a ajuda de Deus), conquistaremos maior vitória do que se nos valermos apenas de nossa determinação.

4. As tentações revelam quem somos

Em toda tentação, o ponto de partida é a mente instável e a pouca confiança em Deus. Assim como o navio sem leme é arrastado pelas ondas, a pessoa irresoluta e hesitante é arrastada pelas tentações. A tentação revela nossa instabilidade e a falta de confiança em Deus. A tentação revela quem somos. Por isso, precisamos dar atenção a elas.

5. Como as tentações nos sobrevêm e nos dominam

Seremos mais bem-sucedidos na luta contra as tentações se dermos atenção a elas desde o início. As tentações são mais facilmente vencidas se não tiverem permissão para entrar em nossa mente. Encontre-se com elas à porta, tão logo elas batam, e não as deixe entrar. Um simples pensamento pode entrar na mente e dar início ao processo.

O processo funciona assim. Em primeiro lugar, permitimos que o pensamento entre em nossa mente. Em segundo lugar, a imaginação é despertada por esse pensamento. Em terceiro lugar, sentimos prazer com a fantasia e a acolhemos. Em quarto lugar, praticamos o ato pecaminoso, consentindo com suas demandas. É assim que, aos poucos, as tentações nos sobrevêm e nos dominam, quando não são impedidas desde o início. Quanto mais tempo elas tiverem para nos dominar, mais fracos nos tornaremos e mais forte se tornará o Inimigo contra nós.

6. Não se desespere: Deus está com você

Não devemos desesperar-nos quando formos tentados. Em vez disso, devemos buscar a Deus mais fervorosamente e suplicar sua ajuda na hora da tribulação. Lembre-se das confortadoras palavras do apóstolo Paulo: quando vier a tentação, Deus "providenciará um escape, para que [a] possam suportar" (1Coríntios 10.12). Portanto, humilhemo-nos diante de Deus e busquemos refúgio em seus braços. Deus exaltará o humilde e o livrará de toda provação e de toda tribulação.

É preciso muita paciência nesta vida, pois estamos cercados pelas adversidades. Não importa quanto nos esforcemos, nossa vida jamais estará livre de lutas e tristezas. Por isso, é inútil lutar por uma paz sem tentações ou por uma vida sem adversidades. A paz não é encontrada na fuga às tentações, e sim quando passamos por elas. Encontramos paz quando somos tentados e passamos pelas provações da tentação.

7. O sofrimento das tentações

"Mas", você dirá, "o que acontece com aqueles que têm prazer e satisfação em ceder às tentações?". Sem dúvida, há prazer nas tentações, mas quanto tempo durará? O prazer é como fumaça — desaparece rapidamente. Em pouco tempo, até a lembrança da alegria desaparecerá. Tais pessoas nunca descansarão e viverão amarguradas, aborrecidas e com medo.

O que alguns pensam que lhes trará alegria será justamente causa de tristeza; o que pensam que lhes trará prazer resultará em sofrimento. Por causa da cegueira e da insensibilidade, jamais perceberão ou sentirão a miséria em que se encontram. Talvez nem mesmo percebam que sua alma está morrendo aos poucos.

8. O caminho para a verdadeira satisfação

Contudo, se você deseja verdadeira satisfação, este é o caminho: despreze todas as coisas mundanas e todos os desejos vis, e um precioso consolo lhe será concedido. À medida que você se distancia do amor a essas coisas, as consolações de Deus lhe serão mais agradáveis e persuasórias.

A princípio será difícil. Os hábitos arraigados resistirão, mas com o tempo serão vencidos por hábitos melhores — se você perseverar! A natureza carnal protestará, mas será contida pelo Espírito. O Diabo irá incitá-lo, provocá-lo, mas fugirá assim que você começar a orar. Acima de tudo, procure envolver-se com atividades proveitosas. Ao fazer isso, estará impedindo o acesso do Diabo a você.

9. Lance o machado sobre a raiz

Se nos esforçarmos para permanecer firmes e corajosos na luta, encontraremos a ajuda de nosso Senhor do céu, pois ele está pronto para ajudar quem confia em sua graça. Ele nos dá oportunidade de lutar para que possamos vencer. Se nosso progresso espiritual depender apenas de observâncias exteriores, nossa devoção não durará muito. Lancemos o machado à raiz, para que, purificados de paixões obstinadas, tenhamos paz.

Se todo ano eliminássemos um único defeito, logo nos tornaríamos perfeitos. Todavia, geralmente sentimos que éramos melhores e mais puros no início de nossa vida espiritual, após vários anos cumprindo nossos votos! O fervor e o progresso deveriam aumentar diariamente, mas hoje se pensa que não é errado a pessoa apegar-se um pouco àqueles primeiros e intensos sentimentos! Se desde o início exercitássemos um pouco a disciplina pessoal, hoje seríamos capazes de fazer tudo com facilidade e alegria.

10. Derrotando velhos hábitos

É difícil abandonar velhos hábitos; é muito mais difícil contrariar a própria vontade. Contudo, se você não consegue dominar coisas pequenas e triviais, quando irá dominar as difíceis? Combata o forte desejo desde o início e quebre os maus hábitos, para evitar que, talvez, aos poucos, eles levem você a problemas piores. Ah, se você soubesse quanta paz interior e alegria aos outros seus esforços proporcionariam, iria preocupar-se muito mais com o crescimento espiritual!

11. A tentação da maledicência

Pergunto-me por que somos tão ávidos pelo palavrório e pelas fofocas, uma vez que raramente voltamos à tranquilidade do coração sem afetar a consciência. A razão é que por meio do palavrório inútil procuramos consolo um nos outros e esperamos aliviar o coração confuso. Para piorar a situação, falamos com maior liberdade dos assuntos que nos interessam, das coisas que gostaríamos de ter e, especialmente, daquilo que não gostamos!

Que erro! Esse consolo exterior provoca grande dano ao consolo interior, que vem de Deus. Portanto, devemos vigiar e orar para não perdermos tempo. Se for correto falar, fale do que é espiritualmente proveitoso aos outros. Maus hábitos e negligência no progresso espiritual contribuem muito para nossa infindável maledicência.

12. Tirando proveito dos problemas

Às vezes, é bom enfrentar problemas e dificuldades, pois eles podem levar-nos de volta ao coração. Uma vez ali, reconhecemos ser estrangeiros neste mundo e que não precisamos aceitar tudo o que o mundo oferece. De vez em quando, é bom suportar os que falam mal de nós e também ser considerados ruins e inúteis, ainda que façamos coisas boas e tenhamos boas intenções. Em geral, essas dificuldades nos ensinam a ser humildes e nos protegem do orgulho. Na verdade, é melhor buscar a Deus quando as pessoas só pensam o mal de nós e se recusam a dar crédito ao bem que fazemos! Nesse caso, devemos apegar-nos a Deus, de modo que não precisemos buscar consolo em outro lugar.

13. Necessidade de Deus

Quando o cristão benevolente é perturbado, tentado ou aborrecido por pensamentos maus, o melhor é que ele perceba a necessidade que tem de Deus, sem a qual nada poderá fazer. Nessa situação, a pessoa fica triste, a lamentar-se por causa das misérias sofridas. Então, ela se cansa de continuar vivendo e deseja morrer, a fim de que esteja livre para viver com Cristo. Quando isso acontece, ela se convence de que é impossível existir no mundo segurança perfeita e paz total.

14. Quatro fontes de paz

Finalmente, quero ensinar a você o caminho da paz e da verdadeira liberdade. Há quatro coisas que você deve fazer. Primeira: esforce-se para realizar a vontade de outra pessoa, em vez da sua. Segunda: sempre opte por ter menos posses. Terceira: busque os lugares inferiores da vida e tente mortificar o anseio de ser reconhecido e importante. Quarta: sempre e em tudo deseje ver a vontade de Deus plenamente cumprida em você. A pessoa que procurar tais coisas estará trilhando as fronteiras da paz e do descanso.

Texto bíblico: 1 Coríntios 10.12,13

Aquele que julga estar firme, cuide-se para que não caia! Não sobreveio a vocês tentação que não fosse comum aos homens. E Deus é fiel; ele não permitirá que vocês sejam tentados além do que podem suportar. Mas, quando forem tentados, ele mesmo lhes providenciará um escape, para que o possam suportar.

Perguntas para meditação

Estas perguntas poderão ser utilizadas para discussão em pequenos grupos ou para registro em diário pessoal.

1. De acordo com Thomas à Kempis, podemos escapar às tentações? Qual o valor das tentações para nossa vida espiritual?

2. Thomas afirma que as tentações "revelam quem somos". Como as tentações têm mostrado quem você é?

3. Thomas admite que o pecado traz prazer, mas que o prazer desaparece rapidamente e, depois, ficamos amargurados, cansados e temerosos. Thomas escreve: "O que alguns pensam que lhes trará alegria será justamente causa de tristeza". Cite algumas coisas que você buscou, pensando que iam lhe proporcionar prazer, mas descobriu que no fim trouxeram tristeza?

4. De acordo com Thomas, "se todo ano eliminássemos um único defeito, logo nos tornaríamos perfeitos". A palavra "logo" pode ser um exagero, mas devido à intenção do autor de nos mostrar como crescemos aos poucos, que defeito você gostaria de eliminar no próximo ano?

5. Assim como Thomas à Kempis, o apóstolo Paulo fala da importância das tentações e de como vencê-las. De acordo com 1Coríntios 10.12,13, o que acontece quando pensamos que estamos firmes? De acordo com Thomas, o que significa "vigiar"?

Sugestão de exercícios

Estes exercícios poderão ser utilizados por indivíduos, compartilhados entre companheiros de caminhada ou no contexto de pequenos grupos. Escolha um exercício ou mais.

1. Palavrório e fofocas, diz Thomas, tomam conta de nós porque achamos que "aliviam o coração confuso", mas não é o que acontece. Esta semana, em vez de fofoca e falatório inútil, "fale do que é espiritualmente proveitoso aos outros".

2. No item 5, Thomas descreve os quatro passos pelos quais a tentação se torna pecado. Registre esses passos num pedaço de papel e carregue com você. Fique de olho em suas tentações, comparando sua experiência com as de Thomas.

3. Observe os quatro elementos essenciais para a paz no item 14. Procure aplicá-los durante a semana. Registre o que acontece enquanto você os torna parte de sua vida.

4. Depois de ler o texto selecionado e a passagem de 1Coríntios, resuma numa folha de papel tudo que você aprendeu sobre tentação. Guarde com você e procure memorizar. Que esse ensinamento o ajude vencer a batalha contra a tentação!

Reflexão

Gostaria de poder dizer que já deixei as tentações para trás, mas não posso. Sem dúvida, há coisas que já não fascinam tanto (conseguimos superar algumas delas); isso, porém, só mostra que as tentações se tornaram mais sutis. Todos nós somos tentados.

Contudo, a maravilhosa mensagem das Escrituras é que não temos apenas nossas forças para tratar da tentação. O majestoso Deus de Abraão, Isaque e Jacó — o mesmo que se revelou a Moisés, Davi e Maria — é nosso auxílio sempre presente na hora da dificuldade. Jesus Cristo, nosso Profeta sempre vivo, está conosco — ensinando, capacitando e amando. O bendito Espírito Santo aproxima-se de nós na hora da tentação — guiando, fortalecendo e encorajando. "Aquele que está em vocês é maior do que aquele que está no mundo", dizem as Escrituras (1João 4.4), e podemos confirmar isso pela experiência. Quando tropeçamos e caímos, temos um Advogado diante do Pai: nosso Salvador Jesus.

— RICHARD J. FOSTER

Para seu aprofundamento

THOMAS À KEMPIS. **Imitação de Cristo.** Petrópolis: Vozes, 2005. Durante meio milênio, *Imitação de Cristo* se mantém como obra-prima devocional incontestável para os cristãos de todos os lugares. Somos imensamente enriquecidos por esse pequeno livro, que goteja percepções de um movimento espiritual dinâmico do século XV conhecido por Irmãos da Vida Comum. Além da edição sugerida, há outras traduções em português.

WILLIAM LAW
Deus, a regra e a medida

Introdução ao autor

William Law (1686-1761) foi um dedicado clérigo anglicano. Seu trabalho prático era ser guia espiritual, orientando os que buscavam um relacionamento mais íntimo com Deus. O texto a seguir foi extraído de sua obra mais famosa: *A Serious Call to a Devout and Holy Life* [Chamado sério a uma vida santa e consagrada], livro que influenciou profundamente o avivamento evangélico inglês. A simplicidade e a objetividade tornaram o livro um clássico da literatura devocional cristã.

O texto escolhido trata da tendência que todos temos de separar nossa vida religiosa da vida prática e diária. Law mostra que o cristianismo se preocupa não apenas com nossa fé, mas também com nossa conduta. No espírito do apóstolo Tiago, William Law afirma que, como o arco e flecha, nossas obras e nossa fé trabalham juntas.

Extratos de *A Serious Call to a Devout and Holy Life* [Chamado sério a uma vida santa e consagrada]

1. *Vida consagrada*

Devoção não significa oração particular nem pública, embora tais orações façam parte da devoção. Devoção significa uma vida entregue ou consagrada a Deus.

Portanto, cristãos consagrados são aqueles que não vivem orientados pela própria vontade ou de acordo com o modo e o espírito do mundo, mas vivem apenas para a vontade de Deus. Essas pessoas levam Deus em consideração para tudo, servem a Deus em tudo e tornam todos os aspectos de sua vida santos, fazendo tudo em nome de Deus e para a glória de Deus.

Reconhecemos prontamente que só Deus deve ser a regra e a medida de nossas orações. Em nossas orações, devemos olhar só para ele e agir só para ele. Devemos orar de tal maneira e com tal finalidade que sejam condizentes com sua glória.

2. Deus, a regra e a medida

Se concluirmos que devemos ser dedicados em nossas orações, também devemos concluir que precisamos ser dedicados nos demais aspectos de nossa vida. Não faz sentido tornar Deus a regra e a medida de nossa oração, olhar unicamente para ele e orar de acordo com sua vontade e não torná-lo a regra e a medida das demais ações de nossa vida. Qualquer modo de vida ou emprego de talentos — naturais, de tempo ou de dinheiro — que não esteja rigorosamente de acordo com a vontade de Deus, que não seja realizado para a glória dele, é absurdo, e nossas orações serão sem valor porque não estão de acordo com a vontade de Deus. Não há outra razão pela qual nossas orações devam estar de acordo com a vontade de Deus, a não ser que nossa vida também esteja. Nossa vida deve ser tão consagrada e celestial quanto nossas orações. Toda a nossa responsabilidade é viver pela razão, consagrar todos os atos de nossa vida a Deus, andar diante dele em sabedoria, santidade e diálogos celestiais e fazer tudo em seu nome, para sua glória. Se nossas orações não nos levam a isso, elas não têm nenhum valor, não importa quão sábias ou celestiais. Seriam orações absurdas. Seriam como orações que criam asas, embora nunca quiséssemos voar.

Se desejarmos orar ao Espírito de Deus, precisamos tornar o Espírito a regra de todos os nossos atos. Assim como é nossa responsabilidade olhar unicamente para Deus, por meio da oração, é nossa responsabilidade viver de modo consagrado a Deus. Todavia, não podemos viver de modo consagrado a Deus, a não ser que vivamos para ele em todos os aspectos da vida e que ele seja a regra e a medida de todos os nossos passos. De igual modo, não podemos dizer que oramos só a Deus, se nossa oração não o contempla por inteiro.

3. Escárnio na vida

É por isso que tantos cristãos são ridicularizados. Muitos são rigorosos quando se trata do momento e do lugar da devoção, mas quando termina o culto voltam a viver como quem não frequenta a igreja. O estilo de vida dessas pessoas — a maneira de gastar seu tempo e dinheiro, as preocupações e os temores, os prazeres e os deleites, o trabalho e a diversão — não difere da maneira de viver do restante do mundo. Isso leva o mundo a fazer pouco caso de quem é consagrado, pois os mundanos percebem que tal devoção não vai além das orações. Quando esses cristãos terminam de orar, param de viver para Deus até a oração seguinte. Nesse meio-tempo, vivem com as mesmas atitudes e desejos das demais pessoas. É por isso que são ridicularizados pelos mundanos. Não por serem pessoas consagradas a Deus, mas porque parecem não ter outra devoção além da oração ocasional.

4. O fracasso de Júlio

Por exemplo, um homem chamado Júlio tem muito medo de se esquecer de orar. Quando não vai à igreja, todos imaginam que ele esteja doente. Entretanto, se você lhe perguntasse por que ele passa o restante do tempo jogando e no meio de pessoas mundanas e prazeres profanos, pois está sempre ansioso para se envolver com diversão pecaminosa, por que se envolve com conversa inútil e maldizente ou por que nunca submete sua conversa, seu tempo e seu dinheiro ao domínio da religião, sua explicação não será diferente da justificativa de um devasso. Todo o ensino das Escrituras se opõe à vida de intemperança. Quem vive dessa maneira está tão distante da religião de Jesus Cristo quanto a pessoa que vive na glutonaria, na vida desregrada.

Se alguém dissesse a Júlio que não seria possível viver daquela maneira e continuar como cristão, Júlio concluiria que tal pessoa não era cristã e rejeitaria a convivência com ela. Entretanto, se a pessoa dissesse que ele poderia viver como os mundanos, divertir-se como os demais, conformar-se com o restante do mundo e satisfazer seus desejos e paixões como a maioria das pessoas, Júlio nunca suspeitaria que tal pessoa não era cristã ou que estivesse fazendo o papel do Diabo.

Contudo, se Júlio lesse o Novo Testamento, do início ao fim, encontraria condenação ao modo de vida dele em todas as páginas.

5. O grande absurdo

De fato, é impossível imaginar algo mais absurdo que acrescentar orações sábias, sublimes e celestiais a uma vida na qual trabalho, lazer, tempo e dinheiro são dirigidos pela oração. Se víssemos alguém aparentemente agindo com integridade em relação a Deus em tudo o que faz, sem nunca orar — pública ou particularmente —, não ficaríamos espantados?

Contudo, esse é o caso de quem é rigoroso na devoção, zeloso em observar o tempo e o lugar da oração, mas no restante da vida — tempo, trabalho, talentos e dinheiro — ignora a vontade de Deus. É tão absurdo consagrar-se à oração sem uma vida consagrada quanto viver de modo consagrado sem oração.

Assim, como não conseguimos viver de modo consagrado sem a oração, também não podemos orar sem uma vida consagrada. A tolice na maneira de gastar nosso tempo e dinheiro não é pior que a tolice em relação às orações. Se não podemos consagrar nossa vida a Deus, como nos dedicaremos à oração?

6. Regras para o cotidiano

É simplesmente isto: ou o cristianismo estabelece regras para nossa vida cotidiana ou não as estabelece. Se estabelecer, então devemos orientar todos os nossos atos de acordo com essas regras para podermos adorar a Deus. Se o cristianismo nos ensina alguma coisa sobre comer e beber; sobre gastar o tempo e o dinheiro; sobre como viver no mundo e que atitudes assumir no cotidiano; sobre como tratar as pessoas; sobre como cuidar dos doentes, dos pobres, dos idosos e dos desamparados; sobre quem devemos tratar com amor ou ter estima especial; sobre como tratar os inimigos; sobre como negar a nós mesmos, seria tolice pensar que esses ensinamentos não devam ser observados com o mesmo rigor que o ensino sobre a oração.

É notório que não há um único mandamento em todo o evangelho sobre a adoração pública. É possível afirmar que seja o dever menos enfatizado nas Escrituras. A frequência regular aos cultos não é mencionada no Novo Testamento, mas a ordenança com respeito à fé que dirige as práticas comuns de nossa vida pode ser encontrada em quase todos os versículos das Escrituras. Nosso bendito Salvador e seus apóstolos tiveram a clara intenção de nos oferecer ensinos relacionados à vida cotidiana. Eles nos ensinaram a renunciar ao mundo e ser diferentes em nossas atitudes e modo de vida; a renunciar a todos os bens mundanos; a não temer seus males; a rejeitar os prazeres e não se importar com a felicidade mundana; a ser como recém-nascidos, que nasceram para uma nova ordem; a viver como peregrinos em vigília espiritual, santo temor e aspiração celestial por outra vida; a tomar nossa cruz diariamente, negando a nós mesmos; a professar a bem-aventurança do pranto; a buscar a bem-aventurança da pobreza de espírito; a abandonar o orgulho e a vaidade das riquezas; a não nos preocupar com o dia de amanhã; a viver em estado de profunda humildade; a nos alegrar nos sofrimentos mundanos; a rejeitar o desejo da carne, a cobiça dos olhos, o orgulho da vida; a suportar as ofensas e perdoar e abençoar os inimigos; a amar todas as pessoas como Deus os ama; a entregar o coração e todos os nossos sentimentos a Deus; a esforçar-nos para entrar pelo caminho estreito, para uma vida de eterna glória.

Não é estranho que as pessoas deem tanta ênfase à frequência à igreja, quando não existe um mandamento sequer de Jesus sobre isso, e no entanto negligenciem as responsabilidades básicas da vida cotidiana, ordenadas em todas as páginas dos Evangelhos?

7. A prática do ensinamento

Se a abnegação é uma condição para a salvação, todos os que desejam ser salvos precisam fazer da abnegação uma parte da vida cotidiana. Se a humildade é um dever cristão, então a vida cotidiana do cristão precisa demonstrar humildade. Se formos chamados para cuidar do enfermo, do nu e do encarcerado, essas expressões de amor precisam constituir um esforço constante em nossa vida. Se for para amar o inimigo, nossa vida diária deve demonstrar esse amor. Se formos chamados para ser gratos, sábios e santos, nossa vida deve refletir isso. Se somos nova criatura em Cristo, então precisamos mostrar essa novidade de vida ao mundo. Se seguimos a Cristo, isso deve refletir em nossa maneira de viver.

Texto bíblico: Tiago 2.14-26

De que adianta, meus irmãos, alguém dizer que tem fé, se não tem obras? Acaso a fé pode salvá-lo? Se um irmão ou irmã estiver necessitando de roupas e do alimento de cada dia e um de vocês lhe disser: "Vá em paz, aqueça-se e alimente-se até satisfazer-se", sem porém lhe dar nada, de que adianta isso? Assim também a fé, por si só, se não for acompanhada de obras, está morta.

Mas alguém dirá: "Você tem fé; eu tenho obras".

Mostre-me a sua fé sem obras, e eu lhe mostrarei a minha fé pelas obras. Você crê que existe um só Deus? Muito bem! Até mesmo os demônios creem — e tremem!

Insensato! Quer certificar-se de que a fé sem obras é inútil? Não foi Abraão, nosso antepassado, justificado por obras, quando ofereceu seu filho Isaque sobre o altar? Você pode ver que tanto a fé como as obras estavam atuando juntas, e a fé foi aperfeiçoada pelas obras. Cumpriu-se assim a Escritura que diz: "Abraão creu em Deus, e isso lhe foi creditado como justiça", e ele foi chamado amigo de Deus. Vejam que uma pessoa é justificada por obras, não apenas pela fé.

Caso semelhante é o de Raabe, a prostituta: não foi ela justificada pelas obras, quando acolheu os espias e os fez sair por outro caminho? Assim como o corpo sem espírito está morto, também a fé sem obras está morta.

Perguntas para meditação

Estas perguntas poderão ser utilizadas para discussão em pequenos grupos ou para registro em diário pessoal.

1. De acordo com William Law, que áreas de nossa vida a fé deve influenciar? Em que áreas a fé influencia sua vida?

2. Se a vitalidade da fé da pessoa, como acredita Law, é revelada por seus atos, como você descreveria sua saúde espiritual?

3. Cite algumas dificuldades que você enfrenta ao procurar demonstrar sua fé não só em palavras, assim como em ações.

4. Descreva alguém que você conhece ou conheceu cuja vida impressionou muito você. O que lhe chamou a atenção nessa pessoa?

5. Em Tiago 2.14-26 o autor repreende os membros da igreja que pensavam poder existir fé sem obras. O que você enfatiza em sua vida: crer corretamente ou realizar ações corretas? O que Tiago diria de você?

Sugestão de exercícios

Estes exercícios poderão ser utilizados por indivíduos, compartilhados entre companheiros de caminhada ou no contexto de pequenos grupos. Escolha um exercício ou mais.

1. Esta semana, faça uma lista de suas práticas e convicções, observando quanto elas são moldadas pelo mundo à sua volta. Registre todas elas para ter uma ideia de como sua fé influencia sua vida.

2. Observe esta semana todas as suas compras. De acordo com William Law, a maneira em que gastamos nosso dinheiro deve ser influenciada pela nossa fé. Mantenha um registro atualizado, para que no fim da semana você possa verificar onde gastou o dinheiro. Analise as compras à luz das palavras de Jesus sobre não acumular tesouros na terra.

3. Tiago 2.14-26 ressalta que nossa fé se torna real na maneira em que nos relacionamos com os menos favorecidos. Esta semana, doe alimento ou roupas para um abrigo, instituição assistencial, bazar ou qualquer outro programa ministerial.

4. Desenhe num pedaço de papel vários círculos que representem as diversas áreas de sua vida: vocação, *hobby*, família, amigos, recreação, igreja e outros. Atribua uma porcentagem a quanto você imagina que cada área seja influenciada por sua fé (por exemplo, vocação = 75%) e preencha

o círculo de acordo com a porcentagem. Pergunte a si mesmo: "Minha fé está influenciando minha vida?". Comece a pensar como Cristo pode tornar-se o centro de todas as áreas de sua vida.

Reflexão

Sou continuamente persuadido pelos escritos de William Law, porque ele acreditava de maneira óbvia na oração e era comprometido em praticar sua fé na vida cotidiana. Ele sabia que a verdadeira oração não termina no altar, mas transforma a personalidade interior de tal maneira que somos capazes de amar inimigos e fazer o bem a todos. A oração que não afeta profundamente a vida cotidiana não é oração: é mero balbuciar, como Law afirma.

Essa interpenetração de vida espiritual e vida cotidiana é uma combinação cativante, mas que esqueço facilmente. Enfrento tentações extremas: ou quero só orar e deixar Deus agir, ou quero sair e resolver tudo sozinho. Muito raramente consigo atingir o equilíbrio que os antigos autores chamavam de ora et labora, *"oração e trabalho". Sou grato a William Law por ensinar-me novamente a preciosa lição de que preciso aprender continuamente.*

— Richard J. Foster

Para seu aprofundamento

Law, William. **A Serious Call to a Devout and Holy Life.** New York: Paulist, 1978. Da série *The Classics of Western Spirituality* [Os clássicos da espiritualidade ocidental]. Essa é a obra mais famosa e importante de Law. Nela, ele considera com toda seriedade a ideia das disciplinas da vida espiritual como meios pelos quais Deus transforma a personalidade espiritual. Também existe uma edição, em nove volumes, de todas as obras de Law, publicada pela primeira vez em 1762.

Walker, A. K. **William Law: His Life and Work.** London: Society for Promoting Christian Knowledge, 1973. Essa é a melhor biografia crítica disponível. Ajuda-nos a entender Law no contexto das questões de sua época e a avaliar sua importância e sua influência.

TERESA DE ÁVILA

Esforçando-se para progredir

Introdução ao autor

Teresa de Cepeda y Ahumada (1515-1582) nasceu em Ávila, Espanha em 1515. Aos 20 anos de idade, ingressou no Convento da Encarnação, das carmelitas. Enquanto esteve ali, lutou contra graves enfermidades, principalmente entre os 28 e 30 anos. Teve uma vida bastante consagrada no convento e ficou conhecida por algumas experiências sobrenaturais.

Em 1555, Teresa passou por uma experiência que ela chamou "segunda conversão", a qual transformou decisivamente sua vida espiritual. Passou a ter visões com maior frequência, principalmente visões em que Cristo lhe cravava o coração com uma lança. Sob a orientação de seu conselheiro espiritual, começou a trabalhar num projeto para fundar novas casas carmelitas dedicadas à vida contemplativa. Posteriormente, João da Cruz colaborou com ela nesse esforço.

Teresa começou sua carreira de escritora com uma autobiografia espiritual. Logo se percebeu que ela tinha o dom de escrever sobre a vida espiritual de forma elegante e ao mesmo tempo simples. Sua obra mais famosa sobre oração é *Interior Castle* [Castelo interior], que ela escreveu logo após uma visão. Nesse livro, ela descreve a jornada da alma que está fora de um castelo e se esforça, através dos vários cômodos, para chegar à sala central, onde se une inteiramente a Deus. No espírito de *O peregrino*, de John Bunyan, Teresa utiliza uma alegoria para descrever a jornada espiritual que todos atravessamos, com seus obstáculos e vitórias.

Extratos de *Interior Castle* [Castelo interior]

1. *Esforço para escapar dos pecados perniciosos*

Este capítulo diz respeito aos que já iniciaram a prática da oração e estão ansiosos para ir além do primeiro estágio ou "cômodo", mas que talvez ainda não tenham a força ou a determinação para deixar a primeira sala. Talvez tenham dificuldades para evitar a oportunidade do pecado, o que é muito grave. O fato de terem de se esforçar para escapar dos pecados perniciosos do primeiro estágio, ainda que seja de pouca duração, é motivo para clemência.

De certo modo, eles enfrentarão maior dificuldade que quem se contenta com o nível inicial. Entretanto, estão mais adiantados e, portanto, correm menos risco de cair e têm maior esperança de prosseguir dentro do "castelo". Deus está tão ansioso por essa aproximação que nos chama incessantemente. Muitas almas nesse estágio consideram a voz dele tão agradável que se entristecem por não conseguirem responder imediatamente. É por isso que sofrem mais que os iniciantes.

2. *Deus examina nossa alma*

Deus lança seu apelo a nós por meio de pessoas bondosas, de sermões, da leitura de bons livros. Às vezes, por meio da enfermidade ou das provações, ele insiste em que oremos. Não importa quão fraca sejam essas orações, Deus as tem em alta estima.

Deus examina nossa alma e percebe nossos desejos. Se nossos desejos são bons, não fracassamos. No entanto, os ataques do Diabo contra a alma são terríveis. Mais uma vez, é por isso que a alma sofre mais nesse estágio que no início. Embora antes a alma estivesse de certo modo surda e cega, sem ânimo para resistir, agora começa a ouvir, enxergar e resistir como alguém que está perto de alcançar a vitória.

É nesse estágio que o Diabo ataca a alma com prazeres terrenos, como serpentes que injetam seu veneno mortal. Ele engana a alma, fazendo-a pensar que esses prazeres durarão toda a eternidade; lembrando-a do grande valor dela para o mundo; dispondo diante dela os vários amigos e parentes que discordam do modo de vida que você se propôs a viver.

3. Capacidades maravilhosas

Ah, Jesus! Que confusão o Diabo provoca na pobre alma. Como a alma fica angustiada, sem saber se deve prosseguir ou voltar ao primeiro cômodo, isto é, aos estágios iniciais da oração.

Todavia, tu nos abençoaste com capacidades maravilhosas para nos ajudar ao longo do caminho! A *razão* diz à alma quanto ela está errada em pensar que os prazeres terrenos não têm o menor valor, em comparação com o que ela busca. A *fé* instrui a alma naquilo que ela precisa fazer para alcançar a verdadeira satisfação. A *memória* lembra a alma como todos esses prazeres terminam, e como todos os que já se envolveram com esses prazeres — pessoas que pareciam encontrar tanta satisfação neles! — agora estão mortos e sepultados. Eram homens prósperos que agora estão sob a terra, e nós pisamos sobre os túmulos deles.

A *vontade* inclina a alma para amar a Deus, em quem ela viu tantos atos e sinais de amor. A vontade, particularmente, mostra à alma como esse verdadeiro amante jamais a abandona e a acompanha a todo lugar, dando--lhe vida e existência. Então, a *compreensão* surge e faz a alma reconhecer que, por todo o tempo em que viver, nunca poderá esperar um amigo melhor, pois o mundo está cheio de falsidade, e esses prazeres que o Diabo apresenta são acompanhados de provações, preocupações e aborrecimentos. Lembra a alma de que, se ela fosse voltar, nunca mais encontraria segurança nem paz. São as reflexões desse tipo que derrotam o Diabo.

4. Os hábitos inúteis em que caímos

Contudo, ó Deus meu e Senhor, como tudo se destrói pelos hábitos inúteis em que caímos e pela maneira em que todos os cultivam! Nossa fé está tão morta que desejamos o visível mais do que aquilo que a fé nos pode contar — embora constatemos que quem procura essas coisas acabe sempre vítima do infortúnio!

Tudo isso é obra das serpentes venenosas do pecado que nos picam no início de nossa jornada. Como alguém picado por uma serpente, o corpo inteiro incha com o veneno. Somente a grande misericórdia de Deus nos preservará. A alma certamente sofrerá grandes provações nesse momento, principalmente quando o Diabo vê que o caráter e os hábitos da alma possuem maturidade suficiente para prosseguir: todos os poderes do inferno se unirão para levá-la de volta.

5. Precisamos ser determinados

Por esse motivo, é fundamental a associação com pessoas que tenham um andar correto — não apenas com os que estão no mesmo estágio, mas também com os que estão adiantados. Os que já se aproximaram de Deus têm a capacidade de levar-nos para mais perto dele, pois, de certo modo, conseguem levar-nos com eles.

Tomemos a firme resolução de não perder a batalha, pois se o Diabo perceber que estamos dispostos a perder a vida e a paz e que nada nos fará voltar ao primeiro cômodo, logo deixará de nos perturbar. No entanto, precisamos ser determinados, pois lutamos contra demônios e, por isso, não há melhor arma que a cruz.

6. Contentes com as consolações

Sinto que preciso repetir este ponto importante: não podemos ficar satisfeitos com as consolações que possamos receber nos estágios iniciais. Isso significa construir a casa sobre a areia. Nesse estágio, você está começando a construir um maravilhoso palácio e precisa construí-lo sobre firmes virtudes, não sobre um consolo temporário.

Também não devermos reclamar da falta de consolação nesse estágio. Antes, abracemos a cruz carregada por Cristo nos ombros e reconheçamos que também temos de carregar essa cruz. Somos livres na medida de quanto estamos dispostos a sofrer.

Você também poderá enganar-se, pensando que será capaz de suportar as provações se Deus lhe conceder tão somente um consolo interior. Lembre-se de que Deus sabe o que é melhor para nós e também de que não somos capazes de pedir o que é melhor para nós. Tudo o que os iniciantes na oração devem fazer é isto: trabalhar e ser determinados, preparando-se com diligência para submeter sua vontade à vontade de Deus. Essa capacidade é a melhor coisa que pode ser conquistada na jornada espiritual.

7. Não desanime

Se nos desviarmos no início e quisermos que o Senhor realize nossa vontade dirigindo-nos conforme nossos desejos, como poderemos edificar sobre fundamento seguro? Preciso lembrá-lo de que a vontade de Deus é que sejamos provados e até que sejamos picados por víboras demoníacas. Quando somos afligidos por pensamentos maus, que não conseguimos expulsar, ou quando entramos num deserto espiritual e não conseguimos encontrar a saída, Deus nos está ensinando a ficar atentos ao futuro e a ver se estamos realmente entristecidos por ofendê-lo.

Todavia, se você cair de vez em quando, não desanime. Mesmo assim, não desista de se esforçar em progredir daí em diante, pois mesmo a queda Deus fará resultar em bem. Conheço um homem que bebeu veneno voluntariamente para provar que seu antídoto era poderoso o bastante para salvá-lo. Às vezes, Deus permite que fracassemos para mostrar nossa pecaminosidade e o dano causado pelo pecado. Nosso pecado pode levar-nos de volta para Deus e fazer com que nos esforcemos mais ainda.

8. Comece aos poucos um tempo de oração

Portanto, tenhamos nossa confiança em Deus, não em nós mesmos, passando a depender totalmente de sua misericórdia, em vez de lutarmos sozinhos. Quando você sentir a tentação se aproximando, evite contra-atacar de maneira afoita: comece aos poucos um período de oração e reminiscências. No início, será difícil; no entanto depois de um tempo você conseguirá fazer isso facilmente, até por longo período.

Não pense que você precisa interromper seu trabalho para orar. O Senhor transformará todo nosso tempo de trabalho enquanto continuarmos em espírito de oração. Não há remédio para as tentações que enfrentamos, exceto começar do início, e o início é a oração. A única maneira de ser derrotado é voltar atrás.

9. A entrada para esse castelo é a oração

Alguns de vocês poderão pensar que voltar atrás é algo tão terrível que melhor seria não ter iniciado. Lembre-se: é pior ainda nunca ter começado. A porta pela qual entramos nesse castelo é a oração. É absurdo pensar que poderemos entrar no céu sem antes entrar nesse castelo e descobrir nossa pecaminosidade e quanto devemos a Deus por nossa redenção.

Nossas obras não terão nenhum valor se não estiverem unidas à fé, e a fé não terá nenhum valor se não estiver unida às obras. Que Deus nos conceda a capacidade de reconhecer quanto somos caros para ele, de entender que o servo não é maior que o mestre, de perceber que precisamos agir se quisermos desfrutar sua glória. Por esse motivo, precisamos orar para não cair continuamente em tentação.

10. Comunhão com a Trindade

No sétimo aposento, a união acontece de maneira diferente: nosso bom Deus deseja retirar as escamas dos olhos da alma e permitir que ela veja e entenda, embora de maneira estranha, algo do favor que ele concede. Quando a alma é conduzida a esse aposento, a bendita Trindade é revelada à alma por meio de certa representação da verdade, de uma visão intelectual. O espírito então é inflamado como uma nuvem de esplendor magnificente. As pessoas divinas são distintas, mas, em razão de um conhecimento admirável, a alma entende como verdade profunda que são uma única substância, um poder, um conhecimento, um só Deus.

Aqui as três pessoas se comunicam com a alma, falam com ela e explicam as palavras ditas pelo Senhor nos Evangelhos: que ele, o Pai e o Espírito Santo habitarão a alma que o ama e guarda seus mandamentos.

11. Não utilize a força

Você não será capaz de entrar em todos os aposentos por esforço próprio, mesmo que esse empenho lhe pareça grandioso, a não ser que o próprio Senhor do castelo o conduza até lá. Por isso, aconselho-o a não utilizar a força quando encontrar resistência.

Depois de aprender a gostar desse castelo, você encontrará descanso em todas as coisas, mesmo naquelas que exijam bastante esforço, pois terá a esperança de voltar para o castelo, esperança que ninguém poderá tirar de você.

Texto bíblico: Tito 3.1-8

Lembre a todos que se sujeitem aos governantes e às autoridades, sejam obedientes, estejam sempre prontos a fazer tudo o que é bom, não caluniem ninguém, sejam pacíficos, amáveis e mostrem sempre verdadeira mansidão para com todos os homens.

Houve tempo em que nós também éramos insensatos e desobedientes, vivíamos enganados e escravizados por toda espécie de paixões e prazeres. Vivíamos na maldade e na inveja, sendo detestáveis e odiando uns aos outros. Mas quando, da parte de Deus, nosso Salvador, se manifestaram a bondade e o amor pelos homens, não por causa de atos de justiça por nós praticados, mas devido à sua misericórdia, ele nos salvou pelo lavar regenerador e renovador do Espírito Santo, que ele derramou sobre nós generosamente, por meio de Jesus Cristo, nosso Salvador. Ele o fez a fim de que, justificados por sua graça, nos tornemos seus herdeiros, tendo a esperança da vida eterna. Fiel é esta palavra, e quero que você afirme categoricamente essas coisas, para que os que creem em Deus se empenhem na prática de boas obras. Tais coisas são excelentes e úteis aos homens.

Perguntas para meditação

Estas perguntas poderão ser utilizadas para discussão em pequenos grupos ou para registro em diário pessoal.

1. Teresa de Ávila escreve: "Deus lança seu apelo a nós por meio de pessoas bondosas, de sermões, da leitura de bons livros". Que pessoas, sermões e livros Deus tem usado para apelar a você?

2. Teresa fala de passar por diferentes estágios na vida de oração. Como você descreveria sua vida de oração? Você se encontra no estágio inicial, no intermediário ou no avançado?

3. No item 3, Teresa descreve como a razão, a fé, a memória, a vontade e o entendimento agem juntos para nos ajudar a vencer o desejo pelo pecado. Com suas palavras, explique como cada uma dessas capacidades agem no esforço de nos desviar do pecado.

4. De acordo com Teresa, Deus realmente usa nossas provações e tentações para nos ensinar "a ficar atentos ao futuro". Como seria sua vida espiritual se você nunca tivesse experimentado nenhum tipo de tentação?

5. Em Tito 3.1-8, Paulo compara dois modos de vida. Qual a diferença entre a vida anterior e a vida que devemos ter depois de lavados e renovados pelo Espírito Santo? Como se dá essa mudança, em comparação com o movimento em direção a Deus, ao qual Teresa de Ávila se refere?

Sugestão de exercícios

Estes exercícios poderão ser utilizados por indivíduos, compartilhados entre companheiros de caminhada ou no contexto de pequenos grupos. Escolha um exercício ou mais.

1. Os que têm "um andar correto", escreve Teresa, conseguem levar-nos para mais perto de Deus; de certo modo, "conseguem levar-nos com eles" à medida que se aproximam de Deus. Esta semana, tome a decisão de levar alguém com você para mais perto de Deus. Faça isso compartilhando algumas de suas experiências com alguém que se beneficie ouvindo o relato de sua jornada.

2. Teresa ora: "Que Deus nos conceda a capacidade de reconhecer quanto somos caros para ele". Esta semana, ao orar, tenha em mente o valor que você tem para Deus. Medite sobre a natureza de tudo o que Jesus tem feito para que você conheça o amor de Deus.

3. Teresa adverte-nos a não combater as tentações, mas em vez disso a começar "aos poucos um período de oração e reminiscências". Ao enfrentar tentações durante a semana, transforme-as numa oportunidade para dirigir-se a Deus em oração. Aos poucos, isso tornará um hábito.

4. Tito 3.2 exorta-nos: "Não caluniem ninguém, sejam pacíficos, amáveis e mostrem sempre verdadeira mansidão para com todos os homens". Estabeleça isso como alvo para você esta semana, sabendo que tudo o que você faz é exemplo para os outros do que Jesus está fazendo em sua vida.

Reflexão

Por algum motivo, sempre tive dificuldades para ler os escritos de Teresa de Ávila. Talvez seja a alegoria do castelo, com seus diversos aposentos ou estágios da vida de oração, cada um nos aprofundando até que experimentemos uma união habitual com Deus e um "casamento espiritual". Longe de estar no terceiro aposento ou no quinto estágio, muitas vezes me sinto ainda na porta de entrada! Ela simplesmente parece estar muito além de qualquer coisa que eu imagine experimentar... ou mesmo gostaria de experimentar!

Entretanto, o que mais aprendemos com Teresa é que podemos progredir na vida espiritual. À medida que desenvolvemos hábitos constantes de oração, as tentações que nos perseguiam perdem seu poder de sedução. É maravilhoso reconhecer essa realidade, e podemos aproximar-nos dela com a colaboração de Teresa de Ávila.

— RICHARD J. FOSTER

Para seu aprofundamento

RAMGE, Sebastian. **An Introduction to the Writings of St. Teresa.** Chicago: Henry Regnery, 1963.

TERESA OF ÁVILA. **Collected Works of St. Teresa of Ávila.** Washington: ICS, 1976.

_____. **The Interior Castle.** New York: Paulist, 1979. Teresa recebeu a visão desse livro no Domingo da Trindade de 1577, quando contemplou "um castelo inteiramente construído com diamantes ou com cristais bem claros, com muitos aposentos, assim como no céu há muitas moradas". Cada aposento leva-nos para mais perto do centro, onde "o Rei da glória habita em grande esplendor".

A vida no poder do Espírito

A tradição carismática (a vida no poder do Espírito) enfatiza a pessoa do Espírito Santo como alguém que nos acompanha, nos anima e potencializa nossos esforços. Essa tradição é uma das grandes bênçãos da jornada cristã. Os autores desta seção exploram a cooperação divina e humana.

O senso de entrega à ação do Espírito é evidente, principalmente no testemunho pessoal de Catarina de Gênova, que entregou "as chaves de minha casa ao amor". Essa mesma sensibilidade é evidente no conselho de Isaac Penington para "aguardar que os ventos do Espírito soprem dentro de você".

Jean-Pierre de Caussade e Thomas Kelly são dois autores que compartilham um profundo senso de intimidade com o Espírito. A famosa frase de Caussade, "o sacramento do momento presente", é reforçada por esta frase de sua autoria: "A alma, leve como uma pena, fluente como água, simples como uma criança, reage a todo movimento da graça como um balão no ar". Quase todas as frases de Kelly contêm esse senso de "intimidade continuamente renovada" no Espírito.

George Fox parece ter vivido em constante consciência do poder de Deus, por isso nos impele a "cantar no Espírito" e louvar ao Senhor "dia e noite". Depois, Inácio de Loyola oferece-nos um sábio conselho sobre discernimento de espíritos. Finalmente, John Bunyan expressa a experiência pessoal sobre a identificação e o exercício dos dons espirituais.

THOMAS KELLY

Tornando-se um santuário de adoração

Introdução ao autor

Thomas Kelly (1893-1941) nasceu numa família de quacres do estado de Ohio, nos Estados Unidos. Estudou em Haverford e Harvard, adquirindo a reputação de excelência acadêmica. Nos primeiros anos de sua carreira, Kelly envolveu-se em dois importantes ministérios: trabalhou com prisioneiros alemães entre 1917 e 1918 e pastoreou uma comunidade de quacres em Berlim, na Alemanha, entre 1924 e 1925. Quando retornou aos Estados Unidos, lecionou na Faculdade de Earlham e na Universidade do Havaí. Em 1936, começou a lecionar filosofia em Haverford, onde permaneceu até sua morte, em 1941.

Quando ainda era estudante em Haverford, Kelly disse a um professor: "Vou tornar minha vida um milagre!". Ele estabeleceu para si padrões elevados, almejando excelência em autenticidade em todas as áreas. Alguns acreditavam que Kelly estava chegando ao ponto de exaustão, quando, em 1937, ele teve uma experiência que terminou com o esforço excessivo e com a luta incessante. A partir de então, seus esforços tinham por objetivo desenvolver afinidade *com* Deus, não apenas adquirir conhecimento *acerca de* Deus.

Kelly ficou conhecido pelos colegas como pessoa de sincera devoção, e seus escritos, principalmente *A Testament of Devotion* [Um testamento de devoção] e *The Eternal Promise* [A promessa eterna], causaram impacto permanente sobre seus leitores. Rufus Jones declarou com respeito ao segundo livro: "Há poucos — muito poucos — excelentes livros devocionais [...] e aqui está um livro que posso recomendar com os melhores livros da Antiguidade".

Extratos de *A Testament of Devotion* [Um testamento de devoção]

1. Maravilhoso santuário interior

Meister Eckhart escreveu: "Da mesma forma que você se encontra na igreja ou num grupo familiar, essa estrutura mental leva você ao mundo, aos seus problemas e inquietações". Em nosso íntimo, no lugar mais profundo, existe um maravilhoso santuário da alma, um lugar santo, um Centro divino, uma voz audível para os quais podemos sempre retornar. A eternidade está em nosso coração, pressionando nossa vida dividida pelo tempo, acalentando-nos com intimações sobre um destino impressionante, convidando-nos a retornar para si própria, nosso lar.

É uma luz na qual a face de Deus, iluminada, lança novas sombras e glórias sobre nosso rosto. É uma semente despertando para a vida, se não a abafarmos. É a *Shekinah* da alma, a presença central. Ali está o Cristo adormecido aguardando ser acordado, para se tornar a alma que revestimos em forma e atos terrenos. Ele está dentro de todos nós.

2. Os lugares ocultos do coração

A resposta mais comum da alma à luz é a expressão interior de devoção e alegria, ação de graças e adoração, entrega pessoal e atenção. Os lugares ocultos do coração deixam de ser nossa oficina barulhenta. Eles se tornam santuário sagrado de devoção e auto-oblação, no qual somos mantidos em perfeita paz, quando nossa mente permanece concentrada naquele que nos encontrou nas fontes interiores de nossa vida. Nos breves intervalos de marcante visitação, adquirimos a capacidade de levar a estrutura mental do santuário para o mundo, para os problemas e as inquietações. As torrentes de nossa vontade são poderosamente guiadas para uma entrega total a Deus. Somos conduzidos de maneira poderosa a um novo e dominante amor direcionado aos que têm a mente obscurecida pelo mundo temporal e a toda a criação.

3. Um santuário subterrâneo da alma

Contudo, a luz diminui, a vontade enfraquece, a mesmice retorna. É possível suportar esse enfraquecimento? Não, nem deveríamos tentar, pois precisamos aprender as disciplinas da vontade dele e ir além dessa primeira lição de sua graça, mas a luz eterna interior não cessa quando termina o êxtase, nem existe apenas esporadicamente, de acordo com a oscilação de nosso estado psíquico.

Uma intimidade continuamente renovada, mas não uma lembrança distante do toque divino, reside na base da vida religiosa. Exploremos juntos o segredo da devoção profunda, o santuário subterrâneo da alma, no qual a luz interior nunca diminui; na qual queima uma chama perpétua; na qual as fontes de água viva da revelação divina fluem num ritmo constante e numa ação transformadora.

4. Os hábitos secretos da orientação incessante

O ponto em que se pretende insistir são as práticas interiores e os hábitos da mente. Insistimos nos hábitos secretos de incessante orientação das profundezas de nosso ser acerca da luz interior, de modo a manter nossa vida interior perpetuamente inclinada à adoração, enquanto nos ocupamos das obrigações cotidianas. Insistimos nas práticas interiores da mente em níveis mais profundos, permitindo-lhe encontrar o caminho até o centro da alma.

Como a agulha da bússola, a luz interior torna-se o mais verdadeiro guia da vida, mostrando defeitos novos e não esperados em nós e em nossos companheiros, mostrando-nos possibilidades novas e inesperadas na força e na vitalidade da benevolência entre os homens. Mais profundo que isso, aquele que está em nós impele-nos, por secreta persuasão, a uma vida interior maravilhosa, a fim de que, apegados firmemente a ele, possamos sempre olhar para o mundo através do brilho da luz interior e reagir diante das pessoas de modo espontâneo e jovial, motivados por esse centro interior.

5. História radicada na eternidade

Essa prática de orientação, adoração e escuta interior, não se trata de mero conselho a determinados grupos religiosos, a pequenas ordens religiosas, às "almas interiores" especiais ou aos monges isolados em clausuras. Essa prática está no centro da religião. Estou convencido: é o segredo da vida interior do Mestre da Galileia. Ele espera que esse segredo seja descoberto outra vez em cada um de seus seguidores. Resulta numa comunhão maravilhosa, a Igreja católica e invisível, e institui vida comunitária num novo nível, uma sociedade fundamentada em reverência, uma história radicada na eternidade — colônias do céu.

A luz interior, o Cristo interior, não é mera doutrina exclusiva de uma pequena confraria religiosa, a ser aceita ou rejeitada como simples crença. Ela é o centro de referência vital para toda alma cristã e todo grupo cristão.

A religião inicia com a prática, não com a teoria ou com o dogma. Por isso, a prática cristã não é exaurida pelos atos exteriores. Esses elementos são o fruto, não a raiz. O cristão praticante precisa, acima de tudo, ser alguém que pratique o retorno perpétuo da alma ao santuário interior, que expõe o mundo à sua luz e julga o mundo outra vez, que leva a luz ao mundo, com todos os seus problemas e inquietações, e o regenera. Agora passaremos à exploração reverente dessa prática.

6. Nos bastidores

É possível ordenar nossa vida mental em mais de um nível ao mesmo tempo. Em certo nível, podemos pensar, discutir, observar, calcular, atendendo a todas as exigências das obrigações exteriores. Em outro nível, porém, nos bastidores, um nível mais profundo, podemos dedicar-nos à oração e à devoção, ao louvor e à adoração e ter a sensibilidade amável ao sopro divino.

Entre os dois níveis, há um intercâmbio frutífero, mas devemos priorizar o nível mais profundo, em que a alma reside na presença do Santo, trazendo sempre as obrigações do primeiro nível para a luz. Devemos mantê-las ali na presença divina, contemplá-las pela nova perspectiva e reagir a elas por meios espontâneos, incisivos e simples de amor e fé.

7. Hábitos mentais de orientação interior

Como, então, poderemos manter essa vida e encontrar forças para viver em incessante oração? Pela prática tranquila e persistente de transformar todo o nosso ser, dia e noite, em oração, adoração e rendição interiores àquele que nos convida aos lugares mais profundos de nossa alma.

É preciso estabelecer hábitos mentais de orientação interior. Uma volta interior e secreta para Deus pode ser feita de modo constante depois de semanas, meses e anos de práticas, lapsos, falhas e retornos. É tão simples quanto o que Irmão Lourenço descobriu, mas poderá demorar muito até que alcancemos constância no processo.

Comece agora, enquanto lê estas palavras sentado em sua cadeira, a oferecer todo o seu ser, em completa e alegre abnegação, em entrega tranquila e feliz a ele, que está dentro de nós. Em exclamações secretas de louvor, volte-se em humilde reverência para a luz, por mais fraca que seja. Mantenha contato com o mundo exterior de sentidos e significados. Essa disciplina não é de distração. Caminhe, converse, trabalhe, dê risada com os amigos, mas, nos bastidores, mantenha a vida de oração singela e de adoração interior. Permita que a oração interior seja a última coisa que você faça antes de dormir e a primeira ao acordar.

8. Recomece sempre que for preciso

Os primeiros dias, semanas e meses serão complicados e penosos, porém muito recompensadores. Serão complicados porque exigem vigilância constante, esforço e reafirmações da vontade no primeiro nível. Serão penosos em razão dos lapsos frequentes, dos intervalos em que nos esquecemos dele por muito tempo. São recompensadores porque começamos a viver.

Os lapsos e esquecimentos são muito frequentes, mas, quando você se recuperar, não perca tempo recriminando-se: faça uma breve oração de confissão e reinicie do ponto em que você se encontra. Ofereça a Deus essa adoração interrompida e diga: "É assim que sou, a não ser quando me ajudas". Não admita o desânimo, retorne sempre a ele numa atitude tranquila e aguarde em sua presença.

9. O primeiro sinal de simultaneidade

Inicialmente, a prática da oração interior é um processo de alternância de atenção entre as coisas exteriores e a luz interior. A preocupação com qualquer uma das duas provoca o distanciamento da outra. O que se pretende, porém, não é a alternância, mas a simultaneidade: adoração revestindo cada momento, oração viva, corrente constante por trás de todos os momentos da vida.

Os primeiros sinais de simultaneidade são percebidos quando, no instante da recuperação de um período de esquecimento, temos a sensação de não termos esquecido de Deus completamente. O que acontece nesse momento não é o restabelecimento da oração interrompida, mas seu reavivamento. As correntes de amor continuavam fluindo, mas estávamos à deriva; agora nadamos.

10. Maleáveis à sua santa vontade

Todavia, os períodos de reinício de simultaneidade e constante oração poderão ir e vir, decorrendo em alternância por longos períodos e retornando depois com força gloriosa. Então, aprendemos a nos submeter à disciplina interior do afastamento das dádivas espirituais, pois, ao menor sinal de orgulho espiritual em nosso desenvolvimento na vida de oração, é bom que Deus nos humilhe até que sejamos dignos de maior confiança.

Embora iniciemos a prática da oração secreta com forte sentimento de que temos a iniciativa e que por meio de nossa vontade estamos estabelecendo os hábitos, a experiência amadurecida nos mostra como somos alcançados, dirigidos, purificados, disciplinados, simplificados e moldados à santa vontade de Deus por meio de um poder latente dentro de nós. Deus mesmo age em nossa alma, na parte mais profunda, assumindo cada vez mais o controle, à medida que desejamos estar cada vez mais preparados para suas maravilhas.

11. Não há técnica nova

Não há técnica nova para ingresso no estágio em que a alma em seus níveis mais profundos esteja à vontade na presença dele. Os processos de oração interior não se tornam mais complexos: ficam mais simples. Nas primeiras semanas, começamos balbuciando simples palavras. Formule frases espontaneamente: "Tu somente. Tu somente". Ou, então, apegue-se aos salmos: "Minha alma tem sede de ti" (Salmos 63.1).

Repita essas palavras várias vezes em seu íntimo. Pois inicialmente é necessária a cooperação consciente do nível superficial, antes de a oração chegar ao segundo nível, o da orientação divina habitual. Uma disciplina mais longa nessa oração interior estabelecerá patamares duradouros de oração, submissão e atenção tranquila nas profundezas, orientação indizível porém habitual de todo o ser para Deus, que é o Centro.

Na radiografia da luz da eternidade, temos a oportunidade de ver os pontos negros da vida, e a graça divina poderá ser concedida para reforçar a entrega de nossa inteira vontade a ele. A direção da luz é crucial, ardente, mais afiada que uma faca de dois gumes. Ele pede tudo, mas oferece tudo.

Texto bíblico: João 6.32-40

> Declarou-lhes Jesus [aos discípulos]: "Digo-lhes a verdade: Não foi Moisés quem lhes deu pão do céu, mas é meu Pai quem lhes dá o verdadeiro pão do céu. Pois o pão de Deus é aquele que desceu do céu e dá vida ao mundo".
>
> Disseram eles: "Senhor, dá-nos sempre desse pão!"
>
> Então Jesus declarou: "Eu sou o pão da vida. Aquele que vem a mim nunca terá fome; aquele que crê em mim nunca terá sede. Mas, como eu lhes disse, vocês me viram, mas ainda não creem. Todo aquele que o Pai me der virá a mim, e quem vier a mim eu jamais rejeitarei. Pois desci dos céus, não para fazer a minha vontade, mas para fazer a vontade daquele que me enviou. E esta é a vontade daquele que me enviou: que eu não perca nenhum dos que ele me deu, mas os ressuscite no último dia. Porque a vontade de meu Pai é que todo aquele que olhar para o Filho e nele crer tenha a vida eterna, e eu o ressuscitarei no último dia".

Perguntas para meditação

Estas perguntas poderão ser utilizadas para discussão em pequenos grupos ou para registro em diário pessoal.

1. Você já teve a experiência descrita por Thomas Kelly como "uma luz interior", "uma voz audível" ou "um Centro divino"? Descreva-a.

2. Kelly escreve: "Uma intimidade continuamente renovada, mas não uma lembrança distante do toque divino, reside na base da vida religiosa". Por que o autor insiste em que tenhamos novas experiências com Deus a

cada momento, não dependendo somente de lembranças de experiências passadas?

3. Kelly nos encoraja a "manter nossa vida interior perpetuamente inclinada à adoração, enquanto nos ocupamos das obrigações cotidianas". Se você adotasse esse hábito, como ele afetaria suas obrigações diárias?

4. Kelly observa que podemos começar esse processo com a sensação de estar no controle, de que é nossa a iniciativa, mas depois de algum tempo percebemos que é Deus quem está agindo e que, desde o início, trabalhou em nós. O que nos faz pensar que somos criadores, redentores e mantenedores de nossa vida espiritual? Como você encara essa questão?

5. Como os atos de comer, beber, ver e crer se relacionam com João 6.32-40? Descreva sua relação no nível da fome e da sede.

Sugestão de exercícios

Estes exercícios poderão ser utilizados por indivíduos, compartilhados entre companheiros de caminhada ou no contexto de pequenos grupos. Escolha um exercício ou mais.

1. Kelly declara que o hábito que devemos desenvolver é pôr em ordem nossa vida mental em mais de um nível ao mesmo tempo — num nível pensamos, vemos e discutimos e em outro estamos em oração e adoração. Experimente isso nesta semana, registrando suas experiências.

2. Ser maleável nas mãos do Espírito é um tema constante para Kelly. Esta semana, procure estar mais aberto à direção do Espírito nos afazeres cotidianos. Dê ouvido à voz mansa e suave vinda do santuário interior.

3. Como Kelly aconselha, inicie esse exercício repetindo mentalmente, várias vezes, orações breves e simples como: "Tu somente. Tu somente", ou então repita alguma frase de um dos salmos, como: "O Senhor é o meu pastor" (Salmos 23.1). Logo, essa oração caminhará para o segundo nível e você desfrutará a bênção da "orientação divina habitual".

4. Jesus disse que veio não para fazer a própria vontade, mas a vontade de Deus. Kelly acredita que o segredo de Jesus era a orientação interior para adoração e escuta e que esse segredo ainda está para ser redescoberto pelos seguidores de Jesus. Embora seja um exercício difícil, procure esta semana mudar de orientação. Procure tornar a adoração e a escuta as principais atividades de sua vida diária.

Reflexão

Sempre recordarei meu primeiro contato com os escritos de Thomas Kelly. Estava aguardando o avião no aeroporto de Washington, numa manhã chuvosa de fevereiro, e fui cativado pelas intensas palavras: "Já vimos e conhecemos pessoas que parecem ter encontrado esse profundo Centro da vida, nos qual as demandas inquietas da vida estão integradas e se pode falar com segurança tanto 'não' quanto 'sim' ".

A chuva batia na janela, do lado de fora, enquanto as lágrimas caíam em minha jaqueta. Ali, na poltrona, senti-me como num lugar santo, um altar. Nunca mais fui o mesmo. Calmamente, pedi a Deus que me concedesse aquela habilidade de dizer "sim" ou "não" firmado naquilo que Kelly chama "Centro divino". Que Deus venha também a tocar sua vida por meio dos escritos de Thomas Kelly!

— RICHARD J. FOSTER

Para seu aprofundamento

KELLY, Richard. **Thomas Kelly: A Biography.** New York: Harper & Row, 1966. Richard Kelly tinha apenas 6 anos quando seu famoso pai faleceu. Quando jovem, começou a coletar material biográfico, e esse livro é o resultado de vários anos de pesquisa.

KELLY, Thomas. **A Testament of Devotion.** San Francisco: HarperCollins, 1992. Esse livro representa a grande contribuição de Kelly para o mundo, e ele nem sabia que o havia escrito. Esses ensaios cativantes sobre a vida espiritual foram compilados depois de sua morte precoce.

_____. **Reality of the Spiritual World.** Wallingford: Pendle Hill, 1942. Excelente livreto de apenas 48 páginas que mostra a erudição de Kelly como filósofo, bem como sua profunda experiência espiritual.

_____. **The Eternal Promise.** New York: Harper & Row, 1966. Não tão enfática quanto *A Testament of Devotion*, contudo todos os seus ensaios são benéficos para o desenvolvimento da vida espiritual — que é mais do que se pode dizer sobre a maioria dos livros.

CATARINA DE GÊNOVA

Esperando em Deus

Introdução à autora

Catarina (1447-1510) nasceu numa notável família religiosa. Seu pai era vice-rei de Nápoles, na Itália, e dois de seus familiares foram papas. Em 1463, casou-se com Guiliano Adorno, homem riquíssimo, porém mundano, com quem tinha muito pouco em comum. Depois de dez anos de vida em vaidade terrena, converteu-se à vida contemplativa. O marido de Catarina havia perdido sua fortuna, então, com o restante dos recursos, eles passaram a viver entre os pobres de Gênova. Guiliano tornou-se membro da Terceira Ordem de São Francisco, e ambos trabalharam entre os pobres e enfermos. Em 1479, começaram a dedicar todo o seu tempo a um hospital das proximidades. Um ano depois, Guiliano morreu, e Catarina veio a ser a matrona do hospital.

Catarina de Gênova foi uma mulher de profunda espiritualidade. Seu amor a Deus só era comparável ao amor pelo próximo. Apesar de seus escritos estarem repletos de vida e fervor, serem criativos e inspiradores, ela é lembrada mais por suas obras de caridade. Sua principal obra, *Life and Teachings* [Vida e ensinos], e *Dialogues* [Diálogos] foram são suas contribuições literárias mais importantes. O texto a seguir foi extraído de *Life and Teachings*. Como você observará, ela possuía percepção aguçada do puro amor de Deus e do esforço para aceitar esse amor.

Extratos de *Life and Teachings* [Vida e ensinos]

1. Pouco a pouco

A criatura é incapaz de conhecer qualquer coisa, exceto o que Deus lhe concede cada dia. Se soubéssemos antecipadamente o que nos aguarda, não teríamos paz. Às vezes, eu achava que meu amor era completo, mas, depois, à medida que passava a enxergar melhor, percebia muitas imperfeições. De início, não as reconhecia, porque o amor de Deus por mim foi planejado para que eu o alcançasse aos poucos, com o propósito de me guardar e me manter humilde, para que eu pudesse ser tolerável a mim mesmo e aos outros!

Todos os dias, sinto que alguns ciscos são removidos de meus olhos, à medida que o puro amor de Deus os lança fora. Não podemos ver essas imperfeições porque, se as víssemos, não o suportaríamos. Por isso, Deus nos permite imaginar que somos perfeitos, mas nunca deixa de remover nossas imperfeições. De tempos em tempos, sinto que estou crescendo, mas me surpreendo ao ver que tenho ainda um longo caminho pela frente. As imperfeições são visíveis a mim diante do reflexo da verdade de Deus e de seu puro amor, onde tudo o que eu pensava estar correto estava deturpado.

2. As chaves de casa

A vontade própria é tão sutil e está arraigada tão profundamente em nós mesmos, defendendo-se com tanto vigor, que quando tentamos lutar contra ela somos derrotados. Acabamos fazendo nossa própria vontade sob diversos disfarces — caridade, necessidade ou justiça. O amor de Deus, porém, deseja permanecer despido e sem nenhum disfarce, já que nada tem a esconder.

Já vi esse amor. Na verdade, vejo-me todos os dias mais ocupada com ele. Sinto um fogo abrasador dentro de mim. É como se tivesse entregado as chaves de minha casa ao amor e lhe desse permissão para fazer tudo o que fosse necessário. Fiquei tão envolvida por esse amor que quando contemplava essa obra em mim sentia que, mesmo que fosse lançada no inferno, o próprio inferno pareceria para mim amor e consolação.

3. Conforto somente em Deus

Descubro cada dia que minha mente depende mais de Deus. É como o homem livre para passear pela cidade, que depois fica confinado em casa, depois no quarto, em seguida num quarto menor, num porão e finalmente preso com vendas nos olhos, sem condições de fugir. Sem ter consolo, exceto em Deus, que faz isso todo o tempo por meio do amor e de grande misericórdia, vim para um lugar de grande contentamento.

4. Vivendo sem vontade própria

Deus e o pecado não podem conviver pacificamente, lado a lado. Depois de observar como as coisas de fato são, senti desejo de viver sem vontade própria. Quando Deus faz brilhar a luz sobre a alma, esta já não deseja viver com aquela parte que bloqueia a luz. A alma deseja oferecer-se totalmente a Deus, para que não viva de outra maneira exceto a desejada pelo seu terno amor. Desse modo, começará a produzir obras puras, plenas e sinceras. Essas são as obras agradáveis a Deus.

Uma vez determinada a me unir a Deus, descubro que também estou presa ao inimigo de seus inimigos. Uma vez que não encontro pior inimigo que o eu que está em mim, sou constrangida a detestar essa parte de mim mais que qualquer outra. De fato, por causa da guerra existente entre o eu e o Espírito, estou determinada a separá-lo de mim e tratá-lo como nada.

5. Renunciando ao cuidado de si mesmo

Vi pessoas lutando contra suas inclinações malignas e esforçando-se para resistir a elas, mas percebi que, quanto mais se esforçavam contra as inclinações, mais se envolviam com elas. Por isso, disse-lhes: "Vocês estão certos ao lamentar seus pecados e imperfeições. Eu estaria lamentando com vocês, não fosse pelo fato de Deus me sustentar. Vocês não conseguem defender-se, e eu também não. O que precisamos fazer é renunciar ao cuidado de nós mesmos, entregando tudo a Deus, que pode defender nosso verdadeiro eu. Só assim Deus poderá fazer por nós o que não conseguimos fazer por nós mesmos".

Quanto à renuncia de nós mesmos, eu disse: "Pegue um pedaço de pão e coma. Quando você o comer, a substância do pão entrará em seu organismo e alimentará o corpo. O restante será eliminado, porque o corpo não precisa mais daquilo e é mais importante que o pão. Foi criado como meio, mas não deve permanecer para sempre. Do mesmo modo, precisamos remover todas as inclinações malignas de nosso corpo: elas não podem continuar dentro de nós, para que não morramos".

6. Contentes de esperar em Deus

Deus mostra sua luz em determinado instante, permitindo que saibamos tudo o que precisamos saber. Ele não nos permite saber mais que o necessário sobre seu plano de conduzir-nos à perfeição. Não podemos buscar essa luz, ela nos é mostrada por Deus de acordo com a determinação dele. Nem mesmo é possível saber como a recebemos ou como reconhecer a luz! Se tentarmos saber mais do que nos é permitido, não chegaremos a lugar algum. Ficaremos paralisados, imóveis como uma rocha, sem ação alguma, até que ele nos dê vida.

Portanto, não me esforçarei na busca de algo além do que Deus quer que eu saiba. Antes, permanecerei em paz com o entendimento que Deus me dá e deixarei que isso ocupe minha mente. Se pretendemos enxergar direito, precisamos arrancar da vista nossas presunções. Se ficarmos olhando para o sol durante muito tempo, terminaremos cegos. Desse modo, imagino, o orgulho acaba cegando muitos de nós, que desejam saber demais.

Quando Deus encontra uma alma que nele descansa e não é facilmente abalada, age nela a seu modo. Ela deixa Deus realizar grandes coisas. Ele concede a essa alma a chave dos tesouros preparados para ela, a fim de que possa desfrutá-los. Ele lhe concede a alegria de sua presença, que absorve completamente a alma.

7. A estratégia inteligente de Deus

Entretanto, o egoísmo dentro de nós é tão contrário a Deus que ele não nos pode induzir a fazer a vontade dele, a não ser por meio de uma estratégia inteligente: ele promete maravilhas maiores que as oferecidas pelo mundo — mesmo nesta vida — e um consolo que o mundo não conhece. Penso que Deus faz isso porque sabe quanto somos apegados ao prazer. Ele sabe que não somos de largar nosso brinquedinho, a não ser quando nos são oferecidos outros quatro!

8. Visão da vida futura

Se pudéssemos contemplar o que receberemos na vida futura (como recompensa pelo que fizemos aqui), deixaríamos de nos ocupar com todas as coisas, exceto as celestiais. O desejo de Deus, porém, é que vejamos pela fé, não que façamos o bem por motivações egoístas, por isso nos dá essa visão aos poucos, na proporção da capacidade de nossa fé. Desse modo, Deus nos permite ver algo das coisas vindouras até que não precisemos de fé.

Contudo, se de alguma maneira fôssemos informados de que estamos prestes a morrer, que nos aguarda uma vida miserável por causa de nossos pecados e que sofreremos por toda a eternidade, tenho certeza de que — por causa do medo — preferíamos ser mortos a cometer um único pecado! Assim, Deus, por não desejar que evitemos o pecado por causa do medo, nunca nos deixa ver o futuro. Ele mostrará a eternidade parcialmente às almas que estiverem revestidas e ocupadas com ele.

9. Constante confiança

Seja esta a nossa oração: "Não quero tirar os olhos de ti, ó Deus! Desejo que eles permaneçam fitos em ti e não se movam, não importa o que aconteça comigo, interna ou exteriormente". Quem confia em Deus não precisa preocupar-se consigo mesmo. Enquanto penso em vocês, meus filhos espirituais, vejo que o amor puro de Deus está atento a todas as necessidades de vocês. É por causa desse terno amor que não preciso pedir nada a Deus por vocês. Preciso tão somente apresentá-los perante a face dele.

Texto bíblico: Lucas 16.19-31

Havia um homem rico que se vestia de púrpura e de linho fino e vivia no luxo todos os dias. Diante do seu portão fora deixado um mendigo chamado Lázaro, coberto de chagas; este ansiava comer o que caía da mesa do rico. Até os cães vinham lamber suas feridas.

Chegou o dia em que o mendigo morreu, e os anjos o levaram para junto de Abraão. O rico também morreu e foi sepultado. No Hades, onde estava sendo atormentado, ele olhou para cima e viu Abraão de longe, com Lázaro ao seu lado. Então, chamou-o: "Pai Abraão, tem misericórdia de mim e manda que Lázaro molhe a ponta do dedo na água e refresque a minha língua, porque estou sofrendo muito neste fogo".

Mas Abraão respondeu: "Filho, lembre-se de que durante a sua vida você recebeu coisas boas, enquanto que Lázaro recebeu coisas más. Agora, porém, ele está sendo consolado aqui e você está em sofrimento. E além disso, entre vocês e nós há um grande abismo, de forma que os que desejam passar do nosso lado para o seu, ou do seu lado para o nosso, não conseguem".

Ele respondeu: "Então eu te suplico, pai: manda Lázaro ir à casa de meu pai, pois tenho cinco irmãos. Deixa que ele os avise, a fim de que eles não venham também para este lugar de tormento".

Abraão respondeu: "Eles têm Moisés e os Profetas; que os ouçam".

"Não, pai Abraão", disse ele, "mas se alguém dentre os mortos fosse até eles, eles se arrependeriam."

Abraão respondeu: "Se não ouvem a Moisés e aos Profetas, tampouco se deixarão convencer, ainda que ressuscite alguém dentre os mortos".

Perguntas para meditação

Estas perguntas poderão ser utilizadas para discussão em pequenos grupos ou para registro em diário pessoal.

1. No item 1, Catarina destaca as limitações de nossa autoconsciência. Olhe em retrospecto para sua vida. Houve algum momento em que você pensou ter atingido certo nível de sabedoria, mas depois percebeu que não era tão sábio quanto imaginava? Descreva esse momento.

2. "A vontade própria é tão sutil", diz Catarina, que muitas vezes "acabamos fazendo nossa própria vontade sob diversos disfarces", como a caridade, a ajuda aos pobres ou a defesa da justiça. Mencione alguns de

seus atos abnegados a favor dos outros que na verdade não passavam de atos egoístas. Qual a solução de Catarina para isso?

3. "Quando Deus encontra uma alma que nele descansa e não é facilmente abalada, ele age nela a seu modo. Ela deixa Deus realizar grandes coisas" (item 6). De que maneira você está aprendendo a descansar em Deus e não ser facilmente abalado? De que maneira você está impedindo Deus de realizar grandes coisas em sua vida?

4. Catarina nos compara à criança apegada a um brinquedo, do qual não se separa, a não ser que lhe sejam oferecidos outros quatro. Que "brinquedo" o impede de receber mais de Deus?

5. O homem rico imaginava que sua família se arrependeria caso o pobre Lázaro ressuscitasse. Qual foi a resposta de Abraão? Que tipo de milagre será necessário para fazer você começar a investir todas as suas energias em Deus?

Sugestão de exercícios

Estes exercícios poderão ser utilizados por indivíduos, compartilhados entre companheiros de caminhada ou no contexto de pequenos grupos. Escolha um exercício ou mais.

1. Esta semana, deixe seu brinquedo de lado para receber bênçãos de Deus em abundância. Concentre-se nas melhores bênçãos de Deus, que excedem em muito os prazeres passageiros do pecado.

2. A maneira de vencer nossa sutil vontade própria, diz Catarina, é entregar as chaves da casa para Deus e deixar que ele assuma o controle. Esta semana, entregue a Deus as chaves dos quartos de sua casa. Não o convide a entrar como visitante: deixe-o ser o dono da casa.

3. O item 8 trata de nossa compreensão sobre céu e inferno, assim como a parábola de Lucas 16.19-31. Passe um tempo meditando sobre onde você passará a eternidade. Como alerta Catarina, não deixe o medo ser o fator principal de motivação para uma vida consagrada. Permita que o desejo por Deus ocupe cada vez mais o centro de tudo o que você fizer.

4. As palavras finais de Catarina mostram como ela orava pelos outros: ela não pedia nada de Deus para as pessoas. Em vez disso, ela as apresentava a Deus. Esta semana, tente orar dessa maneira pelos outros.

Reflexão

Catarina foi além de amar a Deus: ela amou o modo de agir de Deus. Uma coisa é amar a graça e a misericórdia de Deus, seu poder e sua constância; outra coisa é amar seu modo de agir.

Pense no contraste entre o modo de agir de Deus e o nosso! Nós buscamos o ato espetacular da devoção, o salto quantitativo da fé; Deus está atento às mudanças, aparentemente insignificantes, que acontecem "aos poucos". Nós estamos interessados em ser o primeiro; Deus nos convida a "renunciar o cuidado de nós mesmos". Queremos relegar Deus à categoria de atividade extracurricular de nossa vida; Deus quer nossa atenção total. Queremos as coisas agora; Deus tem paciência eterna. Esse é o modo em que Deus quer agir. À medida que nos sintonizamos com o modo de agir de Deus e agimos em consonância com eles, descobrimos que eles estão totalmente corretos.

— RICHARD J. FOSTER

Para seu aprofundamento

PAYNE, Richard J. (Org.). **Catherine of Genoa.** New York: Paulist, 1979. Da série *The Classics of Western Spirituality* [Os clássicos da espiritualidade ocidental]. Esse volume agrupa duas das obras de Catarina, que juntas englobam essencialmente todos os seus "ensinos". Há outra obra, intitulada simplesmente *The Life* [A vida], mas seus principais argumentos estão também inclusos nesse volume e de forma mais concisa e atraente. Naturalmente, os protestantes terão dificuldades com a primeira obra, *Purgation and Purgatory* [Purificação e purgatório], mesmo assim há muito que aprender disso. *The Spiritual Dialogue* [O diálogo espiritual] desenvolve uma conversa entre o "corpo" e a "alma", com a contribuição do "amor próprio" e da "fragilidade humana". Conclui com uma descrição da morte singular de Catarina.

HÜGEL, Baron Friedrich von. **The Mystical Element of Religion as Studied in Saint Catherine of Genoa and Her Friends.** New York: Crossroads; Herder & Herder, 1996. Até onde eu saiba, não há outro livro sobre a vida de Catarina em inglês.

George Fox

Andando no poder de Deus

Introdução ao autor

Nascido e criado em meio aos distúrbios da Inglaterra puritana do século XVII, George Fox (1624-1691) foi o fundador e principal líder dos quacres (a Sociedade dos Amigos). Seu famoso *Journal* [Diário] revela uma personalidade ousada e impetuosa, até mesmo uma figura profética, que agia como alguém que conhecia a Deus em primeira mão, não por ouvir dizer. Ele estava sempre pronto para confrontar os que "não possuíam aquilo que professavam". Sua pessoa demonstrava certa pomposidade e pretensão. Ele também convocou milhares de pessoas a um conhecimento direto e íntimo de Cristo, que se fazia presente para ensiná-los e capacitá-los.

Se seu diário retrata uma figura pública colérica, *Letters* [Cartas] revela um pastor amoroso. Em quarenta anos, Fox escreveu mais de 3 mil cartas, principalmente para grupos. Essas cartas práticas e afáveis demonstram um vasto conjunto de interesses pastorais, desde a vida de oração e de culto até a vida familiar e de negócios. O texto a seguir oferece-nos um vislumbre do amável chamado de Fox a uma vida cristã confiante e plena.

Extratos de *The Letters of George Fox* [As cartas de George Fox]

1. O Deus vivo

Ele é o Deus vivo que reveste a terra de erva verde e vegetação, faz crescer as árvores e produz o alimento para vocês. Ele faz os peixes do mar respirar e viver. Faz os pássaros do céu dar cria. Faz o macho e a fêmea, as criaturas, todos os animais dar cria para servir de alimento para você. Ele é o Deus vivo que faz o sol aquecer você quando estiver frio. Ele é o Deus vivo que faz a neve e a geada derreter e a chuva molhar as plantas. Ele é o Deus vivo que criou o céu, a terra e as nuvens, fez brotar água da rocha e dividiu os oceanos da terra firme. Ele separou a luz das trevas, para distinguir o dia e a noite. Separou as águas da terra firme, chamando as águas "mar" e a terra seca "continentes". Aquele que fez tudo isso deve ser adorado. Ele é o Deus vivo, a origem do fôlego, da vida e da força. Ele providenciou animais e rebanhos para servirem de alimento e vestimenta a você. Ele é o Deus vivo e deve ser adorado.

Esse é o Reis dos reis e Senhor dos senhores, em cujas mãos está o fôlego de toda a humanidade [Carta 292].

2. Andando no poder de Deus

Meus filhinhos no Senhor Deus todo-poderoso, fico contente por todos vocês serem guiados pelo grande poder de Deus. Conheçam a voz que fala, o som das palavras e seu poder, pois palavras sem poder destroem a simplicidade, crescem em forma e a partir da obediência à verdade. Portanto, andem no poder da verdade para que o nome do Senhor Deus seja glorificado entre vocês, sua fama seja vista em vocês e entre vocês, e todo o mundo se espante, e o Senhor fique admirado pela ordem de seu povo que é guiado por sua sabedoria.

Não permitam a discórdia entre vocês. Ninguém procure os lugares mais elevados, mas seja modesto, condescendendo uns com os outros. Suportem com paciência uns aos outros.

Portanto, amigos, preocupem-se com aquilo que é de Deus em vocês e os guia ao Pai da vida, que oferece alimento, vestuário e força para que vocês possam vicejar e a alma possa desfrutar a gordura, alimentar-se da abundância de riquezas dele e do pão diário que vem do alto, "o pão da vida" (João 6.35). [Carta 79]

Vivam em paz, amor, união e paciência uns com os outros. Sujeitem-se a Deus e ao próximo em poder, vida e sabedoria, para que por meio disso

CLÁSSICOS DEVOCIONAIS

venham a ser um campo agradável ao Senhor Deus, como lírios, flores e brotos a sentir a refrescante chuva e as correntes de vida do Deus vivo que fluem sobre vocês, pelas quais se sente a presença e a bênção do Senhor Deus todo-poderoso. [Carta 183]

3. Cantando no Espírito

Meus queridos amigos, não sejam levados por palavras mansas e belos discursos, mas tenham todos a verdade dentro de si, pela qual permanecerão firmes em Cristo, o pão da vida, o esteio de sua vida eterna e celestial.

Amigos que recusaram as canções do mundo: cantem no Espírito e na graça, entoando melodias no coração para o Senhor. Vocês, que recusaram as orações formais do mundo, orem sempre no Espírito.

Vocês, que rejeitaram as gratidões do mundo e os elogios, distanciando-se dessas coisas, deem graças em tudo ao Senhor por meio de Jesus Cristo.

Vocês, que rejeitaram o louvor a Deus por parte do mundo, que é da boca para fora, pois os corações estão distantes dele, louvem a Deus sempre, dia e noite.

E vocês, que rejeitaram o jejum do mundo, observe o jejum do Senhor, que quebra as cadeias da iniquidade e liberta o oprimido, para que sua saúde se desenvolva e a luz brilhe como a alva. [Carta 167]

4. A verdade poderá ser aprisionada

Queridos amigos, que sofrem pelo testemunho e a todos os outros de seu condado: fico contente de saber de sua fidelidade e da disposição em defender a Igreja, cuja cabeça é Cristo, que está em Deus, e de saber que vocês estão tornando-se membros vivos dele. Portanto, onde quer que estejam, na prisão ou fora dela, onde dois ou três estiverem reunidos em seu nome, ali está a Igreja, e Cristo, a cabeça viva da Igreja estará no meio de vocês: um Profeta, revelando à sua Igreja as coisas de seu Reino; um Bispo, supervisionando os membros, para que sejam mantidos na luz, na graça, na verdade, no Espírito e no evangelho dele; um Pastor, nutrindo seu povo com alimento celestial; um Sacerdote que se ofereceu em sacrifício pelos pecados de todo o mundo, que purifica, lava e depura a Igreja. Portanto, vejam e sintam Cristo exercendo seus ofícios e guiando o coração de vocês. [Carta 368]

Cantem e se regozijem, vocês, filhos do dia e da luz, pois o Senhor está agindo nessa densa noite de trevas que está sendo sentida. A verdade não floresce como a rosa. Os lírios crescem entre espinhos, as plantas no alto dos montes. Entre elas, os carneiros saltam e brincam.

Nunca deem atenção à tempestade nem a temporais, inundações ou chuvas, pois a semente, Cristo, está sobre tudo e reina sobre todas as coisas.

Por isso, tenham fé e sejam valentes por amor à verdade, pois a verdade pode habitar a prisão. Não tenham medo de serem tosquiados, pois a lã crescerá novamente. Sigam o Cordeiro, mesmo quando ele estiver sob o chifre ou o calcanhar das feras, pois o Cordeiro a todas derrotará. [Carta 227]

5. Cumprindo a verdade a todos

Portanto, esta é a Palavra do Senhor Deus a todos vocês: façam o que é certo, quer vocês sejam negociantes, quer tenham alguma vocação ou profissão, quer sejam fazendeiros. Ajam correta, justa, verdadeira, santa e imparcialmente para com todas as pessoas em todas as coisas; façam isso de acordo com a imagem de Deus em cada pessoa, e o testemunho, a sabedoria e a luz de Deus em vocês.

Seja qual for seu chamado, vivam no poder da verdade e da sabedoria de Deus para responder ao princípio divino em todos os seres humanos sobre a terra. Assim, deixem sua vida ser uma proclamação; deixem a luz brilhar, para que as obras de vocês sejam vistas, para que o Pai seja glorificado. Nisso consiste o louvor a Deus, e quem faz isso alcança o que Deus exige: amar a misericórdia, praticar a justiça e andar humildemente com o Senhor.

Por isso, procurem enriquecer na vida e nas coisas do Reino, que não têm fim, pois quem ambiciona enriquecer nas coisas deste mundo cairá em muitas armadilhas e desejos prejudiciais. Portanto, quem, neste mundo, compra, vende, possui ou explora seja como se não fizesse isso.

Sejam senhores sobre o mundo no poder e no Espírito de Deus e saibam que não devem nada a ninguém, exceto o amor. Contudo, sirvam a Deus e ao próximo na verdade em sua geração. [Carta 200]

6. Refletindo sobre suas promessas

Agora, queridos amigos, em todas as palavras, em todos os negócios e empreendimentos, tomem cuidado para não quebrar a palavra e a promessa feita a qualquer pessoa. Considerem desde já que vocês poderão realizar e cumprir suas palavras e promessas. Em vez de jurar, que seu "sim" seja "sim", e seu "não", "não" em todas as coisas, como Cristo estabeleceu.

Portanto, todos precisam refletir antes de dizer "sim", "sim", o que são capazes de realizar. Isso evitará que vocês expressem palavras e promessas irrefletidas, pois esse tipo de fala precipitada e sem consideração não está na aliança eterna de luz, da vida e da graça.

Cristo diz: "Assim, se vocês não forem dignos de confiança em lidar com as riquezas deste mundo ímpio, quem lhes confiará as verdadeiras riquezas?" (Lucas 16.11). Portanto, precisa haver justiça e fidelidade no manuseio das riquezas materiais entre os indivíduos, a fim de que exista espaço no coração de vocês para as riquezas celestes. A fidelidade interior para com Deus resulta na fidelidade para com as pessoas nas coisas materiais. [Carta 380]

7. A Estrela brilhante da manhã

Queridos amigos, em toda parte, os que não confiam em nada exceto no Senhor, em sua força e vida, sejam os lamentos e as orações de vocês dirigidos a ele, que, com seu poder eterno, tem mantido a cabeça de vocês acima das ondas e tempestades. Ninguém, cuja habitação seja o Senhor, a Semente, Cristo Jesus, saia de sua morada no meio do temporal à noite.

Dessa Semente, vocês verão surgir a Estrela brilhante da manhã, que dissipará a escuridão da noite, e por essa Estrela vocês chegarão ao Dia eterno que existia antes de vir a noite.

Assim, todos sentem essa Estrela brilhante da manhã repelindo as trevas. [Carta 280]

(Resumido e revisado para o leitor moderno por Howard R. Macy.)

Texto bíblico: Isaías 58.1-9

Grite alto, não se contenha!
Levante a voz como trombeta.
Anuncie ao meu povo a rebelião dele,
    e à comunidade de Jacó, os seus pecados.
Pois dia a dia me procuram;
parecem desejosos de conhecer
    os meus caminhos,
como se fossem uma nação
    que faz o que é direito
    e que não abandonou
    os mandamentos do seu Deus.
Pedem-me decisões justas
e parecem desejosos
    de que Deus se aproxime deles.
"Por que jejuamos", dizem,
    "e não o viste?
Por que nos humilhamos,
    e não reparaste?"
Contudo, no dia do seu jejum
    vocês fazem o que é do agrado de vocês,
e exploram os seus empregados.
Seu jejum termina em discussão e rixa,
    e em brigas de socos brutais.
Vocês não podem jejuar como fazem hoje
    e esperar que a sua voz seja ouvida no alto.
Será esse o jejum que escolhi,
    que apenas um dia o homem se humilhe,
    incline a cabeça como o junco
    e se deite sobre pano de saco e cinzas?
É isso que vocês chamam jejum,
    um dia aceitável ao SENHOR?

O jejum que desejo não é este:
soltar as correntes da injustiça,
desatar as cordas do jugo,
pôr em liberdade os oprimidos
e romper todo jugo?
Não é partilhar sua comida
 com o faminto,
 abrigar o pobre desamparado,
 vestir o nu que você encontrou,
 e não recusar ajuda ao próximo?
Aí sim, a sua luz irromperá
 como a alvorada,
e prontamente surgirá a sua cura;
a sua retidão irá adiante de você,
e a glória do SENHOR estará
 na sua retaguarda.
Aí sim, você clamará ao SENHOR,
 e ele responderá;
você gritará por socorro, e ele dirá:
 Aqui estou.

Perguntas para meditação

Estas perguntas poderão ser utilizadas para discussão em pequenos grupos ou para registro em diário pessoal.

1. Na primeira parte, George Fox demonstra sua sensibilidade aguçada de que Deus está intima e intensamente envolvido na vida comum. De que maneira você percebe o "Deus vivo" dando-lhe "fôlego, vida e força"?

2. Fox encoraja a comunidade cristã a viver unida a ponto de surpreender o mundo em admiração ao Senhor. Que atitudes e ações tornam isso possível? (v. item 2).

3. Em seu trabalho e nos afazeres diários, como seria agir de maneira correta "para com todas as pessoas em todas as coisas" (item 5)? Como seria não dever nada a ninguém "exceto o amor"?

4. Se você assumisse apenas compromissos que pudesse cumprir (o seu "sim" sempre ser "sim", e o "não", "não"), conforme Fox afirma, como isso afetaria sua vida econômica, social e familiar?

5. Em Isaías 58.6,7, o profeta dá um exemplo de um jejum aceitável a Deus. Quais aspectos estão presentes no jejum escolhido por Deus? Como podem ser considerados atos de devoção?

Sugestão de exercícios

Estes exercícios poderão ser utilizados por indivíduos, compartilhados entre companheiros de caminhada ou no contexto de pequenos grupos. Escolha um exercício ou mais.

1. A provisão de Deus na vida comum (por exemplo, plantas e animais para mantimento, o calor do sol) leva Fox a uma atitude de louvor. Permita que a consciência das abundantes bênçãos de Deus da criação conduza você à adoração esta semana.

2. Paciência, paz, amor ao próximo e levar o fardo uns dos outros são alguns exemplos de como podemos demonstrar o amor de Deus nas comunidades de fé. Esta semana, ponha em prática algumas dessas ações.

3. Esta semana, estabeleça como alvo tratar os outros de modo justo. Como Fox recomenda, tenha cuidado para não mostrar nenhum preconceito contra ninguém, mas trate os outros como você gostaria que eles o tratassem.

4. Tanto para Isaías quanto para George Fox, viver em harmonia e libertando o oprimido, partilhando comida com o faminto e abrigando o desamparado eram partes essenciais do jejum aceitável a Deus. Experimente esse tipo de jejum esta semana. Esteja atento ao caráter devocional desses importantes atos de caridade.

Reflexão

Nunca me canso de ouvir as histórias de George Fox. Ele sempre foi entusiasta a respeito da "vida e da presença de Cristo em vocês". Até mesmo nas circunstâncias mais desanimadoras, ele afirmaria que "o poder de Deus está sobre todos". Certa vez, Fox pregava num lugar público quando um soldado embriagado encostou uma espada em seu pescoço. Fox olhou firmemente para o soldado e disse: "Deixe disso! Sua espada para mim não passa de uma palha!". O poder de Deus caiu sobre o soldado, que cambaleou para trás, caiu ao chão e se converteu.

Fox deixou um legado de coragem e fidelidade. Assim como fez com o povo de sua época, ele insistiria em que fôssemos "valentes pela verdade sobre a terra".

— RICHARD J. FOSTER

Para seu aprofundamento

JONES, T. Canby. **The Power of the Lord is Over All.** Richmond: Friends United Press, 1989. Primeira edição completa em mais de 150 anos de todas as 421 cartas publicadas de George Fox. Jones escreveu uma introdução prática e adaptou um pouco a escrita de Fox para o leitor moderno.

NICKALLS, John L. **The Journal of George Fox.** [O Diário de George Fox]. Edited by. Cambridge: Cambridge University Press, 1952. Reimpressa com correções, London: London Yearly Meeting, 1986. O *Diário* de Fox foi o protótipo do registro moderno de diário religioso. É ao mesmo tempo convincente, misterioso, esclarecedor e compassivo.

SHARMAN, Cecil W. **No More but My Love.** London: Quacre Home Service, 1980. Uma cativante coletânea de 137 cartas contextualizadas de Fox.

TRUEBLOOD, D. Elton. **The People Called Quacres.** Richmond: Friends United Press, 1971. Esse livro apresenta o contexto histórico e teológico de George Fox e do início do movimento quacre.

Inácio de Loyola

Movimentos produzidos na alma

Introdução ao autor

Inácio (1491-1556) nasceu no castelo da família, em Loyola, no território basco da Espanha. Sua família pertencia a uma extensa linhagem da nobreza, e Inácio refletiu sua criação nobre em toda a sua vida anterior. Ele participava de todas as festanças da realeza — jogo, duelos, romance — e das atrações mundanas.

Em 1517 alistou-se no exército e em maio de 1521 foi ferido na perna durante um conflito na fronteira com a França. Voltou para Loyola a fim de se recuperar e não conseguiu fazer outra coisa além de ler. Ele se converteu depois de ler um livro intitulado *The Life of Christ* [A vida de Cristo], encontrado por acaso. Leu também *Imitação de Cristo* e as histórias de Francisco de Assis. Por fim, perguntou a si mesmo: "Eu não poderia fazer o mesmo que Francisco fez?". Depois disso, decidiu fazer uma peregrinação a Jerusalém, desfez-se de todos os seus bens materiais e vestiu-se de pano de saco.

Entretanto, a embarcação na qual viajava ficou detida em Manresa, por isso ele foi forçado a permanecer ali um ano. Nesse tempo, teve diversas experiências místicas profundas, que o levaram a compartilhar sua fé com outras pessoas. Na época, também redigiu boa parte de sua obra *Exercícios espirituais* e levou as anotações na peregrinação a Jerusalém. Mais tarde, Inácio ficaria famoso por causa dessas simples porém profundas instruções sobre como fazer um retiro espiritual. Seus "exercícios" transformaram-se em modelo e são usados até hoje em retiros jesuítas.

Extratos de *Exercícios espirituais de Santo Inácio de Loyola*

1. Diversos movimentos

Estas são algumas regras para discernir e entender os diferentes movimentos produzidos na alma — o bem que deve ser aceito; o mal que deve ser rejeitado.

O Inimigo tem o costume de propor prazer aparente às pessoas que vão de pecado mortal a pecado mortal. Ele faz com que essas pessoas imaginem desejos e prazeres sensuais para prendê-las mais facilmente e aumentar seus vícios e pecados. O espírito bom age nessas pessoas de modo contrário. Ele desperta a consciência para um sentimento de remorso por meio do bom senso de sua razão.

Isso acontece com os que se esforçam diligentemente para se purificar dos pecados e progridem para melhor no serviço de Deus, nosso Senhor. Para essas pessoas, é comum o espírito maligno provocar ansiedade e tristeza, criando obstáculos baseados em falso raciocínio, impedindo assim a alma de desenvolver-se ainda mais.

É característico do espírito benigno conceder coragem, força, consolo, lágrimas, inspiração e paz, facilitando as coisas e eliminando os obstáculos para que a alma possa se desenvolver nas boas obras.

2. Lágrimas inspiradas pelo amor

Digo que há consolação quando a alma desperta para um movimento interior, que a inflama com o amor do Criador e Senhor e, consequentemente, não consegue amar outra criatura neste mundo como um fim em si mesmo, mas somente o Criador de todas as coisas. Da mesma forma, há consolação quando alguém derrama lágrimas inspiradas pelo amor do Senhor, seja pelo peso do pecado, seja pela Paixão de Cristo nosso Senhor, seja por qualquer outro motivo diretamente ligado ao serviço e louvor a ele. Finalmente, chamo *consolação* todo desenvolvimento da fé, esperança e caridade e toda alegria interior que nos convida e nos atrai às coisas celestiais e à salvação da alma, inspirando a alma com paz e descanso em Cristo, nosso Senhor.

Denomino *desolação* tudo o que seja contrário à terceira regra, como escuridão da alma, perturbação da alma, inclinação para coisas inferiores e terrenas, inquietação em consequência de muitas perturbações e tentações que levam à perda da fé, perda da esperança, perda do amor. Também é desolação quando a alma se encontra inteiramente apática, morna, triste e, de certo modo, separada de seu Criador e Senhor. Assim como a consolação é contrária à desolação, também os pensamentos que surgem da consolação são opostos aos que surgem da desolação.

3. Permaneça firme e constante

Em tempo de desolação, não se deve fazer nenhuma mudança, mas permanecer firme e constante na resolução que guiou você antes da desolação ou para a decisão observada na consolação anterior. Assim como o espírito benigno nos dirige e conforta por meio da consolação, também na desolação o espírito maligno nos dirige e aconselha. Seguindo os conselhos desse espírito, ninguém poderá encontrar a maneira correta para a decisão certa.

Embora na desolação não devamos mudar a resolução anterior, será muito vantajoso intensificar nossa ação contra a desolação. Isso poderá ser feito se insistirmos mais na oração, na meditação e no frequente autoexame e aumentarmos nossa penitência de maneira apropriada.

O desolado precisa esforçar-se para perseverar na paciência, que é contrária às irritações que lhe sobrevêm. Deve considerar também que a consolação logo voltará e lutará diligentemente contra a desolação.

4. Por que estamos desolados

Há três motivos para estarmos desolados. O primeiro é estarmos mornos, indolentes ou negligentes em nossos exercícios espirituais, e assim, por nossa culpa, a consolação se afasta de nós.

O segundo é que Deus pode estar provando nosso valor e nosso progresso no serviço e louvor a ele, deixando-nos sem as recompensas generosas da consolação e das virtudes especiais.

O terceiro é que Deus pode conceder-nos verdadeiro conhecimento e entendimento para que possamos perceber corretamente que não está ao nosso alcance adquirir ou preservar grande devoção, amor ardente, lágrimas ou qualquer outra consolação espiritual, mas que tudo isso é dádiva e graça de Deus nosso Senhor. Deus também não quer que reivindiquemos para nós o que pertence a outros, deixando que nosso intelecto se eleve em espírito de orgulho e vanglória e atribua a nós mesmos devoção ou outros aspectos da consolação espiritual.

5. A graça suficiente

Quem se acha consolado deve pensar no que fará nas horas de desolação futura, e assim desenvolver nova força para essa ocasião.

Quem estiver em consolação também deve pensar em se humilhar quanto possível. Deve lembrar quanto se sentiu indigno na desolação anterior, quando não possuía essa graça ou consolação.

No entanto, quem estiver desolado deverá lembrar que lhe será possível suportar todos os inimigos por meio da graça suficiente, que possui e busca força em seu Criador e Senhor.

6. Demonstração de determinação

O Inimigo acovarda-se na presença de força, mas se fortalece quando domina nossa vontade. Ele perderá coragem e fugirá se demonstrarmos determinação. Da mesma forma, se perdermos a coragem e começarmos a retroceder, a ira, a fúria e a vingança do inimigo irão muito além dos limites.

O Inimigo perderá coragem e fugirá assim que a pessoa que busca uma vida espiritual enfrentar corajosamente as tentações e fizer exatamente o oposto do que o Inimigo insinua. Contudo, quando alguém começa a fugir e perder a coragem no meio da luta contra a tentação, nenhuma fera selvagem na terra é mais feroz que o Inimigo com suas intenções malignas e crescente malícia.

7. Falso amante

O Inimigo também se comporta como dissimulado amante que deseja permanecer escondido, sem ser descoberto, pois, quando um homem

INÁCIO DE LOYOLA — MOVIMENTOS PRODUZIDOS NA ALMA

desonesto corteja com más intenções a filha de um bom pai ou a esposa de um bom marido, ele deseja que suas palavras e insinuações sejam mantidas em segredo. Ele ficará desapontado se a moça contar ao pai, ou a esposa ao marido, suas insinuações e más intenções, pois logo perceberá que seus planos não serão realizados.

De igual modo, quando o Inimigo tenta uma pessoa correta por meio de astúcia e artimanhas, ele pretende e deseja que suas insinuações sejam mantidas em segredo. Quando são reveladas a um confessor ou a uma pessoa espiritual que entenda as artimanhas e os intentos malignos, o Inimigo fica desapontado porque sabe que não poderá ser bem-sucedido em seus maus intentos depois que se descobrirem os óbvios ardis.

A conduta do Inimigo também é semelhante à do líder militar que deseja conquistar e saquear o objeto de seu desejo. Assim como o comandante de um exército monta acampamento, analisa os pontos fracos e fortes de uma fortaleza e depois ataca no lugar mais vulnerável, o Inimigo de nossa alma analisa de todos os ângulos nossas virtudes fundamentais, teológicas e morais. Ele atacará por onde nos achar mais vulneráveis e mais deficientes em relação à salvação eterna, tentando levar-nos para o meio da tempestade.

8. Anjo de luz

A Deus e seus anjos cabe conceder verdadeira felicidade e alegria espiritual às pessoas e livrá-las da tristeza e da perturbação provocadas pelo Inimigo. A índole do Inimigo é lutar contra a alegria e a consolação espirituais, propondo (aparentemente) fortes razões, artimanhas e constante engano.

Além do mais, também é característica do Maligno transformar-se em anjo de luz para, no início, agir a favor da alma e no fim agir a favor dele próprio. Inicialmente, ele despertará pensamentos bons e santos, depois, aos poucos, tentará alcançar seu objetivo, conduzindo a pessoa aos enganos ocultos.

Depois de passar por uma tentação, é aconselhável que se analisem os bons pensamentos trazidos à mente. É preciso observar o início e analisar como o Inimigo, aos poucos, tramou a queda do estado de graça e satisfação espiritual desfrutado anteriormente até, finalmente, seduzir pelos maus intentos. Depois de adquirir e observar essa experiência e esse conhecimento, a pessoa poderá proteger-se melhor no futuro contra as artimanhas corriqueiras do Inimigo.

9. Porta aberta

Para os que estão desenvolvendo-se espiritualmente, a ação do anjo bom é dócil, branda e amável como uma gota de água penetrando uma esponja. A ação do espírito maligno é violenta, ruidosa e perturbadora como uma gota de água caindo sobre a rocha. Nas pessoas que estão indo de mal a pior, a ação desses dois espíritos é inversa.

O motivo dessa diferença de ação é a distinção ou semelhança da alma ao espírito mencionado. Quando a disposição da alma é contrária à do espírito, ele penetra a alma de maneira ruidosa e perturbadora, facilmente reconhecível. Quando a disposição da alma e a do espírito são semelhantes, o espírito entra calmamente como alguém adentrando a própria casa através da porta aberta.

Texto bíblico: 1Pedro 5.6-11

Portanto, humilhem-se debaixo da poderosa mão de Deus, para que ele os exalte no tempo devido. Lancem sobre ele toda a sua ansiedade, porque ele tem cuidado de vocês.

Estejam alertas e vigiem. O Diabo, o inimigo de vocês, anda ao redor como leão, rugindo e procurando a quem possa devorar. Resistam-lhe, permanecendo firmes na fé, sabendo que os irmãos que vocês têm em todo o mundo estão passando pelos mesmos sofrimentos.

O Deus de toda a graça, que os chamou para a sua glória eterna em Cristo Jesus, depois de terem sofrido durante um pouco de tempo, os restaurará, os confirmará, lhes dará forças e os porá sobre firmes alicerces. A ele seja o poder para todo o sempre. Amém.

Perguntas para meditação

Estas perguntas poderão ser utilizadas para discussão em pequenos grupos ou para registro em diário pessoal.

1. Sempre houve muitas discussões (algumas benéficas, outras prejudiciais) sobre o domínio espiritual do bem e do mal. Como você entende a presença e a ação dos anjos e demônios? Como Inácio de Loyola esclarece ou confunde a compreensão que você tinha anteriormente?

2. Sentimentos de consolação e desolação são um dos principais assuntos desse texto sobre discernimento de espíritos. Você já experimentou algum desses sentimentos da maneira descrita por Loyola? Compartilhe suas experiências.

3. Quais são as três razões apontadas por Loyola para a pessoa entrar em estado de desolação (item 4)? Alguma delas fez parte de sua experiência? Como o Espírito age para ajudar você a crescer em tal situação?

4. No item 7, o autor revela o grande temor do Inimigo. Qual é? O que podemos fazer para garantir que ele seja possuído desse temor?

5. Em 1Pedro 5.6-11, principalmente no versículo 8, o apóstolo nos alerta e ensina a enfrentar as tentações. Quais são essas recomendações? Compare esse conselho com os ensinamentos de Inácio.

Sugestão de exercícios

Estes exercícios poderão ser utilizados por indivíduos, compartilhados entre companheiros de caminhada ou no contexto de pequenos grupos. Escolha um exercício ou mais.

1. Inácio diz que o Diabo ataca onde somos vulneráveis. Entretanto, podemos combater esse ataque, sabendo onde somos vulneráveis e procurando fortalecer-nos ali. Esta semana, estabeleça como alvo descobrir suas áreas mais vulneráveis e tome a decisão de fortalecê-las.

2. Preste bastante atenção esta semana aos movimentos interiores da alma. Discirna a fonte de seus pensamentos e sentimentos, utilizando as descrições de Inácio.

3. "O Inimigo acovarda-se na presença de força", diz Inácio. Permaneça firme na presença das tentações esta semana, confiando não nas próprias forças, mas na força de Deus.

4. 1Pedro 5.7 incentiva: "Lancem sobre ele toda a sua ansiedade, porque ele tem cuidado de vocês". Esta semana, quando orar, seja ousado: lance todas as suas ansiedades sobre Deus, sabendo que ele tem profundo cuidado em relação a cada uma delas.

Reflexão

O retiro espiritual de Inácio possui uma estrutura de quatro partes. A primeira semana concentra-se na contemplação de nosso pecado à luz do amor de Deus. A segunda semana está voltada para a vida de Cristo, a terceira para a morte de Cristo e a quarta para a ressurreição de Cristo.

Muitos leitores discordariam de vários detalhes dos exercícios espirituais, mas quero recomendar a você esse compasso de quatro tempos. Precisamos de nova reflexão sobre nossa perene propensão para a desobediência e sobre o hábito ilimitado de Deus à misericórdia. Necessitamos de uma contemplação mais profunda sobre essa vida que nos aponta o caminho para seguirmos "em seus passos". Necessitamos de uma meditação mais ampla sobre a morte que nos liberta. Necessitamos de uma experiência mais profunda dessa ressurreição que nos capacita a obedecer a Cristo em todas as coisas.

— RICHARD J. FOSTER

Para seu aprofundamento

BROU, Alexandre. **Ignatian Method of Prayer.** Milwaukee: Bruce, 1949.

CHARMOT, François. **Ignatius Loyola and Francis de Sales: Two Masters, One Spirituality.** St. Louis: B. Herder Book Co., 1966.

HARVEY, Robert. **Ignatius Loyola: A General in the Church Militant.** Milwaukee: Bruce, 1936.

INÁCIO DE LOYOLA. **Exercícios espirituais de Santo Inácio de Loyola.** São Paulo: Loyola, 2004. Naturalmente, essa obra é a base para o retiro inaciano de 30 dias. Não é exatamente um livro no sentido comum; é melhor entendê-lo como um manual. Ele esboça a experiência de retiro com exercícios apropriados de meditação. Pode ser mais bem utilizado no contexto de um líder que oriente você durante o retiro.

OLIN, John C. (Org.). **The Autobiography of St. Ignatius Loyola**. New York: Harper & Row, 1974.

JEAN-PIERRE DE CAUSSADE

O movimento presente

Introdução ao autor

Pouco se sabe sobre a vida do jesuíta Jean-Pierre de Caussade (1675-1751) além dos simples fatos relacionados à sua carreira. Ele nasceu em Toulouse, na França, e foi ordenado membro da Sociedade de Jesus em 1708. Apesar de não ser de forma alguma desconhecido como estudioso e pregador, só há uma menção a ele no calendário jesuíta, e o único livro que ele publicou, *Spiritual Instructions on the Various States of Prayer* [Instruções espirituais sobre os vários estágios da oração], foi lançado anonimamente e, por um tempo, atribuído a um autor contemporâneo mais popular.

Há duas frases principais identificadas com ele. A primeira: "abnegação à providência divina", que implica uma entrega dinâmica de nós mesmos à vontade e ao caminho de Deus. A segunda: "o sacramento do momento presente", que desperta em nós a necessidade de fazer o que é devido, seja o que for, cumprindo os propósitos de Deus para nós, não somente hoje ou nesta hora, mas neste exato minuto.

Nós, que ansiamos por nos aproximar do coração de Deus, encontraremos conforto e esperança na entrega jubilosa de Caussade à vontade de Deus e na constante descoberta do propósito amoroso de Deus em meio às provações e tribulações da vida.

CLÁSSICOS DEVOCIONAIS

Extratos de *The Sacrament of the Present Moment*
[O sacramento do momento presente]

1. *Médicos doentes e pacientes saudáveis*

Ordem, prazer, vontade, ação e graça de Deus provêm todas de uma mesma coisa. O propósito desse poder divino na terra é a perfeição. É formada, desenvolve-se e cumpre-se secretamente no ser humano, mesmo quando este não tem consciência dela. A teologia é cheia de teorias, e seus argumentos tentam explicar os milagres verificados na alma. Somos capazes de entender todas essas especulações, discutir, escrever, ensinar e instruir convincentemente o povo por meio desses argumentos. Todavia, quando temos apenas isso em mente, comparado com aqueles em quem reside o propósito divino, entendo que somos como médicos doentes tentando curar pacientes com perfeita saúde.

A ordenança de Deus e sua divina vontade, obedecida humildemente pelos fiéis, cumpre esse propósito divino neles sem que nem mesmo tomem conhecimento, assim como o remédio ministrado corretamente cura o enfermo, que não sabe nem se importa como isso acontece. Assim como é o fogo, com seus efeitos, que queima, não a filosofia ou a ciência desses elementos, é a ordenança e a vontade de Deus que santificam, não as especulações sobre sua origem e propósito.

Para matar a sede é preciso beber alguma coisa. Ler livros sobre a sede só piorará a situação. Assim, se buscamos a santidade, a especulação só a tornará mais inalcançável. Precisamos aceitar humildemente tudo o que Deus nos ordena fazer e sofrer. Aquilo que ele determina para nós a cada momento é o melhor, o mais santo e o mais divino.

2. *O que Deus determina para o momento presente*

Tudo o que precisamos saber é reconhecer a vontade dele para o momento presente. A graça consiste na vontade de Deus e em sua ordenança agindo no centro de nosso coração quando lemos ou nos ocupamos de outras coisas. Teorias e estudos, sem reconhecer o valor restaurador da ordenança de Deus, são meras letras mortas que esvaziam o coração pelo preenchimento da mente. Essa vontade divina, fluindo através da mente de uma simples menina sem estudos, por meio do sofrimento ou de algum ato excepcionalmente nobre de adversidade, realiza em seu coração o propósito misterioso de Deus sem que nenhum pensamento passe por sua cabeça. O intelectual que pesquisa livros sobre espiritualidade por mero interesse pessoal, cuja leitura não se inspira em Deus, preenche a mente apenas com palavras mortas e continua cada vez mais árido e obtuso.

A ordenança de Deus e sua divina vontade são a essência da vida de toda pessoa que procura ou obedece às ordenanças e à vontade dele. Seja como for que essa vontade divina beneficie a mente, ela nutre a alma. Os benéficos resultados não são produzidos por alguma circunstância particular, mas pelo que Deus determina para o momento presente. O que era o melhor há poucos instantes já não é mais, porque foi retirado da vontade divina, que se transformou na forma de dever para o momento seguinte. É justamente esse dever, seja qual for, o mais santificador para a alma.

3. O fruto amadurece

Se a vontade divina determina a leitura como o dever do momento presente, essa leitura alcança o propósito misterioso. Todavia, se a vontade divina substitui a leitura por um ato de contemplação, esse dever trará uma mudança de atitude, de modo que a leitura seja prejudicial e inútil. Se a vontade divina preferir um momento de confissão ou algo parecido (principalmente se for extenso) à contemplação, ela trará Jesus Cristo ao nosso coração, de modo que toda a ternura da contemplação será então um obstáculo.

O crescimento misterioso de Jesus Cristo em nosso coração é o cumprimento do propósito de Deus, o fruto de sua graça e do propósito divino. Esse fruto, conforme demonstrado, forma, cresce e amadurece na sucessão de nossos deveres para com o presente, que são continuamente reabastecidos por Deus, para que a obediência seja a melhor possível. Não devemos oferecer nenhuma resistência. Devemos entregar-nos cegamente à vontade divina, em inteira confiança.

A vontade divina é infinitamente sábia, poderosa e benevolente para com aqueles que a amam e buscam, e nela confiam sem reservas; para quem tem fé e confiança inabaláveis de que a vontade divina determina o que é melhor para o momento; para quem não se distrai com vãs comparações com qualquer benefício material que a ordem de Deus possa oferecer.

4. Jesus Cristo no Centro de nosso ser

A vontade de Deus é a presença, a realidade e a virtude de todas as coisas adaptadas à pessoa. Sem a direção de Deus, tudo é vão, inútil, vaidade, meras palavras, superficialidade e morte. A vontade de Deus significa a salvação, a sanidade e a vida do corpo e da alma e de tudo mais que ela lhes proporcione. Não obstante ser aborrecimento, perturbação da mente, enfermidade e morte do corpo, a vontade divina está em tudo. Alimento sem a vontade divina é veneno, mas com ela significa verdadeira nutrição. Sem a vontade de Deus, a leitura só obscurece e desorienta; com ela, porém, nos ilumina.

A vontade divina é a totalidade, o bom e o verdadeiro de todas as coisas. Assim como Deus, o Ser universal, ela se manifesta em todas as coisas. Não é preciso observar os benefícios alcançados pela mente e pelo coração para reconhecer sua virtude. Eles não são importantes. É a vontade de Deus que nos proporciona a força necessária para formar Jesus Cristo no Centro de nosso ser. Essa vontade não tem limites.

5. O propósito de Deus para o momento presente

A ação divina não faz distinção entre as criaturas, sejam úteis, sejam inúteis. Sem ela, todas as coisas são nada; com ela, o nada é tudo. Se desejarmos para nós mesmos contemplação, meditação, oração, solitude, intuição, quietude ou atividade, a melhor escolha será o propósito de Deus para o momento presente. A pessoa deve considerar tudo de maneira imparcial, vendo apenas Deus em todas as coisas. Deve considerá-las ou desprezá-las conforme a vontade dele para viver, alimentar-se e depositar a esperança unicamente nele, não em algum poder ou virtude que não proceda dele.

Cada momento, em relação a todas as coisas, as pessoas precisam dizer, como o apóstolo Paulo: "Senhor, o que devo fazer?". Permita-me fazer tudo o que quiseres. O Espírito quer uma coisa, o corpo outra, mas, Senhor, quero apenas fazer tua vontade. Súplica, intercessão, oração mental ou audível, atividade ou silêncio, fé ou sabedoria, sacramentos particulares ou graça geral, tudo isso, Senhor, é nada, pois teu propósito é a única e verdadeira virtude em todas as coisas. Somente ela, nada mais, por mais sublime e gloriosa, será o objeto de minha devoção, uma vez que o propósito da graça visa à perfeição do coração, não da mente.

6. Essa secreta união

A presença de Deus, que santifica nossa alma, é a santa Trindade que habita nosso coração quando nos entregamos à vontade divina. A presença de Deus manifesta em nós por meio da contemplação propicia essa secreta união. Como todas as coisas pertencentes à ordem de Deus e determinadas pela vontade divina, a presença de Deus precisa sempre ocupar a primazia, como o meio mais perfeito de nos unir a Deus.

É por meio de nossa união à vontade de Deus que podemos desfrutá-lo e tê-lo em nós; é ilusão buscar essa presença divina por qualquer outro meio. Estar unidos a Deus é o único caminho, não de qualquer maneira ou por um estilo específico, mas por milhares de modos, e o que ele escolher para nós é o melhor. Todavia, tudo deve ser apreciado e estimado, uma vez que tudo é ordenado por Deus e por seu propósito, escolhido e moldado de acordo com a pessoa para promover a união divina. Precisamos viver de acordo com a escolha de Deus, preferindo a bendita vontade dele, amando e respeitando a escolha divina tanto quanto em outras coisas.

7. Não devemos impor nenhum limite

Por exemplo, se o propósito de Deus determinar para mim orações audíveis, sentimentos de amor ou compreensão de mistérios, preciso gostar do silêncio e da solidão que uma vida de fé inspira em outros. Para mim, porém, preciso cumprir meu dever no presente e me unir a Deus. Não devo, como os quietistas, reduzir toda a religiosidade à abnegação por determinado ato, desprezando os demais meios, uma vez que o que aperfeiçoa é a ordem de Deus. Por isso, o que ele ordenar é o melhor para a pessoa. Não devemos impor nenhuma barreira, limite ou forma à vontade de Deus.

Precisamos aceitar todos os meios que ele escolher para se comunicar conosco e respeitar todos os modos de nos unir a ele que lhe sejam agradáveis. Portanto, todas as pessoas comuns têm um único modo geral, embora seja específico e diferente para cada pessoa, que forma a diversidade da experiência mística. Todas as pessoas comuns devem admirar e respeitar umas às outras, dizendo: "Prossigamos cada um de nós em nossa jornada, em direção ao mesmo objetivo, unidos no propósito e por meio da ordenança de Deus que, em sua imensa variedade, está presente em todos nós". É nessa luz que a vida dos santos e os livros espirituais devem ser compreendidos, sem enganos ou desvios.

8. Quando Deus se tornará tudo para nós?

Por isso, é absolutamente essencial não ler nem proferir discurso espiritual sem que Deus assim determine. Uma vez que a ordem dele torna obrigatório à pessoa cumprir aquilo no momento presente, longe de ser enganada, ela encontrará confiança justamente naquilo que contradiz o que ela aprendeu. Contudo, se a ordem de Deus não torna obrigatória a leitura nem o discurso espiritual para o momento presente, a pessoa ficará perturbada e se achará confusa e insegura.

Sem Deus, não há ordem em lugar nenhum. Até quando, então, devemos continuar ocupando-nos com nossa liberdade ou nossa capacidade de sofrer as provações e tribulações do momento presente? Quando Deus se tornará tudo para nós? Olhemos para todas as coisas de acordo com sua verdadeira luz e subamos para além delas, a fim de viver puramente em Deus.

Texto bíblico: Gênesis 22.1-12

Passado algum tempo, Deus pôs Abraão à prova, dizendo-lhe: "Abraão!"

Ele respondeu: "Eis-me aqui".

Então disse Deus: "Tome seu filho, seu único filho, Isaque, a quem você ama, e vá para a região de Moriá. Sacrifique-o ali como holocausto num dos montes que lhe indicarei".

Na manhã seguinte, Abraão levantou-se e preparou o seu jumento. Levou consigo dois de seus servos e Isaque, seu filho. Depois de cortar lenha para o holocausto, partiu em direção ao lugar que Deus lhe havia indicado. No terceiro dia de viagem, Abraão olhou e viu o lugar ao longe. Disse ele a seus servos: "Fiquem aqui com o jumento enquanto eu e o rapaz vamos até lá. Depois de adorarmos, voltaremos".

Abraão pegou a lenha para o holocausto e a colocou nos ombros de seu filho Isaque, e ele mesmo levou as brasas para o fogo, e a faca. E caminhando os dois juntos, Isaque disse a seu pai Abraão: "Meu pai!"

"Sim, meu filho", respondeu Abraão. Isaque perguntou: "As brasas e a lenha estão aqui, mas onde está o cordeiro para o holocausto?"

Respondeu Abraão: "Deus mesmo há de prover o cordeiro para o holocausto, meu filho". E os dois continuaram a caminhar juntos.

Quando chegaram ao lugar que Deus lhe havia indicado, Abraão construiu um altar e sobre ele arrumou a lenha. Amarrou seu filho Isaque e o colocou sobre o altar, em cima da lenha. Então estendeu a mão e pegou a faca para sacrificar seu filho. Mas o Anjo do SENHOR o chamou do céu: "Abraão! Abraão!"

"Eis-me aqui", respondeu ele.

"Não toque no rapaz", disse o Anjo. "Não lhe faça nada. Agora sei que você teme a Deus, porque não me negou seu filho, o seu único filho."

Perguntas para meditação

Estas perguntas poderão ser utilizadas para discussão em pequenos grupos ou para registro em diário pessoal.

1. "Tudo o que precisamos saber", diz Jean-Pierre de Caussade, "é reconhecer a vontade dele [de Deus] para o momento presente". Você acha isso difícil ou fácil de realizar? Que orientação oferecida pelo autor nos ajuda a discernir a vontade de Deus para o momento presente?

2. No item 1, Caussade compara o crescimento espiritual com o ato de tomar remédio: nem sempre entendemos como ele funciona e às vezes

nem percebemos como age dentro de nós, contudo o remédio nos cura. Como Deus tem agido em sua vida, mesmo sem você às vezes perceber o que está acontecendo?

3. Um dos problemas mencionados pelo autor é a tendência de controlarmos nossa vida com Deus por meio de exercícios específicos em momentos específicos, rejeitando assim a possibilidade de Deus determinar tanto e quando exercitamos as disciplinas espirituais. Outros, entretanto, não fazem nada por não terem certeza do que Deus quer para eles. Para qual dessas duas direções você se inclina? Explique.

4. Caussade declara: "Não devemos oferecer nenhuma resistência. Devemos entregar-nos cegamente à vontade divina, em inteira confiança". O que você acha mais difícil: discernir ou cumprir a vontade de Deus?

5. A vontade de Deus, no momento presente para Abraão, não que ele sacrificasse o filho, mas que estivesse disposto a fazê-lo. O que Deus poderia estar pedindo para você sacrificar? Você estaria disposto? Por quê?

Sugestão de exercícios

Estes exercícios poderão ser utilizados por indivíduos, compartilhados entre companheiros de caminhada ou no contexto de pequenos grupos. Escolha um exercício ou mais.

1. "Cada momento", diz Jean-Pierre de Caussade, devemos dizer como o apóstolo Paulo: "Senhor, o que devo fazer?". Esta semana, faça constantemente essa oração.

2. Procure perceber a graça em tudo o que acontece com você esta semana. Não importa o que atravesse seu caminho, volte-se para Deus e peça-lhe que cada atividade — não importa quão terrena — possa ser um sacramento do momento presente.

3. O autor acredita que Deus santifica nossa alma quando nosso coração é entregue a ele (v. item 6). Entregue seu coração a Deus na próxima semana. Assuma o compromisso diário, ou até mesmo a cada hora, de entregar-se a ele.

4. Apesar de o chamado de Abraão ter sido claro, às vezes o chamado ao sacrifício é silenciado pelas nossas muitas distrações. Comece cada

oração, dizendo: "Deus, estou pronto para cumprir o que desejas para mim hoje". Essa disposição permite que Deus aja em nossa vida da maneira maravilhosa.

Reflexão

Gosto muito da ênfase de Caussade sobre a atividade de Deus nos momentos de nossa história pessoal. É esse aspecto de seus escritos que poupa o sacramento do caráter nebuloso e etéreo das obras místicas. A espiritualidade de Caussade é absolutamente prática e simples. Ele dá sentido sacramental aos diversos momentos do dia e às simples responsabilidades cotidianas. O caminho para a santidade consiste na obediência à obrigação do momento presente.

Caussade também não fala de um modo de vida inatingível a discípulos comuns. Ele escreve: "Vamos inculcar incessantemente em toda pessoa que o convite desse gentil e amoroso Salvador não espera nada difícil ou extraordinário de cada um. Na verdade, Deus quer somente seu coração. Todos podem aspirar ao mesmo amor, à mesma renúncia, ao mesmo Deus e sua obra". Caussade apresenta uma espiritualidade para gente comum — pessoas como você e eu.

— RICHARD J. FOSTER

Para seu aprofundamento

DE CAUSSADE, Jean-Pierre. **The Sacrament of the Present Moment.** San Francisco: HarperCollins, 1989. Esse livro, geralmente intitulado *Self--Abandonement to Divine Providence* [Abnegação à providência divina] é uma obra-prima da espiritualidade cristã. A tradução de Kitty Muggeridge (utilizando um texto francês primoroso) oferece ao leitor de língua inglesa a empolgação original e a ousadia espiritual do autor. Como muitos dos grandes clássicos devocionais, essa obra precisa ser lida vagarosamente e em oração. Não procure lógica linear, e sim a explosão repentina de um esclarecimento e mudanças incomuns nas frases.

Isaac Penington

Aguardando os ventos do Espírito

Introdução ao autor

Isaac Penington (1617-1680) era filho do prefeito de Londres. Em 1658, ingressou na Sociedade dos Amigos (os quacres). Como seguidor zeloso de Cristo e cheio de fé, foi preso seis vezes por anunciar suas inabaláveis convicções. Passou cinco anos na prisão por causa de seu desejo de adorar de modo diferente do prescrito pela Igreja oficial. Para um quacre, isso significava adoração por meio do silêncio, ao contrário de liturgias, sacramentos e sermões.

Ele também se recusou a fazer juramento no tribunal (que acreditava ser proibido por Deus nas Escrituras). Consequentemente, ele e a esposa perderam tudo o que possuíam. As dificuldades enfrentadas nos anos seguintes ajudaram-no a entender o crescimento que se alcança por meio de sofrimento. Penington oferece iluminação, verdade e consolo a todos os que hoje sofrem e são afligidos como ele o foi no passado. O texto a seguir foi extraído de algumas cartas escritas a amigos. Elas mostram sua ternura, sua simpatia e sua fé inabalável.

Extratos de *Letters on Spiritual Virtues* [Cartas sobre virtudes espirituais]

1. Aguardando os ventos do Espírito

Amigo, é maravilhoso testemunhar o poder de Deus alcançando o coração e mostrando à alma o caminho puro da vida. Certamente, quem compartilhar desse poder será favorecido pelo Senhor. Portanto, devemos aguardar diligentemente a orientação do Espírito Santo em tudo o que fizermos. Assim, seremos capazes de passar por tudo o que é contrário a Deus e seguir em direção às coisas que a ele pertencem.

Também é maravilhoso testemunhar o cuidado de Deus, que nos impede de retroceder ou de cair nas armadilhas do Inimigo, pois o Diabo tem muitos ardis e os utiliza para seduzir nossa mente e desviá-la da verdade. Quando isso acontece, nossa alma cai em profundo sono, alimentando falsas esperanças, e perdemos o sentimento e o prazer da verdadeira vida e poder.

Ó amigo, você não conhece o caminho para o Pai? Então, você precisa humilhar-se diariamente diante de Deus e aguardar que os ventos do Espírito soprem dentro de você. Suplique para que ele continue manifestando sua misericórdia, tornando, cada dia, o caminho mais claro diante de você. Sim, ore também para que ele lhe conceda força em todas as provações que você venha encontrar. Por meio da ação secreta dele em seu espírito, dando-lhe assistência de tempo em tempo, você se aproximará cada vez mais do Reino.

2. O caminho para a habitação de Deus

Não dê, tampouco, atenção aos desejos da carne, mas confie no Senhor. Embora você seja pequeno e fraco; embora possa ser seduzido pelos mais espertos e mais hábeis em enganá-lo com argumentos; embora não tenha respostas aos argumentos deles, você conhece e pode sentir em seu interior a pura verdade de Deus. Almeje apenas possuir aquela vida concedida a você e ter o espírito renovado e transformado pelo poder de Deus.

Ó amado, é por meio disso que você é aceito por Deus, e o amor e terno cuidado dele estarão sobre você. A misericórdia divina alcançará você diariamente, e você terá verdadeira satisfação interior. Preserve essa verdade no coração, ao qual as artimanhas do Inimigo e os argumentos dos falsos mestres não conseguem chegar. Você poderá sentir a força do Pai ajudando seu filho em tempos de tribulações e terá a alegria do louvor nos momentos de satisfação.

Então, você experimentará a verdade da promessa de Deus de que as portas do inferno não prevalecerão contra você. Portanto, lembre-se: não dê atenção aos outros ou aos argumentos dos sábios, mas permaneça onde você sente que o Senhor se manifestou a você para que ele possa manifestar-se todos os dias e ensiná-lo mais e mais acerca do caminho para a habitação dele. Assim, você será chegará mais perto do lugar onde está a justiça, a vida, o descanso e a paz — para sempre!

3. Alimentem-se da árvore da vida

Ó amigos! Alimentem-se da árvore da vida. Alimentem-se da medida da vida e do simples poder que Deus manifestou e revelou a vocês. Vocês sabem de onde vem o verdadeiro alimento? Vocês se lembram do sabor? Então, limitem-se a ele e não se intrometam com o tipo de alimento aparentemente desejável ao *outro* olho, o que promete torná-los sábios.

Permaneçam na simplicidade de Cristo Jesus, na pura verdade que vocês sentiram ali! É nela que poderão conhecer e distinguir o alimento de vocês, o qual possui vários nomes nas Escrituras, mas é a mesma coisa: o pão, o leite, a água, o vinho, a carne e o sangue daquele que desceu do céu. Todos são o mesmo alimento, dado a nós, porém, em diferentes medidas — às vezes, em doses menores, às vezes em doses maiores — de acordo com a capacidade que temos de receber. Por isso recebe diferentes nomes.

4. Permaneça na sua habitação

Fique longe daquela sabedoria que não conhece a verdade. Antes, preserve o princípio da vida — limitar-se à semente do Reino — e alimente-se daquilo que existe desde o princípio. Não é essa a verdadeira carne? Não é essa a verdadeira bebida? O Senhor conduziu você a esse estágio da vida e do poder, no qual as coisas são conhecidas, reveladas e sentidas além do que as palavras podem expressar.

Permaneça em sua habitação e alimente-se do mantimento que Deus traz a essa habitação. Ele é puro e vivo e fará com que sua alma e seu espírito vivam cada vez mais em Deus e para Deus, enquanto você come e bebe desse mantimento. Que o Senhor Deus o preserve e o proteja.

Que você tenha vitória e domínio sobre tudo o que seja contrário a Deus e triunfe sobre tudo que crie obstáculos à sua comunhão com ele.

5. Ajudando um ao outro com ternura

Amigos, nossa vida consiste em amor, paz e ternura. Somos chamados para carregar os fardos um do outro, perdoar um ao outro e nunca julgar ou acusar um ao outro. Antes, devemos interceder um pelo outro, ajudando com ternura a levantar-nos quando escorregamos ou caímos. Ó, aguardem para ter esse espírito! Esperem ser guiados e caminhar nesse espírito para que vocês possam ter prazer no Senhor em ternura. Demonstrem humildade, ternura, paz e amor uns para com os outros. Então, vocês serão capazes de louvar ao Senhor. E, sob o domínio do Cordeiro, vocês prevalecerão sobre tudo o que os impede. Tudo o que é contrário será pisoteado à medida que a vida do Cordeiro surge e começa a reinar em vocês.

Então, preservem o coração e o caminho de vocês. Vigiem um ao outro em bondade e ternura. Saibam que não conseguiremos ajudar ao próximo apoiados na astúcia ou na própria força, pois somente o Senhor, que deve ser servido, pode fazer isso em todos e para todos. Por isso, atentem para a verdade, o serviço, a satisfação e a posse da verdade em seu coração. Andem de modo a não provocar desgraça à verdade, antes deixem a verdade ser um aroma agradável para os outros por onde você passar. Que a vida humilde, simples, terna e justa que domina e governa vocês brilhe através de vocês diante de todas as pessoas com quem vocês conversam!

6. Um olhar compassivo

Quem é capaz de passar pela cruz e pelas aflições — interiores e exteriores — que nos sobrevêm? O Senhor pode sustentar quem experimenta a fraqueza dele e quem confia diariamente no apoio dele, mesmo sob o peso da cruz.

Eu sei, amado, que suas provações exteriores são dolorosas e amargas. Sei também que o Senhor pode sustentar você em meio às provações e capacitá-lo a permanecer firme. Tente ponderar sobre o conhecimento e o sentido disto: o Senhor contempla seus sofrimentos com olhar compassivo e também é capaz de alcançar algum bem por meio deles. Ele pode promover a vida e a sabedoria por meio das provações. Um dia ele lhe dará domínio sobre o que lhe entristece e aflige.

Portanto, não se aflija nem se preocupe com sua situação. Não olhe para suas dificuldades; mas, quando a tempestade vier assolar sua vida, olhe para aquele que lhe dará paciência e o fará levantar a cabeça acima das dificuldades. Ele fará você crescer. Se o Senhor não nos ajudasse com mão poderosa, quantas vezes já não teríamos caído! Se o Senhor o ajudar na proporção de seus problemas, você não deverá ter motivo para reclamar, antes terá de bendizer o nome dele.

Deus é extraordinariamente bom, gracioso e compassivo. Ele não foge de modo algum das aflições de seu povo. Compartilho isso com o terno amor para com você, aspirando ao Pai, para que sua planta maravilhosa dentro de você não seja esmagada, pisoteada pelo orgulho ou pela violência, antes cresça abundantemente e floresça com as aflições. (De seu verdadeiro e amado amigo na verdade e por amor à verdade.)

7. Vivificado pelo Espírito

Amigo, é possível que surjam algumas questões sobre a oração em sua mente quando você começar a perceber a verdade ou for tocado pela verdade do Espírito Santo de Deus. Uma vez que agiu tanto tempo com mente carnal e natureza incrédula, não pela orientação do Espírito, você poderá ter algumas dúvidas sobre a prática da oração.

Os que duvidam do poder da oração nunca terão suas dúvidas respondidas até que o Senhor abra o espírito delas e os instrua. Nisto consiste a verdade: toda verdadeira oração é feita no Espírito e a partir do Espírito Santo.

A promessa de Deus acerca da oração (isto é, a certeza da oração respondida) refere-se ao tipo de oração feita com fé e ao Espírito Santo. Contudo, não se trata de orações impelidas por desejo carnal ou vontade ou sabedoria humanas. Portanto, a preocupação principal é que a oração seja de Deus por impulso do próprio Espírito de Deus, pois os mortos não podem louvar nem orar a Deus.

Não devemos orar de maneira que não haja vitalidade, que o Espírito de Deus — que nos convida e ensina a orar e intercede por nós — não esteja presente. A verdadeira oração não é feita no tempo, na vontade ou na força de quem ora. Antes, é um dom de Deus, residindo no Espírito dele. O dom não é nosso: ele nos é concedido. Portanto, cabe a nós esperar pelo Espírito, pela ação e pelo sopro do Espírito, para que ele nos capacite a clamar ao Pai e nos dê o poder de perseverar com o Pai, no nome e por meio da vida do Filho.

Texto bíblico: João 6.52-59

Então os judeus começaram a discutir exaltadamente entre si: "Como pode este homem nos oferecer a sua carne para comermos?"

Jesus lhes disse: "Eu lhes digo a verdade: Se vocês não comerem a carne do Filho do homem e não beberem o seu sangue, não terão vida em si mesmos. Todo aquele que come a minha carne e bebe o meu sangue tem a vida eterna, e eu o ressuscitarei no último dia. Pois a minha carne é verdadeira comida e o meu sangue é verdadeira bebida. Todo aquele que come a minha carne e bebe o meu sangue permanece em mim e eu nele. Da mesma forma como o Pai que vive me enviou e eu vivo por causa do Pai, assim aquele que se alimenta de mim viverá por minha causa. Este é o pão que desceu do céu. Os antepassados de vocês comeram o maná e morreram, mas aquele que se alimenta deste pão viverá para sempre". Ele disse isso quando ensinava na sinagoga de Cafarnaum.

Perguntas para meditação

Estas perguntas poderão ser utilizadas para discussão em pequenos grupos ou para registro em diário pessoal.

1. Isaac Penington aconselha o amigo a "aguardar diligentemente a orientação do Espírito Santo". Descreva sua experiência de ser dirigido pelo Espírito Santo. Você tem sentido recentemente alguma influência ou ação do Espírito Santo?

2. Nos itens 3 e 4, o autor menciona dois tipos de alimentos: aquele do qual nos alimentamos por causa do orgulho e do pecado, com vistas a nos tornar sábios (como o fruto do jardim do Éden), e aquele do qual nos alimentamos para nutrir a alma (o pão, o vinho e a água de que Jesus

falou). Cites alguns alimentos "ruins" que você tem comido. Onde você procura o "bom" alimento?

3. De acordo com Penington, Deus não só sente nossa dor, mas também é capaz de usá-la para nos fazer crescer. Como Deus tem usado suas lutas passadas e suas dores como meio de ajudá-lo a crescer? Descreva essas experiências.

4. De onde vem a "verdadeira oração"? (v. item 7). De acordo com Penington, como aprendemos a orar dessa maneira?

5. Jesus diz que devemos alimentar-nos dele ("Aquele que se alimenta de mim viverá", João 6.57). Que experiências você teve de se alimentar da vida e do poder de Jesus?

Sugestão de exercícios

Estes exercícios poderão ser utilizados por indivíduos, compartilhados entre companheiros de caminhada ou no contexto de pequenos grupos. Escolha um exercício ou mais.

1. O poder de Deus nos alcança quando "aguardamos diligentemente a orientação do Espírito Santo". Esta semana, aprenda a alegria de "aguardar" em Deus. Em seus momentos de oração, assim como durante todo o dia, ponha-se à espera da direção do Espírito.

2. Isaac Penington aconselha: "Vigiem um ao outro em bondade e ternura. Saibam que não conseguiremos ajudar ao próximo apoiados na astúcia ou na própria força, pois somente o Senhor, que deve ser servido, pode fazer isso em todos e para todos'" (item 5). Que suas orações e seu interesse pelos outros, esta semana, sejam elevados a Deus em espírito de confiança e de paciência.

3. Se você está enfrentando alguma dificuldade neste momento, aceite a sugestão do autor: "Não olhe para suas dificuldades, mas quando a tempestade vier assolar sua vida, olhe para aquele que lhe dará paciência e o fará levantar a cabeça acima das dificuldades. Ele fará você crescer".

4. Esta semana, explore maneiras pelas quais você possa deleitar-se no "pão da vida". Leia os Evangelhos com sentimento de fome, participe do culto com desejo de alimentar-se da presença de Cristo e habite em Cristo nos momentos de oração e contemplação.

Reflexão

O texto que você acabou de ler faz parte das cartas que Penington escreveu, às vezes para indivíduos, às vezes para grupos de pessoas. A prática de oferecer direção espiritual por meio de cartas é uma tradição consagrada pelo tempo e remonta às epístolas do Novo Testamento e até mesmo antes delas. Contudo, foi inteiramente abandonada na atualidade. Perdemos muito com esse abandono.

Ao seguir o conselho de Penington de "aguardar diligentemente a orientação do Espírito Santo", talvez ouçamos murmúrios de incentivo para escrever uma carta de aconselhamento ou de incentivo espiritual a alguém que esteja em necessidade.

— RICHARD J. FOSTER

Para seu aprofundamento

Infelizmente, todas as obras de Isaac Penington em língua inglesa estão esgotadas, talvez com exceção do opúsculo da editora Pendle Hill intitulado *The Inward Journey of Isaac Penington* [A jornada interior de Isaac Penington]. Por isso, você terá de vasculhar bibliotecas e a Internet para encontrar suas obras. Em português, não há obras de Penington publicadas. Todos os seus escritos, até mesmo a coleção de suas cartas, foram reunidos numa obra em quatro volumes, intitulada *The Works of Isaac Penington* [As obras de Isaac Penington]. A edição mais recente que encontrei foi a de 1863, impressa pela Friends Book Store, da Filadélfia. Há outras obras menores contendo seleções de seus escritos, por exemplo: *The Life with God in Christ* [A vida de Deus em Cristo] (London: Samuel Harris, 1876); *Letters of Isaac Penington* [Cartas de Isaac Penington] (Philadelphia: Book Association of Friends, 1879). Existe também uma pequena biografia escrita por Joseph Bevan, intitulada *Memories of the Life of Isaac Penington* [Memórias da vida de Isaac Penington] (Philadelphia: Wm. H. Pile's Sons, 1903).

JOHN BUNYAN
Exercitando o dom

Introdução ao autor

John Bunyan (1628-1688) nasceu na paróquia de Elston, a cerca de 3 quilômetros de Bedford, Inglaterra. Seu pai, assim como ele, era um pobre latoeiro, entretanto conseguiu por pouco tempo pagar os estudos de John. Mais tarde, John serviu por dois anos o exército parlamentarista durante a guerra civil contra Carlos I.

Em 1660, Bunyan foi preso em Bedford pelo tempo de doze anos, por ter pregado sem a devida licença.[1] Enquanto estava na prisão, sustentava a família fazendo cadarços. Foi na prisão que escreveu *Grace Abounding to the Chief of Sinners* [Graça abundante para o principal dos pecadores] (publicado pela primeira vez em 1666), um resumo autobiográfico de sua conversão, seu chamado para o ministério e o consequente aprisionamento. Depois de sua libertação, em 1672, Bunyan foi designado pastor da Igreja Batista de Bedford, mas foi lançado outra vez na prisão (pelas mesmas acusações) por seis meses. Foi nesse período que ele escreveu sua obra mais famosa, *O peregrino*, publicado em 1678. Esse livro é um clássico monumental, considerado inferior apenas à Bíblia em número de cópias vendidas desde sua primeira edição.

---

[1] Naquela época, apenas pessoas devidamente preparadas e autorizadas pela Igreja instituída podiam pregar a Palavra. Não havia oportunidade para pregadores leigos ou mesmo para pessoas que não fossem ordenadas pela Igreja da Inglaterra. Desobedecer à norma significava incorrer em uma infração civil, passível, então de aprisionamento. [N. do T.]

O texto a seguir é o relato do próprio Bunyan sobre seu chamado ao ministério. Seus escritos revelam as angústias enfrentadas por alguém chamado por Deus para pregar o evangelho. Bunyan aborda temas importantes para quem está envolvido no ministério. Como o apóstolo Paulo, ele conhecia tanto o sofrimento quanto a glória de ser um instrumento nas mãos de Deus.

Extratos de *Grace Abounding to the Chief of Sinners* [Graça abundante para o principal dos pecadores]

1. Chamado para o trabalho ministerial

Quero dizer uma palavra ou outra sobre a pregação da Palavra e sobre a ação de Deus em meu chamado para essa obra. Havia cinco ou seis anos que eu despertara para o Senhor, depois de entender o grande valor de Jesus Cristo, nosso Senhor, a necessidade que eu tinha dele e a possibilidade de entregar-lhe minha vida.

Alguns santos que tinham bom senso e vida santificada pareciam ter percebido que Deus me considerara digno de compreender a bendita Escritura e me concedera alguma habilidade para expor a Palavra de modo edificante a outras pessoas, conforme eu a entendia. Então, convidaram-me para dar uma palavra de exortação a eles numa de suas reuniões.

A princípio, pareceu-me impossível aceitar esse convite, mas eles insistiram. Finalmente, concordei e falei duas vezes, para pequenos grupos de cristãos, mas com muita fraqueza e fragilidade. Assim, experimentei meu dom diante daqueles irmãos e parecia que, enquanto eu falava, eles recebiam uma bênção. Depois, muitos deles me disseram, diante do grande Deus, que foram ajudados e consolados. Eles estavam gratos Pai de misericórdia por esse dom a mim concedido.

A igreja continuava achando que eu deveria pregar. Então, depois de orar com jejum solenemente ao Senhor, fui ordenado para a pregação pública regular da Palavra àqueles que acreditavam e também aos que ainda não haviam recebido a fé.

2. Exercitando o dom

Por essa ocasião, comecei a sentir forte desejo de pregar aos não salvos, não para me glorificar, pois na época era particularmente afligido pelos dardos inflamados do Diabo sobre minha condição eterna. Eu não sossegaria até que pudesse exercitar o dom da pregação, então fui impelido a isso.

Comecei a perceber que o Espírito Santo nunca pretendeu que as pessoas que tinham dons e talentos devessem enterrá-los, antes ordenava e impelia essas pessoas a exercitar seu dom e enviava para a obra quem fosse hábil e estivesse pronto. Então, embora fosse o mais indigno de todos os santos, parti para o trabalho.

Apesar do tremor, usei meu dom para pregar o santo evangelho, na proporção de minha fé, como Deus me havia mostrado na santa Palavra da verdade. Quando se espalhou a notícia de que eu estava fazendo isso, centenas de pessoas de todas as partes vinham ouvir a pregação da Palavra.

3. Instrumento de Deus

Inicialmente, eu não conseguia acreditar que Deus fosse falar por meu intermédio ao coração de alguém e continuava considerando-me indigno. Entretanto, os que eram incentivados pela minha pregação me amavam e respeitavam. Embora eu insistisse em que não era pelo que eu havia dito, assim mesmo eles declaravam publicamente o contrário. Na verdade, apesar de eu ser infame e indigno, as pessoas bendiziam a Deus por minha vida e me consideravam um instrumento divino para mostrar-lhes o caminho da salvação.

Quando vi que começavam a viver de maneira diferente, que o coração deles estava ansioso para buscar o conhecimento de Cristo e que eles se regozijavam por Deus me ter enviado a eles, concluí que Deus havia abençoado sua obra por meu intermédio. Então, regozijei-me. De fato, as lágrimas daqueles a quem Deus despertou pela minha pregação eram meu consolo e meu incentivo.

4. Ministrando na prisão

Na minha pregação, percebi que o Senhor me levou a tratar os pecadores pelo ponto de partida destacado em sua Palavra, isto é, condenar toda carne e declarar que, por causa do pecado, a maldição de Deus estava sobre todos desde o nascimento. Essa parte de meu trabalho cumpri facilmente para o pavor da lei e com o sentimento de culpa pelas minhas transgressões a me pesar na consciência.

Eu pregava o que sentia, apesar do gemido e do tremor de minha pobre alma. Na verdade, eu me sentia como alguém dentre os mortos enviado aos vivos. Eu mesmo fui preso, preguei a eles na prisão e carregava na consciência aquele fogo do qual eu os exortava a se acautelarem.

Honestamente, posso dizer que muitas vezes, quando saía para pregar, estava carregado de culpa e de pavor até chegar ao púlpito, mas ali tais sentimentos eram anulados, e eu me via livre até terminar a pregação. No entanto, imediatamente depois, ainda antes de descer os degraus do púlpito, voltavam-me a culpa e o pavor com maior força que antes. Contudo, Deus me conduzia seguro com sua forte mão.

5. Meu coração cheio de preocupação

Graças a Deus, em toda minha pregação meu coração clamava sinceramente a Deus para tornar a Palavra eficaz para a salvação do povo, pois temia que o Inimigo lhes tirasse a Palavra da consciência e a tornasse infrutífera. Eu tentava pregar a Palavra de modo que cada ouvinte pudesse reconhecer a culpa de um pecado específico.

Depois de pregar, meu coração ficava aflito ao imaginar que a Palavra talvez tivesse caído como chuva em solo rochoso, e muitas vezes clamei do fundo do coração: "Oh, que aqueles que me ouviram hoje entendam como eu o que significa, de fato, o pecado, a morte, o inferno e a maldição de Deus; que possam entender a graça, o amor e a misericórdia de Deus, por meio de Cristo, não importando a condição em que estejam, mesmo que sejam inimigos dele!".

Nesses momentos, principalmente quando eu falava da vida que está em Cristo não por obras, às vezes parecia como se um anjo de Deus estivesse atrás de mim, encorajando-me. Com grande poder e manifestação celestial em minha alma, tenho lutado para desvendar, demonstrar e fixar na consciência de meus ouvintes essa maravilhosa doutrina, porque ela me parece não só verdadeira, como também muito mais que verdadeira!

Como acontece algumas vezes, alguns dos que eram despertados por meio de meu ministério retornavam à vida de pecado. Posso dizer que, para mim, a perda dessas pessoas era pior que o sepultamento de um de meus filhos. Acho que posso dizer isso sem ofender ao Senhor. Nada me feria tanto, exceto o temor da perda de minha salvação.

6. Labutando para gerar filhos para Deus

Tenho notado que algumas palavras proferidas de passagem foram mais eficazes que todo o restante do sermão. Às vezes, quando imaginava ter feito muito pouco, algo muito maior acontecia. Em outras ocasiões, quando pensava ter realmente cativado a atenção das pessoas, descobria que não havia alcançado ninguém.

Em minha pregação, na verdade, tenho tido verdadeira dor, labutando para gerar filhos para Deus, e nunca me satisfaço até que haja algum fruto. Quando isso não acontece, pouca diferença faz quem me elogia, mas quando há frutos não me importo com quem me condena.

Nunca gostei de ver pessoas simplesmente sugando opiniões, enquanto ignoram a Cristo e o valor da salvação. Quando vejo convicção sincera de pecado, principalmente o pecado da incredulidade, e corações inflamados pela salvação em Cristo, são essas as pessoas que considero abençoadas.

7. Abundantes tentações

Contudo, nesse trabalho, como em qualquer outro, enfrentei diferentes tentações. Às vezes, ficava desanimado, temendo não ser útil para ninguém ou não conseguir fazer-me entender aos ouvintes. Nesses momentos, sentia uma estranha fraqueza apoderar-se de mim. Outras vezes, era atacado por pensamentos de blasfêmia diante da congregação.

Houve também ocasiões em que estava pronto para pregar um tema penetrante da Palavra e sentia o Tentador me desmotivando: "O quê?! Você vai pregar sobre isso? Isso condena você. Você mesmo é culpado desse erro. Não pode pregar sobre isso! Se o fizer, esteja preparado para fugir da culpa. Se pregar assim, você porá a culpa sobre sua alma e nunca mais se livrará dela".

Tenho evitado concordar com essa horrenda sugestão e, ao contrário, tenho pregado contra o pecado e a transgressão onde quer que os encontre, mesmo que isso provoque o sentimento de culpa em minha consciência. É melhor condenar a si mesmo pela simples pregação aos outros, que se salvar aprisionando a verdade na injustiça. Bendito seja Deus por sua ajuda nisso também!

8. Uma marreta sobre a cabeça do orgulho

Também já aconteceu de a Palavra vir a mim por meio de uma frase aguçada e penetrante sobre os dons que Deus me deu. Por exemplo: "Ainda que eu fale as línguas dos homens e dos anjos, se não tiver amor, serei como o bronze que soa ou como o címbalo que retine" (1Coríntios 13.1, *ARA*). Embora o címbalo que retine possa produzir uma melodia que inflame o coração, o címbalo não tem vida; embora possa produzir uma música maravilhosa, pode ser triturado e jogado fora.

Assim é com aquele que tem dons, mas não tem a graça salvadora. Cristo pode usar pessoas talentosas para influenciar almas; no entanto, quando termina de usá-las, pode pendurá-las como objeto sem vida. Essas observações são como marreta sobre a cabeça do orgulho e do desejo de vanglória. "O quê!?", pensei. "Devo orgulhar-me por ser um címbalo que retine? Não seria aquele que possui o mínimo da vida de Deus mais que um desses instrumentos?"

9. Graça precursora da glória

Percebi que, embora os dons sejam bons para realizar a tarefa a que foram destinados — a edificação do próximo —, eles são vazios e sem poder para salvar a alma, a não ser que Deus os utilize para esse fim. Além do mais, ter um dom não é sinal do relacionamento da pessoa com Deus. Isso também me ajudou a entender que os dons são perigosos não em si mesmos, mas por causa dos males do orgulho e da vanglória que os acompanham. Amplificados pelos aplausos de cristãos mal orientados, as pobres criaturas que possuem esses dons poderão facilmente cair na condenação do Diabo.

Os dons são desejáveis, mas a graça abundante que acompanha os dons singelos é muito melhor que importantes dons sem a presença da graça. A Bíblia não diz que o Senhor concede dons e glória, mas que concede graça e glória. Benditos sejam todos a quem o Senhor concede verdadeira graça, pois esta é certamente a precursora da glória.

Texto bíblico: 1 Timóteo 4.9-16

Esta é uma afirmação fiel e digna de plena aceitação. Se trabalhamos e lutamos é porque temos colocado a nossa esperança no Deus vivo, o Salvador de todos os homens, especialmente dos que creem.

Ordene e ensine estas coisas. Ninguém o despreze pelo fato de você ser jovem, mas seja um exemplo para os fiéis na palavra, no procedimento, no amor, na fé e na pureza. Até a minha chegada, dedique-se à leitura pública da Escritura, à exortação e ao ensino. Não negligencie o dom que lhe foi dado por mensagem profética com imposição de mãos dos presbíteros.

Seja diligente nessas coisas; dedique-se inteiramente a elas, para que todos vejam o seu progresso. Atente bem para a sua própria vida e para a doutrina, perseverando nesses deveres, pois, agindo assim, você salvará tanto a si mesmo quanto aos que o ouvem.

Perguntas para meditação

Estas perguntas poderão ser utilizadas para discussão em pequenos grupos ou para registro em diário pessoal.

1. No item 2, John Bunyan usa a metáfora bíblica de enterrar talentos. Embora na parábola Jesus se referisse ao dinheiro, os talentos geralmente são usados como símbolo dos dons espirituais. Quais foram os dons que Deus lhe deu? Eles estão enterrados ou estão sendo bem aplicados?

2. Bunyan testou seu dom, exercitando-o. Por que é importante testar nossos dons? O que a igreja fez para confirmar o dom de pregação de Bunyan? Que evidência houve posteriormente para confirmar que Deus estivesse usando esse dom?

3. Bunyan diz que o Diabo o desestimulou de exercitar o dom da pregação, acusando-o de ser indigno. Você se sente desestimulado ou indigno de exercer seus dons? Por quê?

4. Nos itens 8 e 9, o autor discute os perigos relacionados com os dons espirituais. De acordo com Bunyan, qual o maior perigo ligado a esses dons? Isso tem acontecido em sua experiência?

5. Em 1 Timóteo 4.14, Paulo insiste em que Timóteo não negligencie os dons (no caso de Timóteo, pregar, ensinar e administrar). Como a perspectiva de Bunyan nos ajuda a entender que Timóteo estivesse tentado a negligenciar seus dons? Como Timóteo se sentiria ao ler essa carta de encorajamento de seu mentor, Paulo?

Sugestão de exercícios

Estes exercícios poderão ser utilizados por indivíduos, compartilhados entre companheiros de caminhada ou no contexto de pequenos grupos. Escolha um exercício ou mais.

1. Durante a semana, examine seus dons espirituais. Pergunte às pessoas de que forma você tem sido útil para elas. Esse é um bom começo. As respostas poderão surpreendê-lo. Muitos dons passam despercebidos dos que os possuem.

2. Se você sente que possui algum dom, mas não tem certeza, faça um teste com ele, como Bunyan fez. Exercite-o e veja se as pessoas recebem algum benefício espiritual das habilidades que você possui. Assim como Bunyan, procure a ajuda da igreja nessa questão. Peça aos irmãos que orem com você. Talvez seja recomendável o jejum para acompanhar suas orações sobre essa questão.

3. Se você já exercita seus dons espirituais há algum tempo, não deixe de manter um equilíbrio saudável sobre a maneira de utilizar os dons. Esteja atento para observar como o orgulho pode facilmente interferir

no dom, principalmente se seu dom for público (como o da pregação). Procure não dar atenção aos "aplausos de cristãos mal orientados", como Bunyan diria.

4. Talvez você seja como Timóteo, que se sentia desanimado e corria o risco de negligenciar seus dons. Leia 1 e 2Timóteo, pondo-se no lugar dele. Imagine que Paulo estivesse escrevendo aquela carta para você.

Reflexão

Precisamos sempre exaltar a sacralidade de todas as vocações, mas na economia de Deus a obra de proclamar o evangelho tem significado especial. Paulo declara isso de modo sucinto: "Como crerão naquele de quem não ouviram falar? E como ouvirão, se não houver quem pregue?" (Romanos 10.14). É um nobre chamado, uma santa vocação a proclamação do evangelho. As Escrituras dizem que é um chamado digno de "dupla honra" (1Timóteo 5.17).

Infelizmente, vivemos numa época em que o ministério da pregação tem sido banalizado, inferiorizado e ridicularizado. De fato, é triste, mas anime-se! Deus tem capacitado novos líderes, líderes íntegros e humildes, líderes que são

Solitários como o Tesbita, ousados como o Batista;
Formados num molde raro e apostólico.

— Richard J. Foster

Para seu aprofundamento

Bunyan, John. **Grace Abounding to the Chief of Sinners.** New York: Penguin, 1987. Uma autobiografia intensamente introspectiva da jornada de fé de Bunyan.

_____. **O peregrino**. Tradução de Hope Gordon. São José dos Campos: Fiel, 2005. Há várias edições, inclusive em português. Essa formidável alegoria tem fornecido à imaginação cristã nomes e situações que se infiltraram em boa parte de nossa literatura. Raramente, uma obra tão popular consegue ser, ao mesmo tempo, tão precisa.

A vida compassiva

A tradição de justiça social (a vida compassiva) não é um conjunto de exercícios devocionais para o devoto, mas um clamor para um povo livremente reunido que busca a transformação total de pessoas, instituições e sociedades. Somos chamados a unir amor sacrificial com ações corajosas. Devemos resistir a toda opressão e apoiar toda libertação. Devemos ser a voz dos destituídos, defendendo sua causa nos corredores do poder e dos privilégios. Os autores desta seção sobre a justiça social mostram-nos como fazer isso.

Tanto William Temple quanto John Woolman foram agentes de mudança na sociedade de sua época. Woolman procurou dissuadir as pessoas do "desejo por mais riqueza" para quebrar "o jugo da opressão". Temple entendia o método de transformação de duas maneiras: articular claramente "princípios cristãos" para os "transmitir a cidadãos cristãos, agindo em suas capacidades civis, a tarefa de remodelar a ordem existente para uma maior conformidade com os princípios cristãos".

John Wesley alerta-nos dos "pecados de omissão", por meio dos quais deixamos de fazer o bem que está ao nosso alcance. Hannah Whitall Smith impele-nos a servir não motivados pela pergunta do dever: "Devo fazer isso?", mas pela pergunta do amor: "Posso fazer isso?". Jeremy Taylor aconselha: "Nunca se envergonhe de seu nascimento, de seus pais, de seu trabalho, de seu emprego atual ou da condição humilde de qualquer um desses". Elizabeth O'Connor trata da difícil questão do dinheiro, insistindo em que recuperemos "a energia que empregamos ao doar dinheiro".

Dois autores — Catarina de Sena e Dietrich Bonhoeffer — tratam da comunidade cristã. Catarina ajuda-nos a entender como o povo de Deus, a Igreja, "existe para servir o pão da vida e do sangue para que os peregrinos em sua jornada, minhas criaturas, se cansem e desmaiem pelo caminho". Bonhoeffer ensina-nos que "o cristianismo significa comunidade por meio de Jesus Cristo e em Jesus Cristo. Nenhuma comunidade cristã é mais ou menos que isso".

Todos esses autores escrevem com base em sua experiência de vida. Temos muito a aprender de cada um deles.

WILLIAM TEMPLE

A influência da Igreja na sociedade

Introdução ao autor

William Temple (1881-1944) nasceu em The Palace, na cidade de Exeter, Inglaterra, filho de Frederick Temple, que posteriormente veio a ser arcebispo de Cantuária. Estudou nas faculdades Rugby e Balliol, em Oxford, e entre 1904 e 1910 fez parte do corpo docente como professor visitante de filosofia na Faculdade da Rainha, em Oxford. Foi capelão para o arcebispo de Cantuária entre 1910 a 1921; depois bispo de Manchester, entre 1921 e 1928; arcebispo de York, entre 1928 e 1942; e arcebispo de Cantuária de 1942 até sua morte em 1944.

Muitos consideram Temple um importante líder do protestantismo moderno. Foi considerado, por todos que o conheceram, um homem notável, porém humilde. Sua morte prematura impediu muitas outras realizações, mas ele influenciou milhares de pessoas com suas preleções, pregações e escritos.

Ele foi o pioneiro do movimento ecumênico e incansável reformador da Igreja. Exerceu excelente liderança a favor dos movimentos sociais e levantou-se como voz profética para o mundo. Certa vez, declarou: "Em nossa conduta com os outros, sejamos mais ansiosos por entender os que diferem de nós que em refutá-los ou impor sobre eles nossa tradição".

O texto a seguir trata de uma questão muito importante: o papel da Igreja na sociedade. No texto, Temple demonstra aguçado discernimento da natureza humana e das estruturas sociais.

Extratos de *Christianity and Social Order* [Cristianismo e ordem social]

1. O impacto da Igreja na sociedade

O método do impacto da Igreja na sociedade como um todo deve envolver dois aspectos. Primeiro: a Igreja precisa proclamar os princípios cristãos e mostrar onde a ordem social existente está em conflito com esses princípios. Segundo: precisa, em seguida, transmitir a cidadãos cristãos, agindo em suas capacidades civis, a tarefa de remodelar a ordem existente para maior conformidade com os princípios cristãos.

Nesse estágio, será necessário ter conhecimento técnico e critérios práticos. Por exemplo, se for preciso construir uma ponte, a Igreja poderá lembrar o engenheiro que é sua obrigação projetar uma ponte segura, mas a Igreja não tem o direito de dizer ao engenheiro como construí-la nem se o projeto dele atende a essa exigência.

O teólogo também pode ser um engenheiro competente. Nesse caso, ele é capaz de julgar a segurança da ponte, mas o faz por ser um engenheiro competente, não por ser um teólogo. Suas habilidades teológicas não importam aqui.

2. Princípios cristãos

Essa é uma questão de importância primordial, embora muitas vezes mal compreendida. Se o cristianismo é, de fato, verdadeiro, então consiste em uma verdade de aplicação universal: tudo deve ser feito no espírito cristão e de acordo com os princípios cristãos.

"Então", dirão os que desejam reforma, "apresente uma resposta cristã para o desemprego". Contudo, não existe nem poderia existir tal coisa. A fé cristã por si só não possibilita a seus adeptos prever que um grupo de pessoas dentro de um complexo sistema econômico será afetado por um plano econômico ou político.

"Nesse caso", dirão os que pretendem manter o *status quo*, "tire seu time de campo! Como você mesmo reconhece, aqui não é seu lugar". Diante disso, a Igreja precisa responder: "De fato, não posso oferecer a solução, mas posso dizer que uma sociedade com situação crônica de desemprego é doente. Se você não fizer tudo o que estiver a seu alcance para solucioná-la, será culpado diante de Deus".

Quando a Igreja cumpre seu dever, fica sujeita a ser atacada de ambos os lados. Ouvir-se-á que ela se tornou "política", quando na verdade simplesmente declarou seus princípios e mostrou onde eles foram violados. A Igreja ouvirá dos defensores de uma orientação política específica que ela não contribui com nada, pois não apoia a política deles. Se a Igreja for fiel à sua missão, desprezará ambas as reclamações e, enquanto puder, continuará influenciando os cidadãos e penetrará todos os partidos.

3. No centro de nosso próprio mundo

Estamos tratando aqui do pecado original, a parte menos popular do cristianismo tradicional. Isso pode ser expresso em termos simples da seguinte maneira: nosso padrão de valores diz respeito a como as coisas nos afetam. Cada um de nós ocupa o lugar no centro de nosso mundo, mas não sou o centro do mundo nem o padrão de referência entre bom e ruim. Eu não, mas Deus, sim.

Quero dizer que, desde o começo, ponho-me no lugar de Deus. Esse é meu pecado original. Fazia isso antes mesmo de começar a falar, assim como as demais pessoas. Não sou "culpado" disso, pois não poderia evitá-lo. Desde o nascimento, porém, acho-me em estado de provocar desastre a mim mesmo e aos outros, a não ser que eu fuja disso.

A educação poderá tornar meu egoísmo menos desastroso, alargando meus horizontes, mas isso é como subir numa torre onde os horizontes de minha visão se ampliam, enquanto continuo sendo o centro de referência. A única maneira de me livrar de meu egoísmo é conquistar a completa devoção de meu coração, a obediência total de minha vontade a Deus — e isso só se consegue por meio do amor divino revelado na vida e na morte de Cristo.

4. Não existe um ideal social cristão

As questões políticas geralmente tratam das pessoas como elas são, não como deveriam ser. Parte da tarefa da Igreja é ajudar as pessoas a estruturar sua vida para se tornar o que devem ser. Quando as pessoas já supõem ser o que deveriam ser, sempre há desastre.

Não acredito que as pessoas sejam totalmente ruins ou mesmo que tenham mais maldade que bondade. O que estou combatendo é que não somos totalmente bons e que mesmo nossa bondade está contaminada por nosso egoísmo. Por esse motivo, ficamos expostos à tentação diante da possibilidade de conquistar poder.

A crença da Igreja no pecado original deve tornar-nos intensamente realistas e livrar-nos da tentativa de criar uma utopia, pois não existe algo como um ideal social cristão ao qual devamos amoldar o mais próximo possível a sociedade em que vivemos. Afinal, ninguém quer viver "na sociedade ideal" idealizada pelos outros.

Além do mais, existe a perturbadora questão de como chegar lá. Quando leio a descrição da sociedade ideal e penso como poderíamos começar a transformar nossa sociedade em conformidade com esse ideal, lembro-me do cidadão inglês na Irlanda que pergunta a um irlandês:

— Como faço para chegar a Roscommon?

O irlandês retruca:

— Você quer ir mesmo para Roscommon?

— Sim — diz o inglês. — Por isso perguntei como chegar lá.

— Então — diz o irlandês —, se eu quisesse ir para Roscommon não partiria daqui.

Embora o cristianismo não ofereça nenhum ideal, oferece algo muito mais valioso, a saber, princípios a partir dos quais podemos agir em cada situação possível. É para esses princípios que quero chamar sua atenção.

5. Não a partir do homem, mas de Deus

Todo pensamento cristão precisa partir não do homem, mas de Deus. A convicção fundamental é que Deus é o criador do mundo, o qual não poderia ter iniciado ou continuar existindo, exceto pela vontade dele. Deus não precisa do mundo, assim como o mundo não precisa de Deus. Se Deus não existisse, não haveria mundo; se o mundo não existisse, Deus continuaria sendo o que é (supostamente, prestes a criar o mundo). Deus foi impelido a formar o mundo por causa de seu amor. Deus não precisa do mundo, mas o mundo é o resultado de seu amor.

Ao criar o mundo, Deus fez existir uma enormidade de coisas, como elétrons que sempre obedecem às leis que ele instituiu para eles. Contudo, Deus formou as criaturas — homem e mulher —, que poderiam desobedecer à lei instituída para eles, como de fato muitas vezes o fazem. Ele fez isso para que entre suas criaturas houvesse quem correspondesse ao amor dele, prestando-lhe obediência voluntária.

Isso envolvia o risco de as criaturas naturalmente assumirem uma perspectiva egoísta da vida e, em seguida, se tornarem mais obstinadas nesse egoísmo. Foi o que aconteceu. Para tirá-las dessa situação, Deus veio à terra viver o amor divino em vida e morte humanas. Ele está continuamente nos aproximando de si mesmo pelo amor assim demonstrado.

Lorde Acton, que conhecia mais História que qualquer outro inglês de sua geração, declarou deliberadamente: "A ação de Cristo, que se manifestou entre os homens, a quem ele redimiu, não falha; pelo contrário, aumenta". Todavia, a tarefa de atrair todas as pessoas para si somente se completará no fim da História. O Reino de Deus é uma realidade aqui e agora, mas só será perfeita na ordem eterna.

6. Nosso verdadeiro valor

Há dois fatores fundamentais acerca dos seres humanos: primeiro: somos feitos "conforme a imagem de Deus"; segundo: essa imagem está gravada numa natureza animal. Entre esses dois fatores, há constante tensão, resultando numa perpétua tragédia.

Nossa dignidade consiste em sermos filhos de Deus, capazes de ter comunhão com ele, de ser objetos de seu amor — demonstrado a nós na cruz — e ser destinados à comunhão eterna com Deus. Nosso verdadeiro mérito não está em nosso valor, mas no que valemos para Deus, e esse valor é conferido a nós pelo amor absolutamente gratuito de Deus.

Toda a nossa vida deve ser organizada e conduzida tendo em vista essa dignidade. O Estado não pode qualificar nosso valor apenas na proporção em que servimos seus objetivos, como fazem os Estados totalitários. O Estado existe para seus cidadãos, não os cidadãos para o Estado. Nenhum deles, porém, deve tratar o outro ou conduzir nossa vida, como se nós mesmos fôssemos o centro de nosso próprio valor. Não somos um fim em nós mesmos. Nosso valor está na importância que temos para Deus e nosso objetivo é "glorificar a Deus e desfrutá-lo para sempre".

7. A imagem de santidade e amor

Somos egoístas, mas sempre demonstramos abundantes provas de que isso não diz tudo a respeito de nossa natureza. Temos a nosso favor tanto as capacidades quanto as realizações que nunca poderiam ter surgido unicamente de interesses egoístas.

A imagem de Deus — a imagem de santidade e amor — continua presente em nós, apesar de estar desfigurada. Ela é a fonte de nossas aspirações. Até mesmo — por causa de sua desfiguração — a fonte de nossas perversidades. Ela é capaz de responder à imagem divina em sua perfeição. Ela nos capacita enxergar a "iluminação do conhecimento da glória de Deus na face de Jesus Cristo" (2Coríntios 4.6), e então todos nós, "todos nós, com o rosto desvendado, contemplando, como por espelho, a glória do Senhor, somos transformados, de glória em glória, na sua própria imagem" (2Coríntios 3.18, *ARA*).

Nisso consiste nosso destino. Então, nossa vida social, conquanto seja deliberadamente planejada, deve ser organizada em vista desse destino. Devemos ser tratados como de fato somos, mas sempre com vistas ao que somos destinados a nos tornar de acordo com o propósito de Deus. Pois a lei, a ordem social, é nosso mestre para nos conduzir a Cristo.

Texto bíblico: Romanos 13.1-7

Todos devem sujeitar-se às autoridades governamentais, pois não há autoridade que não venha de Deus; as autoridades que existem foram por ele estabelecidas. Portanto, aquele que se rebela contra a autoridade está contra o que Deus instituiu, e aqueles que assim procedem trazem condenação sobre si mesmos. Pois os governantes não devem ser temidos, a não ser pelos que praticam o mal. Você quer viver livre do medo da autoridade? Pratique o bem, e ela o enaltecerá. Pois é serva de Deus para o seu bem. Mas se você praticar o mal, tenha medo, pois ela não porta a espada sem motivo. É serva de Deus, agente da justiça para punir quem pratica o mal. Portanto, é necessário que sejamos submissos às autoridades, não apenas por causa da possibilidade de uma punição, mas também por questão de consciência.

É por isso também que vocês pagam imposto, pois as autoridades estão a serviço de Deus, sempre dedicadas a esse trabalho. Deem a cada um o que lhe é devido: se imposto, imposto; se tributo, tributo; se temor, temor; se honra, honra.

Perguntas para meditação

Estas perguntas poderão ser utilizadas para discussão em pequenos grupos ou para registro em diário pessoal.

1. De acordo com William Temple, há dois aspectos no método do impacto da Igreja sobre a sociedade. Primeiro: a Igreja deve tornar seus princípios conhecidos. Segundo: a Igreja deve equipar seus membros para remodelar a ordem existente. Em sua opinião, a Igreja tem sido bem-sucedida em alcançar esses dois objetivos?

2. Temple observa que qualquer envolvimento político dos cristãos será atacado por dois lados: um deles dirá que os cristãos não devem envolver--se em questões políticas; o outro dirá aos cristãos que o esforço deles é insignificante. Você já experimentou essa oposição na tentativa de fazer militância política? Como?

3. Temple é cauteloso em apontar que há não só uma responsabilidade, mas também uma limitação para os cristãos que desejam criar impacto na esfera pública: os cristãos não estão necessariamente preparados para dar todas as respostas a todos os problemas. Então, o que os cristãos poderão dizer?

4. Se você fosse começar a desenvolver todo o seu pensamento político na perspectiva de Deus, como sugere Temple, qual seria a diferença

na compreensão de certas questões entre essa perspectiva e a que você tem hoje?

5. Leia Romanos 12.2 e Romanos 13.1-7. Que coisas você teria tanto responsabilidades quanto limitações ao realizar?

Sugestão de exercícios

Estes exercícios poderão ser utilizados por indivíduos, compartilhados entre companheiros de caminhada ou no contexto de pequenos grupos. Escolha um exercício ou mais.

1. Analise uma importante questão política esta semana. Leia os editoriais nos jornais para entender as diversas opiniões, mas tenha em mente o conselho de Temple: analise a questão da perspectiva de Deus.

2. Apesar de os cristãos, em virtude apenas de sua fé, não serem especialistas em todas as áreas, demonstram firmeza quando combinam sua fé com sua área de especialidade. Pergunte-se como suas convicções e suas habilidades vocacionais poderão unir-se para o bem comum.

3. Trate todas as pessoas com quem você se encontrar esta semana com a dignidade que merecem como seres criados conforme a imagem de Deus.

4. Paulo incentiva os romanos a viverem pacificamente sob a autoridade existente, vendo as autoridades como ministros de Deus. Embora esse conselho não nos impeça de falar a favor ou contra certas causas, pressupõe certa atitude que devemos adotar, mesmo quando estivermos protestando. Esta semana, esforce-se para fazer diferença no mundo ao nosso redor, mas realize isso com polidez e respeito.

Reflexão

A principal ideia nesse ensaio de Temple é que a ordem social deve ser influenciada e moldada por um ambiente moral e ético cristão. Isso deve ser feito por meio de uma articulação clara de princípios cristãos, em vez de ser motivado por algum interesse político.

E quais são esses princípios cristãos? Deixe-me apresentar uma amostra: a supremacia da lei do amor, a realidade do pecado original, o valor infinito de toda a vida humana. É fácil perceber como esses princípios, ligados a outros, podem moldar a vida da esfera pública.

— Richard J. Foster

Para seu aprofundamento

Baker, A. E. **Religious Experience and Other Essays and Addresses.** Editado por Greenwood: Attic, 1959.

Temple, William. **Hope of a New World.** Salem: Ayer, 1940.

_____. **Nature, Man and God.** London: Macmillan, 1960. Esses ensaios foram proferidos por ocasião das palestras Gifford, na Universidade de Glasgow, nos anos letivos de 1932-1933 e 1933-1934. O livro é uma importante obra teológica e filosófica e demonstra o brilhantismo de Temple.

Warner, Hugh C. (Comp.). **Daily Readings from William Temple.** London: Oxford University Press, 1981.

JOHN WOOLMAN

Quebrando o jugo da opressão

Introdução ao autor

John Woolman (1720-1772) era um homem calmo, cuja fidelidade era marcante em tempos de turbulências. Nascido em Nova Jersey, nos Estados Unidos, numa família rural de quacres, Woolman viveu na efervescência colonial da América do Norte. Foi época de iminente revolta contra a Inglaterra, de comércio desenfreado de escravos, de guerra contra os índios e de muita pobreza. Foi a vida de simples e constante obediência de Woolman que proporcionou meios de lidar com todas essas dificuldades. Ele teria ficado surpreso anos mais tarde, quando alguns autores o chamaram "santo" e "profeta", pois estava apenas procurando seguir a Cristo, o verdadeiro Pastor, da melhor maneira possível.

Woolman começa seu diário dizendo: "Muitas vezes me senti impelido pelo amor a deixar por escrito algumas sugestões baseadas em minha experiência da bondade de Deus". Durante os dezesseis anos em que escreveu seu diário, podemos perceber como Woolman se torna cada vez mais consciente da vasta extensão do amor de Deus e como sua ternura se amplia a todos os seres humanos e a toda a criação. Por meio do amor, ele viveu uma vida de rigorosa integridade e corajoso testemunho, uma vida que nos desafia até os dias de hoje. O texto a seguir é apenas um esboço da ampla e completa integração da bondade de Deus com seu viver.

Extratos de *The Journal of John Woolman* [O diário de John Woolman]

1. A voz do verdadeiro Pastor

Por meio do poder da verdade, minha mente foi em grande parte desprendida do desejo de grandeza material, e comecei a aprender a me contentar com verdadeiras comodidades, não muito caras, de modo que optei por um estilo de vida livre de complicações, embora a renda fosse baixa. Recebi muitas ofertas de trabalho que me pareciam lucrativas, mas não me senti à vontade para aceitá-las, acreditando que o trabalho proposto envolveria muito mais atenção e incômodos do que se exigia de mim. Achava que um homem simples com a bênção do Senhor pudesse viver com pouco e, quando o coração se apega a coisas grandiosas, o sucesso profissional não satisfaz o desejo; pelo contrário, juntamente com o aumento da riqueza cresce o desejo por mais riqueza. Eu pensava em não deixar as coisas materiais impedir minha dedicação constante à voz do verdadeiro Pastor.

2. O medo do homem é uma armadilha

Penso que ser ingênuo para a sabedoria do mundo e depositar minha confiança em Deus, sem ter medo de ofender os homens que se ofendem diante da simplicidade da verdade, é a única maneira de permanecer inabalável aos sentimentos dos outros.

O medo do homem é uma armadilha. Ao interromper nosso dever e retroceder em tempos de provações, nossas mãos se enfraquecem, nosso espírito mistura-se com o das pessoas, nossos ouvidos ficam insensíveis à voz do verdadeiro Pastor, de modo que, quando olhamos para o caminho do justo, achamos que não é para nós.

Há um amor que reveste minha mente enquanto escrevo, o qual é superior a todas as expressões, e sinto meu coração aberto para incentivar uma santa imitação, a fim de avançar em direção à firmeza cristã. A profunda humildade é um forte baluarte. Quando nos revestimos dela, encontramos segurança e verdadeira exaltação. A loucura de Deus é mais sábia que o

Clássicos devocionais

homem, e a fraqueza de Deus é mais forte que o homem. Quando nos despojamos de nossa sabedoria e reconhecemos a degradação da criatura, é que encontramos aquele poder que nos dá saúde e vigor.

3. Viva em humildade

Meu querido amigo, viva em humildade e atente para que nenhuma opinião sobre conquistas materiais tome conta de você, para que seus olhos estejam atentos apenas ao Senhor e você seja mantido em segurança.

Quando o ser humano se deixa levar pelo amor às coisas materiais e se envolve mais na busca dos benefícios e amizades deste mundo que em se tornar interiormente familiarizado com a verdadeira paz, ele passa a caminhar em mera sombra, desprezando o verdadeiro conforto da vida. Seu exemplo é ofensivo para os outros. Os tesouros acumulados dessa maneira muitas vezes se tornam armadilhas perigosas para seus filhos.

Todavia, quando ele está sinceramente comprometido em seguir a Cristo e em viver sob a influência do Espírito Santo, a estabilidade e a firmeza resultantes da bênção divina são como orvalho sobre as delicadas plantas ao seu redor, e a influência de seu espírito age secretamente na mente dos outros.

4. Deixar voluntariamente de lutar

Quando somos atacados injustamente, é preciso enorme abnegação e resignação de nós mesmos a Deus se quisermos alcançar o estado no qual deixamos voluntariamente de lutar, como se por meio de nossa luta houvesse possibilidade de vencer os agressores. Quem observa isso corretamente, de algum modo, preenche aquele espírito por meio do qual nosso Redentor entregou sua vida por nós. E, por meio da bondade divina, muitos de nossos antecessores e contemporâneos aprenderam essa abençoada lição. Contudo, muitos outros, sendo religiosos apenas pelo conhecimento, sem estar suficientemente familiarizados com aquela cruz que os crucifica para o mundo, manifestam uma disposição distinta dos que confiam inteiramente em Deus.

5. Justiça sem demora

[*O texto a seguir foi extraído de uma mensagem de Woolman que ajudou os quacres a rejeitar a instituição da escravidão muitos anos antes da revolução americana.*]

Muitas vezes, sou levado a refletir sobre a pureza do Ser divino e sobre a justiça de seus juízos. Nisso, minha alma se reveste de grande reverência.

Muitos escravos neste continente são oprimidos, e o clamor deles chegou aos ouvidos do Altíssimo! Os juízos dele são tão puros e corretos que ele não pode manifestar parcialidade a nosso favor. Por meio de seu infinito amor e de sua bondade, ele nos deu cada vez mais entendimento sobre nossa responsabilidade para com essas pessoas, por isso não há o que esperar.

Deveríamos agora nos mostrar sensíveis ao que ele exige de nós, mas, pelo respeito aos interesses particulares de algumas pessoas ou consideração por algumas amizades que não se baseiam em fundamentos imutáveis, nós nos omitimos de cumprir nosso dever com firmeza e perseverança, esperando ainda algum meio extraordinário que traga libertação a eles. Pode ser que, por meio de terríveis atos de justiça, Deus nos atenda nessa questão.

6. Essa habitação preciosa

O lugar da oração é uma habitação preciosa, pois agora vejo que as orações dos santos são um aroma agradável. Foi dado a mim um clamor, para que eu pudesse ressoar essa linguagem entre as crianças e as convidasse a se reunir nessa preciosa habitação, onde as orações dos santos, como aroma agradável, se elevam ao trono de Deus e do Cordeiro. Vi que essa habitação era segura, interiormente calma, quando havia grandes tumultos e comoção no mundo.

A oração, nesse dia, em pura resignação, é um lugar especial. O clamor foi soado; o chamado, anunciado, a que a igreja congregue no lugar de pura oração interior e encontre segurança nessa habitação.

7. Questões perturbadoras

Tenho consumido alimento e bebida de algum outro modo ou grau além daquele estabelecido por aquele que concedeu essas coisas para nosso sustento? Tenho abusado de meu corpo por meio de trabalho desordenado, lutando para alcançar algum objetivo a que me propus insensatamente?

Quando vou visitar viúvas e órfãos, faço-o simplesmente por princípio de caridade, sem nenhuma pretensão egoísta? Quando vou a uma reunião religiosa, fico pensando se vou por sinceridade e puro senso de dever, ou, em parte, por hábito, ou pelo prazer perceptível que meu instinto sente na companhia de outras pessoas, ou apenas para manter minha reputação de homem religioso?

8. Não diga nada mais e nada menos

Eu tinha a preocupação diariamente de não dizer nada mais e nada menos do que o espírito da verdade me mostrava, desconfiando de mim mesmo para não dizer alguma coisa que tornasse meu testemunho mais impressionante na mente daqueles que não se sujeitam à pura obediência à cruz de Cristo.

9. Quebrando o jugo da opressão

Foi confirmado repetidamente em minha mente que o Senhor (cujas ternas misericórdias estão sobre todas as suas obras e cujos ouvidos estão abertos para o clamor e os gemidos do oprimido) está tocando graciosamente o coração das pessoas para afastá-las da ganância e levá-las a um estado de humildade, a um estilo simples de vida que lhes permita ver claramente o caminho da restauração para o padrão da verdadeira justiça, a fim de que não só quebrem o jugo da opressão, mas também possam reconhecer a Deus como sua força e seu sustento na hora da provação material.

10. John Woolman está morto

[*O texto a seguir foi extraído do relato de Woolman sobre uma visão durante uma grave enfermidade.*]

Ouvi uma voz suave e melodiosa, mais pura e harmoniosa que qualquer uma que jamais tinha ouvido. Acredito que era a voz de um anjo conversando com outros anjos. Ele dizia: "John Woolman está morto". Eu queria muito saber o que significava essa voz celestial.

Depois, fui levado em espírito para as minas, onde gente pobre e oprimida cavava tesouros valiosos para os chamados cristãos, e eu os ouvia blasfemar o nome de Cristo. Entristeci-me ao ouvir isso, pois o nome dele é precioso para mim. Depois fui informado de que contaram a esses pagãos que aqueles que os oprimiam eram seguidores de Cristo, e eles diziam entre si: "Se Cristo os instruiu a nos usar dessa maneira, então é um tirano cruel".

Durante todo esse tempo, o cântico do anjo permanecia um mistério, e fiquei muito desejoso de me aprofundar para entender o mistério.

[Depois de certa recuperação física] senti o poder divino preparando meus lábios para poder falar, e eu disse: "Estou crucificado com Cristo; logo, já não sou eu quem vive, mas Cristo vive em mim; e esse viver que, agora, tenho na carne, vivo pela fé no Filho de Deus, que me amou e a si mesmo se entregou por mim" (Gálatas 2.19,20, *ARA*). Então, o mistério foi revelado, e percebi que há júbilo no céu quando um pecador se arrepende e que a frase "John Woolman está morto" não significava outra coisa senão a morte de minha vontade própria.

(Resumido para o leitor contemporâneo por Howard R. Macy.)

Texto bíblico: Salmos 40.4-8

> Como é feliz o homem
>> que põe no Senhor a sua confiança,
> e não vai atrás dos orgulhosos,
>> dos que se afastam para seguir deuses falsos!
> Senhor meu Deus!
>> Quantas maravilhas tens feito!
> Não se pode relatar
>> os planos que preparaste para nós!
> Eu queria proclamá-los e anunciá-los,
>> mas são por demais numerosos!

Sacrifício e oferta não pediste,
  mas abriste os meus ouvidos;
holocaustos e ofertas pelo pecado
  não exigiste.
Então eu disse: Aqui estou!
  No livro está escrito a meu respeito.
Tenho grande alegria em fazer a tua vontade,
  ó meu Deus;
a tua lei está no fundo do meu coração.

Perguntas para meditação

Estas perguntas poderão ser utilizadas para discussão em pequenos grupos ou para registro em diário pessoal.

1. Depois do sucesso inicial como comerciante, John Woolman decidiu que a expansão de seus negócios afastaria demais sua energia e sua atenção de Deus. Por isso, dedicou-se a uma vida mais tranquila como alfaiate e pomicultor. Que ações manteriam você com "dedicação constante à voz do verdadeiro Pastor" em sua vocação?

2. De que maneiras, tanto óbvias quanto sutis, você percebe que os sentimentos dos outros o impedem de seguir a orientação de Deus? Como a humildade pode tornar-se saudável e ao mesmo tempo segura para você?

3. O que o impele a deixar-se levar "pelo amor às coisas materiais"? Catálogos e anúncios? Pressões sociais? Loteria? Como a humildade ajuda você a manter seus olhos atentos "apenas ao Senhor"?

4. John Woolman estava profundamente preocupado com a escravidão. Que clamores de opressão você acha que Deus está ouvindo hoje? Que ações você deveria tomar?

5. Assim como os profetas, o salmista diz que as práticas religiosas são menos importantes que fazer a vontade de Deus, a qual, segundo Miqueias, é "que pratiques a justiça, e ames a misericórdia, e andes humildemente com o teu Deus" (Miqueias 6.8, *ARA*). Como isso poderia ser concretizado em sua vida esta semana?

Sugestão de exercícios

Estes exercícios poderão ser utilizados por indivíduos, compartilhados entre companheiros de caminhada ou no contexto de pequenos grupos. Escolha um exercício ou mais.

1. Assim como John Woolman, esforce-se para se contentar com "verdadeiras comodidades", não muito caras. Quando fizer compras esta semana, permita-se orientar por essa atitude.

2. Woolman diz que os tesouros materiais podem facilmente se tornar armadilhas perigosas. Experimente a alegria de doar alguma coisa esta semana. Ao se desfazer de objetos, não deixe de doá-los voluntariamente aos necessitados.

3. Woolman era sensível ao fato de que boa parte de suas posses materiais resultavam de trabalho e suor de pessoas oprimidas (v. o item 10). Como seguidor de Cristo, evite comprar mercadorias que sejam produto de trabalho opressor.

4. Reflita, como o salmista, sobre as "maravilhas" e o cuidado de Deus para com você. Relembre situações específicas e componha uma litania dos atos graciosos de Deus.

Reflexão

Não lembro a primeira vez que li The Journal of John Woolman, *nem quantas vezes ou quantas edições diferentes eu li, mas sei que nenhum outro escrito, fora a Bíblia, significa tanto para mim quanto o diário de Woolman. Os problemas destacados por Woolman são os mesmos que enfrentamos hoje: militarismo, racismo, consumismo. Ele trata dessas questões com uma admirável combinação de compaixão e coragem, ternura e firmeza.*

Aprendi muito com John Woolman; o mais importante, porém, foi a compreensão das profundas implicações sociais do viver cristão. Contudo, Woolman não só nos adverte contra as grandes idolatrias. Ele também nos alimenta com pequenos gestos de fidelidade, quer lidemos com o problema do compromisso excessivo, quer cuidemos da ética na conduta profissional. Em todas essas questões, Woolman nos ensina a ter o coração "expandido em amor".

— Richard J. Foster

Para seu aprofundamento

Nos últimos duzentos anos foram publicadas muitas edições e resumos do diário de John Woolman, assim como muitas biografias. Estas poderão ser bastante proveitosas:

Moulton, Phillips P. (Org.). **The Journal and Major Essays of John Woolman.** New York: Oxford University Press, 1971; Richmond: Friends United Press, 1989. Essa é a edição definitiva do diário da qual o texto deste capítulo foi extraído. A introdução é ótima e bastante esclarecedora.

Tolles, Frederick B. (Org.). **"The Journal of John Woolman" and "A Plea for the Poor".** New York: Corinth, 1961. Reimpressão em brochura da edição de John Greenleaf Whittier do diário de Woolman com uma breve porém excelente introdução de Tolles.

Whitney, Janet. **John Woolman: American Quacre.** Boston: Little, Brown, 1942. Um relato bastante útil sobre a vida de Woolman.

HANNAH WHITALL SMITH

Resgatando o prazer de servir

Introdução ao autor

Hannah Whitall Smith (1832-1911) era de origem quacre, nascida na Filadélfia, Estados Unidos. O livro *O segredo de uma vida feliz*, de onde foi extraído o texto deste capítulo, tornou-se um clássico. Publicado em 1870, foi um raio de luz e encorajamento para a época e continua inspirando homens e mulheres a uma vida mais alegre com Cristo. Já vendeu quase 2 milhões de cópias.

Hannah não era de maneira alguma uma serva obstinada de Jesus; pelo contrário, sua vida expressava a alegria encontrada por meio de uma entrega total. O "segredo" para uma vida feliz, segundo ela, era confiar implicitamente nas promessas da Bíblia. Seu objetivo não era impressionar o estudioso, mas elevar os simples homens e mulheres que buscavam um modo mais consagrado de vida.

Profundamente prática, seus escritos tratam diretamente das lutas cotidianas de pessoas comuns. Ela tece sua teologia espiritual contrapondo-a com histórias de vida. O texto a seguir fala abertamente do problema do sentimento de dever para com o serviço cristão. O que podemos fazer quando perdemos a alegria do trabalho para Deus? Hannah Whitall Smith tem um excelente conselho.

Extratos de *O segredo de uma vida feliz*

1. O elemento "eu devo fazer?" da responsabilidade

Quando alguém entra nessa vida oculta com Cristo em Deus, talvez nenhum aspecto da experiência cristã envolva maior mudança que a questão do serviço.

De todas as formas ordinárias da vida cristã, o serviço é capaz de provocar certa dependência, ou seja, é feito meramente em virtude do dever e, muitas vezes, como uma provação, uma cruz. Certas coisas que, no início, podem ter trazido alegria e satisfação depois de um tempo passam a ser tarefas cansativas, talvez realizadas com fidelidade, porém com muita má vontade escondida e o desejo, confessado ou não, de que tais tarefas não precisassem ser realizadas ou, pelo menos, não com tanta frequência.

Acerca do dever, a pessoa acha-se perguntando a si mesma: "Devo fazer?", em vez do "Posso fazer?" do amor. O jugo, que inicialmente era leve, começa a irritar, e a carga começa a ficar pesada.

2. O trabalho árduo da obra cristã diária

Uma querida irmã em Cristo expressou a mim seu sentimento da seguinte maneira: "Quando me converti", disse ela, "estava de tal modo tomada de alegria e amor que me sentia simplesmente feliz e grata por poder fazer qualquer coisa para o Senhor. Por isso, aproveitava qualquer oportunidade. Contudo, depois de um tempo, quando minha alegria inicial desvaneceu e o amor se tornou menos ardente, comecei a pensar que não deveria ter ficado tão entusiasmada, pois me encontrei envolvida em trabalhos que se tornavam cada vez mais desagradáveis e penosos para mim.

"Uma vez que havia começado, não poderia parar sem despertar grandes comentários, entretanto eu tinha muito desejo de fazer isso. Esperava-se que eu visitasse os doentes e orasse com eles, que participasse das reuniões de oração e desse uma palavra. Em suma, eu deveria estar sempre pronta para qualquer atividade da obra cristã, e o sentimento dessas expectativas me deixava abatida.

"No fim, viver a vida cristã da maneira em que comecei e como se esperava ainda de mim tornou-se tão terrivelmente penoso que comecei a pensar que seria mais fácil fazer qualquer outro trabalho manual. Teria preferido infinitamente passar o dia de joelhos esfregando chão que ser forçada a passar pelo trabalho árduo da obra cristã diária". Ela concluiu: "Tenho inveja das cozinheiras e das lavadeiras".

3. Um peso constante

Para alguns cristãos, esse depoimento pode ser muito forte, mas não reflete um retrato vívido de algumas experiências suas, querido irmão? Você nunca foi trabalhar como servo na tarefa diária de Deus, acreditando ser sua obrigação, mas retornando como uma bola de borracha de volta aos seus verdadeiros interesses e prazeres no mesmo instante em que terminou o trabalho?

Naturalmente, você sabia que era errado pensar assim e ficava completamente envergonhado disso, mas não via outra saída. Você nunca *amou* seu trabalho e, se pudesse fazer isso com a consciência limpa, ficaria feliz em abandoná-lo de vez.

Todavia, se isso não diz respeito a você, talvez outra situação reflita seu caso. Você ama seu trabalho de maneira abstrata, mas na prática encontra tantas preocupações e responsabilidades relacionadas a ele e tem tantas dúvidas sobre sua capacidade que ele se torna um fardo muito pesado, de modo que você prossegue abatido e cansado antes mesmo de o trabalho começar. Além disso, você sempre fica angustiado ao concluir seu trabalho, perturbado quando não consegue o resultado que pretendia. Isso, por si só, é um peso constante.

4. As coisas que desejamos realizar

Ora, para todas essas formas de escravidão existe a libertação completa, para quem adentra a vida bendita de fé. Em primeiro lugar, qualquer serviço se torna prazeroso para a alma, porque depois de você entrega sua vontade aos cuidados de Deus ele trabalha na alma para que ela deseje e faça aquilo que agrada a ele. A alma passa a *querer* realmente fazer as coisas que Deus deseja que ela faça.

É sempre agradável fazer o que *queremos* fazer, mesmo que seja difícil de concretizar e resulte em cansaço físico. Se nossa *vontade* está realmente firmada em alguma coisa, vemos os obstáculos que dificultam alcançá-la com enorme indiferença. Rimos sozinhos da ideia de qualquer oposição ou dificuldade que nos impeça. Quantos homens viajaram com enorme prazer aos extremos da terra, em busca de riqueza terrena ou para satisfazer ambições temporais, zombando da ideia de qualquer "cruz" ligada a isso! Quantas mães ficam felizes consigo mesmas e se regozijam com a honra que seus filhos recebem ao serem promovidos a uma posição de poder e de relevância no serviço ao seu país, apesar de isso implicar anos de separação e uma vida de lutas a favor de seus queridos! Contudo, esses mesmos homens e essas mesmas mães teriam achado sua cruz muito pesada se tivessem de sacrificar o lar, os amigos e o conforto por exigência do serviço de Cristo.

5. Constrangendo-nos pelo amor

Tudo se resume à maneira em que enxergamos as coisas, se as consideramos cruz ou não. Fico com vergonha de pensar que muitos cristãos torcem o nariz ao fazer algo para Cristo que um não cristão faria com o maior prazer pelo dinheiro.

O que precisamos na vida cristã é conseguir que os cristãos *queiram* fazer a vontade de Deus tanto quanto outras pessoas desejam fazer a própria vontade. Essa é a essência do evangelho. Foi o que Deus planejou para nós, e é o que ele promete. Ao descrever o novo mandamento, em Hebreus 8.6-13, ele diz que a antiga aliança feita no Sinai — isto é, uma lei exterior — não deve mais controlar o ser humano pela força, e sim uma nova lei, escrita no *interior*, constrangendo-nos pelo amor.

Ele disse: "Porei minhas leis em sua mente e as escreverei em seu coração". Isso não significa outra coisa senão que devemos *amar* a lei de Deus, pois temos de amar tudo o que está inscrito em nosso coração. "Porei [...] em sua mente" é o mesmo que Deus agindo em nós para querermos e realizarmos o que é de seu agrado. Significa que devemos desejar o que Deus deseja e obedecer aos seus bons mandamentos, não por causa do dever, mas porque nós mesmos desejamos fazer o que ele deseja que façamos.

6. O modo de Deus agir

Não se poderia imaginar algo mais eficaz ao tratar com nossos filhos. Pensamos: "Ah, seria tão mais fácil cuidar dos filhos se eu pudesse entrar na mente deles e induzi-los a *desejar* fazer exatamente o que eu quero!". Quantas vezes, na prática, descobrimos que, ao tratar com pessoas rabugentas, precisamos ter o cuidado de não sugerir nossos desejos a elas, que o melhor caminho é levá-las a sugerir elas mesmas a solução, pois assim não haverá resistência. Nós, que por natureza somos obstinados, sempre nos rebelamos de alguma maneira contra as leis que vêm de fora, embora abracemos com prazer a mesma lei se ela surgir dentro de nós.

Portanto, a maneira de Deus agir é tomar conta de nosso interior, assumir o controle, dirigir nossa vontade e fazer isso para nós. Só assim a obediência se torna leve e prazerosa, e o serviço, liberdade perfeita, até que o cristão seja obrigado a explicar: "Como sou feliz fazendo este trabalho! Quem imaginaria que na terra haveria tal liberdade?".

7. Controle total

Por isso, querido irmão, o que você precisa fazer, caso esteja escravizado ao serviço, é entregar sua vontade inteiramente nas mãos de seu Senhor, permitindo que ele tenha total controle sobre ela. Diga: "Sim, Senhor, sim!" para tudo. Permita que ele aja em sua vida, de modo que você queira e realmente submeta todos os seus desejos e afeições à vontade agradável, amável e adorável do Senhor.

Vi isso ocorrer muitas vezes, quando parecia algo impossível de acontecer. Num desses casos, uma senhora se rebelava terrivelmente contra um pequeno ato de serviço que ela sabia ser correto, mas que odiava. Então, movida por profundo desespero e sem qualquer sentimento, entregou sua vontade nessa questão nas mãos do Senhor, dizendo: "Seja feita a tua vontade. *Seja feita a tua vontade!*". Em pouco tempo, aquela tarefa passou a ser agradável e preciosa para ela.

317

8. O Senhor é quem carrega nosso jugo

Muitos cristãos, como eu já disse, amam a vontade de Deus de maneira abstrata, mas carregam um fardo pesado por causa disso. Contudo, existe um livramento para essa situação na maravilhosa vida de fé, pois, vivendo dessa maneira, não há ansiedade nem fardos para carregar. O Senhor é quem carrega nosso fardo, e sobre ele devemos depositar todas as preocupações. Na verdade, ele diz: "Não andem ansiosos por coisa alguma, mas em tudo, pela oração e súplicas, e com ação de graças, apresentem seus pedidos a Deus, e eu atenderei a todos eles" (cf. Filipenses 4.6).

Não fiquem ansiosos com *coisa alguma*. Ele quer dizer: nem mesmo com seu trabalho. Por quê? Porque somos tão inúteis que, não importa quanto nos *preocupemos*, nosso trabalho resultaria em nada! Não é da nossa conta saber se somos aptos ou não para o serviço. O mestre de obras certamente tem o direito de usar qualquer ferramenta que lhe agrade. Não é tarefa da ferramenta decidir se ela é ou não própria para determinado uso. Deus é quem sabe. Se ele decidiu nos usar, certamente devemos ser aptos. Na verdade, devemos reconhecer que nossa maior aptidão está justamente em nossa completa incapacidade. A força dele se aperfeiçoa não em nossa força, mas em nossa fraqueza. Nossa força é apenas um empecilho.

Texto bíblico: Hebreus 8.6-13

Agora, porém, o ministério que Jesus recebeu é superior ao deles, assim como também a aliança da qual ele é mediador é superior à antiga, sendo baseada em promessas superiores.

Pois, se aquela primeira aliança fosse perfeita, não seria necessário procurar lugar para outra. Deus, porém, achou o povo em falta e disse:

"Estão chegando os dias, declara o Senhor,
quando farei uma nova aliança
com a comunidade de Israel
e com a comunidade de Judá.
Não será como a aliança
que fiz com os seus antepassados,

quando os tomei pela mão
    para tirá-los do Egito;
visto que eles
    não permaneceram fiéis
    à minha aliança,
eu me afastei deles",
    diz o Senhor.
"Esta é a aliança que farei
    com a comunidade de Israel
depois daqueles dias",
    declara o Senhor.
"Porei minhas leis
    em sua mente
e as escreverei
    em seu coração.
Serei o seu Deus,
    e eles serão o meu povo.
Ninguém mais ensinará
    o seu próximo,
nem o seu irmão, dizendo:
    "Conheça o Senhor",
porque todos eles
    me conhecerão,
desde o menor até o maior.
Porque eu lhes perdoarei
    a maldade
e não me lembrarei mais
    dos seus pecados".

Chamando "nova" esta aliança, ele tornou antiquada a primeira; e o que se torna antiquado e envelhecido está a ponto de desaparecer.

Perguntas para meditação

Estas perguntas poderão ser utilizadas para discussão em pequenos grupos ou para registro em diário pessoal.

1. Em que momento de sua vida você sentiu alegria de servir a Deus?
2. Como sua vida se compara ou contrasta com a experiência da mulher cujo nível de vitalidade diminuiu?
3. De acordo com Hannah Whitall Smith, qual a solução para esse problema tão comum?
4. Muitas pessoas se identificam com a observação da autora de que o trabalho se torna maçante quando nos sentimos incapazes de realizá-lo. Você já teve algum convite de trabalho que tenha rejeitado por não se sentir capaz?
5. Hebreus 8.6-13 diz que a nova aliança foi estabelecida por Jesus. Essa nova aliança, de acordo com Hannah Whitall Smith, transforma o serviço de responsabilidade em desejo. Como isso acontece em nossa vida?

Sugestão de exercícios

Estes exercícios poderão ser utilizados por indivíduos, compartilhados entre companheiros de caminhada ou no contexto de pequenos grupos. Escolha um exercício ou mais.

1. Faça uma lista de todas as coisas que você realiza. Faça duas colunas: "Coisas que devo fazer" e "Coisas que quero fazer". O que a extensão das listas lhe ensina a respeito de você mesmo?
2. Esta semana, separe um tempo para meditar sobre Hebreus 8.6-13. Transforme sua meditação em oração, pedindo que Cristo liberte você do *ter de fazer* do dever para o *querer fazer* do desejo.
3. Classifique você mesmo numa escala de zero a dez de acordo com as seguintes categorias: "Vontade de servir os outros para Deus". Faça as duas perguntas seguintes:

    a) Estou servindo principalmente por sentimento de dever?

    b) Sinto-me incapaz de realizar o trabalho?

Se você responder "sim" a uma ou a ambas as perguntas, volte e reflita sobre o conselho de Hannah Whitall Smith a respeito das duas questões.

4. Permita-se ser uma "ferramenta" esta semana. Conforme a autora observa, a ferramenta não questiona o construtor, mas simplesmente se deixa usar. Preste atenção às várias maneiras em que Deus pode usar você — mesmo com suas imperfeições. Procure, conscientemente, tornar-se fraco, pois, como Hannah Whitall Smith observa, "a força dele se aperfeiçoa não em nossa força, mas em nossa fraqueza. Nossa força é apenas um empecilho".

Reflexão

Nesse texto, Hannah Whitall Smith fala de uma experiência quase universal. Em algum momento, todos nós já sentimos o peso da responsabilidade. Somos afligidos com o peso da integridade. O trabalho nos arrasta e suga, em vez de nos animar e encorajar.

Ela aconselha: apaixone-se por Jesus novamente. Deixe que ele aja a partir de dentro, dando-nos o "querer" do amor repleto de graça para substituir o "ter de" do dever. A resposta dela pode não ser completa, mas sem dúvida é fundamental. Não há nada mais importante na vida do discípulo de Jesus Cristo que um relacionamento de amor contínuo e cada vez mais intenso. Isso, por sua vez, nos leva a amar todas as pessoas e nos dá o desejo de fazer a obra do Senhor na terra.

— RICHARD J. FOSTER

Para seu aprofundamento

WHITALL SMITH, Hannah. **O segredo de uma vida feliz.** Belo Horizonte, Betânia, s.d. Até onde sei, esse é o único livro escrito por Hannah Whitall Smith. Foi suficiente. Em linguagem simples, ela descreve a jornada da alma através das dúvidas, fracassos e tentações para a alegria da obediência e, finalmente, para a união divina. Trilhar o caminho traçado por esse livro é uma alegria imensa, em contraste marcante com o tom de muitas obras ascéticas. Hannah Whitall Smith encontrou prazer na vida e convida seus leitores a se alegrarem nas misericórdias de Deus.

JEREMY TAYLOR

A graça da humildade

Introdução ao autor

Nascido e formado em Cambridge, Inglaterra, Jeremy Taylor (1613-1667) logo ficou famoso pelas suas qualidades acadêmicas. Ele foi ordenado em 1633 e posteriormente se tornou capelão do rei Carlos I. Esse relacionamento levou-o à consequente prisão pelos parlamentaristas, em 1645. Ele se mudou para a Irlanda em 1658 e, depois da Restauração,[1] foi consagrado bispo de Down e Connor.

Taylor era um escritor brilhante e prolífico. Deixou escritas inúmeras obras, o bastante para preencher 15 volumes in-oitavo. Escreveu o primeiro relato em inglês da vida de Cristo, além de vários livros devocionais e acadêmicos. Ficou mais conhecido pelas obras *Holy Living* [Vida santificada] e *Holy Dying* [Morte santificada], dois manuais práticos baseados em autores clássicos e cristãos que orientam o leitor a uma vida mais intensa de sacrifício e humildade.

O texto a seguir mostra a vasta compreensão de Taylor sobre o comportamento humano. Ele percebe com muita clareza nossas lutas interiores por reconhecimento e os vários estratagemas que utilizamos para alcançá-lo. As "regras" apresentadas podem parecer estranhas ou ofensivas a alguns leitores dos dias de hoje, que se sentem mais à vontade com a linguagem

---

[1] Período iniciado em 1660, na Inglaterra, quando as monarquias inglesa, escocesa e irlandesa foram restauradas e Carlos II ascendeu ao trono, depois da guerra civil da Inglaterra. [N. do T.]

da autoestima, mas o entendimento de Taylor sobre a importância da humildade é muito necessário para nós atualmente.

Extratos de *The Rule and Exercises of Holy Living* [A regra e a prática da vida santificada]

1. *Opinião realista de si mesmo*

A graça da humildade é praticada de acordo com as seguintes regras:

Primeira: não se ensoberbeça por alguma circunstância exterior vivida por você. Embora, em algum aspecto, você possa — por causa dos dons concedidos a você — ser melhor que alguém (assim como um cavalo corre mais que o outro), saiba que isso é para benefício dos outros, não de você mesmo. Lembre-se de que você é meramente um ser humano e não tem nada de si mesmo digno de valor, exceto as escolhas corretas que faz.

Segunda: a humildade não consiste em criticar-se, usar roupas esfarrapadas ou ter uma postura submissa onde quer que esteja. A humildade consiste em uma opinião realista de si mesmo, a saber, que você é uma pessoa indigna. Acredite nisso com a mesma convicção que você acredita estar com fome depois de passar um tempo sem comer.

2. *Faça o bem em secreto*

Terceira: depois que você tiver essa opinião de si mesmo, ficará contente quando outras pessoas pensarem o mesmo de você. Se você perceber que não é sábio, não se incomode quando alguém tiver a mesma opinião a seu respeito! Se você realmente pensa isso de si próprio, deverá desejar que os outros tenham a mesma opinião. É hipocrisia ser modesto e, ao mesmo tempo, desejar que as pessoas admirem você.

Quarta: alimente a paixão de fazer o bem em secreto, longe da vista dos outros e, consequentemente, sem conquistar uma alta estima por causa deles. Fique contente quando não for elogiado. Não se incomode quando alguém menosprezar ou subestimar você. Lembre-se: ninguém pode subestimá-lo quando você mesmo se considera indigno. Depois que você estiver consciente disso, nenhum desprezo será capaz de ofendê-lo.

3. Nunca se envergonhe

Quinta: nunca se envergonhe de seu nascimento, de seus pais, de seu trabalho, de seu emprego atual ou da condição humilde de qualquer um desses. Quando tiver oportunidade de falar deles a alguém, não se acanhe, mas fale de bom grado, não importando o que as pessoas pensem. Conta-se que Primislau, primeiro rei da Boêmia, mantinha seus velhos sapatos de trabalho ao seu lado, para não esquecer sua origem humilde.

Sexta: nunca diga nada, direta ou indiretamente, que provoque elogios ou cumprimentos dos outros. Não diga coisas com o objetivo de ser elogiado. Se acontecer de alguém falar bem de você no meio de uma conversa, não encerre a conversa. Apenas lembre-se disto: não deixe o elogio dirigir suas conversas.

4. Atribua tudo a Deus

Sétima: quando você for elogiado por algo que fez, direcione o elogio a Deus. Atribua a Deus, aquele que concedeu a você o dom, o abençoador do ato, o auxílio ao projeto. Sempre dê graças a Deus por torná-lo instrumento de sua glória para benefício dos outros.

Oitava: seja conhecido por ser uma pessoa de virtude e humildade. Os outros serão beneficiados quando ouvirem coisas boas a seu respeito. Elas poderão inspirar-se em você como modelo para a vida deles. Contudo, seja cauteloso em seu círculo de amigos. Não deixe sua boa reputação ser objeto de atenção. Faça de sua reputação um instrumento para ajudar o próximo, mas não a utilize para benefício próprio. Seja como Moisés, cujo rosto brilhava para que os outros vissem, mas não fazia disso um espelho para si próprio.

5. As águas da vaidade

Nona: não se orgulhe de nenhum elogio feito a você. Alegre-se em Deus por lhe conceder dons que os outros conseguem perceber, mas que isso esteja também misturado com um santo respeito, para que esse bem não se transforme em mal. Se você receber elogios, aplique-os de maneira que sejam mais úteis aos outros que a você mesmo. Todavia, tome cuidado e esteja sempre alerta para não deixar o orgulho tomar conta de você, destruindo assim o elogio.

Décima: como na sexta regra, não pergunte a ninguém sobre suas deficiências com a intenção de ouvi-lo falar de suas qualidades. Alguns menosprezam a si mesmos para que os outros falem de suas virtudes. Estão querendo apenas pescar elogios, contudo são eles mesmos que caem na rede até engolir as águas da vaidade, inchando a ponto de rebentar.

6. O sussurro do Diabo

Décima primeira: quando for menosprezado por alguém ou sentir-se subestimado, não fomente nenhuma ira interior, imaginando que merece louvor e que a pessoa subestimou seu mérito ou deixou de elogiá-lo por inveja. Não procure bajuladores, que fiquem do seu lado para lhe alimentar a autoestima com suas vãs aclamações e elogios fúteis.

Décima segunda: não alimente um único sussurro de orgulho do Diabo, como o de Nabucodonosor quando declarou: "Acaso não é esta a grande Babilônia que eu construí como capital do meu reino, com o meu enorme poder e para a glória da minha majestade?" (Daniel 4.30).

Alguns passam o tempo sonhando com grandezas, vislumbrando auditórios repletos de pessoas aplaudindo, imaginando-se proferindo palestras cativantes, fantasiando grandes fortunas. Tudo isso não passa de fumaça de orgulho, um retrato dos verdadeiros desejos de seu coração. Embora não seja algo completamente errado, é resultado de um mal interior, que em nada se identifica com a busca da humildade.

7. O desejo de depreciação

Décima terceira: participe do elogio feito aos outros, acolhendo as qualidades deles com prazer. Em nenhum momento, você deve entregar-se ao desejo de depreciar as pessoas, menosprezar os elogios feitos a elas ou fazer alguma objeção. Nunca pense que ouvir alguém elogiar outra pessoa diminuirá o mérito que você tem.

Décima quarta: sinta-se feliz ao ver ou ouvir que outras pessoas estão sendo bem-sucedidas em seu trabalho ou em sua renda, mesmo que você não esteja. Da mesma forma, alegre-se quando o trabalho de alguém for aprovado, e o seu, rejeitado.

8. Concentre-se nas qualidades

Décima quinta: nunca se compare com os outros, exceto quando for para melhorar sua impressão a respeito deles ou diminuir sua impressão sobre si próprio. O apóstolo Paulo nos incentiva a estimar mais os outros que a nós mesmos. Por isso, é benéfico concentrar-nos nas qualidades dos que estão ao nosso redor, a fim de enxergar melhor nossas qualidades.

Quando olho ao redor, vejo alguém mais bem preparado que eu; outro é mais moderado; outro é mais puro; outro ainda é mais caridoso ou menos orgulhoso. Se pretendo ser humilde, não devo desprezar nem rejeitar suas virtudes. Antes, devo refletir sobre essas virtudes.

O humilde não só terá admiração pelas qualidades dos outros, como também terá grande compaixão de suas fraquezas. O humilde procurará entender por que alguém cometeu um erro, se não era esclarecido ou se foi iludido, concluindo então que, se tivesse os mesmos benefícios ou a mesma ajuda que você, não teria cometido tal erro. Pelo contrário, teria feito um bem.

O apóstolo Paulo declarou certa vez que era o principal dos pecadores. É assim que devemos considerar a nós mesmos; essa regra, porém, precisa ser aplicada com cuidado: não diga isso aos outros, guarde para si. Por quê? Porque os motivos que você tem para pensar assim (o conhecimento de seus pecados) não são conhecidos dos outros como você os conhece e pode fazê-los desconfiar do louvor que você atribui a Deus por tudo o que ele tem feito por você. Se guardar esses pensamentos para si, você estará muito mais preparado para louvar e agradecer a Deus publicamente.

9. Não se acoberta a virtude com mentira

Décima sexta: não fique desculpando-se por seus erros. Se você cometeu um erro, um deslize ou uma imprudência, confesse-o abertamente, pois não se acoberta a virtude com mentira. Se você não tem culpa (a não ser que seja escandalosa), não fique tão preocupado em mudar a opinião de todos sobre a questão. Aprenda a suportar a crítica pacientemente, sabendo que as palavras ásperas de um inimigo poderão servir de maior motivação que as palavras aprazíveis de um amigo.

Décima sétima: dê graças a Deus por todas as suas fraquezas, falhas e imperfeições. Aceite-as como um favor de Deus, um instrumento para resistir ao orgulho e nutrir a humildade. Lembre-se de que, se Deus preferiu diminuir seu orgulho, ele facilitou com isso sua entrada no caminho estreito!

10. O que é mais importante para Deus

Décima oitava: não exponha as fraquezas dos outros para fazê-los sentir-se menos capazes que você. Tampouco tenha prazer em suas habilidades superiores, nem as utilize para pôr-se acima dos outros.

Conta-se que Ciro nunca competia com os amigos num esporte que sabia ser superior a eles. Antes, competia em modalidades nos quais era menos habilidoso que seus adversários. Ele não queria mostrar sua superioridade, preferindo aprender com os que eram mais capazes e compartilhando, ao mesmo tempo, a alegria do sucesso deles.

Décima nona: lembre-se de que o mais importante para Deus é que sujeitemos a nós mesmos e tudo quanto possuímos a ele. Isso requer estarmos dispostos a aceitar tudo o que a vontade dele nos proporcione, satisfeitos em qualquer situação e preparados para qualquer mudança.

11. Crescendo com a prática

A humildade começa com um *dom* de Deus, mas cresce à medida que desenvolvemos um *hábito*. Isto é, a humildade cresce com a prática. Juntas, essas regras são instrumentos úteis para o estabelecimento e o crescimento da graça da humildade e para a diminuição do orgulho.

12. Um exercício para aumentar a graça da humildade

Confesse com frequência seus pecados a Deus, e não pense que são ofensas dispersas ao longo da vida: um ataque de raiva aqui, um ato de impaciência ali. Antes, junte-os como uma representação contínua de sua vida. Lembre-se de que o ser humano pode parecer bom quando seus erros estão espalhados ao longo da vida, mas se eles forem reunidos ele se mostrará depravado e miserável. Talvez esse exercício, quando realmente aplicado à sua alma, lhe seja útil para desenvolver a graça da humildade.

Texto bíblico: Lucas 14.7-11

Quando notou como os convidados escolhiam os lugares de honra à mesa, Jesus lhes contou esta parábola: "Quando alguém o convidar para um banquete de casamento, não ocupe o lugar de honra, pois pode ser que tenha sido convidado alguém de maior honra do que você. Se for assim, aquele que convidou os dois virá e lhe dirá: 'Dê o lugar a este'. Então, humilhado, você precisará ocupar o lugar menos importante. Mas quando você for convidado, ocupe o lugar menos importante, de forma que, quando vier aquele que o convidou, diga-lhe: 'Amigo, passe para um lugar mais importante'. Então você será honrado na presença de todos os convidados. Pois todo o que se exalta será humilhado, e o que se humilha será exaltado".

Perguntas para meditação

Estas perguntas poderão ser utilizadas para discussão em pequenos grupos ou para registro em diário pessoal.

1. Jeremy Taylor diz que a humildade começa com uma opinião realista de si mesmo, isto é, de que somos indignos. Como isso se compara com a ênfase na autoestima saudável, comum nos dias de hoje?

2. Taylor observa: "Algumas pessoas passam o tempo sonhando com grandezas". Ele continua: "Embora não seja algo completamente errado, é

resultado de um mal interior". Como seus sonhos de grandeza atrapalham sua vida espiritual?

3. Taylor nos aconselha a não nos envergonharmos de nosso nascimento, posição econômica ou vocação. Você já se sentiu envergonhado em alguma dessas áreas?

4. Leia novamente a lista das regras de Taylor. Quais delas você acha mais fáceis de cumprir? Quais as mais difíceis?

5. Em Lucas 14.7-11, Jesus conta uma parábola a um grupo de pessoas depois de observar como elas escolhiam os lugares de honra. Em que sentido essa parábola coincide com o ensino de Taylor sobre a humildade?

Sugestão de exercícios

Estes exercícios poderão ser utilizados por indivíduos, compartilhados entre companheiros de caminhada ou no contexto de pequenos grupos. Escolha um exercício ou mais.

1. Esta semana, "alimente a paixão de fazer o bem em secreto" (regra 4). Deixe seus atos de bondade passar despercebidos. Faça-os simplesmente para o bem dos outros, não por algum elogio que possa receber.

2. Esta semana, evite manipular conversas para receber elogios ou cumprimentos dos outros (regras 6 e 10). Conforme Taylor exorta, "não deixe o elogio dirigir suas conversas". Além disso, quando você for elogiado, "direcione o elogio a Deus" (regra 7).

3. Taylor acredita que a confissão rigorosa é o que mais nos ajuda a ter humildade (v. item 12). Ao fazer sua confissão esta semana, cuidado para não ver suas falhas e fracassos como atos fortuitos ou isolados no contexto de uma vida boa, antes, "junte-os como uma representação contínua de sua vida". Taylor observa que esse exercício, quando realmente aplicado à alma, será útil para o desenvolvimento da graça da humildade.

4. Conforme Jesus ordena, no decorrer da semana, não procure lugares de honra: contente-se com os lugares mais humildes. Humilhe-se e deixe que os outros o exaltem.

Reflexão

No prefácio de Holy Living, Taylor fala dos "instrumentos da virtude" que devem ser utilizados no desenvolvimento constante da vida santificada. Alguns desses instrumentos são as atividades de engajamento e abstinência que produzem humildade.

São meios ordenados por Deus para o desenvolvimento da virtude e não podemos presumir que o espírito de humildade crescerá em nós sem a prática regular deles. Na verdade, isso se aplica a todas as virtudes. Por isso, de acordo com Taylor, uma de nossas tarefas permanentes é buscar e "fazer uso dos instrumentos apropriados da virtude".

— RICHARD J. FOSTER

Para seu aprofundamento

TAYLOR, Jeremy. **Selected Works**. New York: Paulist, 1990. Faz parte da série *The Classics of Western Spirituality* [Os clássicos da espiritualidade ocidental].

Jeremy Taylor escreveu muitas obras, como **The Great Exemplar** (1649) [O grande modelo] e **The Worthy Communicant** (1668) [O comungante digno], porém é mais conhecido como autor de **The Rule and Exercises of Holy Living** (1650) e **The Rule and Exercises of Holy Dying** [A regra e a prática da morte santificada] (1651). Não encontrei uma edição moderna de nenhuma dessas duas obras, por isso é mais provável que você encontre obras antigas em alguma biblioteca ou na Internet. Há uma edição de 1875 (Boston: Estes and Lauriat). Para ter uma ideia dos assuntos tratados nesses livros, estes são alguns dos capítulos de **Holy Dying**: "Reflexões sobre a vaidade e a brevidade da vida"; "Motivos para uma avaliação diária de nossos atos"; "Regras para a prática da paciência"; "Exercício contra o desespero no dia de nossa morte".

ELIZABETH O'CONNOR
Lidando com o dinheiro

Introdução à autora

Em 1947, um movimento carismático resultou na fundação da Igreja do Salvador, em Washington, capital dos Estados Unidos. Pastoreada por Gordon Cosby, essa igreja mostrou para o restante do mundo um testemunho de fé radical. Elizabeth O'Connor (1921-) foi um dos primeiros membros da igreja e mais tarde fez parte do grupo de funcionários da igreja. Os escritos dela narram a história de como essa comunidade propagou ao mundo a impressionante obra de Deus realizada ali.

O'Connor é uma autora talentosa cuja percepção sobre a jornada espiritual ajudou inúmeros homens e mulheres a se aprofundar no relacionamento com Deus. Os escritos dela tanto desafiam e confrontam quanto encorajam e inspiram. O texto a seguir foi extraído de um livro composto de várias cartas escritas às primeiras comunidades de fé da Igreja do Salvador. Embora essas cartas tenham sido escritas para despertar e nutrir a fé e o compromisso dessas novas igrejas, elas expressam uma palavra renovada de exortação a todos os peregrinos dispersos sobre o importante assunto do dinheiro.

Extratos de *Letters to Scattered Pilgrims* [Cartas aos peregrinos dispersos]

1. *Lidando com dinheiro*

O "lucro desonesto", como às vezes o dinheiro é chamado, tem sido um dos tópicos prediletos de nossas conversas desde o início da Igreja do Salvador. Falamos disso, provavelmente, tanto quanto Jesus falou. Quando os membros fundadores, jovens e pobres, se organizavam numa comunidade de fé devidamente constituída, buscavam uma disciplina da membresia que ajudasse a eles e aos futuros membros a lidar concretamente com, pelo menos, alguns aspectos do manuseio do dinheiro. No primeiro texto, a disciplina dizia: "Comprometemo-nos a contribuir com 10% de nossa renda bruta para o trabalho da igreja".

Apesar de haver precedente na história bíblica da contribuição de 10%, nossos primeiros membros acharam que essa quantia lhes daria condições de compensar algumas injustiças sociais de uma maneira significativa tanto para eles quanto para os outros. Eles submeteram a constituição e as disciplinas propostas ao eminente teólogo Reinhold Niebuhr, que havia concordado em ler e comentar o material. Ele deu uma única sugestão sobre a disciplina sobre o dinheiro: "Sugiro que vocês se comprometam não com o dízimo, mas com uma contribuição proporcional, tendo o dízimo como patamar econômico abaixo do qual vocês não contribuiriam, exceto por motivo de força maior". A disciplina foi reescrita, e hoje é a regra em cada uma das seis novas comunidades de fé: "Comprometemo-nos com Cristo e uns com os outros a contribuir proporcionalmente a partir do dízimo de nossas rendas".

2. Contribuição proporcional

Não preciso ser contador para saber quanto é 10% de nossa renda bruta, mas cada um precisa colocar-se de joelhos diante de Deus se desejar entender o compromisso com a contribuição proporcional.

Proporcional a quê? Proporcional à riqueza acumulada da família? Proporcional à renda e aos gastos, que varia de família para família? Proporcional ao senso de segurança e grau de ansiedade com que cada um vive? Proporcional ao zelo de nossa consciência em relação ao que sofrem? Proporcional ao nosso senso de justiça e de que Deus é o dono de toda riqueza? Proporcional ao nosso senso de administração daqueles que nos seguem? E assim por diante. A resposta, naturalmente, é proporcional a todos esses aspectos.

A contribuição proporcional preservou-nos de confundir frequência à igreja com cristianismo e de olhar para o próximo a fim de descobrir o que poderíamos fazer. Em nossos melhores momentos, desejávamos que todos os membros, internos ou não, agissem conforme a orientação do Espírito Santo para determinar o que a contribuição proporcional significava em sua realidade específica. Naturalmente, esperávamos que, tanto para nós quanto para os outros, a contribuição proporcional aumentasse à medida que nos identificássemos com os oprimidos e aprendêssemos a confiar em Deus em níveis mais profundos sobre nosso futuro.

3. As fronteiras foram ampliadas

De modo geral, a disciplina nos foi muito útil. No decorrer dos anos, mantivemos o patamar dos 10% para os membros e de 5% para os membros internos. Muitos tiveram dificuldades com a contribuição mínima, e alguns se recusaram. Outros se desprenderam e contribuíram generosamente para nossa comunidade. As fronteiras da missão foram ampliadas, e o sofrimento de nossa cidade foi amenizado um pouco.

Às vezes, a contribuição era excessiva e eufórica, às vezes impulsiva — um anel de diamante de noivado colocado na salva de coleta, um jogo de talheres de prata deixados na porta da igreja, um cheque de milhares de dólares que representava todas as economias de um jovem casal.

4. Bendito seja o dízimo

A primeira vez que ouvi falar da disciplina do dízimo foi numa aula de crescimento na fé cristã que eu frequentava quando comecei a participar da Igreja do Salvador e era nova convertida. Depois da aula, reunimo-nos com os participantes de outras classes para um breve culto de adoração. Na pequena capela, entoavam-se as palavras: "Benditos são os laços que unem os corações no amor cristão". Meus ouvidos desatentos ouviram: "Bendito seja o *dízimo*...".[1] Voltei para casa e expliquei essa disciplina à minha família, que não era religiosa, e comentei: "Eles até cantam sobre isso".

---

[1] Em inglês, "dízimo" (*tithe*) e "laço" (*tie*) têm pronúncias semelhantes, que poderiam ser facilmente confundidas por um ouvinte desatento. [N. do T.]

No domingo seguinte, todos nós fomos visitar aquelas pessoas estranhas para saber o que estavam planejando. Gordon Cosby pregava seu sermão anual sobre dinheiro, que era tão fascinante na época quanto hoje. Antes do fim do ano, minha família estava contribuindo com o dízimo e, quando chegou a época de a igreja adquirir uma chácara para os retiros, desprezamos toda cautela e, juntos, emprestamos o que podíamos para contribuir com a parcela de entrada e fechar o negócio. Não que nossa alma se tivesse convertido tão rapidamente, mas percebíamos que algo muito importante estava acontecendo e queríamos fazer parte daquilo. Tínhamos sido capturados pela visão de um homem acerca do que uma comunidade poderia fazer quando se importava, de fato, com o oprimido e com o que sofre.

5. Recuperando a nós mesmos

Num sermão recente sobre dinheiro, Gordon foi enfático em declarar que contribuir financeiramente significa obter vitória sobre os poderes tenebrosos que nos oprimem. Ele falou de recuperar a nosso favor a energia que empregamos ao doar dinheiro: "O dinheiro é um problema para muitos de nós. Não conseguiremos avançar na fé cristã até que sejamos capazes de lidar com a questão material em outro nível. Trata-se de saber o que significa ser fiel a Jesus Cristo".

Ele disse também que o pobre sofre porque não pode contribuir. Sem dúvida, os ensinos e sermões de Gordon sobre dinheiro influenciaram toda a orientação das novas comunidades em relação à área material da vida. Cada uma delas iniciou com uma base financeira sólida, cada uma com um grupo pequeno de membros dizimistas. Todas as contribuições das comunidades são aplicadas na expansão do trabalho da missão no mesmo ano em que são recebidas. Nada é guardado para uma época de dificuldades. Seguimos fielmente a determinação de Moisés ao seu povo quando os libertava da escravidão: "Ninguém deverá guardar nada para o dia seguinte" (Êxodo 16.19, *NTLH*).

6. Equilibrando nosso padrão de vida

Apesar de nosso estilo corporativo e da exposição às questões levantadas em torno do assunto do dinheiro, sabemos que não obtivemos "uma mobilização de decréscimo". Apesar de termos conseguido equilibrar nosso padrão de vida, a maioria de nós se prende ao que já sabe. Embora o orçamento de nossas comunidades de fé seja expressivo para os padrões tradicionais, estamos cientes de que ele representa apenas uma fração da contribuição potencial da congregação.

Continuamos lutando com temor quando consideramos o abandono da contribuição. Nosso testamento, com rara exceção, é semelhante ao daqueles que nunca se comprometeram com a formação de uma comunidade de fé ou que nunca se interessaram pelo pobre. Isso pode mostrar que, diante da ameaça provocada pela ponderação sobre nossa morte, voltamos às antigas definições de família e aos horizontes mais estreitos de identidade. Em todo caso, no que diz respeito ao aspecto material da vida, a maioria de nós provavelmente diria que não estamos tão livres quanto gostaríamos. O que há vinte e cinco anos significava obediência radical, hoje não parece tão radical assim.

7. Rostos que conhecemos

Conhecer alguns irmãos sofridos do Terceiro Mundo e dos guetos de Washington influenciou completamente a maneira de enxergamos o planeta. As estatísticas de desemprego são formadas por rostos que conhecemos. Observamos a luta dos pobres não só com nova perspectiva, mas também com a lembrança de que nossa fidelidade no passado possibilitou que Deus realizasse verdadeiros milagres.

Espalhadas por nossas novas comunidades de fé, as pessoas perguntam, com crescente perturbação, o que significa ser fiel nesse tempo de sua longa jornada individual e de nossa lenta migração como povo das antigas ordens de "necessidade e morte". De maneira pessoal e corporativa, estamos outra vez lutando com a questão do que fazer com nosso dinheiro. Alguns de nós se sentem divididos por dentro, pois muitas vezes nosso coração diz uma coisa, e nossa mente, outra.

A partir do momento em que começamos a levar as Escrituras a sério, a declaração: "Vocês não podem servir a Deus e ao Dinheiro" (Mateus 6.24) é dirigida a nós pessoalmente. Era de esperar que Deus aplaudisse nosso pequeno esforço de fidelidade, mas o Espírito vem e leva-nos para onde ainda não estamos preparados a ir.

8. Adoração de ídolos

À medida que nos expomos ao pobre e a suas necessidades, o jovem rico e a viúva com suas moedinhas perdem a característica de historinha de livros de contos de nossa fé infantil e se tornam personagens da literatura de contracultura de um líder revolucionário — exatamente o mesmo a quem chamamos Salvador. O primeiro mandamento e todos os textos bíblicos nos quais se lê sobre a adoração de ídolos começam por revelar totalmente nosso ser primitivo. Alguns de nós olham para os ídolos e descobrem que um deles é o dinheiro.

Apesar de juntamente a outros milhões de frequentadores de igreja afirmarmos que Jesus salva, devemos perguntar se na prática não agimos como se fosse o dinheiro quem salvasse. Dizemos que o dinheiro traz poder, corrompe e domina. Assim como os antigos no episódio do bezerro de ouro, doamos dinheiro com energia sobrenatural, entregando braços e pernas, dizendo a nós mesmos que funciona. Além disso, nós a conservamos num lugar secreto e entregamos o coração, a mente e o poder de garantir paz e misericórdia.

9. Respostas individuais

Acreditamos de fato que o dinheiro e os bens materiais, de alguma forma, interferem na vida dos que desejam viver em comunidade? Cremos de verdade que cada vida possui recursos mais valiosos que o ouro, e que o coração, a mente e o trabalho são adequados a qualquer tarefa? E se o mundo estiver certo ao afirmar que há coisas que só o dinheiro pode comprar, que há dons do Espírito que somente o dinheiro proporciona e que há barreiras que apenas o dinheiro pode desobstruir?

A pergunta continua sendo feita, e continuamos lutando para encontrar a resposta que no fim precisa ser uma resposta individual, pois cada um de nós se encontra num estágio diferente da jornada espiritual, com diferentes percepções sobre o que o evangelho ensina a respeito do dinheiro.

Texto bíblico: Mateus 6.19-24

"Não acumulem para vocês tesouros na terra, onde a traça e a ferrugem destroem, e onde os ladrões arrombam e furtam. Mas acumulem para vocês tesouros nos céus, onde a traça e a ferrugem não destroem, e onde os ladrões não arrombam nem furtam. Pois onde estiver o seu tesouro, aí também estará o seu coração.

Os olhos são a candeia do corpo. Se os seus olhos forem bons, todo o seu corpo será cheio de luz. Mas se os seus olhos forem maus, todo o seu corpo será cheio de trevas. Portanto, se a luz que está dentro de você são trevas, que tremendas trevas são!

Ninguém pode servir a dois senhores; pois odiará um e amará o outro, ou se dedicará a um e desprezará o outro. Vocês não podem servir a Deus e ao Dinheiro."

Perguntas para meditação

Estas perguntas poderão ser utilizadas para discussão em pequenos grupos ou para registro em diário pessoal.

1. Depois de ler esse texto, quais reações instintivas você teve diante das contundentes afirmações sobre o uso do dinheiro?

2. Gordon Cosby insiste em que seus ouvintes recuperem "a energia que empregamos ao doar dinheiro". Com que vigor tem doado dinheiro? O seria alcançado ao recuperar esse vigor?

3. O'Connor cita a pregação de Cosby: "Contribuir financeiramente significa obter vitória sobre os poderes tenebrosos que nos oprimem".

Alguma vez o dinheiro lhe pareceu um "poder tenebroso", oprimindo você? Explique.

4. Como é possível numa vida espiritual apropriadamente disciplinada investir e aplicar dinheiro para o bem do próximo e para o avanço do Reino de Deus?

5. Jesus afirmou que não podemos servir a Deus e ao Dinheiro (Mateus 6.24), porque percebeu que, para muitas pessoas, Mamom (o espírito da riqueza) era como um falso deus. Como o dinheiro tenta conquistar sua lealdade? Que dificuldades você tem enfrentado ao tentar "servir a dois senhores"?

Sugestão de exercícios

Estes exercícios poderão ser utilizados por indivíduos, compartilhados entre companheiros de caminhada ou no contexto de pequenos grupos. Escolha um exercício ou mais.

1. Se você ainda não pratica o dízimo, estude por um mês o ensinamento sobre esse princípio. Sem se tornar legalista, procure maneiras de moderar seus gastos desnecessários para poder contribuir generosamente com o pobre.

2. Procure identificar-se com o "rosto" dos pobres. O'Connor observa que a Igreja do Salvador conseguiu contribuir de forma tão significativa para os pobres porque os pobres não eram "eles", mas "nós". Passe uma tarde numa entidade de ministério urbano. Preste atenção ao rosto das pessoas que você encontra e ouça sua voz.

3. Tire um final de semana para fazer um levantamento financeiro pessoal. Examine as despesas do último ano e procure identificar como você gasta seu dinheiro. Leve essa informação para seus momentos de oração e peça a Deus que o ajude a vencer o poder do dinheiro.

4. Jesus aconselha: "Não acumulem para vocês tesouros na terra" (Mateus 6.19). Na tentativa de se desfazer de alguns bens, organize um bazar e doe uma parte ou toda a arrecadação para os pobres ou para alguma obra social.

Reflexão

Tenho uma imensa dívida para com o ministério da Igreja do Salvador. Certa ocasião, quando eu estava prestes a abandonar o ministério, Gordon Cosby, numa visita casual de uma hora, proferiu palavras inspiradoras ao meu espírito. No decorrer dos anos, os escritos de Elizabeth O'Connor alimentaram minha esperança sobre o futuro da Igreja. Quando via tantas igrejas correndo atrás dos pequenos deuses de metal do autoengrandecimento e da prosperidade, eu era fortemente tentado a clamar: "Icabode!" diante da religião exterior. Entretanto, O'Connor contou outra história — uma história de discipulado e compromisso em meio a uma luta sincera. Fui motivado a acreditar que a Igreja poderia realmente ser uma comunhão redentora, em vez de uma equivalente religiosa de promoção secular. Sou profundamente grato a Deus pela Igreja do Salvador e a Elizabeth O'Connor, que foi levada a contar a história dessa igreja.

— Richard J. Foster

Para seu aprofundamento

O'Connor, Elizabeth. **Call to Commitment.** New York: Harper & Row, 1963. Esse foi o primeiro livro a contar a história incomum da Igreja do Salvador. Na época em que foi escrito, a igreja estava na vanguarda dos novos odres da renovação cristã — posição mantida até hoje. Talvez você também queira ler *Journey Inward, Journey Outward* [Jornada para dentro, jornada para fora], que continua registrando o desenvolvimento dessa comunhão contagiante.

_____. **Letters to Scattered Pilgrims.** New York: Harper & Row, 1979. Essas cartas, destinadas às seis comunidades de fé da Igreja do Salvador, têm uma maneira especial de nos convocar para águas inexploradas do discipulado. A discussão sobre o dinheiro, da qual o texto deste capítulo foi extraído, é uma análise penetrante de um dos ídolos mais persistentes da cultura ocidental.

JOHN WESLEY

Amar o próximo

Introdução ao autor

John Wesley (1703-1791) foi um dos 19 filhos de Samuel e Susanna Wesley. Seu pai era um clérigo anglicano e sua mãe, uma mulher dedicada a Deus aos seus filhos. John estudou na Faculdade da Igreja de Cristo, em Oxford, na Inglaterra, foi ordenado ministro anglicano e tornou-se membro da Faculdade Lincoln. Em Oxford, ele e um grupo de amigos se uniram a fim de se encorajarem mutuamente a viver uma vida santificada. A maneira metódica de exercitarem a santidade levou os colegas da faculdade a chamá-los "metodistas".

Apesar de Wesley ser profundamente religioso, algo estava faltando em seu coração. Em 24 de maio de 1738, ele participou de uma reunião de oração, na qual o dirigente leu o prefácio do comentário de Lutero sobre a carta aos Romanos. Foi, então, escreveu Wesley, que ele entendeu pela primeira vez que Deus o amava — até mesmo a ele —, e o evangelho criou raízes em seu coração. Com o coração "estranhamente aquecido", Wesley iniciou um ministério incomum de pregação, principalmente entre o povo simples do interior da Inglaterra.

Os historiadores dizem que, ao evangelizar o povo simples da Inglaterra do século XVIII, Wesley poupou o país de uma sangrenta revolução. O impacto causado por ele na Inglaterra enquanto era vivo foi dramático. Mais dramático ainda foi o impacto nos Estados Unidos, depois de sua morte, uma vez que os pregadores metodistas percorriam as regiões fronteiriças repetindo a mensagem de Wesley.

O texto a seguir foi adaptado da famosa obra *Um claro relato da perfeição cristã*. Nesse livro, Wesley oferece conselhos práticos para os que desejam caminhar em direção à maturidade, que para Wesley não significava um estado de impecabilidade, mas o desejo de amar a Deus de todo o coração, alma, mente e força.

Extratos de *Um claro relato da perfeição cristã*

1. O perigo do orgulho

O primeiro conselho que dou a quem foi salvo do pecado pela graça é tomar cuidado e orar continuamente contra o orgulho, pois o orgulho não só atribui ao nosso esforço o que somos, mas também acha que somos algo que não somos. Por exemplo, alguém atribuía seu conhecimento a Deus e, por isso, era humilde. Todavia, pensava depois que tinha mais conhecimento que os outros, e isso é orgulho, algo perigoso.

Muitas vezes, imaginamos não precisar do conselho ou da repreensão de ninguém. Lembre-se sempre disto: a graça abundante não resulta necessariamente em iluminação abundante. Podemos ser sábios, mas ter pouco amor, ou podemos ter amor, mas pouca sabedoria. Deus sabiamente nos uniu como partes de um corpo para que não digamos ao outro: "Não preciso de você".

É um erro muito grave e sério até mesmo pensar que quem não é salvo não tem nada a lhe ensinar. O domínio não é encontrado na graça. Algumas pessoas negligenciaram esse fato e incorreram em muitos erros e certamente em orgulho. Tome cuidado até com a aparência de orgulho! Tenha aquela mesma disposição humilde de Cristo Jesus. Seja revestido de humildade. Deixe a modéstia manifestar-se em todas as suas palavras e ações.

Uma forma de fazer isso é reconhecer todas as nossas falhas. Se em algum momento você pensou, falou ou agiu de maneira errada, não deixe de reconhecer isso. Nunca pense que isso prejudicará a causa divina — na verdade, a promoverá. Seja espontâneo e sincero quando for repreendido e não procure esquivar-se ou encobrir o erro. Antes, seja autêntico, pois assim o evangelho não será envergonhado: pelo contrário, será adornado.

2. O perigo do entusiasmo

Cuidado, também, com o filho do orgulho: o entusiasmo. Por entusiasmo quero dizer a pressa em atribuir tudo a Deus, supondo que sonhos, vozes e visões sejam revelações especiais de Deus concedidas a você. Embora possam vir de Deus, também poderão vir do Diabo. Portanto, "não creiam em qualquer espírito, mas examinem os espíritos para ver se eles procedem de Deus" (1João 4.1). Prove todas as coisas por meio da Palavra escrita de Deus, e que tudo se submeta a ela.

Você corre o risco do entusiasmo toda vez que se distancia ligeiramente das Escrituras. Nunca devemos apartar-nos do sentido claro das Escrituras, mas sempre levar em consideração o contexto no qual foi elas foram escritas. Lembre-se, porém, de que não devemos desprezar a razão, o conhecimento ou o aprendizado humano, que são dádivas de Deus e têm um propósito.

Um dos caminhos de entrada do entusiasmo é desejar o fim sem os meios: por exemplo, desejar possuir conhecimento sem estudar as Escrituras nem consultar o povo de Deus, ou desejar força espiritual sem oração incessante e constante vigilância, ou ainda esperar que Deus o abençoe sem dar ouvidos à sua Palavra.

Outra porta de entrada do entusiasmo pode ser o próprio desejo de "crescer na graça". Para algumas pessoas, essa atitude fará com que estejam constantemente procurando uma "nova" graça e, desse modo, buscando algo diferente das novas dimensões de amor a Deus e ao próximo. Alguns acham que alcançaram uma nova graça quando descobrem o que significa ser "um com Cristo" ou "morrer com Cristo". Quando recebemos no coração um novo ensino das Escrituras, não devemos concluir que seja um "novo" dom. Recebemos tudo isso quando fomos justificados, o que falta é a experiência dessas coisas em maior grau.

Devemos sempre lembrar que o amor é o maior dom de Deus. Todas as nossas revelações e dons são pequenas coisas, em comparação com o amor. Não há nada mais sublime na religião. Se estiver procurando qualquer outra coisa, você está longe do alvo. Resolva a partir deste momento não ter outro objetivo senão aquele amor descrito no capítulo 13 de 1Coríntios. Você não pode ir além disso.

3. O perigo do antinomismo ou ser contra a lei

Aconselho-o também a tomar cuidado com o antinomismo, que consiste na crença de que não há necessidade de lei na vida do cristão. Mesmo a grande verdade de que "Cristo cumpriu a lei" pode induzir-nos a essa atitude, se ignorarmos que ele adotou para si cada um dos pontos da lei moral. Cuidado para não pensar: "Uma vez que tenho o amor de Deus, não preciso de santidade"; ou: "Já que eu estou em constante oração, não preciso separar um tempo de oração em particular"; ou: "Já que sou espiritual, não preciso examinar a mim mesmo".

Antes, seja este nosso pensamento: "Amo os teus mandamentos mais do que o ouro ou a pedra preciosa. Sim, quanto amor encontrei em tuas leis! Meditarei nelas o dia todo". Precisamos tomar cuidado com o comodismo, com o desprezo à abnegação, ao jejum ou à abstinência. Não podemos clamar: "Apenas creia, creia!", nem rotular como "legalistas" os que tentam praticar o que as Escrituras ensinam. Precisamos lembrar que "a fé foi aperfeiçoada pelas obras" (Tiago 2.22).

4. O perigo dos pecados de omissão

Pecar por omissão significa deixar de fazer o bem quando temos oportunidade. Precisamos estar atentos a esses pecados e zelar por toda boa obra. Faça tudo o que estiver ao seu alcance pelo bem físico e espiritual do próximo. Seja ativo. Não ceda lugar à indolência. Esteja sempre ocupado, sem desperdiçar nenhum fragmento de tempo. Tudo o que estiver ao seu alcance, faça com todas as suas forças.

Além do mais, seja tardio em falar. Diz-se que, "quando são muitas as palavras, o pecado está presente". Procure não falar muito ou por muito tempo. São poucos os que conseguem conversar de maneira proveitosa por mais de uma hora. Evite, principalmente, o "bate-papo" piedoso ou a fofoca religiosa.

5. O perigo de buscar outra coisa além de Deus

Tome cuidado também para não buscar qualquer coisa além de Deus. Jesus disse: "Se os seus olhos forem bons, todo o seu corpo será cheio de luz". Não se deixe dominar pelo desejo da comida saborosa ou de qualquer outro prazer dos sentidos, pelo desejo de agradar os olhos ou a imaginação, pelo desejo do dinheiro, da fama ou do poder. Embora tenha a capacidade de sentir esses desejos, você não é obrigado a senti-los. Permaneça firme na liberdade pela qual Cristo libertou você!

Seja para todos um exemplo de negação diária de si mesmo e de alguém que carrega a cruz. Deixe os outros observar que você não tem interesse em nenhum prazer que não o conduza para mais próximo de Deus, nem leve em conta o sofrimento que o conduz a Deus. Deixe que vejam que seu único objetivo é agradar a Deus em todas as coisas. Que a linguagem de seu coração seja o cântico, no prazer ou na dor, na riqueza ou na pobreza, na honra ou na desonra. "Tudo é a mesma coisa para mim, para que, vivendo ou morrendo, eu esteja no Senhor!"

6. O perigo da divisão

Cuidado para não provocar divisão na Igreja de Cristo. Deixar de ter amor mútuo, "uns pelos outros" (1Coríntios 12.25), é uma desunião interior que está no âmago de toda divisão exterior. Cuidado com tudo o que provoque essa separação. Cuidado com o espírito de dissensão.

Portanto, não diga: "Eu sou de Paulo"; ou: "Eu sou de Apolo" (1Coríntios 1.12). Foi exatamente isso que provocou a divisão em Corinto. Não diga: "Esse é meu pregador, o melhor pregador do país. Deixe-me ficar com ele, e vocês ficam com o restante". Isso leva à divisão, a desunir aqueles a quem Deus uniu.

Não menospreze nem critique nenhum pregador. Não exalte ninguém mais que os outros, para que você não ofenda a eles nem à causa de Deus. Não castigue nenhum pregador por dizer algo inconsistente ou inexato, nem mesmo por algum erro, mesmo que você esteja correto.

Nem sequer pense em se separar de seus irmãos, quer concordem com você, quer não. Só porque alguém não concorda com tudo o que você diz não significa que ele esteja pecando. Nada disso é essencial para a obra de Deus. Seja paciente com os que discordam de você. Não condene as pessoas que não enxergam as coisas como você ou que pensam que o dever delas é contradizê-lo, nas pequenas ou nas grandes questões.

Sim, cuidado com a sensibilidade, a impertinência e a relutância em se corrigir. Cuidado para não se irritar com a menor crítica e evitar os que não aceitam sua palavra.

Texto bíblico: 1 Coríntios 13.1-8

Ainda que eu fale as línguas dos homens e dos anjos, se não tiver amor, serei como o sino que ressoa ou como o prato que retine. Ainda que eu tenha o dom de profecia e saiba todos os mistérios e todo o conhecimento, e tenha uma fé capaz de mover montanhas, se não tiver amor, nada serei. Ainda que eu dê aos pobres tudo o que possuo e entregue o meu corpo para ser queimado, se não tiver amor, nada disso me valerá.

O amor é paciente, o amor é bondoso. Não inveja, não se vangloria, não se orgulha. Não maltrata, não procura seus interesses, não se ira facilmente, não guarda rancor. O amor não se alegra com a injustiça, mas se alegra com a verdade. Tudo sofre, tudo crê, tudo espera, tudo suporta.

O amor nunca perece; mas as profecias desaparecerão, as línguas cessarão, o conhecimento passará.

Perguntas para meditação

Estas perguntas poderão ser utilizadas para discussão em pequenos grupos ou para registro em diário pessoal.

1. John Wesley inicia o texto discutindo os perigos do orgulho. Ele relaciona alguns deles: atribuir a nós mesmos aquilo que vem de Deus; superestimar nossos dons; achar que não precisamos de correção; acreditar que não precisamos dos outros na igreja; achar que nada temos a aprender com

o não cristão; ser reticente em admitir nossas falhas. Com qual desses perigos você mais tem lutado?

2. No item 2, Wesley escreve sobre a tendência de alguns desejarem bênção espiritual (por exemplo, conhecimento, força espiritual) sem nenhum esforço espiritual (por exemplo, oração, leitura da Bíblia, ouvir a pregação da Palavra, comunhão cristã). Ao refletir sobre sua vida, que bênçãos espirituais você gostaria de receber de Deus? Que meios espirituais ajudariam você a receber essas bênçãos?

3. Wesley discute no item 4 o perigo dos pecados de omissão (não fazer o que deveríamos fazer). Quais são os seus pecados de omissão mais impertinentes?

4. No item 6, Wesley trata do problema da divisão. Você já passou por esse problema em sua igreja local? Em sua família? De acordo com Wesley, como devemos tratar desse assunto?

5. Em 1Coríntios 13.1-8, Paulo incentiva os cristãos de Corinto a ter o amor como objetivo sobre todas as coisas. Parece que os coríntios estavam dando muita ênfase aos dons individuais e pouca importância ao modo correto de aplicar os dons, que visava à mútua edificação. Você já teve de lidar com esse problema?

Sugestão de exercícios

Estes exercícios poderão ser utilizados por indivíduos, compartilhados entre companheiros de caminhada ou no contexto de pequenos grupos. Escolha um exercício ou mais.

1. John Wesley aconselha: "Seja ativo". Esta semana, procure fazer "todo o bem que estiver ao seu alcance". Transfira a atenção de seus pecados de comissão para os pecados de omissão.

2. Wesley recomenda enfaticamente: "Não castigue nenhum pregador'". Evite a tendência partidarista, de se tornar fã de um pregador ou de um mestre em detrimento de outros. Aprenda a dizer: "Eu sou de Paulo *e* de Apolo".

3. Divisões acontecem não só quando procuramos seguir um líder popular que se enquadra em nossas preferências, mas também quando nos separamos de outros membros pelas diferenças de opiniões sobre questões

não essenciais. Esta semana, procure melhorar nessa área, como Wesley aconselha: "Seja paciente com os que discordam de você".

4. Tanto Wesley quanto Paulo incentivam seus ouvintes a buscar o amor acima de todas as coisas. Examine sua vida esta semana, perguntando-se: "Quanto amor demonstro em minha vida?". Faça uma lista de atitudes e atos em relação aos outros que precisam ser mudados.

Reflexão

Fico sempre impressionado com o equilíbrio dos conselhos de Wesley. Ele incentiva o zelo e alerta para os excessos. Ele defende disciplinas espirituais e alerta contra o legalismo. Mesmo nesse breve texto devocional, demonstra muito discernimento. Deixe-me citar apenas um.

Wesley nos aconselha a tomar cuidado com o querer que Deus faça por nós coisas que ele ordenou que nós mesmos fizéssemos. Às vezes, o cristão fica ansioso para ter revelações diretas sobre questões que podem ser resolvidas por meio de um estudo sincero das Escrituras. Outras vezes, o cristão quer progredir e amadurecer em santidade por meio de "enlevo espiritual", quando os meios ordenados por Deus envolvem disciplinas como a oração, o jejum e a solitude. Veja, Deus quer que sejamos "cooperadores" com ele à medida que descobrimos essa vida de "justiça, paz e alegria no Espírito Santo" (1 Coríntios 3.9; Romanos 14.17).

Seria recomendável atentarmos aos conselhos de Wesley — neles há palavras de vida.

— RICHARD J. FOSTER

Para seu aprofundamento

BRYANT, Al (Comp.). **The John Wesley Reader.** Waco: Word, 1983. Meditações devocionais baseadas no diário, nos sermões e nas cartas de Wesley.

LELIÉVRE, **Mateo. João Wesley: sua vida e obra. São Paulo: Vida, 1997.** A maior e mais completa biografia já publicada em língua portuguesa sobre a vida do fundador do metodismo, seus escritos e sua paixão contagiante pelas almas perdidas.

CLÁSSICOS DEVOCIONAIS

OUTLER, Albert C. **The Works of John Wesley.** Nashville: Abingdon, 1984. 32 v. Se você estiver procurando o melhor e mais completo material sobre Wesley, essa é a coleção de que você precisa. Outler é o maior estudioso de Wesley neste século.

PARKER, Percy Livingstone (Org.) **The Journal of John Wesley.** Várias edições em inglês. Essa edição, em brochura, é um resumo do diário de Wesley, útil para quem está começando a se familiarizar com ele. Várias editoras publicam essa edição: Lion, Moody, STL e outras.

SNYDER, Howard A. **The Radical Wesley and Patterns for Church Renewal.** Downers Grove: InterVarsity, 1980. Snyder apresenta-nos perspectivas e metodologias inovadoras de Wesley e mostra por que elas transformaram a Inglaterra do século XVIII e como também podem transformar a sociedade contemporânea.

CATARINA DE SENA

Transbordando de amor

Introdução à autora

Catarina di Giacomo di Benincasa (1347-1380) nasceu em Fontebranda, distrito de Sena, na Itália. Era a vigésima quarta de 25 filhos. Cresceu numa família católica pobre, porém devota, numa época de disputas entre classes e guerras religiosas. Aos 7 anos de idade, fez voto de virgindade a Deus e aos 15 anos cortou o cabelo em protesto contra os pais, que queriam forçá-la a casar-se. Aos 18 anos, tornou-se freira dominicana e começou a viver em solitude e silêncio, saindo de seu aposento apenas para as missas.

Aos 21 anos, decidiu voltar para o convívio da família e ajudar os pobres, servindo como enfermeira em lares e hospitais. Apesar de sua fama ter alcançado desde os mendigos até poderosos papas, ela conseguiu manter uma vida interior de silêncio e devoção a Deus. Catarina era sempre chamada para resolver disputas políticas e distúrbios sociais, até sua morte em 1380.

Durante a Idade Média, a metáfora era uma forma bastante popular de retratar a vida espiritual. Escadas, castelos e noites tenebrosas — todas empregadas para descrever o indescritível. No texto a seguir, Catarina utiliza a metáfora de uma ponte para descrever a obra de Cristo e o caminho para o céu. A comparação poderá parecer obscura para o leitor moderno e seu raciocínio "literal". Ela escreve de maneira que desafia as palavras, portanto faremos bem se lermos sua obra com o coração e também com a mente.

Extratos de *The Dialogue* [O diálogo]

1. A ponte

(Então, o Eterno Deus respondeu à alma dela): Quero descrever-lhe a ponte. Ela se estende do céu à terra pelo fato de eu me ter unido à sua humanidade que formei com barro. Essa ponte tem três escadas. Duas delas foram construídas pelo meu Filho na madeira da santíssima cruz, e a terceira no momento em que ele experimentou o amargor do fel e do vinagre que lhe deram de beber. Você perceberá nessas três escadas três estágios espirituais.

2. Os pés da afeição

A primeira escada são os pés, que representam a afeição. Assim como os pés conduzem o corpo, as afeições conduzem a alma. Os pés cravados de meu Filho são uma escada pela qual você subirá para estar ao lado dele, onde lhe será revelado o mais íntimo de seu coração. Pois, quando a alma escala os pés da afeição e olha com os olhos da mente o coração aberto de meu Filho, começa a sentir o amor de seu coração em seu perfeito e inefável amor. (Digo perfeito porque ele não ama você para o bem dele mesmo; você não conseguirá fazer nenhum bem a ele, pois ele é um comigo.)

Em seguida, a alma, vendo quanto é amada, é preenchida de amor em abundância. Então, depois de subir a segunda escada, chega à terceira: a boca dele, onde a alma encontra paz após a terrível luta que travou por causa do pecado.

3. A divindade misturada ao barro da humanidade

Na primeira escada, tirando da terra os pés da afeição, a alma se livrou do pecado. Na segunda escada, revestiu-se de amor para a pureza. Na terceira escada, encontrou paz.

Assim, a ponte tem três escadas e é possível alcançar a terceira passando pelas duas primeiras. A última escada é tão alta que as águas turbulentas não conseguem derrubá-la — pois o veneno do pecado nunca tocou meu Filho.

Contudo, embora a ponte seja tão elevada, ela continua ligada à terra. Você sabe quando ela foi erigida? Quando meu Filho foi pendurado no madeiro da santíssima cruz, ele não distanciou sua divindade do humilde barro da humanidade. Por isso, apesar de ter sido elevado a lugares tão altos, ele não saiu da terra. Na verdade, a divindade dele é misturada ao barro da humanidade da mesma forma que se faz um pão. Ninguém podia atravessar aquela ponte até meu Filho ser levantado. Foi por isso que ele disse: "Eu, quando for levantado da terra, atrairei todos a mim" (João 12.32).

4. Atraídos pelo amor

Quando, por minha bondade, percebi que você não seria atraída de nenhuma outra forma, enviei meu Filho para ser levantado no madeiro. Fiz da cruz uma bigorna onde esse filho de homem pudesse ser batido para formar um instrumento que libertasse a humanidade da morte e a restaurasse para a vida, sob a graça. Dessa maneira, ele atraiu todas as coisas para si, pois provou seu amor inefável, e o coração humano é sempre atraído pelo amor. Ele não poderia ter demonstrado maior amor do que entregar sua vida a favor de você (João 15.13). Você dificilmente deixará de ser atraída pelo amor, a não ser que se recuse insanamente a ser atraída.

Eu disse que depois de ser exaltado ele atrairia todas as coisas para si. Há dois aspectos nessa verdade. Como eu disse, o coração humano é atraído pelo amor e com todas as suas forças: lembrança, entendimento e vontade. Se essas três forças forem harmoniosamente unidas em meu nome, o que você fizer, de fato ou em mera intenção, se unirá a mim em paz no movimento do amor, pois tudo será exaltado na busca do amor crucificado. Portanto, ele de fato disse a verdade quando afirmou: "Eu, quando for levantado da terra, atrairei todos a mim" (João 12.32). Tudo o que você fizer será conduzido a ele, depois que ele atrair seu coração e suas forças.

O que ele disse também é verdadeiro no sentido de que tudo foi criado para você usar e para atender às suas necessidades. Contudo, você, que tem o dom da razão, não foi feita para você mesma, mas para mim, para me servir de todo o seu coração e com todo o seu amor. Então, quando você se aproxima de mim, todas as coisas se aproximam com você, porque tudo foi criado para você. Por isso, era necessário que essa ponte fosse construída. Ela precisava ter escadas para que você pudesse subir nela com maior facilidade.

5. As pedras da verdadeira pureza

Essa ponte tem muros de pedra, para que os viajantes não sejam impedidos de passar quando chover. Você sabe que pedras são essas? São as pedras da verdadeira e sólida pureza. Entretanto, essas pedras não foram edificadas antes da paixão de meu Filho. Por isso, ninguém podia chegar ao destino final ainda que andasse no caminho da pureza, pois o céu não havia sido ainda aberto com a chave do sangue do meu Filho, e a chuva da justiça impedia a todos de atravessar.

Todavia, depois que essas pedras foram lavradas no corpo da Palavra, meu meigo Filho (já lhe disse que ele é a ponte) edificou os muros com elas, endurecendo a argamassa com o próprio sangue. Isto é, seu sangue foi misturado na argamassa de sua divindade com o forte calor de seu amor ardente.

Pelo meu poder, as pedras da pureza edificaram as paredes sobre nenhum outro alicerce que não ele mesmo, pois toda pureza extrai dele vida, e não existe pureza que não tenha sido provada nele. Por isso, ninguém pode ter uma pureza vivificadora que não venha dele, isto é, seguindo o exemplo e o ensino dele. Ele aperfeiçoou a pureza e assentou-a como pedras vivas edificadas nos muros com seu sangue. Então, agora todos os fiéis podem atravessar a ponte sem serem impedidos e sem temor servil da chuva da justiça divina, pois estão protegidos pela misericórdia que desceu do céu na encarnação desse meu Filho.

6. A chave do sangue do Filho

Como foi aberto o céu? Com a chave do sangue dele. Então, observe: a ponte tem muros e um teto de misericórdia. O abrigo da santa Igreja está ali para servir o sangue e o pão da vida para que os peregrinos, minhas criaturas, não desanimem nem desmaiem pelo caminho. Assim, meu amor ordenou que o sangue e o corpo de meu único Filho, plenamente Deus e plenamente humano, seja administrado.

No final da ponte, há um portão (que, na verdade, está unido à ponte), a única passagem existente. É por isso que ele disse: "Eu sou a luz do mundo. Quem me segue, nunca andará em trevas, mas terá a luz da vida" (João 8.12). Em outro lugar, ele disse ninguém viria a mim senão por meio dele, e isso é verdade (João 14.6).

7. A luz não ofuscada pela falsidade

Explico tudo isso porque desejo que você conheça o caminho. Então, quando ele diz que é o caminho, está falando a verdade. Já lhe mostrei que ele é o caminho, pela figura da ponte. Ele diz que é a verdade: então é. Quem o seguir segue o caminho da verdade. Ele também é a vida. Se você seguir a verdade dele, terá a vida da graça e nunca morrerá de fome, pois a Palavra é alimento.

Você também nunca será lançada nas trevas, pois ele é a luz que não se ofusca por nenhuma falsidade. Na verdade, com a verdade, ele confunde toda mentira com a qual o Diabo enganou Eva. Aquela mentira destruiu o caminho para o céu, mas a verdade o consertou e o cercou com seu sangue.

Os que percorrem esse caminho são filhos da verdade, porque seguem a verdade. Eles passam pelos portões da verdade e se encontram comigo. Estou unido ao portão e ao caminho que é meu Filho, a verdade eterna, uma imensa paz. Todavia, aqueles que não permanecem nesse caminho passam pelo rio embaixo — não um caminho de pedras, mas de água. Uma vez que não há como parar a água, ninguém consegue atravessar o rio sem se afogar.

8. Prosseguindo continuamente

São assim os prazeres e as circunstâncias do mundo. Os que amam e desejam essas coisas não estão fundamentados na rocha, mas apoiados desordenadamente sobre pessoas ou coisas criadas, não sobre mim (e, como as águas, estão passando continuamente). Eles passam assim como essas coisas. Embora pareça para essas pessoas que as coisas que elas amam é que estão passando, enquanto elas mesmas estão firmes, na verdade, as pessoas estão prosseguindo continuamente para o destino da morte.

Essas pessoas gostariam de se preservar (isto é, preservar a própria vida e as coisas que amam) e não serem levadas a nada, mas não podem. Ou a morte as faz deixar tudo para trás, ou por meio do meu decreto essas coisas criadas são tiradas delas. Coisas como essas, indo em direção à falsidade, caminham para a mentira. Elas são filhas do Diabo, o pai da mentira (João 8.44).

9. Toda amargura suavizada, todo fardo aliviado

Como são cegos e insensatos os que preferem atravessar o rio, enquanto um caminho foi construído para eles! Esse caminho é tão agradável para quem o percorre que suaviza toda amargura e alivia todo fardo. Apesar de estarem na escuridão do corpo, encontram luz; apesar de serem mortais, encontram a vida sem a morte, pois, por meio do amor e da luz da fé experimentam a verdade eterna, com a promessa de renovação em troca da exaustão que suportaram a meu favor.

Seus lábios não expressarão, seus ouvidos nunca ouvirão e seus olhos jamais verão a alegria daqueles que andam pelo caminho, pois mesmo nesta vida estes poderão experimentar a bondade que os aguarda na vida eterna. Agora, você ouviu e viu como é essa ponte. Contei-lhe tudo para explicar o que quis dizer quando afirmei que meu único Filho é uma ponte, conforme você vê, unindo o mais alto ao mais inferior.

Texto bíblico: João 14.1-11

"Não se perturbe o coração de vocês. Creiam em Deus; creiam também em mim. Na casa de meu Pai há muitos aposentos; se não fosse assim, eu lhes teria dito. Vou preparar-lhes lugar. E se eu for e lhes preparar lugar, voltarei e os levarei para mim, para que vocês estejam onde eu estiver. Vocês conhecem o caminho para onde vou".

Disse-lhe Tomé: "Senhor, não sabemos para onde vais; como então podemos saber o caminho?"

Respondeu Jesus: "Eu sou o caminho, a verdade e a vida. Ninguém vem ao Pai, a não ser por mim. Se vocês realmente me conhecessem, conheceriam também o meu Pai. Já agora vocês o conhecem e o têm visto".

Disse Filipe: "Senhor, mostra-nos o Pai, e isso nos basta".

Jesus respondeu: "Você não me conhece, Filipe, mesmo depois de eu ter estado com vocês durante tanto tempo? Quem me vê, vê o Pai. Como você pode dizer: 'Mostra-nos o Pai'? Você não crê que eu estou no Pai e que o Pai está em mim? As palavras que eu lhes digo não são apenas minhas. Ao contrário, o Pai, que vive em mim, está realizando a sua obra. Creiam em mim quando digo que estou no Pai e que o Pai está em mim; ou pelo menos creiam por causa das mesmas obras".

Perguntas para meditação

Estas perguntas poderão ser utilizadas para discussão em pequenos grupos ou para registro em diário pessoal.

1. Descreva as três escadas com suas palavras. Você já passou por alguma dessas experiências?

2. Para Catarina de Sena, a cruz é a ponte entre Deus e a humanidade. Catarina crê que a cruz de Jesus seja o único caminho para Deus? Você crê que a cruz de Jesus é o único caminho? Explique.

3. Embora não possamos chegar ao céu pelo mérito de nossas virtudes, elas são importantes na vida cristã uma vez que a "argamassa" está misturada com o sangue de Cristo. No campo da conduta pessoal, como sua vida mudou em consequência de seu relacionamento com o sangue salvador de Cristo?

4. No item 6, Catarina apresenta rapidamente a importância da Igreja na jornada espiritual. Qual é o papel da Igreja nessa jornada? De que maneira sua igreja oferece esse benefício a peregrinos como você?

5. Catarina esforçou-se para explicar a frase enigmática de Jesus: "Eu sou o caminho" (João 14.6). No texto bíblico citado, Tomé diz que também não entendia e pede a Jesus que lhe mostre o "caminho" para onde ele, Jesus, está indo. Como Jesus responde? Se Catarina estivesse presente, como ela ajudaria Tomé a entender o caminho?

Sugestão de exercícios

Estes exercícios poderão ser utilizados por indivíduos, compartilhados entre companheiros de caminhada ou no contexto de pequenos grupos. Escolha um exercício ou mais.

1. Medite no coração de Deus. Esta semana, passe algum tempo refletindo sobre tudo o que você significa para Deus. Deixe-se aquecer no ardor do amor incondicional e eterno de Deus por você.

2. Embora não possamos "chegar ao destino final" pelo caminho da virtude, as sólidas rochas da santidade precisam ser edificadas na ponte, para impedir que a chuva destrua nosso caminho. Esta semana, torne seu objetivo edificar um fundamento sólido, desenvolvendo um novo hábito de santidade.

3. Catarina observa que Deus usa a Igreja para nos sustentar pelo caminho. Esta semana, vá ao culto de estômago vazio, desejando receber o alimento para sua alma que Deus quer prover por meio da Igreja.

4. Jesus disse: "Não se perturbe o coração de vocês" (João 14.1). Ao enfrentar uma dificuldade ou experimentar alguma ansiedade esta semana, apoie-se em Jesus, por meio da fé. Tenha a confiança de que ele sabe o que você está passando e é capaz de cuidar de você de uma forma que excede suas expectativas.

Reflexão

Acostumado com a hermenêutica histórico-gramatical, tenho dificuldade para entender o estilo de Catarina, repleto de simbolismos, metáforas e alegorias. Talvez você também tenha encontrado dificuldade na leitura.

Contudo, a despeito dos excessos, existe algo muito positivo nisso. Deus revelou a verdade a ela por meio dessa simples figura de Cristo como uma ponte "sobre águas turbulentas", para usar as palavras de uma música do século XX. O portão da ponte que proclama a Cristo como único caminho, as escadas que nos levam a níveis mais elevados de santificação, o muro das virtudes misturadas com o sangue de Cristo — tudo isso transmite verdade e vida para nós. Então, apesar de minha herança pós-reformada, preciso esforçar-me para entender suas palavras. Vejo que a Igreja católica romana teve razão em conceder o título de Doutora da Igreja a Catarina.

— RICHARD J. FOSTER

Para seu aprofundamento

DA CAPUA, Raimonda. **The Life of St. Catherine of Siena.** New York: P. J. Kenedy, 1960.

LEVASTI, Arrigo. **My Servant, Catherine.** Westminster: Newman, 1954.

PAYNE, Richard J. (Org.) **The Dialogue.** New York: Paulist, 1980. Da série *The Classics of Western Spirituality* [Os clássicos da espiritualidade ocidental]. Essa é a principal obra de Catarina, escrita dois anos antes de sua morte (ela a chamava simplesmente "meu livro"). A obra é mais uma conversa íntima que um tratado. Nela, Catarina apresenta uma série de questões ou pedidos a Deus Pai e toda vez recebe uma resposta e uma ampliação de seu pedido.

SCUDDER, Vida D. (Org. e Trad.) **Selected Letters of Catherine Benincasa: Saint Catherine of Siena as Seen in Her Letters.** New York: Dutton, 1927.

DIETRICH BONHOEFFER

Cristo na comunidade

Introdução ao autor

Bonhoeffer (1906-1945) nasceu numa família de sete filhos em Breslau, na Alemanha. Cresceu em Berlim, onde seu pai era médico. Entre seus amigos de infância estavam o grande estudioso Adolf von Harnack e o historiador Hans Delbrück.

Aos 16 anos, Bonhoeffer começou seus estudos de teologia na Universidade de Tübingen e apresentou sua tese de doutorado aos 21 anos de idade. Passou um ano lecionando no Seminário Teológico União, em Nova York, onde se familiarizou com o cristianismo norte-americano. Sua popularidade como professor e escritor aumentou depois que ele voltou para a Alemanha, mas em 1933 ele criticou, num programa de rádio, o público alemão por sua obediência cega a um "líder" (Hitler) que considerava perigoso. Quando Hitler tomou o poder, Bonhoeffer foi para a Inglaterra, na qual pastoreou duas igrejas. Quando se preparava para uma viagem, na qual se encontraria com Mahatma Gandhi, recebeu um telefonema: era um convite para retornar à Alemanha e assumir a diretoria de um seminário que preparava jovens pastores. Foi ali, em Finkenwälde, que Bonhoeffer aprimorou sua compreensão da comunidade cristã. Em abril de 1943, foi detido e colocado na prisão e posteriormente acusado de envolvimento numa conspiração para assassinar Adolf Hitler. No dia 8 de abril de 1945, foi enforcado em Flossenbürg.

Seus escritos sobrevivem até hoje, inspirando homens e mulheres com sua compreensão sobre a graça de Deus e o preço do discipulado. O texto a seguir trata da comunidade cristã, principalmente sobre o papel de Jesus Cristo na vida da Igreja.

Extratos de *Vida em comunhão*

1. Em Cristo e por meio de Cristo

Cristianismo significa uma comunidade por meio de Jesus Cristo e em Jesus Cristo. Nenhuma comunidade cristã é menos ou mais que isso. Seja um encontro breve e único, seja a comunhão diária de vários anos, a comunidade cristã é apenas isso. Pertencemos uns aos outros somente em Cristo e por meio de Cristo.

O que isso significa? Primeiro: que o cristão precisa dos outros por causa de Jesus Cristo. Segundo: que o cristão se achega ao próximo somente por meio de Jesus Cristo. Terceiro: que em Jesus Cristo fomos escolhidos desde a eternidade, aceitos no tempo e unidos na eternidade.

Primeiro: cristão é aquele que não busca mais salvação, livramento e justificação em si mesmo, apenas em Jesus Cristo. Ele sabe que a Palavra de Deus em Jesus Cristo o condena, mesmo quando ele não se sente culpado, e que a Palavra de Deus o justifica, mesmo quando ele não se sente justo. O cristão não vive mais de si mesmo, pelas próprias pretensões e justificativas, mas de acordo com a pretensão e a justificação de Deus. Ele vive inteiramente sob a Palavra de Deus, quer a Palavra o condene, quer o inocente.

2. Estranha retidão

A morte e a vida do cristão não são determinadas pelos recursos dele, antes encontra tanto a morte quanto a vida na Palavra manifestada a ele de fora, na Palavra de Deus para ele. Os reformadores expressaram isso da seguinte maneira: nossa retidão é uma "estranha retidão", uma retidão vinda de fora de nós (*extra nos*). Eles diziam que o cristão depende da Palavra de Deus manifesta a ele. O cristão é dirigido para fora, para a Palavra que se manifesta a ele.

O cristão vive inteiramente pela verdade da Palavra de Deus em Jesus Cristo. Se alguém lhe perguntar: "Onde está a sua salvação e sua retidão?", ele nunca apontará para si mesmo. Ele aponta para a Palavra de Deus em Jesus Cristo, que lhe garante a salvação e a retidão. Ele permanece o mais atento possível a essa Palavra, porque diariamente tem fome e sede de justiça e anseia diariamente a Palavra redentora.

Ela só pode vir de fora. Por si mesmo ele está destituído e morto. A ajuda precisa vir de fora e vem diariamente de modo renovado por meio da Palavra de Jesus Cristo, trazendo redenção, retidão, inocência e bem-aventurança.

3. Cristo na palavra de outro

Todavia, Deus pôs essa Palavra na boca de outras pessoas, para que fosse comunicada a nós. Quando alguém é atingido pela Palavra, ele a comunica aos outros. Deus deseja que busquemos e encontremos sua Palavra viva no testemunho de um irmão, na boca de um ser humano. Portanto, o cristão precisa de outro cristão, que lhe comunique a Palavra de Deus. Ele precisa do outro quando está desanimado e inseguro, pois por si só não consegue ajudar-se sem desvirtuar a verdade.

Ele precisa de seu irmão como portador e proclamador da palavra divina de salvação. Ele precisa de seu irmão unicamente por causa de Jesus Cristo. O Cristo de seu coração é mais fraco que o Cristo nas palavras de seu irmão. Seu coração se sente inseguro, mas o do irmão está firme.

Isso também esclarece o objetivo de toda comunidade cristã: eles se reúnem trazendo a mensagem da salvação. Como tal, Deus lhes permite reunir-se e lhes concede comunhão. A comunhão dos cristãos é fundamentada unicamente em Jesus Cristo e nessa "estranha retidão". Portanto, só podemos dizer isto: a comunidade dos cristãos surge exclusivamente da mensagem bíblica e reformada da justificação do ser humano apenas por meio da graça. Essa é a única base do desejo que têm os cristãos de se reunirem com os outros.

4. Cristo abriu o caminho

Segundo: um cristão se reúne com os outros apenas por meio de Jesus Cristo. Há contendas entre as pessoas. Paulo diz que Jesus Cristo "é a nossa paz" (Efésios 2.14). Sem Cristo, há discórdia entre Deus e o homem e entre o homem e seu próximo. Cristo tornou-se Mediador e restaurou a paz com Deus e entre os homens.

Sem Cristo, não conheceríamos a Deus, não poderíamos clamar a ele nem nos aproximar dele. Entretanto, sem Cristo também não poderíamos conhecer nosso irmão nem nos aproximar dele. Somos impedidos por nosso ego. Cristo abriu o caminho para Deus e para nosso irmão. Agora os cristãos podem viver juntos e em paz; podem amar e servir uns aos outros; podem tornar-se um. Todavia, só podem alcançar isso por meio de Jesus Cristo, e só por meio dele somos unidos. Ele continua sendo o único Mediador eternamente.

5. Nós permanecemos nele

Terceiro: quando o Filho de Deus encarnou, ele encarnou verdadeira e fisicamente, por pura graça, nosso ser, nossa natureza, nós mesmos. Esse foi o conselho eterno do Deus trino. Agora permanecemos nele. Onde ele estiver, ali estaremos também, na encarnação, na cruz e em sua ressurreição. Pertencemos a ele porque permanecemos nele. É por isso que as Escrituras nos chamam Corpo de Cristo.

Contudo, se antes de ter esse conhecimento e poder almejá-lo fomos escolhidos e aceitos com toda a Igreja em Jesus Cristo, também pertencemos a ele pela eternidade *com todos* os outros. Nós, que vivemos aqui em comunhão com ele, um dia estaremos com ele em comunhão eterna.

Aquele que atenta para seu irmão deve saber que estará eternamente unido com o irmão em Jesus Cristo. Comunidade cristã significa comunidade em Cristo e por meio de Cristo. Tudo o que as Escrituras apresentam como orientações e preceitos para a vida comunitária dos cristãos está baseado nessa pressuposição.

6. Estar prontos para perdoar

"No tocante ao amor fraternal, não há necessidade de que eu vos escreva, porquanto vós mesmos estais por Deus instruídos que deveis amar-vos uns aos outros. [...] Contudo, vos exortamos, irmãos, a progredirdes cada vez mais" (1 Tessalonicenses 4.9,10, *ARA*). O próprio Deus encarregou-se de ensinar o amor fraterno. A única coisa que alguém conseguiria acrescentar a isso é lembrar dessa instrução divina e da admoestação para crescer cada vez mais no amor. Quando Deus manifestou sua misericórdia, quando revelou Jesus Cristo como nosso irmão, quando conquistou nosso coração pelo amor, isso foi o início da instrução sobre o amor divino.

Quando Deus se mostrou misericordioso para conosco, aprendemos a ter misericórdia do próximo. Quando recebemos perdão no lugar de condenação, tornamo-nos capazes de perdoar nosso irmão. Assim, o que Deus fez por nós devemos fazer para os outros. Quanto mais recebemos, mais somos capazes de dar; quanto mais escasso for nosso amor fraternal, menos da misericórdia e do amor de Deus estaremos experimentando. Por isso, o próprio Deus nos ensinou a aceitar um ao outro como Deus nos aceitou em Cristo. "Acolhei-vos uns aos outros, como também Cristo nos acolheu para a glória de Deus" (Romanos 15.7, *ARA*).

7. A base de nossa comunidade

Nisto está a sabedoria: aprender o que significa ter irmãos, que Deus põe em comunhão com outros cristãos. Paulo chama a Igreja de "irmãos no Senhor" (Filipenses 1.14). Um é irmão do outro apenas por meio de Jesus Cristo. Sou irmão de outra pessoa por meio do que Jesus Cristo fez por mim e para mim. O outro veio a ser meu irmão por meio do que Jesus Cristo fez por ele.

Há um sentido imensurável no fato de sermos irmãos apenas por meio de Jesus Cristo. Devo ter comunhão não somente com o irmão sincero e dedicado, que busca a comunhão fraternal comigo. Meu irmão, na verdade, é aquela pessoa redimida por Cristo, liberta do pecado e chamada para a fé e a vida eterna.

A base da comunidade não está naquilo que o homem é em si mesmo como cristão, sua espiritualidade e devoção. O que determina nossa fraternidade é o que a pessoa se tornou pela obra de Cristo. Nossa comunhão fraterna consiste somente naquilo que Cristo fez para cada um de nós. Isso é verdadeiro não só no princípio, mesmo que algo mais fosse acrescentado à comunidade no decorrer do tempo, como também permanece no futuro e para toda a eternidade.

Tenho comunhão com os outros e devo continuar tendo comunhão apenas por meio de Jesus Cristo. Quanto mais autêntica e intensa se torna nossa comunhão, mais Cristo e sua obra se tornam o único elemento vital entre nós. Temos um ao outro somente por meio de Cristo, mas por meio de Cristo temos um ao outro inteiramente e para toda eternidade.

Isso descarta de vez qualquer pretensão clamorosa por algo mais. Quem deseja algo além do que Cristo estabeleceu não deseja a fraternidade cristã. Procura uma experiência social extraordinária que não encontra em nenhum outro lugar; está trazendo confusão e desejos impuros à fraternidade cristã. Fraternidade cristã não é um ideal que precisamos realizar, e sim uma realidade criada por Deus em Cristo, da qual podemos participar.

Texto bíblico: Efésios 2.11-22

Portanto, lembrem-se de que anteriormente vocês eram gentios por nascimento e chamados incircuncisão pelos que se chamam circuncisão, feita no corpo por mãos humanas, e que naquela época vocês estavam sem Cristo, separados da comunidade de Israel, sendo estrangeiros quanto às alianças da promessa, sem esperança e sem Deus no mundo. Mas agora, em Cristo Jesus, vocês, que antes estavam longe, foram aproximados mediante o sangue de Cristo.

Pois ele é a nossa paz, o qual de ambos fez um e destruiu a barreira, o muro de inimizade, anulando em seu corpo a Lei dos mandamentos expressa em ordenanças. O objetivo dele era criar em si mesmo, dos dois, um novo homem, fazendo a paz, e reconciliar com Deus os dois em um corpo, por meio da cruz, pela qual ele destruiu a inimizade. Ele veio e anunciou paz a vocês que estavam longe e paz aos que estavam perto, pois por meio dele tanto nós como vocês temos acesso ao Pai, por um só Espírito.

Portanto, vocês já não são estrangeiros nem forasteiros, mas concidadãos dos santos e membros da família de Deus, edificados sobre o fundamento dos apóstolos e dos profetas, tendo Jesus Cristo como pedra angular, no qual todo o edifício é ajustado e cresce para tornar-se um santuário santo no Senhor. Nele vocês também estão sendo edificados juntos, para se tornarem morada de Deus por seu Espírito.

Perguntas para meditação

Estas perguntas poderão ser utilizadas para discussão em pequenos grupos ou para registro em diário pessoal.

1. De acordo com Dietrich Bonhoeffer, por que precisamos de outros cristãos? Na mesma direção, como devemos avaliar os outros cristãos?

2. Se alguém lhe perguntasse: "De onde vem sua salvação?", o que você responderia? De acordo com Bonhoeffer, como deveríamos responder? (v. item 2).

3. Bonhoeffer acredita que Deus decidiu usar pessoas para comunicar a Palavra a nós. Descreva um momento em que Deus usou alguém para falar a você.

4. Bonhoeffer diz que, quando somos perdoados, nos tornamos capazes de perdoar. Descreva sua capacidade de perdoar. Isso se enquadra em sua compreensão do quanto Deus perdoou você? Explique.

5. De acordo com Paulo, em Efésios 2.11-22, por que o sangue de Cristo torna possível a união de judeus e gentios? De que modos práticos você pode começar a mostrar unidade em sua igreja, *campus*, vizinhança ou grupo de comunhão?

Sugestão de exercícios

Estes exercícios poderão ser utilizados por indivíduos, compartilhados entre companheiros de caminhada ou no contexto de pequenos grupos. Escolha um exercício ou mais.

1. Esta semana, comece a olhar para outros cristãos como Bonhoeffer os descreve. Concentre-se no fato de que Cristo está neles e que você poderá encontrar Cristo naquele irmão.

2. Quando você for à igreja esta semana, ponha fim ao desejo incessante de uma "experiência social extraordinária". Em vez disso, tenha os outros como portadores da salvação. Concentre-se em Cristo, não nas habilidades de quem dirige o culto.

3. Bonhoeffer escreve que todos nós estaremos eternamente unidos com Cristo e com o próximo. Portanto, esta semana faça um esforço para destruir todas as paredes de inimizade. Deixe Cristo ser o Mediador enquanto você faz as pazes com os membros de sua comunidade de fé.

4. Paulo encoraja os efésios a lembrar do passado, quando eles estavam separados de Cristo e uns dos outros. Dedique um tempo esta semana para refletir sobre sua vida antes de conhecer a Cristo. Use essa reflexão como forma de desenvolver um senso de gratidão.

Reflexão

No livro Vida em comunhão, *Bonhoeffer torna cristalina a diferença fundamental entre comunhão cristã radical e comunidade baseada em desejo natural. Com tristeza, reconheço que é justamente essa a maneira pela qual organizamos eficazmente a vida em nosso país e que nos exclui da vida em comunhão. Se quisermos levar Bonhoeffer a sério, precisaremos repensar inteiramente a vida de fé, de modo que toda a estrutura socioeconômica de nossa vida seja revolucionada.*

Se você estiver cansado daqueles livros de "ternura e iluminação para o rebanhozinho de Deus" e estiver preparado para encarar a "graça preciosa", Vida em comunhão *é um livro desafiador para se aprofundar.*

— RICHARD J. FOSTER

Para seu aprofundamento

BETHGE, Eberhard. **Costly Grace: An Illustrated Introduction to Dietrich Bonhoeffer.** New York: HarperCollins, 1979. Uma biografia breve, mas

Clássicos devocionais

excelente, escrita por um amigo e colega de Bonhoeffer. Bethge também escreveu uma biografia definitiva (mais de 800 páginas), intitulada simplesmente *Dietrich Bonhoeffer*.

Bonhoeffer, Dietrich. **Discipulado.** São Leopoldo: Sinodal, 2004. Esse estudo prático do Sermão do Monte teve enorme influência sobre a Igreja. Foi a partir desse livro que Bonhoeffer cunhou a vigorosa expressão "graça barata". Você precisa conhecer também dois livros devocionais da autoria dele: *Orando com os Salmos* (Curitiba: Encontrão, 1995) e *Meditating on the Word* [Meditando na Palavra].

_____. **Ética.** São Leopoldo: Sinodal, 2005. A mais importante obra de Bonhoeffer, que continua exercendo influência. Talvez você queira também ler *Resistência e submissão:* cartas e anotações escritas na prisão. São Leopoldo: Sinodal, 2003.

_____. **Vida em comunhão.** São Leopoldo: Sinodal, 2001. Leitura obrigatória. O seminário de Finkenwälde era principalmente um ambiente de comunhão masculina, em parte responsável pela linguagem predominantemente masculina, por isso não despreze o livro em função disso. Ele oferece conselhos práticos sobre como sustentar a vida de comunhão com Cristo por meio de famílias e grupos.

A vida centrada na Palavra

A tradição evangelical (a vida centrada na Palavra) possui duas ênfases: a centralidade das Escrituras e a importância da evangelização. Seguir essa tradição é levar a sério tanto o lema da Reforma, *sola scriptura* (somente as Escrituras) quanto a experiência pietista do "coração aquecido", isto é, a conversão.

Dois dos autores dão atenção especial ao valor das Escrituras: E. Stanley Jones e Madame Guyon. Jones convida-nos a desenvolver três hábitos simples: "primeiro: o hábito de ler a Palavra de Deus diariamente"; "segundo: o hábito de orar em particular"; "terceiro: transmitir aos outros o que você aprendeu". Guyon convida-nos a "orar com as Escrituras" e "contemplar ao Senhor".

João Crisóstomo fala da conversão, mas o faz de maneira mais ampla e abrangente que o modo em que estamos acostumados a ouvir. Francisco de Assis descreve seu chamado ao trabalho de evangelização, e Watchman Nee oferece-nos conselhos práticos sobre a evangelização. Sadhu Sundar Singh dedicou toda a vida à evangelização. Charles Spurgeon ajuda-nos a enxergar nossa grande necessidade de renovação espiritual tanto individualmente quanto como Igreja.

Talvez alguns de nós consideremos esses assuntos um tanto ameaçadores, contudo nossos mentores escrevem de maneira tão natural e cativante que nos sentimos confiantes em nos aprofundar nessas importantes questões.

E. Stanley Jones

O hábito da leitura diária da Bíblia

Introdução ao autor

E. Stanley Jones (1884-1973) dedicou toda a sua vida à questão da conversão. Foi famoso como missionário e como escritor religioso da primeira metade do século XX. Desde 1908, Jones trabalhou entre a alta casta de hindus e mulçumanos, na Índia. Posteriormente, dividia seu tempo entre o trabalho missionário na Índia e missões evangelísticas nos Estados Unidos.

Uma de suas maiores realizações foi o estabelecimento do *ashram*, palavra hindu que significa "retiro". Esse movimento espalhou-se pelos Estados Unidos em meados do século passado e continua, de certo modo, até hoje. O *ashram* é um retiro cristão de uma semana que enfatiza a solitude e o fortalecimento comunitário.

E. Stanley Jones possuía uma aguçada compreensão da vida espiritual e dos meios de renovação espiritual. O texto a seguir discute o tênue equilíbrio entre a atividade de Deus e a resposta de seus filhos no estabelecimento e na manutenção da conversão.

Extratos de *Conversion* [Conversão]

1. Receptividade e resposta

A conversão é uma dádiva e uma conquista. É o ato de um instante e a atividade de uma vida toda. Você não poderá alcançar a salvação apenas pela disciplina — é dom de Deus. Contudo, não poderá mantê-la sem a devida disciplina. Se você quiser alcançar a salvação por meio da disciplina, estará tentando disciplinar um ser vacilante. Estará obstruindo o caminho. A consequência será um sentimento de tensão, em vez de confiança. "Será uma briga, em vez de um abrigo." Embora a salvação não possa ser alcançada por meio da disciplina de um ser vacilante, entretanto, quando o ser se entregar a Cristo e um novo centro for constituído, você poderá disciplinar sua vida em torno desse novo centro — Cristo. A disciplina é o resultado da conversão — não a fonte.

Esta passagem reflete os dois lados da conversão: "Ora, como recebestes Cristo Jesus, o Senhor, assim andai nele, nele radicados, e edificados, e confirmados na fé, tal como fostes instruídos, crescendo em ações de graças" (Colossenses 2.6,7, *ARA*). Observe as expressões "recebestes" (receptividade) e "assim andai" (atividade). Ocorre novamente nas expressões "radicados" (receptividade) e "edificados" (atividade).

A palavra "radicados" significa que extraímos de Deus o sustento, assim como a raiz extrai do solo o sustento para a planta. "Edificados" significa que construímos, assim como alguém constrói uma casa, um caráter e uma vida pelo esforço da disciplina. Dessa maneira, recebemos e provamos; obtemos e alcançamos. Confiamos como se tudo dependesse de Deus e agimos como se tudo dependesse de nós. As batidas do coração do cristão alternam entre receptividade e resposta — receptividade de Deus e resposta por meio de nosso trabalho.

2. *Hábitos simples*

O melhor homem que já viveu em nosso planeta ilustrou bem esse compasso de receptividade e resposta. Ninguém jamais foi tão dependente de Deus nem tão disciplinado em seus hábitos.

Ele fazia três coisas habitualmente: 1) "Como era seu costume [...] levantou-se para ler" — ele tinha o hábito de ler a Palavra de Deus; 2) "Subiu a um monte para orar [...] como de costume" — ele tinha o hábito de orar; 3) "Segundo o seu costume, ele [...] ensinava" — ele tinha o hábito de transmitir aos outros o que possuía e o que descobria.

Esses simples hábitos eram fundamentais em sua vida. Eles são tão atuais quanto o dia de amanhã. Nenhum convertido conseguirá viver sem a prática vital desses hábitos em sua vida.

3. Deus interpretando a si mesmo

Primeiro: o hábito de ler a Palavra de Deus diariamente, preferencialmente de manhã. O Novo Testamento é o registro inspirado da Revelação — a Revelação é a pessoa de Jesus Cristo. Ele sai das páginas desse livro e nos encontra com o impacto de sua pessoa sobre nossa pessoa. Esse impacto é purificador. "Vocês já estão limpos, pela palavra que lhes tenho falado" (João 15.3). Quando se expõe inteiramente a tudo o que é dele, você se sujeita a uma purificação diária da mente, das motivações e das emoções.

Conheço dois ilustres cristãos que fazem suas devoções matinais sem a Bíblia. Eles dizem que conseguem meditar. Ambos são superficiais, pois meditam sobre Deus para si mesmos, pelas próprias ideias — eles se tornam o meio. Não vão diretamente a Deus como imaginam, mas por meio dos próprios pensamentos. Eles se tornam mediadores. É por isso que precisamos da revelação de Deus por meio da Palavra. É Deus interpretando a si mesmo para nós. Jesus é a interpretação de Deus a respeito de si próprio. Quando você expõe seu pensamento a ele, está expondo a si mesmo a Deus. Essas palavras do Novo Testamento estão em contato tão direto com a Palavra, que está repleta de vida.

O dr. Howard Atwood Kelly, professor de cirurgia ginecológica no hospital Johns Hopkins, diz sobre a leitura da Bíblia: "Essa leitura, se praticada com coração sincero transforma a natureza, capacita a prostituta a amar a pureza e se tornar uma mensageira de misericórdia e levanta o mendigo e o bêbado entre os príncipes da terra". Em outra ocasião, ele disse: "A Bíblia justifica a si própria porque é um excelente remédio. Nunca deixou de curar um único paciente desde que o paciente realmente seguisse sua prescrição".

Siga a prescrição da Palavra de Deus diariamente. Nenhum cristão será sadio se não for bíblico.

4. Continuamente renovados por Deus

Segundo: tenha o hábito de orar em particular. Quando lemos as Escrituras, Deus fala conosco. Por meio da oração, falamos com Deus. Depois, Deus fala conosco, não apenas por meio da Palavra, mas diretamente a nós, por meio de palavras.

Carlyle diz: "A oração é e continua sendo o instinto mais natural e profundo da alma do ser humano". Lincoln disse: "Inúmeras vezes, fui levado a por-me de joelhos por uma irresistível convicção de que não teria outro recurso. Minhas convicções e as das pessoas ao meu redor não pareciam trazer solução".

Lincoln tinha o hábito de orar. Um senhor que tinha um encontro marcado com Lincoln às 5 horas da manhã chegou 15 minutos antes. Ele ouviu uma voz na sala ao lado e perguntou ao assistente:

— Quem está nessa sala? Alguém está com o presidente?

O assistente respondeu:

— Não, ele está lendo a Bíblia e orando.

O homem perguntou:

— Ele tem esse hábito nesta hora da manhã?

— Sim, senhor, das 4 às 5 da manhã ele lê as Escrituras e ora — foi a resposta.

Não é por acaso que não conseguimos esquecer Lincoln. Ele era continuamente renovado por Deus.

Nenhuma experiência de conversão o tornará imune à falta de leitura da Palavra de Deus e da oração. Quando a oração enfraquece, o poder diminui. Nossa espiritualidade depende de nosso hábito de oração — nada mais, nada menos.

5. O convertido converte

Terceiro: transmita aos outros o que você aprendeu. O terceiro hábito consiste na prática de transmitir aos outros o que lhe foi revelado na leitura da Palavra e na oração. Há uma lei mental de que aquilo que não é expresso deixa de existir. Você perderá o que não compartilhar.

Paulo diz: "Aquele que dá semente ao que semeia..." (2Coríntios 9.10, *ARA*). Ele dá semente apenas para quem está disposto a semear. Se você não semeia, não receberá nada para semear. Quem não transmite aos outros fica vazio. O convertido converte, do contrário não permanece convertido. Se você não tiver interesse na evangelização, não permanecerá evangélico.

Esses três hábitos são básicos no cultivo da vida transformada. Sem eles, essa vida enfraquecerá. Além deles, outras sugestões podem ser acrescentadas.

6. Mantenha o fogo aceso

Primeiro: cultive a nova vida por meio da disciplina diária. O comissário Brengle, do Exército de Salvação, organização na qual se pode encontrar grande poder espiritual, sugere três coisas para manter o fogo aceso: "Mantenha a entrada de ar aberta; retire as cinzas; coloque mais lenha".

Segundo: seja honesto a todo custo. Um menino sul-africano conquistou um campeonato de natação, embora fosse seis meses mais velho que o permitido. Depois do campeonato, ele se converteu. Então, confessou tudo à comissão e devolveu seu troféu.

Terceiro: continue a confessar seus pecados depois da conversão. Não fique com medo de dizer: "Desculpe-me. Eu estava errado". A regra para a confissão de pecados deve ser esta: a esfera da confissão deve ser a mesma em que ocorreu o pecado. Se o pecado ofendeu alguém, a confissão deve ser feita ao ofendido; se for contra uma família, a confissão deve ser feita em família; se for contra um grupo, deve ser no grupo; se for contra a igreja, deve ser feita perante a igreja.

7. Conversões ilimitadas

Quarto: ore por aqueles que o ofenderam, para que você seja um antídoto aos ressentimentos e às amarguras. Um professor de teologia mantinha registros das cartas odiosas que recebia e orava pelos respectivos signatários, todos os dias. Não é de admirar que ele possuísse uma extraordinária brandura. Um amigo meu foi baleado por um jovem que, em consequência disso, foi condenado a doze anos de prisão. Meu amigo manteve contato com ele durante esse período e, depois que o jovem cumpriu a sentença, meu amigo o acolheu em sua casa.

Quinto: estenda constantemente o alcance de sua conversão. Faça com que sua conversão tome conta, cada vez mais, de outras áreas de sua vida. No local de retiros Sat Tal Ashram, na Índia, dávamos um dia de folga por semana para os empregados, até mesmo para os faxineiros, e nos oferecíamos para fazer seu trabalho nesse dia. O trabalho de faxina incluía a limpeza das privadas, quando ainda não existiam descargas de sanitários. Ninguém fazia esse trabalho, a não ser alguém de uma casta inferior, mas nós nos dispusemos a fazê-lo.

Certa vez, eu disse a um convertido brâmane (de uma casta superior) que se recusava a fazer aquele tipo de trabalho:

— Irmão, quando você se oferecerá para limpar as privadas?

Ele balançou lentamente a cabeça e disse:

— Irmão Stanley, sou convertido, mas não me converti a esse ponto.

Algumas conversões são "conversões limitadas", e algumas são "conversões ilimitadas". Alguns entregam sua vida pessoal a Deus, mas não a social e a econômica. Alguns deixam a conversão atuar dentro de sua classe social ou raça, mas não entre todas as classes e raças.

Uma garotinha estava ajoelhada no colo do pai, dizendo quanto o amava, mas virava o rosto e fazia caretas para o irmão. A mãe viu aquilo e disse: "Sua hipocritazinha, você está dizendo que ama seu pai e, ao mesmo tempo, fica fazendo caretas e mostrando a língua para o irmãozinho". Cristãos racistas fazem exatamente isso. Eles dizem para Deus Pai que o amam, depois viram o rosto e desprezam os demais filhos do Pai. Como podemos amar a Deus a quem não vemos, se não conseguimos amar os filhos dele, a quem vemos?

8. Hábitos que não podem ser cristianizados

Sexto: deixe os hábitos que não podem ser cristianizados. Na África, um professor cristão costumava sair para beber no fim de semana. Certa vez, ele se embriagou, entrou numa choupana nativa e dormiu. Quando acordou, viu um ancião sentado, olhando para ele. O velho perguntou quem ele era. Ele disse que era cristão. Quando o professor perguntou ao velho quem ele era, este respondeu: "Não sou cristão, mas se fosse não viveria dessa maneira — viveria realmente como cristão". Isso despertou o professor. Depois desse episódio, ele realmente se converteu e passou a viver uma vida cristã — convertido por um homem não convertido!

Por que os filhos de Deus reduziriam pela metade sua expectativa de vida, ingerindo deliberadamente veneno por meio do fumo? Esse é resultado de quem pesquisou o problema. Por que tentar ser uma exceção? Por que acelerar o processo de declínio da saúde com o fumo?

9. Sete virtudes vitais

Depois de partilhar da natureza divina, acrescente estas qualidades: "... à sua fé a virtude; à virtude o conhecimento; ao conhecimento o domínio próprio; ao domínio próprio a perseverança; à perseverança a piedade; à piedade a fraternidade; e à fraternidade o amor" (2Pedro 1.5-7).

Pare diariamente para refletir sobre essas sete qualidades e pergunte a si mesmo se você está acrescentando à sua fé virtude, conhecimento, domínio próprio, perseverança, piedade, fraternidade e amor. Verifique se você está acrescentando ou diminuindo essas qualidades — principalmente a última. Todo crescimento na vida cristã é um crescimento em amor. Você pode acrescentar as outras seis virtudes à sua vida, mas se não acrescentar o amor estará enfraquecido como cristão.

Amplie a esfera de sua conversão, ocupando novas áreas a cada dia.

Texto bíblico: Colossenses 2.6,7

Assim como vocês receberam Cristo Jesus, o Senhor, continuem a viver nele, enraizados e edificados nele, firmados na fé, como foram ensinados, transbordando de gratidão

Perguntas para meditação

Estas perguntas poderão ser utilizadas para discussão em pequenos grupos ou para registro em diário pessoal.

1. E. Stanley Jones diz que conversão significa tanto receber a obra de Deus quanto responder à dádiva dele por meio de esforço disciplinado. Como você aprendeu a manter esses dois aspectos em equilíbrio? Houve momentos em que confiou mais num aspecto que em outro? Descreva.

2. A Bíblia é o principal instrumento de comunicação de Deus para seu povo, especialmente no que diz respeito à transformação pessoal. Jones até compara a leitura diária da Bíblia a tomar medicamentos. Como a Bíblia dirige seus pensamentos, ações e convicções?

3. Jones escreve: "Por meio da oração, falamos com Deus. Depois, Deus fala conosco". Deus fala com você em seus momentos de oração? Descreva.

4. De acordo com Jones, o que acontecerá conosco se não transmitirmos aos outros a compreensão e os ensinamentos que Deus nos concedeu? Você já experimentou o milagre do "fornecimento de semente"?

5. De acordo com Colossenses 2.6,7, nossa vida com Cristo é como uma árvore. Usando essa metáfora, como você descreveria a árvore de sua vida espiritual? Como estão suas raízes? Seus ramos? Seus frutos?

Sugestão de exercícios

Estes exercícios poderão ser utilizados por indivíduos, compartilhados entre companheiros de caminhada ou no contexto de pequenos grupos. Escolha um exercício ou mais.

1. Desenvolva o hábito, se ainda não o tem, de ler a Palavra de Deus diariamente. Estabeleça a mesma hora, lugar e padrão. Torne esse hábito a principal prioridade desta semana.

2. Da mesma forma, se você ainda não o tem, desenvolva o hábito regular de oração particular. Talvez você precise levantar mais cedo para ter tempo, mas lembre-se: "Quando a oração enfraquece, o poder diminui".

3. Espalhe algumas "sementes" esta semana, transmitindo aos outros algumas coisas que Deus tem ensinado você. Esse tipo de compartilhamento pessoal é sempre benéfico aos outros. Não se preocupe em ser inteligente ou intelectual, apenas compartilhe o que Deus está fazendo em sua vida e observe as pessoas despertar para as boas-novas.

4. Experimente seguir o exercício proposto por E. Stanley Jones no item 9. Utilize o texto de 2Pedro 1.5-7 como guia. Repasse as sete virtudes diariamente e observe se você está crescendo ou decrescendo.

Reflexão

Talvez você tenha ficado um pouco relutante com o texto de E. Stanley Jones, porque não é comum hoje falar de conversão como ele fala. Estamos acostumados a ouvir sobre conversão no contexto de consentimento a certas declarações teológicas e recitação de certas orações. Jones, no entanto, entende a conversão como a obra de Deus em nós, que resulta na transformação e reordenação de toda a vida. Isto é, aceitamos a Cristo como nossa vida!

Entendo que Jones tem uma compreensão mais ampla e mais bíblica da conversão que a propagada de hoje pela religiosidade popular. A conversão não nos torna perfeitos, mas lança-nos a uma experiência integral de discipulado que afeta — e infecta — toda as esferas de nossa vida. Quando iniciamos nossa peregrinação de fé, talvez não saibamos tudo o que envolve nossa conversão a Cristo, mas podemos ter certeza de que nenhum canto de nossa vida permanecerá intocado.

— RICHARD J. FOSTER

Para seu aprofundamento

JONES, E. Stanley. **The Christ of Every Road.** New York: Abingdon, 1930. Esse proveitoso estudo sobre o Pentecoste, talvez o mais famoso livro de Jones, discute uma diversidade de assuntos, como "Pentecoste e sexo" e "Pentecoste e personalidade". Há dois outros livros da série dignos de nota: *The Christ of the Mount* [O Cristo do monte] e *The Christ of the Indian Road* [O Cristo do caminho da Índia].

_____. **Conversion.** New York: Abingdon, 1959. E. Stanley Jones certamente entendeu a conversão num contexto mais amplo e mais bíblico do que se entende atualmente. Só por isso esse livro já vale a pena. Acrescente a isso o entusiasmo missionário de Jones, com seus longos anos de atividade entre hindus, mulçumanos e vários outros grupos de pessoas, e você tem um livro que merece ser lido.

_____. **Growing Spirituality.** New York: Abingdon-Cokesbury, 1953. Jones escreveu uma série de guias devocionais diários, dos quais esse faz parte. Outros da mesma série: *How to Be a Transformed Person* [Como ser uma pessoa transformada], *Christian Maturity* [Maturidade cristã] e *Abundant Living* [Vida abundante].

SADHU SUNDAR SINGH

Compartilhando a alegria com os outros

Introdução ao autor

Sadhu Sundar Singh (1889-1933?) é chamado "apóstolo Paulo da Índia". Sua conversão reflete uma das mais impressionantes histórias de fé. Sundar foi criado na seita religiosa hindu *sikh* e estudou em profundidade o *Granth Sahib*, o livro sagrado dessa religião, e o livro sagrado hindu, *Gita*. Desde criança, sua devoção era conhecida na região onde vivia.

Quando ele era ainda adolescente, a mãe de Sundar morreu, causando profunda tristeza ao jovem. Ele ficou injuriado com Deus a ponto de queimar publicamente as Bíblias dos missionários cristãos da região.

Finalmente, o desespero de Sundar levou-o a planejar a própria morte. Ele ficou três dias e três noites em seu quarto clamando: "Se Deus quiser que eu viva, que se pronuncie"; e: "Ó Deus, se tu existes, revela-te a mim nesta noite". Seu plano era simples e bem elaborado: se Deus não falasse com ele até o amanhecer, ele iria até a ferrovia, deitaria nos trilhos e ficaria aguardando o trem das 5 da manhã, que vinha de Ludhiana, para pôr fim à sua miséria. Ele permaneceu sete horas em meditação silenciosa. Faltando 15 minutos para as 5 horas, relatou ele, uma nuvem brilhante de luz de repente encheu o quarto, e, em meio ao brilho, apareceu o rosto e a imagem de Jesus. Sundar estava esperando Krishna ou alguma de suas divindades, mas não Jesus. Contudo, ele tinha certeza de que era Jesus, que falou com Sundar em hindustâni: "Até quando você vai me perseguir? Eu morri por você. Dei minha vida por você. Você orava buscando o caminho certo: por que não o seguiu? Eu sou o caminho".

Em consequência dessa visão, a vida de Sundar mudou dramática e irreversivelmente. Depois disso, ele exerceu um dos ministérios mais impressionantes do século XX.

Extratos de *With and Without Christ* [Com e sem Cristo]

1. Uma mina escondida e inesgotável

É muito difícil explicar a profunda experiência da vida interior. Como afirma Goethe: "Não é possível falar do que é mais sublime". Contudo, é possível desfrutá-la e praticá-la. É isso o que quero dizer. Certa vez, enquanto orava e meditava, senti fortemente a presença dele. Meu coração inundava de alegria celeste. Percebi que neste mundo de amargura e sofrimento há uma mina escondida e inesgotável de grande alegria, da qual o mundo não tem nenhum conhecimento, porque mesmo aqueles que a experimentam não conseguem expressá-la adequada e convincentemente.

Eu estava ansioso para ir ao vilarejo próximo compartilhar essa alegria com os outros, mas, por causa de minha enfermidade física, surgiu um conflito entre minha alma e meu corpo. A alma queria ir, mas o corpo resistia. Finalmente, venci e arrastei meu corpo enfermo, e contei às pessoas do vilarejo o que a presença de Cristo fizera por mim e faria por eles.

Eles sabiam que eu estava enfermo e que uma compulsão interior me impelia a falar com eles. Então, apesar de não poder explicar tudo o que a presença de Cristo significava para mim, essa profunda experiência transformou-se em ação, e aquelas pessoas foram ajudadas. Onde falta a língua, a vida, por meio de ações, revela a realidade. Como diz o apóstolo Paulo: "A letra mata, mas o Espírito vivifica" (2Coríntios 3.6).

2. A amável e vivificante presença de Deus

Assim como alguns insetos percebem com suas antenas o ambiente e distinguem entre situação perigosa e vantajosa, as pessoas espirituais, por meio de seus sentidos interiores, evitam influências danosas e destrutivas e desfrutam a amável e vivificante presença de Deus. Elas são constrangidas pela experiência de felicidade a testemunhar de Deus.

Como disse Tertuliano: "Sempre que a alma volta a si e alcança algo de sua força natural, ela fala com Deus".

Quase todas as pessoas têm uma capacidade interior — algumas mais, outras menos — de perceber as verdades espirituais sem saber como. Como disse alguém: "Elas sabem sem saber como". Por exemplo, quando Colburn tinha 6 anos de idade, perguntaram-lhe quantos segundos têm 11 anos. Em 4 segundos, ele deu a resposta certa. Quando lhe perguntaram como ele chegou a essa conclusão, ele apenas disse que a resposta veio à sua mente. Da mesma forma, Deus revela realidades espirituais àqueles que buscam viver de acordo com sua vontade.

3. Aqueles que não têm a vida interior de alegria em Deus

A vontade do ser humano de viver é o que o impulsiona a alcançar a perfeição, isto é, estado no qual o propósito de Deus é cumprido na vida de cada pessoa, para que sejamos eternamente felizes com ele. No entanto, para quem não tem a experiência da alegria interior em Deus, a vida é um peso. Schopenhauer foi um desses. Ele declarou: "A vida é um inferno".

Não há nada de estranho em alguém querer suicidar-se. Em consequência dos ensinamentos do filósofo grego Hegésias, muitos jovens cometeram suicídio. Vários filósofos como Zenão, Empédocles e Sêneca também puseram fim à vida, mas o estranho é que a filosofia deles não lhes mostrava como eliminar aquelas coisas que os perturbavam, a não ser destruindo a própria vida.

Essa é a filosofia do mundo (Tiago 3.15). Algumas pessoas, cansadas desta vida por causa das lutas e ansiedades, podem até reprimir a vontade de viver, contudo não conseguem reprimir a vontade de crer. Mesmo que não acreditem em Deus ou em alguma outra realidade espiritual, elas pelo menos creem na própria incredulidade, apesar de Pirro dizer: "Não podemos nem ter certeza de que não temos certeza".

4. Satisfazendo o anseio interior

A vida interior não pode ser libertada apenas mudando de lugar ou matando o corpo, mas somente quando nos livramos do "velho homem" e nos revestimos do novo, passando assim da morte para a vida. Os que se desviam, em vez de satisfazer o anseio interior pelo Criador, tentam saciar seu interior de maneira ilusória. Consequentemente, em vez de ficar felizes e satisfeitos, tornam-se miseráveis.

Por exemplo, o ladrão que rouba e armazena coisas como meio de felicidade não só perde sua felicidade, como também destrói a própria capacidade de ser feliz. Essa capacidade é mortificada por sua conduta pecaminosa. Se perder o senso de maldade do roubo e sua consciência não o acusar, ele já cometeu suicídio espiritual. Ele não só matou sua capacidade, como também matou a alma que tinha essa capacidade.

5. Satisfazendo esse minúsculo coração

A alegria e a felicidade verdadeiras não dependem de poder, fortunas majestosas ou quaisquer outros bens materiais. Se fosse o caso, todos os ricos no mundo seriam felizes e contentes, e príncipes como Buda, Mahavira e Bhartari não teriam renunciado ao seu reino. Todavia, essa alegria verdadeira e permanente só é encontrada no Reino de Deus, que se estabelece no coração quando nascemos de novo.

O mistério e a realidade dessa vida bem-aventurada com Deus não podem ser compreendidos sem que se possa receber, viver e experimentar essa vida. Se tentarmos entender somente por meio do intelecto, não chegaremos a lugar algum. Um cientista segurava um pássaro na mão. Ele viu que o pássaro estava vivo e queria saber em que parte do corpo estava a vida, então, começou a dissecá-lo. O resultado foi que a própria vida que ele procurava encontrar desapareceu misteriosamente. Quem procurar entender a vida interior apenas intelectualmente experimentará semelhante fracasso. A vida a qual procuram desaparecerá na análise.

Comparado com o imenso Universo, o coração humano é algo muito pequeno. Embora o mundo seja tão imenso, ele é incapaz de satisfazer esse minúsculo coração. Nossa alma em constante crescimento e suas capacidades só podem ser saciadas pelo Deus infinito. Como águas agitadas que só acalmam quando atingem o nível desejado, assim a alma não tem paz até que descanse em Deus.

6. A alma em eterno crescimento

O corpo físico não pode permanecer na companhia do espírito para sempre. Depois de cumprir seu propósito durante um tempo como instrumento da alma para sua obra no mundo, o corpo, por meio da fraqueza e do envelhecimento, começa a se recusar a acompanhar o espírito. Isso porque o corpo não consegue manter o ritmo da alma em eterno crescimento.

Embora a alma e o corpo não consigam viver juntos para sempre, os frutos do trabalho que realizaram juntos permanecerão para sempre. Por isso, é preciso lançar cuidadosamente o fundamento de nossa vida eterna. A desvantagem disso é que, pelo abuso da liberdade, podemos perder para sempre a vida eterna. A liberdade é aquela capacidade de realizar tanto coisas boas quanto coisas ruins. Ao escolher sempre coisas ruins, nos tornamos escravos do pecado e destruímos nossa liberdade e nossa vida (João 8.21,34).

Todavia, ao deixar o pecado para seguir a verdade, somos libertados para sempre (João 8.32). A obra dos que são libertos e dedicam sua vida ao serviço de Deus, isto é, daqueles que morrem no Senhor, os acompanha (Apocalipse 14.13). Morrer no Senhor não significa morte, pois o Senhor "não é Deus de mortos, mas de vivos" (Marcos 12.27). Morrer no Senhor significa entregar sua vida à obra de Deus. Como disse o Senhor: "Quem quiser salvar a sua vida, a perderá; mas quem perder a sua vida por minha causa, este a salvará" (Lucas 9.24).

7. O hábito formado agora

Devemos aproveitar ao máximo as oportunidades dadas por Deus e não perder nosso precioso tempo com negligência e indiferença. Muitos dizem: "Há tempo suficiente para fazer isto ou aquilo; não se preocupe". Contudo, eles não percebem que, se não administrarem bem esse breve tempo, o hábito formado agora estará tão impregnado neles que, quando tiverem mais tempo, ele será como uma segunda natureza, e eles perderão esse tempo também. "Quem é fiel no pouco, também é fiel no muito" (Lucas 16.10).

8. Um só Espírito, diferentes resultados

É certo que todos nós devemos cumprir em nossa vida o propósito de nosso Criador e dedicar essa vida à glória de Deus e ao bem dos outros. Cada um de nós deve seguir seu chamado e cumprir sua obra de acordo com os dons e capacidades concedidas por Deus. "Ora, os dons são diversos, mas o Espírito é o mesmo" (1Coríntios 12.4,11, *ARA*).

O mesmo fôlego é soprado na flauta, na corneta e na gaita, mas o som produzido difere conforme o instrumento. Da mesma forma, o mesmo Espírito age em nós, filhos de Deus, mas diferentes resultados são produzidos, e Deus é glorificado por meio deles, de acordo com a personalidade e o temperamento de cada um.

Texto bíblico: Atos 9.1-19

Enquanto isso, Saulo ainda respirava ameaças de morte contra os discípulos do Senhor. Dirigindo-se ao sumo sacerdote, pediu-lhe cartas para as sinagogas de Damasco, de maneira que, caso encontrasse ali homens ou mulheres que pertencessem ao Caminho, pudesse levá-los presos para Jerusalém. Em sua viagem, quando se aproximava de Damasco, de repente brilhou ao seu redor uma luz vinda do céu. Ele caiu por terra e ouviu uma voz que lhe dizia: "Saulo, Saulo, por que você me persegue?"

Saulo perguntou: "Quem és tu, Senhor?"

Ele respondeu: "Eu sou Jesus, a quem você persegue. Levante-se, entre na cidade; alguém lhe dirá o que você deve fazer".

Os homens que viajavam com Saulo pararam emudecidos; ouviam a voz mas não viam ninguém. Saulo levantou-se do chão e, abrindo os olhos, não conseguia ver nada. E os homens o levaram pela mão até Damasco. Por três dias ele esteve cego, não comeu nem bebeu.

Em Damasco havia um discípulo chamado Ananias. O Senhor o chamou numa visão: "Ananias!"

"Eis-me aqui, Senhor", respondeu ele.

O Senhor lhe disse: "Vá à casa de Judas, na rua chamada Direita, e pergunte por um homem de Tarso chamado Saulo. Ele está orando; numa visão viu um homem chamado Ananias chegar e impor-lhe as mãos para que voltasse a ver".

Respondeu Ananias: "Senhor, tenho ouvido muita coisa a respeito desse homem e de todo o mal que ele tem feito aos teus santos em Jerusalém. Ele chegou aqui com autorização dos chefes dos sacerdotes para prender todos os que invocam o teu nome".

Mas o Senhor disse a Ananias: "Vá! Este homem é meu instrumento escolhido para levar o meu nome perante os gentios e seus reis, e perante o povo de Israel. Mostrarei a ele quanto deve sofrer pelo meu nome".

Então Ananias foi, entrou na casa, pôs as mãos sobre Saulo e disse: "Irmão Saulo, o Senhor Jesus, que lhe apareceu no caminho por onde você vinha, enviou-me para que você volte a ver e seja cheio do Espírito Santo". Imediatamente, algo como escamas caiu dos olhos de Saulo e ele passou a ver novamente. Levantando-se, foi batizado e, depois de comer, recuperou as forças.

Perguntas para meditação

Estas perguntas poderão ser utilizadas para discussão em pequenos grupos ou para registro em diário pessoal.

1. Sadhu Sungar Singh diz que, ainda que nossas palavras não consigam expressar nossas experiências com Deus, nossas ações podem. Se alguém fosse olhar para sua vida (não apenas suas palavras), o que você estaria comunicando a essa pessoa?

2. No item 5, o autor conta a história de um cientista que dissecou um pássaro para encontrar a fonte da vida. O que aconteceu? Sundar compara isso a quê?

3. Para Sundar, era importante usar bem o tempo sem procrastinação. Em quais áreas de sua vida você gostaria de usar o tempo mais eficientemente?

4. O autor diz que cada um de nós é inspirado pelo mesmo Espírito, mas produzimos resultados diferentes, assim como o mesmo fôlego produz diferentes sons, dependendo do instrumento musical. Qual é sua

contribuição para a comunidade cristã? Que "som" Deus está produzindo em sua vida?

5. Deus parou Saulo no caminho para Damasco e mudou o curso de sua vida. O chamado de Deus interrompeu você alguma vez em seu caminho, mudando o curso de sua vida? Descreva.

Sugestão de exercícios

Estes exercícios poderão ser utilizados por indivíduos, compartilhados entre companheiros de caminhada ou no contexto de pequenos grupos. Escolha um exercício ou mais.

1. Sadhu Sundar Singh agiu com base no desejo de compartilhar com os vizinhos a alegria que ele experimentara. Esta semana, procure maneiras de compartilhar essa alegria. Não se preocupe tanto com suas palavras; simplesmente compartilhe as alegrias de seu coração.

2. Aumente sua capacidade de receber as bênçãos de Deus, pondo fim ao comportamento pecaminoso, conforme o autor nos incentiva a fazer. Tire o "velho homem", como a Bíblia exorta, não dando atenção às distrações que o impedem de fazê-lo.

3. Aprenda a ser fiel nas pequenas coisas, como disse Jesus (Lucas 16.10). Faça bom uso do tempo, remindo os momentos, procurando aproveitar as oportunidades para compartilhar sua fé, orar ou ler as Escrituras.

4. Esta semana, examine o curso de sua vida. Como Saulo, que passou a ser Paulo, esteja aberto para o chamado e, caso necessário, pronto para fazer mudanças.

Reflexão

Gosto muito das várias histórias de Sundar Singh. Mesmo seus ensinamentos, dos quais o texto lido faz parte, estão sempre relacionados a alguma história. Depois de sua impressionante conversão, ele passou a utilizar a veste amarela (cor de açafrão) dos sadhus, os homens santos da Índia. Contudo, ele era um sadhu diferente — percorria as vilas proclamando as boas-novas da vida em Jesus Cristo. Como seu Mestre, ele não tinha casa nem posses.

Ficava nas estradas, compartilhando o sofrimento de seu povo, comendo com quem lhe oferecia abrigo e falando a todos os que lhe dessem ouvidos sobre o amor de Deus. Até mesmo sua morte é uma história coberta de mistério e aventura. Mais de uma vez, ele tentou levar a mensagem do evangelho às regiões montanhosas do Tibete, mas fracassou em todas elas. Em abril de 1929, Sadhu Sundar Singh foi visto numa trilha de um alto pico que leva ao Tibete. Nunca mais foi visto nem se ouviu falar dele.

— RICHARD J. FOSTER

Para seu aprofundamento

Há somente um livro de Sundar Singh impresso: *Meditations on Various Aspects of the Spiritual Life* [Meditações sobre vários aspectos da vida espiritual], de 1926, (Whitefish: Kessinger, 2003). Há duas excelentes biografias — uma da sra. Arthur Parker, *Sadhu Sundar Singh: Called of God* [Sadhu Sundar Singh: chamado de Deus], publicado enquanto Sadhu ainda estava vivo e com permissão dele; outra de C. F. Andrews, *Sadhu Sundar Singh: A Personal Memoir* [Sadhu Sundar Singh: memória pessoal], publicada logo após sua morte. A obra é o resultado de uma longa e íntima amizade do autor com Sadhu. Há também uma biografia recente de A. J. Appasamy, *Sundar Singh* (Cambridge: Lutterworth Press, 2002). Os escritos do próprio Sadhu são principalmente meditações e transcrições de preleções. As obras mais conhecidas são: *At the Master's Feet* [Aos pés do Mestre]; *Visions of the Spiritual World* [Visões do mundo espiritual]; *Reality and Religion* [Realidade e religião]; *The Spiritual Life* [A vida espiritual]; *The Search After Reality* [A busca pela realidade]; *The Cross Is Heaven* [A cruz é o céu]; e *With and Without Christ.*

Em português, há duas biografias: uma escrita por um autor brasileiro: Boanerges Ribeiro, *O apóstolo dos pés sangrentos* (Rio de Janeiro: CPAD, 1994); e uma tradução da obra de Joyce Reason, *O homem que desapareceu* (Rio de Janeiro: União Feminina Missionária Batista do Brasil, 1987).

Francisco de Assis

Uma colheita de almas

Introdução ao autor

O legendário Francisco de Assis (1182-1226), cujo nome de batismo era Giovanni Francesco di Pietro di Bernardone, é considerado o primeiro místico italiano. Sua família era mundana e rica. O jovem Francisco era produto desse ambiente, mas depois da conversão sua vida mudou dramaticamente.

Ele ouviu o chamado de Deus para "reconstruir" a Igreja, particularmente a pequena Igreja de São Damião (com o tempo, veio entender o chamado em sentido mais amplo e profundo). Em 1209, ele sentiu forte desejo de "imitar a Cristo" vivendo em pobreza, castidade e obediência. Ele literalmente tirou as roupas luxuosas e entregou-as ao seu pai, marcando a nova vida que teria dali em diante. Começou um ministério com leprosos e enfermos, que continuou até sua morte, em 1226.

A partir da profunda vida espiritual de Francisco, surgiu a ordem franciscana, que procura manter seu estilo de vida até hoje. Ele foi o santo mais amado da Idade Média, cativando todos os que leram a seu respeito. Tinha o admirável talento de enxergar todo mundo — toda criatura — como dádiva maravilhosa de Deus. Ele chamava o sol, a lua e todas as criaturas de "meus irmãos e irmãs".

Apesar de ter escrito pouco, seus amigos e seguidores registraram muitos aspectos de sua vida e de seu pensamento. O texto a seguir foi tirado da clássica biografia *The Little Flowers of St. Francis* [As pequenas flores de Francisco], uma coleção de fascinantes contos de Francisco e seu "frade" e de sua contente abnegação ao ministério de Jesus.

Extratos de *The Little Flowers of St. Francis* [As pequenas flores de Francisco]

1. *Agonia de profunda dúvida*

O humilde servo de Cristo Francisco de Assis, no início de sua conversão, depois de reunir vários companheiros e recebê-los na Ordem, passou por agonia de profunda dúvida quanto ao que deveria fazer: entregar-se à oração contínua ou pregar algumas vezes.

Ele queria saber exatamente qual das duas escolhas agradaria mais ao Senhor Jesus Cristo. Como sua santa humildade não lhe permitia confiar em si mesmo ou em suas orações, ele humildemente procurou outras pessoas para saber a vontade de Deus sobre a questão.

2. *Mostre-me a melhor escolha*

Então, ele chamou o Irmão Masseo e disse: "Irmão, procure a Irmã Clara e peça a ela para orar a Deus a meu favor com uma de suas companheiras espirituais, para que Deus me mostre a melhor escolha: de pregar algumas vezes ou de dedicar-me apenas à oração. Depois procure o Irmão Silvestre, que está no monte Subásio, e diga-lhe a mesma coisa".

Esse era aquele sr. Silvestre que tinha visto uma cruz dourada saindo da boca de Francisco, que se estendia em comprimento até o céu, e em largura, até os confins da terra. Esse Irmão Silvestre era tão devoto e santo que Deus concedia ou revelava a ele imediatamente qualquer coisa que ele buscasse em oração.

O Espírito Santo o havia tornado notadamente merecedor das comunicações divinas, e ele conversava com Deus muitas vezes. Portanto, Francisco dedicava-se muito a ele e tinha grande confiança nele.

3. Uma colheita de almas

O Irmão Masseo foi e, conforme Francisco lhe havia pedido, comunicou o recado primeiramente a Clara depois ao Irmão Silvestre. Quando este recebeu o recado, passou imediatamente a orar, e Deus logo lhe respondeu.

Ele foi ao Irmão Masseo e disse: "O Senhor respondeu que você deve dizer o seguinte ao Irmão Francisco: Deus não o chamou apenas para que se dedicasse ao fazer bem a si próprio, mas para colher muitas almas e para que muitos fossem salvos por meio dele".

Depois disso, o Irmão Masseo voltou à Irmã Clara para saber o que ela havia recebido de Deus. Ela respondeu que tanto ela quanto sua companheira receberam exatamente a mesma resposta de Deus que o Irmão Silvestre.

4. Radiante com o poder divino

Então, o Irmão Masseo voltou a Francisco. Este o recebeu com muita deferência: lavou-lhe os pés e preparou-lhe uma refeição. Depois de comerem, Francisco levou o Irmão Masseo para a mata. Ali, ajoelhou-se diante do Irmão Masseo e, descobrindo a cabeça e cruzando os braços, perguntou: "O que meu Senhor Jesus Cristo me mandou fazer?".

O Irmão Masseo disse-lhe que Cristo respondera tanto ao Irmão Silvestre quanto à Irmã Clara e sua companheira que "ele deseja que você saia pregando pelo mundo, porque Deus não o chamou apenas para seu próprio bem, mas também para a salvação dos outros".

Então, a mão do Senhor veio sobre Francisco. Assim que ouviu a resposta, conhecendo, por meio dela, a vontade de Cristo, ele ficou de pé, radiante com o poder divino, e falou com grande fervor ao Irmão Masseo: "Então, vamos — no nome do Senhor!".

5. Como raio de trovão

Ele levou em sua companhia o Irmão Masseo e o Irmão Ângelo, homens santos. Partiu como um raio de fervor espiritual, sem se preocupar com o caminho.

FRANCISCO DE ASSIS — UMA COLHEITA DE ALMAS

Eles chegaram a uma vila chamada Cannara. Francisco começou a pregar, antes pedindo às andorinhas que gorjeavam que fizessem silêncio até ele concluir sua pregação. E as andorinhas lhe obedeceram. Ele pregou com tanto fervor que, em consequência de seu sermão e do milagre das andorinhas, todos os homens e mulheres daquela vila, com grande devoção, quiseram segui-lo e deixar a vila. Francisco, porém, não o permitiu, dizendo: "Não se apressem nem deixem a vila, pois vou preparar algo para vocês fazerem pela salvação de sua alma". Desde então ele planejou a organização da Terceira Ordem do continente para a salvação de todas as pessoas em todo lugar.

6. A multidão de pássaros

Deixando o povo bastante consolado e disposto à penitência, ele partiu para uma localidade entre Cannara e Bevagna. Enquanto passava com seus companheiros pelo distrito, com o mesmo fervor, olhou para cima e viu, próximo da estrada, algumas árvores e nelas uma multidão incontável de diferentes pássaros, como nunca vira em sua região. Também havia grande quantidade de pássaros no campo à volta das árvores. Enquanto observava e se maravilhava com a multidão de pássaros, o Espírito de Deus veio sobre ele, e Francisco disse aos companheiros: "Aguardem-me aqui na estrada. Vou pregar aos nossos irmãos pássaros".

Então ele foi para o meio do campo, onde estavam os pássaros no chão. Assim que começou a pregar, todos os pássaros que estavam nas árvores desceram para perto dele. Todos permaneceram imóveis com os demais no campo, mesmo quando ele passava pelo meio deles, tocando em muitos deles, como era seu costume. Nenhum deles se moveu. Não saíram dali até que ele os tivesse abençoado, conforme relatara o Irmão Tiago de Massa, um santo homem, de acordo com os fatos narrados pelo Irmão Masseo, um daqueles companheiros do santo Pai naquele momento.

7. Esforcem-se para louvar a Deus

A essência da mensagem de Francisco àqueles pássaros era esta: "Meus irmãos passarinhos, vocês devem muito a Deus, nosso Criador, e precisam sempre e em toda parte louvá-lo, porque ele deu a vocês uma dupla e tripla proteção, roupas bonitas e coloridas, alimento pronto sem vocês terem de trabalhar, um canto ensinado pelo Criador e uma quantidade multiplicada pela bênção de Deus; porque ele preservou sua espécie na arca de Noé para que a raça de vocês não desaparecesse da terra.

"Vocês também devem a ele o domínio do ar, dado a vocês. Além do mais, vocês não semeiam nem colhem, contudo Deus alimenta vocês e lhes concede os riachos e as fontes, de onde vocês bebem. Ele lhes dá altas montanhas e colinas, rochas e penhascos para se abrigarem e árvores elevadas para fazerem seus ninhos. E, embora vocês não saibam fiar ou costurar, Deus dá a vocês e aos seus filhotes a vestimenta de que precisam. Por isso, o Criador ama muito vocês, uma vez que ele lhes dá tantas coisas boas. Portanto, meus queridos irmãos passarinhos, tomem cuidado para não serem ingratos, mas sempre se esforcem para louvar a Deus".

8. Eles cantarolaram um belíssimo canto

Diante das palavras de Francisco, todos os pássaros começaram a abrir o bico, esticar o pescoço, estender as asas e reverentemente curvar a cabeça ao chão, demonstrando pelos movimentos e pelo canto que as palavras ditas por Francisco lhes trouxeram grande alegria. Quando Francisco percebeu isso, também se alegrou com eles e ficou admirado com a grande multidão de pássaros, com sua maravilhosa variedade e também com sua atenção, familiaridade e afeto. Portanto, louvou reverentemente a presença do maravilhoso Criador neles e exortou-os amavelmente a louvar ao Criador.

Finalmente, depois de terminar de pregar para os pássaros e exortá-los a louvar a Deus, Francisco fez o sinal da cruz sobre todas aquelas aves, dando-lhes permissão para ir embora. Então, todos os pássaros voaram simultaneamente, cantarolando no ar um belíssimo canto. Quando terminaram de cantarolar, eles se separaram em quatro grupos ordenados, de acordo com a forma da cruz feita sobre eles por Francisco. Cada grupo subiu mais no ar e voou em direções diferentes: um para o leste, outro para o oeste, o terceiro para o sul e o quarto para o norte. Cada grupo cantarolava maravilhosamente enquanto partia.

9. Às quatro regiões da terra

Assim como Francisco — que mais tarde carregaria as marcas da cruz de Cristo — havia pregado para eles e feito o sinal da cruz sobre eles, os pássaros se espalharam na forma de uma cruz e voaram, cantarolando, para as quatro regiões da terra. Era o sinal de que a pregação da cruz de Cristo, renovada por Francisco, deveria ser levada a toda a terra por ele e por seus frades, que, como os pássaros, não possuíam nada deste mundo e se haviam entregado totalmente à providência de Deus.

Eles foram chamados "águias" por Cristo quando este disse: "Onde estiver o [corpo], aí se ajuntarão as águias" (Lucas 17.37, *ARC*). Pois os santos que depositarem sua esperança no Senhor, tomarão asas como águias e voarão para o Senhor e não morrerão eternamente.

Ao louvor de Cristo. Amém.

Texto bíblico: Lucas 12.13-21

Alguém da multidão lhe disse: "Mestre, dize a meu irmão que divida a herança comigo".

Respondeu Jesus: "Homem, quem me designou juiz ou árbitro entre vocês?" Então lhes disse: "Cuidado! Fiquem de sobreaviso contra todo tipo de ganância; a vida de um homem não consiste na quantidade dos seus bens".

Então lhes contou esta parábola: "A terra de certo homem rico produziu muito. Ele pensou consigo mesmo: 'O que vou fazer? Não tenho onde armazenar minha colheita'.

"Então disse: 'Já sei o que vou fazer. Vou derrubar os meus celeiros e construir outros maiores, e ali guardarei toda a minha safra e todos os meus bens. E direi a mim mesmo: Você tem grande quantidade de bens, armazenados para muitos anos. Descanse, coma, beba e alegre-se'.

"Contudo, Deus lhe disse: 'Insensato! Esta mesma noite a sua vida lhe será exigida. Então, quem ficará com o que você preparou?'

"Assim acontece com quem guarda para si riquezas, mas não é rico para com Deus".

Perguntas para meditação

Estas perguntas poderão ser utilizadas para discussão em pequenos grupos ou para registro em diário pessoal.

1. Francisco estava em "agonia de profunda dúvida". Em que situações de sua vida você teve dúvidas sobre o caminho a seguir? O que você fez? O que ou quem ajudou você a tomar uma decisão?

2. Francisco tinha medo de que seu desejo interior o impedisse de ouvir a resposta de Deus, por isso pediu aos seus amigos que orassem e buscassem uma resposta por ele. Se você se encontrasse diante de um dilema, a quais amigos pediria que orassem e buscassem uma resposta por você? Por quê?

3. Qual foi a primeira coisa que Francisco fez depois de receber a confirmação do que ele deveria fazer? Você luta com o problema da hesitação, sentindo que não está preparado para exercer um ministério?

4. Em consequência do sermão de Francisco, as pessoas foram profundamente motivadas a aprofundar seu compromisso com Deus. Houve algum sermão, aula ou palestra que Deus usou para inspirar você a um compromisso mais sério?

5. Na parábola de Jesus, um homem rico acumula tesouros apenas para morrer, surpreendendo-se ao ver que toda a sua riqueza não tinha nenhum valor. Jesus, então, ordena que nos tornemos "ricos para com Deus" nesta vida. Cite algumas maneiras pelas quais alguém pode tornar-se "rico para com Deus"?

Sugestão de exercícios

Estes exercícios poderão ser utilizados por indivíduos, compartilhados entre companheiros de caminhada ou no contexto de pequenos grupos. Escolha um exercício ou mais.

1. Esta semana, se você estiver diante de um dilema importante, procure humildemente um amigo que o ajude a tomar a decisão. Peça ao seu amigo que ore e busque uma resposta e, como Francisco, receba as palavras do amigo como se fossem palavras de Jesus.

2. Aprenda esta semana a alegria da criação. Com a atitude de Francisco, gaste tempo com os pássaros e os animais, vendo-os não como animais insignificantes, mas como criaturas que são elementos importantes da criação de Deus.

3. Quando você escutar um sermão esta semana, faça um esforço para ser bom ouvinte. Não ouça apenas as palavras, mas escute atentamente, pensando em como poderá aplicar alguns dos princípios mencionados à sua vida. Peça ao Espírito que lhe dê "ouvidos para ouvir".

4. Tanto Jesus quanto Francisco alertam o povo a não "acumular tesouros na terra", mas ser "rico para com Deus". Esta semana, procure aumentar sua riqueza espiritual.

Reflexão

Há dois aspectos da vida de Francisco que me impressionam de imediato: sua alegre abnegação e sua pronta obediência.

Francisco foi chamado "trovador de Deus", tamanha a entrega despreocupada, alegre e exuberante dele a Deus. Ele percorria as aldeias e vilas de sua época anunciando alegremente a presença do Reino de Deus e demonstrando maravilhosamente sua vida e seu poder. Ele também obedecia sem hesitação a toda palavra que acreditava ser mandamento de Jesus Cristo. Naturalmente, esses dois aspectos estão interligados. Só depois de abrir mão de qualquer outra lealdade ou garantia estaremos livres para viver em obediência. Alegre abnegação, obediência imediata: excelentes virtudes a cultivar neste mundo de milhares de conflitantes lealdades.

— RICHARD J. FOSTER

Para seu aprofundamento

CHESTERTON, Gilbert K. **St. Francis of Assisi.** New York: Doubleday, 1987. Em estilo clássico de Chesterton, esse livro procura envolver a nós, produtos do Iluminismo, com a história de um homem pré-iluminista que de alguma maneira atravessa todos os séculos e tanto encanta quanto perturba.

GREEN, Julien. **God's Fool: The Life and Times of Francis of Assisi.** San Francisco: HarperCollins, 1985. Esse livro, que foi um *best-seller* na França, é um retrato popular e emocionalmente cativante do "homenzinho pobre de Assis".

Irmão Sol, irmã Lua. Produção de Franco Zeffirelli. 2003. 1 DVD (128 minutos). Áudio original: Dolby Digital 2.0. Formato de tela: FullScreen. 4 Legendas. Port. Apesar de ser um tanto romântico, esse filme é uma introdução cativante à vida de Francisco. A música é assustadora, e as imagens, atordoantes. Procure numa videolocadora.

Santa Maria, Brother Ugolino di Monte. **The Little Flowers of St. Francis.** Garden City: Doubleday, 1958. Aconselho você, ao ler essas histórias, a não se preocupar tanto a precisão da narrativa (se as coisas aconteceram exatamente como relatadas) ou com a exatidão teológica de cada til ou vírgula. Antes, leia por simples prazer... e sinta-se desafiado.

MADAME GUYON

Orando com as Escrituras

Introdução à autora

Madame Jeanne Guyon (1648-1717) nasceu em Montargis, na França. Quando tinha apenas 15 anos de idade, casou-se com um homem inválido de 38 anos. Insatisfeita no casamento, ela procurou a felicidade na vida devocional. Passou um ano num convento sob ordens da corte, depois foi presa em Vincennes e na Bastilha por causa de suas convicções religiosas. Cerca de vinte e cinco anos de sua vida foram gastos em confinamento. Muitos de seus livros foram escritos nesse período.

A grande contribuição de Madame Guyon para a literatura devocional é o estilo de escrita, que leva o leitor a buscar uma experiência viva de Jesus Cristo. O texto a seguir foi extraído do livro *Experimentando as profundezas de Jesus Cristo através da oração* (também intitulado *A Short and Very Easy Method of Prayer* [Um método de oração breve e muito fácil]). Esse livro teve enorme influência: Watchman Nee fez com que fosse traduzido para o chinês e disponibilizava a todo novo convertido do Pequeno Rebanho; François Fénelon, John Wesley e Hudson Taylor recomendavam-no aos cristãos de sua época.

Extratos de *Experimentando as profundezas de Jesus Cristo através da oração*

1. Duas maneiras de encontrar a Jesus

Gostaria de dirigir-me a você como se fosse um principiante na fé em Cristo, alguém que está procurando conhecê-lo. Com isso, quero sugerir duas maneiras de você encontrar ao Senhor. Chamo a primeira "orando com as Escrituras"; a segunda, chamarei "contemplando ao Senhor" ou "permanecendo na presença dele".

2. Orando com as Escrituras

"Orando com as Escrituras" é uma forma singular de tratar as Escrituras e envolve tanto a leitura quanto a oração. Abra as Escrituras e escolha uma passagem simples e bem prática. Em seguida, volte-se para o Senhor. Aproxime-se calma e humildemente. Ali, diante dele, leia o pequeno trecho das Escrituras que você escolheu.

Leia com calma. Absorva plena, dócil e atentamente o que você estiver lendo. Saboreie e deguste a leitura. Talvez antes disso você tivesse o hábito de prosseguir rapidamente para o versículo seguinte até terminar a passagem. Talvez procurasse encontrar a ideia principal do texto.

3. Lendo devagar

Contudo, para se aproximar do Senhor por meio da "oração com as Escrituras", não é recomendável ler rapidamente. Você precisa fazer uma leitura pausada. Não prossiga para outra passagem até ter *sentido* exatamente o que leu. Em seguida, você poderá tomar aquele trecho que falou mais forte com você e transformá-lo em oração.

Depois de sentir algo da passagem e perceber que sua essência foi extraída e o sentido mais profundo exaurido, prossiga bem devagar e calmamente para a leitura da próxima seção. Você ficará surpreso de ver que, quando terminar seu momento com o Senhor, terá lido muito pouco, talvez não mais que meia página.

4. Penetrando as profundezas

Ao se avaliar a "oração com as Escrituras", não importa *quanto* se lê, mas *como* se lê. Se você ler rapidamente, terá pouco proveito. Será como uma abelha que apenas passa pela superfície da flor. Contudo, por meio dessa nova maneira de ler em oração, você se torna como a abelha que penetra as *profundezas* da flor. Você mergulha dentro da flor para retirar o néctar do lugar mais profundo.

Naturalmente, há um tipo de leitura das Escrituras própria para o estudo e o conhecimento, mas não é o caso aqui. Essa forma erudita de leitura não será útil para você quando se tratar de questões *divinas*! Para tirar algum proveito do interior e do mais profundo das Escrituras, você precisa ler da maneira como descrevi aqui. Mergulhe nas profundezas das palavras que você lê até que a revelação, como aroma suave, se manifeste a você. Tenho certeza de que, se você seguir essa orientação, aos poucos terá a experiência de uma rica oração brotando de seu ser interior.

5. Contemplando ao Senhor

Prossigamos agora para o segundo tipo de oração, que denomino "contemplando ao Senhor" ou "permanecendo na presença do Senhor". As Escrituras *também* são utilizadas, mas não se trata propriamente de um momento de leitura.

Lembre-se: dirijo-me a você presumindo que é um novo convertido. Essa é a segunda maneira de encontrar a Cristo. Essa segunda maneira, apesar de fazer uso das Escrituras, tem uma finalidade completamente diferente da "oração com as Escrituras". Por esse motivo, você precisa separar um tempo para ficar na presença de Cristo.

Por meio da "oração com as Escrituras", você tenta encontrar ao Senhor em sua leitura, nas próprias palavras que lê: o conteúdo das Escrituras é o centro de sua atenção. Seu propósito é tirar tudo o que a passagem revela a você a respeito do Senhor.

6. Sossegando a mente

Ao "contemplar ao Senhor", você se aproxima dele de maneira diferente. Talvez neste momento eu precise mencionar a maior dificuldade que você terá em permanecer na presença do Senhor. Está relacionada com sua mente, pois ela tem forte tendência de divagar para longe do Senhor. Portanto, ao vir diante do Senhor e permanecer na presença dele, contemplando-o, utilize as Escrituras para *sossegar* a mente.

É bem simples fazer isso. Antes de tudo, leia uma passagem das Escrituras. Uma vez que você sinta a presença do Senhor, o conteúdo lido não é tão importante. As Escrituras já cumpriram seu propósito: fizeram sossegar sua mente e o conduziram à presença de Deus.

7. Voltando-se interiormente pela fé

Para que você entenda melhor, deixe-me descrever a maneira de se aproximar do Senhor pelo simples ato de contemplação e permanecer na presença dele. Você começa separando um tempo para estar com o Senhor. Quando se aproximar, esteja calmo. Leve o coração à presença de Deus. Como se faz isso? Também é bem simples. Volte-se para Deus pela *fé*. Pela fé, você crê que entrou na presença de Deus.

Em seguida, enquanto estiver diante do Senhor, comece a ler algumas porções das Escrituras. De vez em quando, *pare*. A pausa deve ser bem suave. Você parou com a intenção de direcionar a mente ao Espírito. Você, *interiormente*, voltou-se para Cristo.

Lembre-se sempre de que você não está fazendo isso para entender o que leu: está lendo para desviar seu pensamento das coisas exteriores para os lugares mais profundos de seu ser. Você não está ali para aprender ou para ler, mas para experimentar a presença do Senhor!

Enquanto você estiver diante do Senhor, mantenha o coração na presença dele. Como? Isso você também faz pela fé. Sim, pela fé você mantém seu coração na presença do Senhor. Agora, permanecendo na presença dele, volte toda a atenção para seu espírito. Não deixe a mente divagar. Se começar a se distrair, volte a atenção outra vez para o interior de seu ser. Você ficará livre de divagações — livre de qualquer distração exterior — e se aproximará de Deus. O Senhor é encontrado *somente* dentro de seu espírito, no recôndito de seu ser, no Lugar Santíssimo. É ali que ele habita.

8. O Senhor irá ao seu encontro

O Senhor, certa vez, prometeu vir e fazer morada em você (João 14.23). Ele prometeu encontrar os que o adoram e fazem sua vontade. O Senhor *irá* encontrar você em seu espírito. Agostinho disse uma vez que ele havia perdido muito tempo no início de sua experiência cristã tentando encontrar ao Senhor exteriormente, em vez de voltar-se para o interior.

Uma vez que seu coração se voltar internamente para o Senhor, você sentirá a presença dele, será capaz de perceber a presença dele. Mais precisamente porque seus sentidos exteriores estarão bastante sossegados. Sua atenção não estará mais nas coisas exteriores ou nos pensamentos superficiais da mente. Antes, de modo tranquilo e suave, sua mente ficará ocupada com o que você leu e por aquele toque de sua presença.

Não quer dizer que você não deve pensar no que leu, mas que deve *alimentar-se* do que leu. Pelo fato de amar ao Senhor, você se esforçará para manter a mente sossegada diante dele. Quando você chegar a esse ponto, precisa deixá-la descansar.

Nesse mesmo estado de paz, *engula* o que você experimentou. No começo, pode parecer difícil, mas talvez eu possa mostrar-lhe um jeito simples. Você não aprecia uma boa comida? Contudo, não receberá nenhum nutriente, a não ser que esteja disposto a engolir a comida. O mesmo acontece com a alma. Nesse estado tranquilo, pacífico e singelo, ingira tudo o que houver de nutrientes.

9. Distrações

O que fazer a respeito das distrações? Digamos que sua mente comece a divagar. Se depois de ser profundamente tocado pelo Espírito do Senhor você se distrair, faça um esforço para trazer sua mente distraída de volta à presença do Senhor. Essa é a maneira mais fácil de vencer as distrações externas.

Quando sua mente divagar, não tente resolver isso mudando seus pensamentos. Veja, se você der atenção ao que está pensando, só irá perturbar mais a mente, atiçando-a ainda mais. Por isso, *afaste-se* de sua mente! Continue a se voltar interiormente para a presença do Senhor. Ao fazer isso, vencerá a batalha contra a mente distraída sem, contudo, se envolver numa batalha!

10. Disciplinando a mente

Ao começar essa nova empreitada, você descobrirá naturalmente que é difícil controlar a mente. Por quê? Porque após muitos anos de hábito ela adquiriu a capacidade de divagar por todo o mundo, ao seu bel-prazer, então o que estou dizendo serve para disciplinar a mente.

Tenha certeza de que, à medida que sua alma se acostumar a se voltar para as coisas interiores, esse processo se tornará mais fácil. Há duas razões pelas quais você terá maior facilidade para sujeitar sua mente ao Senhor. Primeira: a mente, depois de muita prática, formará o novo hábito de voltar-se para o interior mais profundo. Segunda: o Senhor é gracioso!

11. O principal desejo do Senhor

O principal desejo do Senhor é revelar-se a você e, para fazer isso, ele lhe concede graça abundante. O Senhor lhe concede a experiência de desfrutar a presença dele. Ele toca em você, e seu toque é tão prazeroso que, mais do que nunca, você se aproxima interiormente dele.

Texto bíblico: Gênesis 28.10-19

Jacó partiu de Berseba e foi para Harã. Chegando a determinado lugar, parou para pernoitar, porque o sol já se havia posto. Tomando uma das pedras dali, usou-a como travesseiro e deitou-se. E teve um sonho no qual viu uma escada apoiada na terra; o seu topo alcançava os céus, e os anjos de Deus subiam e desciam por ela. Ao lado dele estava o Senhor, que lhe disse: "Eu sou o Senhor, o Deus de seu pai Abraão e o Deus de Isaque. Darei a você e a seus descendentes a terra na qual você está deitado. Seus descendentes serão como o pó da terra, e se espalharão para o Oeste e para o Leste, para o Norte e para o Sul. Todos os povos da terra serão abençoados por meio de você e da sua descendência. Estou com você e cuidarei de você, aonde quer que vá; e eu o trarei de volta a esta terra. Não o deixarei enquanto não fizer o que lhe prometi".

Quando Jacó acordou do sono, disse: "Sem dúvida o Senhor está neste lugar, mas eu não sabia!" Teve medo e disse: "Temível é este lugar! Não é outro, senão a casa de Deus; esta é a porta dos céus".

Na manhã seguinte, Jacó pegou a pedra que tinha usado como travesseiro, colocou-a em pé como coluna e derramou óleo sobre o seu topo. E deu o nome de Betel àquele lugar, embora a cidade anteriormente se chamasse Luz.

Perguntas para meditação

Estas perguntas poderão ser utilizadas para discussão em pequenos grupos ou para registro em diário pessoal.

1. Madame Guyon utiliza a figura de uma abelha que apenas passa pela superfície e de outra que penetra o fundo da flor, para ilustrar a diferença entre nosso modo costumeiro de ler a Bíblia e o modo sugerido por ela. Qual é a maneira que melhor descreve sua leitura bíblica?

2. Dos dois métodos que ela descreve ("orando com as Escrituras" e "contemplando ao Senhor"), qual deles ajudaria mais em sua jornada espiritual? Por quê?

3. Madame Guyon enfatiza muito nosso grau de anseio por Deus. Nos últimos dois anos, o que você tem feito aumentar seu anseio por Deus?

4. Se Madame Guyon viesse à sua casa para uma conversa e um cafezinho, que pergunta você gostaria de lhe fazer?

5. No texto bíblico desta semana (Gênesis 28.10-19), o lugar chamado Harã tornou-se sagrado para Jacó porque foi ali que ele teve um profundo encontro com Deus. Cite um dos lugares mais sagrados de sua vida, lugares onde você se encontrou com Deus de modo marcante.

Sugestão de exercícios

Estes exercícios poderão ser utilizados por indivíduos, compartilhados entre companheiros de caminhada ou no contexto de pequenos grupos. Escolha um exercício ou mais.

1. Esta semana, passe pelo menos 15 minutos "orando com as Escrituras". Utilizando o método de Madame Guyon, lembre-se:

- Escolha uma passagem simples.

- Leia devagar.

- Procure descobrir o centro de cada versículo antes de prosseguir.

- Quando algo lhe chamar a atenção, com algum significado em particular, transforme-o em oração.

2. Passe 15 minutos todos os dias desta semana a "contemplar ao Senhor". Lembre-se dos passos simples que a autora sugere:

- Utilize uma passagem das Escrituras que o ajude a se concentrar na presença de Deus.
- Leia a passagem até que você consiga concentrar-se na presença de Deus.
- Fixe o coração e a mente na presença de Deus.
- Quando sua mente divagar, retorne ao texto bíblico para se concentrar outra vez.

3. Madame Guyon escreve: "O principal desejo do Senhor é revelar-se a você". Esta semana, preste bastante atenção às maneiras de Deus revelar-se a você.

4. Assim como Jacó erigiu uma coluna para honrar o lugar onde Deus o encontrou de maneira especial, faça uma lista de pessoas e lugares que foram importantes em sua vida e agradeça a Deus por eles. Se possível, escreva uma carta de agradecimento para aqueles que o ajudaram a tornar sua vida especial (por exemplo, diretor de acampamento, capelão da escola, pastor, funcionários).

Reflexão

O ponto forte dos escritos de Jeanne Guyon é sua simplicidade. Não devemos desprezar essa qualidade dela, pensando que por ser simples é, portanto, simplista. Longe disso! As palavras dela são de fato profundas e nos conduzirão a um encontro enriquecedor com o Cristo vivo se, com coração humilde, estivermos dispostos a aprender. Em Imitação de Cristo, *Thomas à Kempis incentiva-nos a ler "livros simples e devocionais" com tanto prazer quanto lemos os "grandiosos e eruditos", pois sempre devemos ser atraídos pelo "amor da simples verdade".*

Mas que livro! Sua modéstia nos conquista. Ele revela a superficialidade de nossa espiritualidade. Convida-nos a nos aprofundar espiritualmente. Acolhe-nos no Lugar Santíssimo. Acima de tudo, torna a vida de oração tão prazerosa e revigorante que somos levados a "experimentar as profundezas de Jesus Cristo" por nós mesmos.

— RICHARD J. FOSTER

Para seu aprofundamento

MADAME GUYON. **Experimentando as profundezas de Jesus Cristo através da oração.** São Paulo: Editora dos Clássicos, 2005. É deliciosa a leitura desse livro. Ele oferece conselhos simples e profundos sobre como melhorar sua vida de oração.

_____. **Autobiografia de Madame Guyon.** São Paulo: Editora dos Clássicos, 2004. Enquanto Madame Guyon estava presa por causa de seu amor a Deus, seu guia espiritual pediu que ela se dedicasse a escrever os detalhes de sua vida. O resultado foi esse livro.

UPHAM, T. C. **The Life of Madame Guyon.** London: James Clark and Company, 2000. Uma biografia muito agradável, com ênfase na vida espiritual.

JOÃO CRISÓSTOMO

Sermão sobre morrer para o pecado

Introdução ao autor

Filho de um rico general romano, o jovem João (345-407) estava destinado a se tornar um dos mais respeitados pregadores da igreja primitiva. Ele seria posteriormente conhecido como Crisóstomo, Boca de Ouro. Aos 20 anos de idade, estudou retórica em Antioquia. Pretendia usar suas habilidades para exercer advocacia, mas depois abandonou a profissão por causa de seu caráter secular.

Ele passou a se dedicar ao estudo das Escrituras e no ano 368 foi batizado no cristianismo. Em seguida, entregou-se à solitude com um velho monge sírio. Passou quatro anos numa caverna nas montanhas próximas de Antioquia. Seu rigoroso ascetismo causou-lhe problemas de saúde, por isso foi forçado a retornar para Antioquia e moderar sua disciplina. Em 386, foi ordenado sacerdote e doze anos depois foi nomeado patriarca de Constantinopla.

Anos mais tarde, Crisóstomo foi muito difamado por causa de sua concordância com boa parte da teologia de Orígenes e das constantes críticas à apatia do clero. Sua fala direta e sua rigorosa regra de vida logo suscitaram inimigos entre o clero mundanizado e o judiciário carnal. Ele foi expatriado para a Armênia pela imperatriz Eudóxia, região da Ásia Menor. Durante o exílio, continuou escrevendo enérgicas e influentes cartas aos amigos e ficou conhecido pela capacidade de suportar privações por amor a Deus. Crisóstomo morreu em 407 em viagem a uma região mais remota.

Como Agostinho, que o sucederia, as habilidades retóricas de Crisóstomo, aprendidas antes de seu batismo, tornaram-no um dos pregadores mais respeitados da história do cristianismo. Por isso, escolhemos um de seus sermões para o texto deste capítulo.

Extratos de *A Sermon Titled "Dead to Sin"* [Sermão intitulado "Morto para o pecado"]

1. Batizados na sua morte

"Porventura, ignorais que todos nós que fomos batizados em Cristo Jesus fomos batizados na sua morte? Fomos, pois, sepultados com ele na morte pelo batismo" (Romanos 6.3,4, *ARA*). O que significa ser "batizados na sua morte"? Diz respeito à nossa morte, assim como ele morreu.

Fazemos isso por meio do batismo, pois o batismo é a cruz. O que a cruz representa para Cristo, o batismo representa para nós. Cristo morreu na carne; nós morremos para o pecado. Ambas são morte e ambas são reais.

Todavia, se são reais, qual a nossa parte? Contribuímos em quê? Paulo prossegue: "... para que, como Cristo foi ressuscitado dentre os mortos pela glória do Pai, assim também andemos nós em novidade de vida" (Romanos 6.4, *ARA*). Paulo trata aqui da importância da ressurreição.

Você crê que Cristo ressuscitou dentre os mortos? Então, creia o mesmo a respeito de si próprio. Assim como a morte dele é a sua morte, também a ressurreição dele é a sua ressurreição; se você partilha de uma, também partilhará da outra. A partir de então o pecado é derrotado.

Paulo faz-nos uma exigência: andar em novidade de vida pela mudança de hábitos. Pois quando o fornicador se purifica, quando o avarento se torna misericordioso, quando o cruel se torna bondoso, a ressurreição está fazendo efeito, ocorre um prelúdio da ressurreição final futura.

Como isso pode ser chamado "ressurreição"? É ressurreição porque o pecado está sendo mortificado e substituído pela retidão. A vida anterior já passou, e uma nova vida angelical está sendo vivenciada.

2. O tempo passado do pecado

Contudo, meus olhos enchem-se de lágrimas quando penso no que Paulo pede de nós e em quão pouco mudamos desde o batismo. Cedemos ao pecado, retornamos aos velhos hábitos, voltamos para o Egito e nos lembramos das cebolas depois de saborear o maná. Experimentamos uma mudança por apenas dez ou vinte dias após o batismo, depois voltamos às coisas antigas. Entretanto, precisamos entender que não devemos mudar por apenas alguns dias, e sim por toda a vida. A juventude da graça não deve levar à velhice do pecado. O amor ao dinheiro e a escrivão aos maus desejos ou a qualquer pecado nos envelhecem o corpo e a alma. Nossa alma se torna reumática, tortuosa, decadente e agitada por muitos pecados.

Então, a alma dos pecadores é assim. Não a dos retos, pois estes são joviais e vigorosos, sempre no vigor da vida, prontos para qualquer luta. Não é assim com os pecadores, pois eles estão sujeitos a cair diante de qualquer obstáculo. O pecador perde a capacidade de ver, ouvir e falar, pois vomita palavras vergonhosas.

3. De repente jovens

Assim como o filho pródigo, o pecador acaba no lamaçal da lavagem dos porcos, reduzido à pior miséria e em pior situação que a pessoa mais desleixada. Todavia, quando o filho pródigo tomou uma resolução, ele rejuvenesceu de repente. Tão logo disse: "Voltarei para meu pai" (Lucas 15.18), essa simples frase já lhe transmitiu todas as bênçãos. Na verdade, não foram apenas as palavras, mas a ação acrescentada às palavras. Ele não disse: "Voltarei", permanecendo onde estava.

Então, façamos o mesmo, não importa quão distante estejamos em nossa jornada. Voltemos para a casa do Pai, sem hesitar por causa da distância da jornada, pois descobriremos, se quisermos, que o caminho de volta é muito mais fácil e rápido. Basta deixar para trás o lugar do pecado, que nos distancia do Pai, porque nosso Pai tem uma aspiração natural para conosco e nos honrará com nossa mudança. Ele tem enorme prazer em receber seus filhos de volta.

4. Será mais fácil

Como devo voltar? Comece fugindo da maldade. Não se aprofunde nela. Desse modo, você estará retornando para casa. Se um enfermo não piorar, já é um sinal de que está melhorando. O mesmo acontece com a maldade. Não continue nela, e seus atos pecaminosos terão fim.

Se você fizer isso por dois dias, terá maior facilidade no terceiro dia; depois de três dias, acrescente dez, depois vinte, cem, depois toda a sua vida. Quanto mais fácil se tornar a jornada de regresso, mais fácil será entender como agir, e logo você terá grandes recompensas.

Foi o que aconteceu com o filho pródigo. Quando ele retornou, foi recebido ao som de flautas e harpas e com dança e festa. Seu pai, que poderia ter repreendido sua extravagância inoportuna, não fez nada disso. Nem sequer mencionou o fato, antes olhou para o filho como se este não tivesse nenhuma mancha, lançou-se sobre ele e o beijou.

5. O desejo intenso de Deus

Então, diante desses exemplos, sejamos consolados e não nos desesperemos, pois Deus não tem tanto prazer em ser nosso Senhor quanto em ser nosso Pai; ele não fica tão feliz em sermos servos dele quanto em sermos filhos dele. É isso o que Deus realmente deseja. Por isso, ele fez tudo o que fez, sem poupar o próprio Filho, para que nós, filhos e filhas por adoção, pudéssemos amá-lo como Pai.

O desejo intenso que Deus tem de ser amado é resultado do intenso amor dele. Por isso, Jesus disse: "Quem ama seu pai ou sua mãe mais do que a mim não é digno de mim" (Mateus 10.37). Ele até nos convida a considerar secundário o que é mais precioso para nós — nossa alma —, depois do amor de Deus, pois nosso Pai deseja ser amado sem reservas por nós.

Se não amamos alguém, não queremos estar com ele, não importa quão maravilhoso ou nobre ele seja. No entanto, quando amamos alguém, queremos ficar com essa pessoa e nos sentimos honrados por ela nos amar, mesmo que não seja alguém de destaque na sociedade. Por isso — e não por causa de nossa posição —, Deus preza muito nosso amor. Na verdade, ele preza tanto que sofreu intensamente por nós.

6. Por que temer?

Então, corramos risco por amor a ele, como se buscássemos a maior coroa. Não tenhamos medo da pobreza ou da doença, das dificuldades ou da própria morte. Pois, o que temer? Perder todo o dinheiro? Se você suportar tudo com dignidade, será considerado tão nobre quanto se você tivesse entregado tudo aos pobres, contanto que perca tudo voluntariamente por saber que tem recompensa muito maior no céu.

O que mais poderemos temer? Insultos e perseguição? Se esse for o caso e você suportar tudo humildemente, esses inimigos estarão tecendo uma coroa maravilhosa para você. Jesus ordenou que nos regozijássemos quando alguém nos caluniasse, pois grande é a recompensa no céu. Mesmo se disserem a verdade a nosso respeito, se a suportarmos humildemente, será bom para nós, assim como o fariseu falou a verdade sobre o publicano, e somente este tenha voltado para casa justificado, por ter suportado tudo com humildade.

Por que buscamos proveito? Qual foi o proveito de Judas em estar com Cristo? Qual o proveito da lei para os judeus? Ou do paraíso para Adão? Ou da terra prometida para os israelitas? Devemos manter a mente concentrada apenas nisto: como aplicar melhor os recursos a nós oferecidos.

7. Uma serpente fazendo ninho em nossa cama

Se fizermos isso, nem o Diabo será capaz de se aproveitar de nós. Precisamos lembrar que lidamos com um inimigo astuto. Se de repente ficássemos sabendo que uma serpente fez um ninho em nossa cama, faríamos de tudo para matá-la, mas, quando o Diabo se aninha em nossa alma, dizemos para nós mesmos que não corremos perigo e ficamos tranquilos. Por quê? Porque não reconhecemos a intenção dele com nossa percepção mortal.

Por isso, precisamos acordar e estar mais atentos. É mais fácil vigiar quando lutamos contra um inimigo que enxergamos. Quando não o enxergamos, fica mais difícil escapar ao seu ataque. Além do mais, saiba que o Diabo não tem interesse em se expor em combate (pois certamente seria derrotado); antes, sob aparência amigável, ele deseja mascarar o veneno de sua malícia.

Por exemplo, ele usou a mulher de Jó sob a aparência do amor pelo marido; ele também persuadiu Jefté, sob o pretexto da religião, para matar sua filha em sacrifício proibido pela lei. O mesmo aconteceu com Adão, quando o Diabo, com ar de interessado no bem-estar do homem, disse que os olhos dele "seriam abertos" quando comesse do fruto da árvore.

Fique atento e proteja-se com as armas do Espírito. Procure conhecer os planos do Diabo para que você não seja apanhado de surpresa. Denuncie-o. Paulo foi bem-sucedido porque não ignorava as artimanhas de Satanás. Conheça e fuja das armadilhas do Diabo, para que depois de vencê-lo possamos, nesta vida ou na vida futura, ser proclamados vencedores e receber aquelas genuínas bênçãos.

Texto bíblico: Lucas 15.11-32

[O filho pródigo] foi empregar-se com um dos cidadãos daquela região, que o mandou para o seu campo a fim de cuidar de porcos. Ele desejava encher o estômago com as vagens de alfarrobeira que os porcos comiam, mas ninguém lhe dava nada.

Caindo em si, ele disse: "Quantos empregados de meu pai têm comida de sobra, e eu aqui, morrendo de fome! Eu me porei a caminho e voltarei para meu pai, e lhe direi: Pai, pequei contra o céu e contra ti. Não sou mais digno de ser chamado teu filho; trata-me como um dos teus empregados". A seguir, levantou-se e foi para seu pai.

Estando ainda longe, seu pai o viu e, cheio de compaixão, correu para seu filho, e o abraçou e beijou.

O filho lhe disse: "Pai, pequei contra o céu e contra ti. Não sou mais digno de ser chamado teu filho".

Mas o pai disse aos seus servos: "Depressa! Tragam a melhor roupa e vistam nele. Coloquem um anel em seu dedo e calçados em seus pés.

Tragam o novilho gordo e matem-no. Vamos fazer uma festa e alegrar-nos. Pois este meu filho estava morto e voltou à vida; estava perdido e foi achado". E começaram a festejar o seu regresso.

Enquanto isso, o filho mais velho estava no campo. Quando se aproximou da casa, ouviu a música e a dança. Então chamou um dos servos e perguntou-lhe o que estava acontecendo. Este lhe respondeu: "Seu irmão voltou, e seu pai matou o novilho gordo, porque o recebeu de volta são e salvo".

O filho mais velho encheu-se de ira e não quis entrar. Então seu pai saiu e insistiu com ele. Mas ele respondeu ao seu pai: "Olha! todos esses anos tenho trabalhado como um escravo ao teu serviço e nunca desobedeci às tuas ordens. Mas tu nunca me deste nem um cabrito para eu festejar com os meus amigos. Mas quando volta para casa esse teu filho, que esbanjou os teus bens com as prostitutas, matas o novilho gordo para ele!"

Disse o pai: "Meu filho, você está sempre comigo, e tudo o que tenho é seu. Mas nós tínhamos que celebrar a volta deste seu irmão e alegrar-nos, porque ele estava morto e voltou à vida, estava perdido e foi achado".

Perguntas para meditação

Estas perguntas poderão ser utilizadas para discussão em pequenos grupos ou para registro em diário pessoal.

1. Reflita sobre o seu batismo. Qual foi o significado para você (ou, se você foi batizado na infância, o que significa para você)? De acordo com esse sermão, o que ele significa para Deus?

2. Você tem lutado contra o pecado depois de seu batismo? De acordo com João Crisóstomo, qual a causa e qual a solução para esse problema?

3. Crisóstomo parece afirmar que a alma e o corpo "envelhecem" por causa do pecado. Essa metáfora descreve os efeitos do pecado em sua vida? Como "rejuvenescemos de repente"? Como você sente isso?

4. De acordo com esse sermão, é especialmente difícil derrotar o Diabo, porque ele recusa o "combate aberto" e, em vez disso, nos engana sob

aparências positivas (amizade, religiosidade, perspectiva de benefícios). De que maneira você tem enfrentado essa dissimulação? De acordo com Crisóstomo, como podemos vencer?

5. Crisóstomo usa a parábola do filho pródigo para ilustrar como nos distanciamos de Deus e como podemos retornar para casa. De que maneira você se distanciou de Deus no passado? O que o fez voltar para casa?

Sugestão de exercícios

Estes exercícios poderão ser utilizados por indivíduos, compartilhados entre companheiros de caminhada ou no contexto de pequenos grupos. Escolha um exercício ou mais.

1. Reflita sobre a figura bíblica que Paulo usa para comparar a nova vida em Cristo: ressurreição com Cristo. Enquanto medita, tenha em mente as palavras de Crisóstomo: "Você crê que Cristo ressuscitou dentre os mortos? Então, creia o mesmo a respeito de si próprio".

2. Crisóstomo afirma que podemos voltar para a casa do Pai se fugirmos da maldade. Esta semana, ponha um fim às maldades que "envelhecem" você. Saiba que para cada dia vitorioso, o dia seguinte será mais fácil.

3. Crisóstomo incentiva-nos a "manter a mente concentrada apenas nisto: como aplicar melhor os recursos a nós oferecidos". Faça disso o centro de sua reflexão esta semana.

4. Decida abandonar a terra distante do pecado e retornar para o Pai celeste. Celebre seu retorno para casa. Os anjos regozijam-se quando retornamos para Deus. Assim, por que não nos juntarmos a eles em seus coros de louvor?

Reflexão

O título do sermão, "Morto para o pecado", tirado, naturalmente, da carta aos Romanos, é um tema difícil para mim. É que a figura da morte parece tão final, tão absoluta e tão definitiva, e minha experiência é muito diferente. O pecado tem seu jeito de retornar — muitas ressurreições são necessárias! Acho que Crisóstomo entendia isso porque parece sugerir que experimentamos muitas pequenas mortes para o pecado.

Então, como morrer para o pecado? "Comece fugindo da maldade", diz o pregador. Faça isso durante dois dias, então o terceiro dia será mais fácil. Passe para dez dias "depois vinte, cem, depois toda a sua vida". Naturalmente, ele nos chama para o desenvolvimento de "hábitos santos" que, com o tempo, tomarão conta de nossa vida e farão morrer o pecado. Tão básico, porém tão importante. Todos os hábitos se tornam hábitos pela mera repetição, e os hábitos sagrados não são exceções. À medida que experimentamos mais profundamente o caráter inerente dos hábitos sagrados, aprendemos que os filósofos morais querem dizer quando afirmam: "A virtude é simples".

— RICHARD J. FOSTER

Para seu aprofundamento

SCHAFF, Philip (Org.). **The Nicene and Post-Nicene Fathers.** Grand Rapids: Eerdmans, 1989, v. 9-14. Essa é a melhor referência sobre os escritos de Crisóstomo encontrados em inglês. Contém ensaios importantes sobre o sacerdócio, tratados sobre a vida ascética, cartas e grande quantidade de homilias dos Evangelhos, Atos, Romanos, Coríntios, Gálatas, Hebreus e outros. Biografias de Crisóstomo são encontradas em três obras mais antigas: W. MAGGILORY, *John of the Golden Mouth* (London: [s.n.], 1972); W. R. W. STEPHEN, *St. John Chrysostom: His Life and Time* (London: [s.n.], 1872); R. W. BUSH, *Life and Times of Chrysostom* (London: [s.n.], 1885). Também em duas obras mais recentes: Wendy MEYER & Pauline ALLEN, *John Chrysostom* (New York: Routledge, 2000); J. N. D. KELLEY, *Golden Mouth: The Story of John Chrysostom — Ascetic, Preacher, Bishop* (Thaca: Cornell University Press, 1998).

CHARLES SPURGEON

Sermão sobre avivamento

Introdução ao autor

Conhecido como "uma luz brilhante e incandescente que irrompeu repentinamente sobre o mundo moral", Charles Haddon Spurgeon (1834-1892) foi um dos mais notáveis fenômenos de seu tempo, cativando (e, muitas vezes, enfurecendo) auditórios com sermões vigorosos e condenatórios. Spurgeon nasceu e cresceu em Essex, na Inglaterra, descendente de várias gerações de pregadores independentes. Em 1850, afiliou-se aos batistas e naquele mesmo ano pregou seu primeiro sermão. Em 1852, foi designado pastor da congregação batista de Waterbeach. Em 1854, foi para Southwark. Ali sua popularidade cresceu tanto que foi preciso construir um novo templo — o Tabernáculo Metropolitano — para abrigar todos os que vinham ouvi-lo.

Além de sua pregação — que lhe conquistou maior fama —, ele fundou uma faculdade para pastores, um orfanato e uma instituição que visava a promover literatura edificante. Calvinista convicto, sua firmeza em relação a algumas doutrinas provocou grande controvérsia fora de sua igreja e algumas desavenças internas. Sua fama continuou crescendo, principalmente por causa de sua extraordinária habilidade retórica, do uso criativo de ilustrações, de seu senso de humor e de seu bom senso.

O texto a seguir foi extraído de um dos inúmeros sermões de Spurgeon. Seus sermões sempre eram bíblicos e doutrinariamente corretos. Esse sermão demonstra claramente sua habilidade de condenar, exortar e incentivar os ouvintes a mudar de vida.

CLÁSSICOS DEVOCIONAIS

Extratos de *"Spiritual Revival the Want of the Church"* [A igreja necessita de avivamento espiritual]

1. Obra totalmente de Deus

Texto das Escrituras: "Aviva a tua obra, ó SENHOR" (Habacuque 3.2, *ARA*).

Toda verdadeira religião é obra de Deus. Deus é, de fato, o autor da salvação no mundo, e a religião é obra da graça. Se houver alguma coisa boa e extraordinária na Igreja, isso também é obra de Deus, do início ao fim.

É Deus quem aviva a alma que estava morta e quem preserva a vida dessa alma. Deus nutre e aperfeiçoa essa vida na Igreja. Não atribuímos nada a nós mesmos, mas tudo a Deus. Não ousemos sequer um instante pensar que nossa conversão ou nossa santificação é efetuada por esforço nosso ou de outros. De fato, há meios pelos quais somos convertidos e santificados, mas todos são obras de Deus.

2. Avivamento da devoção

Portanto, confiando no Espírito de Deus que me ajuda, vou procurar aplicar esse princípio primeiramente a nossa alma de modo pessoal, depois à igreja em geral.

Então, vejamos primeiro quanto a nós mesmos. Muitas vezes fustigamos a Igreja quando o açoite deveria flagelar nossos ombros. Devemos sempre lembrar que fazemos parte da Igreja e que nossa falta de avivamento está de alguma maneira relacionada à falta de avivamento da Igreja em geral. Faço a seguinte acusação contra nós: nós, cristãos, precisamos em nossa vida de um avivamento de devoção. Tenho razões abundantes para provar isso.

3. Não há garantia

Em primeiro lugar, observe *a conduta e as conversas* de muitos de nós, que professamos ser filhos de Deus.

Nos dias de hoje, é muito comum alguém tornar-se membro da Igreja. Recentemente, em nosso país, muitos se filiaram à Igreja, mas isso significa que hoje há menos enganadores que antes? Menos fraudes são cometidas? A moralidade tem aumentado? Vemos os vícios diminuir? Não, não vemos nada disso. Nossa geração é tão imoral quanto qualquer outra que nos precedeu. Existe o mesmo tanto de pecado, embora talvez hoje ele seja mais disfarçado.

É do conhecimento de todos que ser membro de uma igreja não garante que a pessoa seja honesta. A vida de muitos membros de igreja oferece ao mundo motivos para indagar se existe alguma devoção em nós. Ambicionamos dinheiro, cobiçamos, seguimos a perversidade desse mundo, oprimimos o pobre e negamos os direitos da classe trabalhadora — contudo, professamos ser povo de Deus! A Igreja precisa de avivamento na vida de seus membros.

4. A conversa dos cristãos

Em segundo lugar, observemos a conversa de muitos cristãos professos. Preste atenção à conversa do cristão mediano. Você pode passar o ano inteiro, desde o primeiro dia de janeiro até o último dia de dezembro, sem ouvi-lo falar de sua fé. Ele raramente menciona o nome de Jesus Cristo. Sobre o que conversa no domingo, na hora do almoço? Sem dúvida, não será sobre a mensagem do pastor, a não ser para criticar as falhas.

Alguma vez conversará sobre o que Jesus disse ou fez? Sobre quanto ele sofreu? Quando vamos visitar alguém, de que falamos? Concluo o seguinte: você nunca saberá como chegar ao céu se ficar apenas escutando a conversa de certos membros de igreja! Falamos muito pouco sobre o Senhor, não é verdade? Muitos cristãos estão precisando orar assim: "Ó Senhor, aviva tua obra em minha alma, para que minha conversa possa ser mais semelhante a Cristo, temperada com sal, preservada pelo Espírito Santo!".

5. Santa comunhão com Jesus

Todavia, mesmo que nossa conduta e nossas conversas fossem mais consistentes com nossa fé, eu ainda faria esta terceira acusação contra nós: há *muito pouca comunhão verdadeira com Jesus Cristo*. Se, pela graça de Deus, nossa conduta e nossas conversas fossem consistentes e nossa vida fosse impecável, muitos de nós estaríamos em falta diante do que chamamos "santa comunhão com Jesus".

Senhoras e senhores, permitam-me perguntar: quando foi a última vez que vocês tiveram uma conversa íntima com Jesus Cristo? Alguns de vocês poderão dizer: "Falei com ele hoje mesmo pela manhã. Contemplei sua face com alegria". Contudo, temo que a maioria dirá: "Há meses que não falo com o Senhor".

O que você está fazendo com sua vida? Cristo está vivendo em sua casa, e mesmo assim você não conversa com ele há meses? Não me deixe condenar ou julgar você, mas permita à sua consciência falar: não estamos, de fato, vivendo sem Jesus? Não temos estado mais contentes com o mundo, enquanto negligenciamos a Cristo?

6. Aspirando ao avivamento

De certo modo, apresentei a base para minha convicção de que precisamos de um avivamento, mas agora preciso voltar à solução desse grande problema que enfrentamos. Habacuque orou: "Aviva a tua obra, ó Senhor!". Você ouve esse clamor por avivamento? Este é o nosso problema: há muitos que afirmam desejar o avivamento, mas não clamam por ele, não aspiram a ele.

O verdadeiro cristão, quando confrontado com a necessidade de avivamento pessoal, terá aspiração. Insatisfeito, imediatamente se esforçará para alcançá-lo. O verdadeiro cristão orará dia e noite: "Aviva a tua obra, ó Senhor!".

O que fará com que o verdadeiro cristão aspire ao avivamento? Quando refletir sobre o que Cristo fez por ele, aspirará a um avivamento para si.

Quando ouvir alguém contar uma história sobre outro cristão que está experimentando grande alegria no Senhor, ele aspirará a um avivamento para si. Quando participar de uma comunhão edificante sem sentir nenhuma emoção, ele aspirará a um avivamento para si.

Eu perguntaria apenas isto aos que sentem a necessidade de um avivamento pessoal: você pode aspirar ao seu avivamento? Se puder, então, aspire! Que Deus se agrade de lhe conceder a graça de continuar clamando. Então, transforme sua aspiração em oração.

7. Não tome nenhuma decisão

Transforme sua aspiração em oração. Não diga: "Senhor, sinto necessidade de avivamento. Pretendo cuidar disso hoje à tarde — então começarei a avivar minha alma". Não tome nenhuma decisão sobre o que você fará: suas decisões certamente serão frustradas. Em vez de tentar avivar a si mesmo, ore. Não diga: "Vou me avivar", mas clame: "Ó Senhor, aviva *tua obra*".

Dizer: "Vou me avivar" mostra que você não conhece sua verdadeira condição. Se a conhecesse, não tentaria avivar a si mesmo sem a ajuda de Deus, assim como ninguém espera que um soldado ferido em batalha cure a si mesmo sem remédio ou que procure ele mesmo o hospital, tendo as pernas e os braços feridos.

Insisto: não faça nada sem antes orar a Deus e clamar: "Aviva a tua obra, ó SENHOR!". Comece por se humilhar, abandonando toda esperança de avivar a si mesmo, mas comece logo a orar com convicção e a suplicar sinceramente a Deus: "Ó Senhor, faça por mim o que não consigo fazer por mim mesmo. Ó Senhor, aviva tua obra!".

8. A falta de sinceridade

Chego agora ao segundo ponto do assunto, a respeito do qual serei mais breve. Precisamos orar incessantemente na própria Igreja esta urgente oração: "Aviva a tua obra, ó SENHOR!".

Na presente época, há um *triste declínio da vitalidade da devoção*. Os tempos atuais tornar-se-ão muito mais a era da forma que a era da vida. Vemos pregadores lendo sermões manuscritos — um puro insulto ao Deus todo-poderoso! Pode parecer elegante e eloquente, mas onde estão as pregações fervorosas, como a de George Whitefield?

Os sermões de Whitefield não eram eloquentes, mas rudes e desconexos. Todavia, não eram as palavras, mas o modo em que ele as expunha, sua seriedade, o derramamento de sua alma quando pregava. Quando você o ouvia pregar, sentia-se ouvindo um homem disposto a morrer por sua pregação. Onde encontramos essa seriedade hoje? Uma das tristes provas de que a Igreja precisa de avivamento é a ausência de seriedade que antes se via nos púlpitos cristãos.

9. Uma "ologia" que descartou Deus

Acredito também que a *ausência da sã doutrina* é outra prova de que a Igreja precisa de avivamento. Em certo sentido, a sã doutrina desapareceu. Aconteceu quando os pregadores deixaram de pregar a sã doutrina com receio de serem mal recebidas. Pararam de falar de "eleição", "depravação" e "graça ilimitada" porque achavam que o povo se desinteressaria dessa mensagem.

Então, decidiram que, se não era algo apropriado para pregar, decerto não era verdadeiro. Logo, apresentaram uma "nova teologia", que podia ser qualquer coisa menos *teologia*. Era uma "ologia" que descartou Deus completamente e entronizou o homem.

Semelhantemente, os membros de igreja se enfraqueceram na doutrina. Os membros de igreja hoje mudam de doutrina com tanta frequência quanto trocam de amizades. Dificilmente constituem o tipo de pessoa que morrerá por suas convicções. Observe sua frouxidão! Eles têm o que chamam "reuniões de oração". Deveriam ser chamadas "reuniões dos remanescentes", pois são frequentadas por uns poucos.

Tudo isso mostra que a Igreja se desviou do caminho. Como sei disso? Porque a Igreja começa a ser respeitada aos olhos do mundo. A Igreja precisa ser desprezada e marginalizada até a vinda do Senhor, diante de quem encontramos verdadeira honra.

10. Acenda um fogo

Alguns concordarão comigo em que a Igreja precisa de avivamento, mas peço que, em vez de reclamar de seu pastor, em vez de achar defeitos em alguns aspectos da Igreja, você clame: "Aviva a tua obra, ó SENHOR".

Alguém dirá: "Ah, se tivéssemos outro pastor! Ah, se tivéssemos outro estilo de culto! Ah, se tivéssemos outro tipo de pregação!". Você não precisa de novos estilos ou de gente nova: você precisa de vida naquilo que tem. Se você quiser mover um trem, não precisa de uma locomotiva nova ou mesmo de dez locomotivas: você precisa acender o fogo e fazer o vapor mover a locomotiva que você tem!

A igreja não precisa de nova pessoa ou novo plano, mas precisa da vida de Deus *neles*. Peçamos isso a Deus! Talvez ele esteja pronto para chacoalhar o mundo desde os fundamentos. Talvez mesmo agora ele esteja pronto para derramar uma grande influência sobre seu povo, que tornará a Igreja desta geração viva como nunca antes.

Texto bíblico: Habacuque 3.1-6

Oração do profeta Habacuque. Uma confissão.
SENHOR, ouvi falar da tua fama;
    tremo diante dos teus atos, SENHOR.
Realiza de novo, em nossa época,
    as mesmas obras,
faze-as conhecidas em nosso tempo;
    em tua ira, lembra-te da misericórdia.
Deus veio de Temã,
    o Santo veio do monte Pará. [Pausa]
Sua glória cobriu os céus
    e seu louvor encheu a terra.

Seu esplendor era como a luz do sol;
  raios lampejavam de sua mão,
    onde se escondia o seu poder.
Pragas iam adiante dele;
  doenças terríveis seguiam os seus passos.
Ele parou, e a terra tremeu;
    olhou, e fez estremecer as nações.
Montes antigos se desmancharam;
  colinas antiquíssimas se desfizeram.
Os caminhos dele são eternos.

Perguntas para meditação

Estas perguntas poderão ser utilizadas para discussão em pequenos grupos ou para registro em diário pessoal.

1. Charles Spurgeon diz que todo avivamento deve começar com um reconhecimento de que Deus, não nós, é o responsável por qualquer verdadeiro progresso espiritual — até mesmo pelos meios de que nos valemos para crescer. Quais meios da graça (por exemplo, leitura bíblica, oração, jejum, comunhão, leitura de livros devocionais) Deus tem usado mais em sua jornada espiritual?

2. Spurgeon escreve: "Muitas vezes fustigamos a Igreja, quando o açoite deveria flagelar nossos ombros". Por que é tão fácil culpar a Igreja pela falta de devoção, não a nós mesmos, quando, na verdade, somos a igreja?

3. Spurgeon levanta uma questão que atinge diretamente o cerne do problema. Como você responderia à esclarecedora pergunta: "Quando foi a última vez que você teve uma conversa íntima com Jesus Cristo?".

4. Spurgeon diz que o verdadeiro cristão, quando confrontado com a necessidade de avivamento, almejará um avivamento pessoal. Esse sermão convenceu-o da necessidade de avivamento? Como você reagiu?

5. Habacuque baseou-se no passado, assim como Spurgeon, para encorajar os ouvintes do presente. Que pessoas ou acontecimentos de sua experiência passada servem de inspiração para você?

Sugestão de exercícios

Estes exercícios poderão ser utilizados por indivíduos, compartilhados entre companheiros de caminhada ou no contexto de pequenos grupos. Escolha um exercício ou mais.

1. Esta semana, observe sua conduta e suas conversas. Saiba que os outros estão observando você para ver se sua fé, de fato, o libertou.

2. Separe um tempo esta semana para uma conversa íntima com Jesus. Procure envolver-se nessa abençoada comunhão regularmente.

3. A resposta para nosso problema, diz Spurgeon, não é tentar renovar a nós mesmos, mas clamar a Deus em oração, suplicando como Habacuque: "Aviva a tua obra, ó SENHOR". Faça essa oração esta semana.

4. Esta semana, dê um basta na tendência de criticar sua igreja, principalmente a liderança. Cada vez que você tentar culpar a igreja, pense que você faz parte do problema. Torne-se parte da solução, concentrando-se no avivamento de sua devoção.

Reflexão

Gosto da perspectiva de Spurgeon sobre o "avivamento". Para começar, ele entende que isso é obra de Deus, não nossa. Não podemos apenas começar reuniões para despertar, provocar e suscitar avivamento. Depois de esclarecer esse ponto, ele mostra que há um trabalho para nós: mudança de conduta, de conversas, de comunhão espiritual e, acima de tudo, necessidade de "aspirar ao avivamento".

Contudo, assim que conseguirmos entender nosso papel, ele novamente mostra que não devemos "tentar" suscitar o avivamento com decisões bem-intencionadas e outros esforços, mas apenas por meio de simples oração a Deus. Toda a obra é de Deus, mas curiosamente temos de fazer nossa parte. Sem dúvida, há um paradoxo aqui, mas obtemos disso um bom equilíbrio.

— RICHARD J. FOSTER

Para seu aprofundamento

SPURGEON, Charles Haddon. **Lições aos meus alunos.** São Paulo: PES, 1980. 3 v. Livro sobre homilética, mais apropriado para quem pretende iniciar o ministério de pregação, mas é tão influente que eu gostaria que você tivesse conhecimento. Além do aspecto técnico sobre a arte da pregação, contém conselhos práticos sobre o desenvolvimento da vida espiritual do pastor, por exemplo: "Vigilância do pastor" e "Oração particular do pastor".

_____. **Morning and Evening.** Grand Rapids: Zondervan, 1960. São leituras devocionais de uma página — uma para a manhã outra para a tarde — para cada dia do ano. Nunca gostei muito de livros de leituras devocionais, mas esse é um dos melhores.

_____. **Spurgeon's Sermons.** Grand Rapids: Baker, 1989. 10 v. Essa obra é reimpressão de uma edição de 1883 intitulada *Sermons of Rev. C. H. Spurgeon of London* [Sermões do rev. C. H. Spurgeon de Londres]. A composição não é das melhores, mas a encadernação é boa. Spurgeon é mais conhecido como pregador, e essa é uma excelente coleção de seus sermões. O sermão que você acabou de ler foi extraído dessa coleção (v. 3, sermão V).

Watchman Nee

Evangelismo

Introdução ao autor

Watchman Nee (Ni To-sheng) (1903-1972) foi um dos maiores líderes cristãos do século XX. Como George Muller e Hudson Taylor antes dele, Nee cultivava uma vida de abnegação e fé conhecida por poucos. Mais tarde, veio a comandar um movimento dinâmico do Espírito conhecido como Pequeno Rebanho, um dos primeiros esforços para criar um testemunho cristão chinês nativo independente do trabalho missionário estrangeiro e das denominações tradicionais. Floresceu nas décadas de 1930 e 1940, com enormes encontros, reunindo milhares de pessoas, em Xangai e outros lugares. Talvez tenha sido muito bem-sucedido, pois foi severamente criticado pelas autoridades missionárias (o *establishment*) mais acomodadas.

Em 1952, Watchman Nee foi preso pelo governo comunista chinês sob falsas acusações e condenado a quinze anos de prisão. Os quinze anos foram transformados em vinte e durante esse tempo ele nunca abandonou ao Senhor. No dia 1º de junho de 1972, ainda na prisão, ele entrou na presença de Deus.

Como todos nós, Nee cometeu erros. Particularmente, seu princípio de "cada localidade, uma igreja" levou-o ao separatismo e a denunciar as demais igrejas. Isso provocou inevitavelmente profunda divisão na comunidade cristã. Por outro lado, sua técnica de evangelização por meio da migração vocacional — cada cristão era considerado um trabalhador voluntário e o lar de cada pessoa que se mudasse para outra cidade tornava-se um lugar de oração e novo local de testemunho — era simplesmente genial.

Leslie Lyall escreveu sobre Watchman Nee: "Quando a história da Igreja chinesa for escrita, será impossível ignorar a vida e obra de um notável líder cuja influência permanecerá e cujo legado provavelmente será a comunhão cristã (Pequeno Rebanho) que sobreviverá às perseguições e às tentativas de destruir a Igreja na China" (no prefácio da obra de Angus I. Kinnear, *Against the Tide: The Story of Watchman Nee* [Contra a maré: a história de Watchman Nee], Fort Washington: Christian Literature Crusade, 1973, p. ix).

Extratos de *What Shall This Man Do?* [O que esse homem deve fazer?]

1. *Conduzindo o indivíduo a Cristo*

Como as pessoas buscam o Reino? Tratamos amplamente sobre como um pregador do evangelho precisa estar pessoalmente preparado em espírito para o trabalho. Mas e os ouvintes? Qual a mínima exigência para que o pecador se encontre com o Senhor e seja salvo? Essa pergunta agora prende nossa atenção, pois é tão importante saber o que estamos procurando fazer quanto estar com o espírito preparado para fazê-lo.

Na discussão que se segue só podemos tratar de um único aspecto da pregação do evangelho. Presumo que você já conheça os acontecimentos relacionados à redenção na morte expiatória de Cristo e que também seja nascido do Espírito. Presumo também que você saiba como apresentar esses fatos de maneira clara e com convicção. Não estou preocupado aqui com o conteúdo da pregação, mas com os princípios norteadores da tarefa de conduzir alguém a Cristo.

O que é necessário para alguém se salvar? Como alguém poderá chegar à porta do Reino e por ela entrar? Como conduzimos pessoas que têm apenas o conhecimento ou o desejo absolutamente mínimo de Deus para um contato vivo com ele? Essas são as questões, e apresentarei quatro princípios norteadores que, espero, como se perceberá, exigirão muito para serem respondidos.

2. Três providências e uma condição

Da parte de Deus, ele providenciou três coisas para esse momento crítico na vida do ser humano. Primeiro: Jesus veio a ser amigo dos pecadores. Segundo: somos chamados para nos encontrar com ele mesmo (não com um intermediário). Terceiro: o Espírito Santo foi derramado sobre toda carne, para gerar em nós a obra inicial de reconhecimento do pecado, arrependimento, fé e, naturalmente, tudo o que se segue. Então, finalmente, da parte do pecador, uma e somente uma condição é exigida. *Não* se exige de nós — *no primeiro momento* — crer, arrepender-nos, ter consciência do pecado ou mesmo saber que Cristo morreu por nós. Exige-se de nós apenas que nos aproximemos do Senhor com coração sincero.

Essa declaração poderá inicialmente nos assustar, mas, ao prosseguir, você verá como ela é importante. Entretanto, trataremos desses aspectos pela ordem, partindo das providências de Deus.

3. Amigo de pecadores

Nos Evangelhos, o Senhor Jesus é apresentado como amigo de pecadores, pois, historicamente, ele primeiro conviveu como amigo das pessoas antes de se tornar seu Salvador. Você percebe que até hoje ele continua fazendo amizade antes de se tornar Salvador?

No Novo Testamento, fica claro que o Senhor Jesus veio como amigo *para ajudar os pecadores a se aproximarem dele*. Podemos aproximar-nos dele porque ele primeiro se aproximou de nós. No momento de crise, há muitas dificuldades práticas enfrentadas pelo pecador. Por exemplo, nas Escrituras somos várias vezes exortados a crer. A Palavra enfatiza a necessidade de ter fé, mas você dirá: "Eu não tenho fé". Certa vez, uma jovem me disse:

— Não consigo acreditar. Eu gostaria de acreditar, mas não consigo! Não tenho como, não está em mim.

Respondi:

— Não tem problema. Você não pode acreditar, mas pode pedir ao Senhor que lhe *dê* fé. Ele está disposto a ajudar você até esse ponto. Ore assim: "Senhor, ajuda-me a vencer minha incredulidade!" (Marcos 9.24).

4. O que o Salvador está pronto para fazer?

Mais uma vez, a Palavra diz que devemos arrepender-nos. E se não tivermos nenhum desejo de nos arrepender? Certa vez, encontrei um estudante que dizia que era muito cedo para aceitar ao Senhor. Ele precisava de mais tempo para experimentar os prazeres do pecado e se divertir. Ele me disse:

— O ladrão na cruz foi salvo, mas teve suas aventuras e se arrependeu na última hora, mas eu sou jovem.

Perguntei:

— Então, o que você quer fazer?

— Quero esperar uns quarenta anos, aproveitar a vida e depois me arrependerei — ele respondeu.

— Vamos orar — disse-lhe.

— Ah, não posso orar! — ele retrucou.

— Sim, você pode — insisti. — Você pode dizer ao Senhor o que você disse para mim. Ele é amigo de pecadores não arrependidos como você.

— Não, não posso dizer *isso* para ele!

— Por que não? O que estiver no seu coração, você diz para ele. Ele o ajudará.

Finalmente, ele orou e disse ao Senhor que não gostaria de se arrepender e ser salvo, mas que sabia necessitar de um Salvador. Ele também pediu a ajuda de Deus. O Senhor operou o arrependimento e, quando aquele jovem se levantou, estava salvo.

Relato esses fatos para ressaltar que o Salvador está pronto para fazer aquilo que o pecador não consegue. Por isso, podemos dizer às pessoas que elas não precisam esperar mais: podem vir a ele imediatamente. Seja qual for a condição em que se encontrem ou os problemas que enfrentem, elas podem confiar tudo ao Amigo de pecadores.

5. Encontrando-nos com Cristo

O que é a salvação? Muitos acham que, para se salvar, é preciso primeiro crer que o Senhor Jesus morreu por nós, mas é estranho que em nenhum lugar no Novo Testamento temos essa exata orientação. Somos ensinados a crer *em* Jesus ou acreditar *nele*; não a crer *que* ele *morreu* por nós. Paulo disse: "Creia no Senhor Jesus Cristo e serão salvos". Antes de tudo, devemos crer *em Jesus*, não em algo específico que ele tenha feito.

Creio, *de fato*, na necessidade da expiação. Por isso, sei que você não me entenderá mal quando digo que o *primeiro* passo do pecador no contato com o Senhor não é reconhecer a obra dele. Esse reconhecimento vem depois, mas a questão principal é se temos ou não o Filho — não se já entendemos o plano da salvação. A primeira condição para a salvação não é o conhecimento de Cristo, mas o *encontro* com Cristo.

Tenho percebido que a única necessidade para o passo *inicial* é um encontro pessoal com Deus. Depois que isso acontecer o restante virá. Portanto, não importa quais versículos Deus escolhe para esse primeiro passo. Afinal, não precisamos estudar a teoria da eletricidade e entendê-la profundamente para acender uma lâmpada. A lâmpada não diz: "Não vou iluminar você, porque você não sabe nada dos princípios do meu funcionamento". Deus também não estabelece a compreensão como condição para nosso encontro com ele. "Esta é a vida eterna: que te conheçam, o único Deus verdadeiro, e a Jesus Cristo, a quem enviaste" (João 17.3).

6. Basta um toque

Tomemos três exemplos dos Evangelhos, a começar pelo ladrão na cruz. Quando ele pediu que o Senhor se lembrasse dele ao entrar no Reino, Jesus não o lembrou de sua vida perversa nem lhe explicou o plano da redenção. Não, o Senhor tinha apenas uma resposta: "Hoje você estará comigo no paraíso" (Lucas 23.43). O ladrão reconheceu quem era Jesus e acreditou *no Senhor*, e isso bastou.

Pense na mulher que tinha hemorragia e tentava tocar em Jesus. A multidão o apertava, mas somente uma pessoa foi curada. Ela foi curada porque "tocou" nele com um propósito específico. Bastava um toque, pois, para ela, isso representava alcançar a Deus em espírito a fim de obter ajuda naquela profunda necessidade.

Lembremos também o incidente do fariseu e do publicano que oravam no templo. O fariseu entendia tudo de ofertas, sacrifícios e dízimo, mas não orava com sinceridade a Deus. Já o publicano orava: "Deus, tem misericórdia de mim" (Lucas 18.13). Algo que partiu dele para Deus provocou a resposta imediata, e o Senhor Jesus mostrou que ele foi justificado por Deus. O que justifica a pessoa? É *tocar em Deus*. Por isso, nosso primeiro objetivo é levar pessoas a se encontrarem com ele.

7. Clamor sincero

Dissemos que basta um clamor sincero a Deus. Uma vez que o Espírito Santo é derramado sobre toda a humanidade, basta clamar a Deus. Sempre acreditei que o Espírito Santo está *sobre* a pessoa quando estou pregando para ela. Não digo que o Espírito esteja *no* coração de incrédulos: ele está fora. Mas o que ele está fazendo? Está aguardando o momento de levar Cristo para dentro do coração. Ele é como a luz. Abrir apenas uma fresta da janela é o suficiente para a luz invadir e iluminar o interior. Basta um clamor sincero a Deus, e *nesse momento* o Espírito entrará e iniciará sua obra transformadora de convicção, arrependimento e fé.

Talvez a maior condição de sucesso em conduzir pessoas a Cristo é lembrar que o mesmo Espírito Santo, que nos ajudou no momento de cegueira, está pronto para entrar e iluminar o coração das pessoas também e realizar a obra de salvação para a qual elas abriram a porta quando clamaram a Deus.

8. Não é uma questão de pontos

Chegamos agora à única exigência feita a nós. Muitas vezes, as pessoas pregam o evangelho a alguém usando uma série de "pontos", apenas para descobrir que no dia seguinte a pessoa dirá: "Esqueci o terceiro ponto. Qual era mesmo?". A salvação não se resume a alguns *pontos*! Tampouco é uma questão de entendimento ou vontade. Como já vimos, é uma questão de encontro com Deus — alguém que passa a ter contato em primeira mão com Cristo, o Salvador. Então você perguntará: "Qual a exigência mínima para ter esse contato?".

A condição básica para a salvação do pecador não é crer ou arrepender-se, mas simplesmente ter um coração sincero para com Deus. Deus não exige nada mais, exceto que nos aproximemos com essa atitude. Essa é uma *verdade* do evangelho, possibilitando o contato inicial com Jesus Cristo, que salva o pecador, não a compreensão do pecador sobre isso.

Texto bíblico: Marcos 5.25-34

Estava ali certa mulher que havia doze anos vinha sofrendo de hemorragia. Ela padecera muito sob o cuidado de vários médicos e gastara tudo o que tinha, mas, em vez de melhorar, piorava. Quando ouviu falar de Jesus, chegou por trás dele, no meio da multidão, e tocou em seu manto, porque pensava: "Se eu tão somente tocar em seu manto, ficarei curada". Imediatamente cessou sua hemorragia e ela sentiu em seu corpo que estava livre do seu sofrimento.

No mesmo instante, Jesus percebeu que dele havia saído poder, virou-se para a multidão e perguntou: "Quem tocou em meu manto?"

Responderam os seus discípulos: "Vês a multidão aglomerada ao teu redor e ainda perguntas: 'Quem tocou em mim?' "

Mas Jesus continuou olhando ao seu redor para ver quem tinha feito aquilo. Então a mulher, sabendo o que lhe tinha acontecido, aproximou-se, prostrou-se aos seus pés e, tremendo de medo, contou-lhe toda a verdade. Então ele lhe disse: "Filha, a sua fé a curou! Vá em paz e fique livre do seu sofrimento".

Perguntas para meditação

Estas perguntas poderão ser utilizadas para discussão em pequenos grupos ou para registro em diário pessoal.

1. Quando Deus se tornou real para você? Conte a experiência.

2. Qual das três providências de Deus foi mais significativa em sua conversão: a amizade de Deus, o contato pessoal com Cristo ou a obra do Espírito Santo de convencer você?

3. Watchman Nee usa três exemplos — o ladrão na cruz, a mulher com hemorragia que toca em Jesus e o publicano — para ilustrar o quê?

4. Como o toque de Jesus restaurou você no passado? Em que área você precisa do toque restaurador de Jesus neste momento da vida?

5. Watchman Nee desejava que nos tornássemos mais eficazes em compartilhar nossa fé com as pessoas. Cite algumas coisas que ele menciona e que lhe serão úteis no esforço de conduzir pessoas a Cristo?

Sugestão de exercícios

Estes exercícios poderão ser utilizados por indivíduos, compartilhados entre companheiros de caminhada ou no contexto de pequenos grupos. Escolha um exercício ou mais.

1. Passe esta semana procurando fortalecer sua amizade com Cristo. Como em qualquer amizade, o relacionamento se desenvolve à medida que você compartilha mais de si mesmo.

2. Peça que Deus o conduza a pessoas que precisam conhecer a Jesus como Amigo. Seguindo o conselho de Nee, deixe Jesus encontrar-se com essas pessoas exatamente onde elas estão. Diga-lhes que Jesus é o Amigo delas, que entende a falta de fé e a falta de vontade de se arrepender.

3. Peça para que o Espírito Santo abra "a fresta da janela" de alguém que você saiba estar fechado para as coisas de Deus. Fique atento para uma oportunidade de compartilhar a boa-nova do evangelho.

4. Watchman Nee inicia o texto dizendo que presume que os leitores conheçam os princípios básicos (não as regras ou pontos) do evangelho. Procure escrever num papel a mensagem básica da fé cristã. Esse exercício será fundamental para você se preparar para compartilhar sua fé com os outros.

Reflexão

Watchman Nee foi um grande evangelista, uma testemunha fiel de Jesus Cristo em anos de abundância e em anos de humilhação. Durante os vinte anos passados na prisão, ele nunca traiu o Senhor. Perseverou até o fim, contemplando aquele que é invisível.

Em toda a sua vida, Nee conservou o desejo intenso de ver as pessoas tendo um encontro com Jesus. Gosto disso. É fácil, em nossa sofisticação, perdermos a simplicidade de convidar pessoas a se encontrarem com Jesus Cristo. Não precisamos de planos elaborados nem de discursos eruditos. Precisamos apenas do amor.

— RICHARD J. FOSTER

Para seu aprofundamento

NEE, Watchman. **Autoridade espiritual**. 2. ed. São Paulo: Vida, 2005. As páginas desse *best-seller* contêm lições bíblicas essenciais que mostram ao cristão como enfrentar e superar problemas e crises relacionados ao importantíssimo tema da obediência.

_____. **O homem espiritual.** Belo Horizonte: Betânia, s.d. 3 v. Essa foi a única obra que Watchman Nee de fato escreveu. Entretanto, muitos de seus sermões e mensagens foram anotados e depois transcritos e editados em forma de livro. Em minha biblioteca pessoal, tenho mais de 30 livros desses, e há muitos outros. O livro mais famoso de Nee é *A vida cristã normal* (São Paulo: Fiel, s.d.). O livro de onde extraímos o texto deste capítulo, *What Shall This Man Do?*, estuda a vida de Pedro, Paulo e João e faz uma aplicação espiritual prática para o triplo ministério de evangelização, edificação da igreja e restauração da vida espiritual.

CLÁSSICOS DEVOCIONAIS

_____. **Oração: quando a terra governa o céu. São Paulo: Vida, 2008.**
Com a ajuda de um dos maiores expoentes do cristianismo, o leitor é encorajado a desenvolver sua vida de oração e aprende a superar obstáculos para crescer nessa importante área da vida cristã.

A vida sacramental

A vida sacramental (também conhecida por tradição encarnacional) utiliza o mundo da matéria para tornar realidade o mundo espiritual. Viver de modo encarnacional (encarnando nossa espiritualidade) significa participar dos sacramentos físicos da Igreja e viver como povo de Deus na terra, eliminando assim qualquer dicotomia entre o material e o espiritual.

A vida sacramental é o ambiente no qual todos nós fazemos tudo "em nome do Senhor Jesus" (Colossenses 3.17). Observe nos textos desta seção como os autores ignoram a divisão entre o mundo material e o espiritual, como muitas vocações são representadas e como a discussão abrange desde a sublime Criação até os trabalhos mais humildes.

Conhecido principalmente por seus escritos bastante elucidativos, G. K. Chesterton compara a compreensão científica materialista do Universo com a crença de que a criação física é boa e repleta de mistérios. O teólogo Atanásio aprofunda-se nesse mistério, explicando por que foi necessário Deus assumir corpo físico e humano na encarnação de Jesus Cristo. A autora Annie Dillard analisa o ambiente natural e misterioso de Tinker Creek e registra sua percepção desse mundo físico, porém extraordinariamente espiritual.

No texto de Søren Kierkegaard, encontramos um acadêmico — um filósofo — absorvendo tão profundamente a vida espiritual que ele insere orações escritas em muitas de suas palestras. Dag Hammarskjöld, ex-secretário geral das Nações Unidas, cuja vida foi dedicada a encontrar soluções para a injustiça social, leva a espiritualidade para o ambiente diplomático quando diz "sim" para Deus.

Kathleen Norris, poetisa e autora por vocação, expressa-se eloquentemente a respeito daqueles que têm dificuldade de encontrar espiritualidade nos trabalhos seculares necessários para sustentar e manter a vida física. Finalmente, o Irmão Lourenço nos ensina que Deus está presente em tudo o que fazemos, mesmo nas tarefas mais banais.

Numa cultura que despreza as expressões de fé no ambiente de trabalho, será muito proveitoso beber das fontes profundas da tradição encarnacional.

G. K. CHESTERTON

Universo mágico

Introdução ao autor

Gilbert Keith Chesterton (1874-1936) foi um dos autores mais prolíficos e intelectuais da história. Ele foi bem-sucedido ilustrador, dramaturgo, romancista, poeta, crítico literário, ensaísta, conferencista e editor. Aos 16 anos, era um agnóstico assumido. Começou a desenvolver sua filosofia particular por meio de uma lógica fria e de uma observação aguçada. Ficou surpreso ao descobrir que suas convicções coincidiam com o cristianismo "ortodoxo" (clássica, correta e historicamente consistente).

Em 1922, Chesterton converteu-se ao catolicismo romano e se tornou seu grande defensor. Foi chamado Príncipe do Paradoxo, porque suas percepções mais enriquecedoras ficavam escondidas sob um estilo iluminado, vibrante e excêntrico. Chesterton escreveu estudos sobre Browning (1903) e Dickens (1906) e vários romances, como *The Napoleon of Notting Hill* [O Napoleão de Notting Hill] (1904) e *O homem que era quinta-feira* (1908). Também escreveu as famosas histórias de detetive do padre Brown.

O texto a seguir foi extraído de seu livro *Ortodoxia*. É um texto profundamente encarnacional (Chesterton era uma pessoa profundamente encarnacional) que, de certo modo, ressalta a glória da ordem criada. Nele, Chesterton escreve sobre suas crenças de infância (antes de ser cristão), sobre o Universo, isto é, um Universo mágico. Por mágico, Chesterton não se refere às crenças pagãs, mas à ideia de que o Universo é vivo e tem significado. Essa visão contrasta com a noção predominante sustentada pelo materialismo científico: a crença de que o Universo não passa de carbonos e átomos, aleatórios e sem propósito. Depois que Chesterton se tornou cristão, descobriu que sua visão da infância sobre o mundo criado estava mais próxima da realidade que as convicções sustentadas pela cultura moderna. Para Chesterton, o Universo é uma maravilha divina, uma joia a ser preservada porque alguém (Deus) está constantemente atribuindo ao Universo força, grandeza e significado.

Extratos de *Ortodoxia*

1. Falsa suposição

Todo o extremo materialismo que domina a mente moderna apoia-se, em última instância, numa suposição, uma falsa suposição. Presume que algo que se repete está provavelmente morto; é peça de um mecanismo automático. As pessoas sentem que, se o Universo fosse pessoal, teria variações; se o sol estivesse vivo, ele dançaria. Isso é um engano até mesmo em relação a fatos conhecidos, pois a variação dos acontecimentos humanos é geralmente provocada não pela vida, mas pela morte; pelo enfraquecimento ou rompimento de sua força, de seu desejo.

O ser humano varia seus movimentos em razão de algum pequeno elemento de fracasso ou fadiga. Ele entra num ônibus porque está cansado de andar; ou anda porque está cansado de ficar sentado. Contudo, se sua vida e sua alegria fossem tão inesgotáveis que ele nunca se cansasse de ir para Islington, ele iria para Islington na mesma regularidade com que o rio Tâmisa desce para Sheerness.[1] A própria rapidez e êxtase de sua vida teriam a tranquilidade da morte. O sol nasce todas as manhãs. Eu não levanto toda manhã, mas a variação não se deve à minha atividade, e sim à minha inatividade.

2. Bis do céu

Para simplificar, pode ser que o sol nasça regularmente porque nunca se cansa de nascer. Sua rotina pode ser realizada não por inércia, mas por

---

[1] Islington é um distrito ao norte de Londres. Sheerness é uma cidade localizada próximo da foz do rio Medway, no estuário do Tâmisa, na Inglaterra. [N.do T.]

uma corrida à vida. O que estou dizendo pode ser constatado, por exemplo, nas crianças quando encontram um jogo ou uma brincadeira de que gostam. A criança movimenta as pernas de modo compassado não por ausência de vitalidade, mas por excesso. As crianças desejam repetir sem alteração as brincadeiras porque têm vitalidade abundante e por serem impetuosas e livres. Elas sempre dizem: "Outra vez". O adulto repete a brincadeira até o ponto da exaustão, pois não é suficientemente forte para se divertir na monotonia.

Contudo, talvez Deus seja forte o bastante para se alegrar na monotonia. É possível que Deus diga toda manhã para o sol: "Outra vez", e toda tarde para a lua: "Outra vez". Talvez não seja uma necessidade automática que produza todas as margaridas iguais; talvez Deus faça cada margarida separadamente, mas nunca se canse de fazê-las toda vez. Talvez ele tenha o apetite permanente da infância, pois nós pecamos e envelhecemos, mas nosso Pai é mais jovem que nós.

A repetição na natureza talvez não seja mero retorno; talvez seja um *bis* teatral. O céu pode *pedir um bis* ao passarinho que botou ovo. Se uma mulher concebe e dá à luz um bebê humano, em vez de um peixe, um morcego ou uma besta-fera, a razão não é porque estamos presos a um destino animal sem vida ou sem propósito. Pode ser que nossa pequena tragédia tenha comovido os deuses e que eles, de suas galerias estreladas, admirem a humanidade e, no fim de cada drama humano, o homem seja chamado repetidamente a sair de trás das cortinas. Isso pode repetir-se por milhões de anos, por simples escolha, e pode cessar a qualquer instante. O homem pode permanecer na terra geração após geração; no entanto cada nascimento pode ser positivamente sua última apresentação.

3. Repetição de exercícios por vontade de alguém

Essa foi minha primeira convicção, provocada no meio de minha carreira pelo choque de minhas emoções infantis com a crença moderna. Eu sempre suspeitava que os fatos eram milagres, no sentido de que são maravilhosos. Desde então, comecei a considerar os milagres em sentido mais estrito — como *intencionais*. Quero dizer que são ou poderão ser exercícios repetidos por vontade de alguém.

Em suma, sempre acreditei que existia magia no mundo: agora penso que talvez exista um mágico. Isso me levou a um profundo sentimento, sempre presente e subconsciente, de que este nosso mundo tem algum propósito, e, se houver um propósito, existe uma pessoa por trás dele. Sempre senti que a vida é primeiramente uma história, e, se existe uma história, existe um contador de histórias.

Todavia, o pensamento moderno também afetou minha segunda tradição humana. Ele era contra o sentimento imaginário de limites e condições precisas. Sempre gostou de falar sobre expansão e imensidão. Herbert Spencer teria ficado muito incomodado de ser chamado "imperialista", por isso é lamentável que ninguém o tenha feito. Entretanto, ele era um imperialista do pior tipo. Ele popularizou essa noção lamentável de que o tamanho do sistema solar deveria intimidar o dogma espiritual do homem.

Por que alguém renunciaria à própria dignidade a favor do sistema solar, e não de uma baleia? Se o mero tamanho é prova de que o homem não é a imagem de Deus, então uma baleia poderia ser a imagem de Deus — uma imagem um tanto disforme, que alguém poderia comparar a um retrato impressionista. Seria inútil argumentar que o homem é pequeno demais comparado com o cosmos, pois o ser humano sempre foi pequeno, comparado até mesmo com a árvore mais próxima.

4. O universo é uma joia inestimável

Somente histórias de magia poderiam expressar minha percepção de que a vida não se resume aos prazeres, mas a um tipo de privilégio excêntrico. Eu poderia expressar esse outro sentimento de aconchego cósmico por meio de um livro sempre lido na infância: *Robinson Crusoé*, que li nessa época da vida e que deve seu contínuo vigor ao fato de que celebra a poesia de limites, de contrariedade e até o estranho romance da prudência.

Crusoé é um homem num pequeno rochedo, com pouco conforto, recém-resgatado do mar. A melhor parte do livro é simplesmente a lista de objetos resgatados do naufrágio. O poema mais maravilhoso consiste em um inventário. Todo utensílio de cozinha é idealizado, porque Crusoé poderia ter perdido aquilo no mar. Nas horas vagas e desagradáveis do dia, era agradável olhar para qualquer coisa, como o balde de carvão, ou para as prateleiras de livros e imaginar a felicidade de alguém se tivesse trazido aquilo do barco naufragado para a ilha solitária.

As árvores e os planetas pareciam objetos salvos de um naufrágio: quando vi o Matterhorn,[2] fiquei contente por ver que ele não foi deixado para trás em meio ao caos. Fui parcimonioso com as estrelas como se fossem safiras (assim John Milton as denomina em *Paraíso perdido*) e ajuntei os montes. Pois o Universo é uma simples joia e, embora seja comum descrever-se uma joia como inigualável e inestimável, no caso dessa joia isso é literalmente verdadeiro. O cosmos, de fato, não tem igual nem tem preço, pois não pode haver outro.

5. A magia tem significado (e alguém para lhe atribuir sentido)

Tenho alguns pressentimentos. Primeiro: o mundo não explica a si mesmo. Ele poderá ser um milagre de explicação sobrenatural; poderá ser um passe de mágica, com explicação natural. Entretanto, para me satisfazer, a explicação do passe de mágica deverá ser mais convincente que as explicações naturais que já ouvi. A coisa é mágica, verdadeira ou falsa.

Segundo: comecei a sentir que a mágica precisa ter um significado, e o significado precisa de alguém para lhe atribuir sentido. Havia algo pessoal no mundo, como na obra de arte: o que se pretendia era afirmado categoricamente.

Terceiro: entendi esse propósito maravilhoso em sua antiga forma, apesar das falhas, como a dos dragões. Quarto: que a forma correta de agradecimento é alguma forma de humildade e comedimento; devemos agradecer a Deus pela cerveja e pela Borgonha, não tomando muito dessas bebidas. Também devemos obediência a tudo o que nos formou.

Por último e o mais estranho: tive uma vaga e enorme impressão de que, de alguma maneira, todo o bem era um remanescente que deveria ser protegido e considerado sagrado, separado de toda uma ruína primitiva. O ser humano resgatou seu bem, assim como Crusoé resgatou

---

[2]   Matterhorn é um dos principais picos dos Alpes europeus, localizado na fronteira da Suíça com a Itália. [N. do T.]

seus bens: ele os resgatou do naufrágio. Senti tudo isso, e os anos me encorajaram a senti-lo, e durante todo esse tempo eu não havia sequer pensado em teologia cristã.

Texto bíblico: Salmos 104.1-13

Bendiga o Senhor a minha alma!

Ó Senhor, meu Deus, tu és tão grandioso!

Estás vestido de majestade e esplendor!

Envolto em luz como numa veste,

    ele estende os céus como uma tenda,

e põe sobre as águas dos céus

    as vigas dos seus aposentos.

Faz das nuvens a sua carruagem

    e cavalga nas asas do vento.

Faz dos ventos seus mensageiros

    e dos clarões reluzentes seus servos.

Firmaste a terra sobre os seus fundamentos

para que jamais se abale;

com as torrentes do abismo a cobriste,

    como se fossem uma veste;

as águas subiram acima dos montes.

Diante das tuas ameaças as águas fugiram,

puseram-se em fuga ao som do teu trovão;

subiram pelos montes

    e escorreram pelos vales,

para os lugares que tu lhes designaste.

Estabeleceste um limite

    que não podem ultrapassar;

jamais tornarão a cobrir a terra.

Fazes jorrar as nascentes nos vales

e correrem as águas entre os montes;

delas bebem todos os animais selvagens,

e os jumentos selvagens saciam a sua sede.

As aves do céu fazem ninho junto às águas
e entre os galhos põem-se a cantar.
Dos teus aposentos celestes
regas os montes;
sacia-se a terra com o fruto das tuas obras!

Perguntas para meditação

Estas perguntas poderão ser utilizadas para discussão em pequenos grupos ou para registro em diário pessoal.

1. Qual a "falsa suposição" apresentada por Chesterton?

2. O que Chesterton quer dizer quando afirma que Deus é como uma criança que pede todo dia ao sol e à lua: "Outra vez"? Por que isso é tão importante para nossa compreensão do mundo criado? Como isso se compara à visão moderna do materialismo científico?

3. Como você entende a declaração dele: "Talvez ele [Deus] tenha o apetite permanente da infância, pois nós pecamos e envelhecemos, mas nosso Pai é mais jovem que nós"?

4. Você já teve alguma experiência como a de Chesterton, quando de repente descobriu que o mundo criado é uma joia "inestimável"?

5. De acordo com o salmo 104, tudo na criação — desde as majestosas montanhas até o jumento saciando a sede num rio — é obra de Deus. Quando observa o mundo natural, você consegue ver Deus por trás de *tudo*? Há alguma coisa que o impeça de enxergar esse mundo como o salmista enxergava?

Sugestão de exercícios

Estes exercícios poderão ser utilizados por indivíduos, compartilhados entre companheiros de caminhada ou no contexto de pequenos grupos. Escolha um exercício ou mais.

1. Ao ler o jornal ou assistir à televisão, preste atenção em como a modernidade tem pouca consideração para com o mundo criado.

2. Procure um livro contemporâneo de ciências (em alguma biblioteca ou desenterre seu velho livro de escola, se ainda o tiver). Enquanto estiver lendo o livro, observe a ausência total da noção de que o mundo em que vivemos tem sentido e propósito. Tente encontrar uma referência a algum sentido ou propósito. Essa completa ausência explica por que é tão difícil para nós enxergar o mundo como Chesterton enxergou.

3. Vá ao quintal de sua casa ou a um parque e fique ali, apenas observando. Ao observar as criaturas (árvores, grama, pedras), pense no que Chesterton disse, que toda folha, limbo e cristais são o que são porque Deus os fez. A folha não é verde por necessidade; Deus ordena que seja assim e continua ordenando. Procure enxergar o mundo dessa perspectiva.

4. Reflita sobre Salmos 104.1-13. Feche os olhos e veja cada aspecto da criação que o salmista descreve. Enquanto isso, ore desta maneira simples: "Isso também, Senhor, é obra de tuas mãos".

Reflexão

Não tenho dificuldade de me identificar com a descrição de Chesterton da natureza como um "bis do céu" e da ordem criada como tendo "algum propósito, e se houver um propósito, existe uma pessoa por trás dele". Sempre que posso, faço uma caminhada pelas montanhas Rochosas e, percorrendo a espinha dorsal do continente americano, sou constantemente bombardeado por glória, maravilha e majestade. Recentemente, caminhei sozinho pela cordilheira do Parque Nacional do Grand Teton. Estando sozinho, fiz questão de contemplar as incontáveis estrelas aparecendo na noite. Aquilo era bis! Reclinando em minha pequena cadeira dobrável, tentei contar os múltiplos pontos de luz e, finalmente vencido, fiquei simplesmente a contemplar o quadro, em admiração silenciosa. Observando com dificuldade o que para mim é um vago facho de luz na constelação de Andrômeda (e o que os astrônomos dizem ter a galáxia de Andrômeda seus 200 bilhões de estrelas), repenso a descrição do salmista a respeito de Deus: "Envolto em luz como numa veste".

Como Deus e as crianças, eu gostaria de ser "suficientemente forte para [me] divertir na monotonia". Quero dizer, se de fato pudéssemos aprender a observar a Ursa Maior, por si só uma perpétua maravilha, sem mencionar

Plêiades, Órion e Centauro. E mais... muito mais. Talvez essa observação nos leve, como acontece com as crianças, a uma "vitalidade abundante" e a um espírito resoluto e livre.

— Richard J. Foster

Para seu aprofundamento

Chesterton, G. K. **Eugenics and Other Evils.** Seattle: Inkling Books, 2000.

_____. **Favorite Father Brown Stories.** Mineola: Dover Publications, 1993.

_____. **Ortodoxia.** São Paulo: Mundo Cristão, 2008. Chesterton denominou essa obra uma "autobiografia relaxada", mas se fosse isso precisaríamos de mais pessoas relaxadas no mundo. Esse pequeno livro descreve como Chesterton passou a enxergar o cristianismo católico ortodoxo como um modo de satisfazer suas necessidades emocionais pessoais, de maneira que lhe permitisse viver de modo feliz na sociedade.

_____. **São Francisco de Assis.** Rio de Janeiro: Ediouro, 2003. Escrito por Chesterton para resgatar Francisco para a Igreja, é um estudo esclarecedor sobre um amado santo do cristianismo.

_____. **The Everlasting Man.** Harrison: Ignatius, 1993. Em resposta ao materialismo evolucionista de seu contemporâneo (e adversário) H. G. Wells, Chesterton afirma nessa obra a singularidade da humanidade e a singularidade da mensagem da fé cristã.

Atanásio

Jesus Cristo, a imagem de Deus

Introdução ao autor

Atanásio (297-373) foi uma figura importante na história do cristianismo, pois por meio de seus escritos ele ajudou a Igreja a se desviar da heresia do arianismo — a crença de que Cristo era somente humano. Seus escritos ajudaram esclarecer a doutrina essencial da encarnação, isto é, como Deus se tornou humano em Jesus.

Ainda jovem, Atanásio participou do Primeiro Concílio de Niceia (325). Mais tarde, veio a ser bispo de Alexandria. Foi forçado ao exílio por Constantino, por não concordar com um concílio pró-ariano. Foi depois reintegrado e pastoreou seu distrito nos dez anos seguintes. Com Basílio, o Grande (também chamado Basílio de Cesareia), Gregório de Nissa e Gregório de Nazianzo, ajudou manter as convicções cristãs ortodoxas durante um século turbulento.

Com respeito à obra de Atanásio *On the Incarnation* [Sobre a encarnação], C. S. Lewis afirmou: "Quando abri pela primeira vez [o livro], descobri por um teste muito simples que estava lendo uma obra-prima, pois apenas a mente de um mestre poderia ter escrito sobre esse assunto de modo tão profundo e com clássica simplicidade".

Extratos de *On the Incarnation* [Sobre a encarnação]

1. Deus nos criou para que o conheçamos

Quando o Deus todo-poderoso estava formando o ser humano por sua Palavra, ele percebeu que, por causa da limitação da natureza humana, o homem não poderia por si só possuir nenhum conhecimento do Criador, pois o próprio Deus não tinha corpo nem era uma criatura — era não criado. Portanto, Deus teve compaixão da humanidade e não a destituiu desse conhecimento, para que a própria existência da humanidade não fosse vã.

Pois qual seria o benefício da existência se a criatura não pudesse conhecer seu Criador? Como os seres humanos poderiam ser racionais se não tivessem conhecimento da Palavra e da Razão do Pai, por meio de quem eles passaram a existir? Se não tivessem conhecimento além das coisas terrenas, não seriam melhores que os animais. E por que Deus teria formado o ser humano se não quisesse revelar-se ao homem?

Mas, de fato, nosso bondoso e gracioso Deus compartilhou conosco sua própria imagem, isto é, nosso Senhor Jesus Cristo. Além do mais, Deus nos formou conforme sua imagem e semelhança. Por quê? Simplesmente para que, por esse dom da semelhança de Deus no homem, este pudesse perceber a imagem absoluta, isto é, a própria Palavra e, por meio desta, compreender o Pai, pois para o homem o conhecimento de seu Criador é a única verdadeira felicidade e bênção da vida.

2. A consequência natural de se desviar de Deus

Todavia, como já observamos, o ser humano, em sua insensatez, desprezou a graça que recebeu e se desviou de Deus. A humanidade corrompeu tanto a própria alma que não só ficou incapacitada de compreender a Deus, como também criou para si outros deuses, em diversas formas. Os homens fizeram ídolos para si em substituição à verdade e adoraram coisas que não existem, em vez do Deus que existe, conforme Paulo declara, "adorando e servindo a criatura em lugar do Criador" (Romanos 1.25, *ARA*).

Além disso, e muito pior, os homens transferiram a honra devida a Deus para o ser humano e para objetos materiais, como a madeira e a pedra. Na verdade, eles foram tão perversos que, para satisfazer sua cobiça, passaram a adorar como deuses os espíritos maus. Sacrificaram animais selvagens e seres humanos, em justo tributo a essas divindades, pondo-se, dessa maneira, cada vez mais sob o controle insano das divindades. Também aprenderam feitiçaria e foram enganados por oráculos em diversos lugares, e toda a vida humana foi relacionada aos astros, como se nada existisse além das coisas visíveis. Em resumo, a impiedade e a infâmia estavam por toda parte. Nem Deus nem sua Palavra eram conhecidos.

3. Três outras maneiras de Deus se fazer conhecido

Entretanto, Deus não se escondeu da vista dos homens nem ofereceu conhecimento de si mesmo por um único meio, antes o desvendou de diversas maneiras e por muitos modos. Deus sabia da limitação do ser humano, por isso providenciou as obras da criação como meios pelos quais o Criador pudesse ser conhecido.

Deus também providenciou uma lei e enviou profetas, pessoas que eles conheciam. Por isso, se os homens tardaram em olhar para o céu, ainda poderiam obter conhecimento do Criador por meio de seus profetas, pois o ser humano pode conhecer diretamente as coisas superiores a partir de outros seres humanos.

Portanto, há três maneiras diante de nós pelas quais a humanidade pode obter conhecimento de Deus. O ser humano pode contemplar a imensidão do céu e, refletindo sobre a harmonia da criação, vir a conhecer o Soberano, a Palavra do Pai, cuja providência sempre presente revela o Pai de todos. Ou, se isso estivesse fora de seu alcance, o ser humano poderia conversar com pessoas consagradas e, por meio delas, conhecer Deus, o Artesão de todas as coisas, o Pai de Cristo, e reconhecer a adoração de ídolos como ato de negação da verdade, repleto de injustiça. Ou ainda o ser humano poderia ter uma vida correta simplesmente seguindo a lei.

De fato, a bondade e o amor de Deus são imensos. Contudo, os seres humanos, encurvados pelos prazeres momentâneos e pelo engano e ilusões dos espíritos maus, não ergueram a cabeça para a verdade. Estavam tão sobrecarregados de iniquidades que pareciam mais feras selvagens que homens racionais capazes de refletir a semelhança da Palavra.

4. Somente um pode salvar-nos

O que Deus faria diante da profanação da humanidade? Até mesmo um rei terreno, ainda que fosse mero ser humano, não permitiria que terras conquistadas por ele fossem ocupadas por outrem ou abandonadas a outros reis, mas enviaria ofícios, amigos e até visitaria ele mesmo as terras para mantê-las sob seu domínio, impedindo que sua conquista fosse desfeita. Muito mais Deus será paciente e diligente com suas criaturas para que elas não se desviem dele, servindo o que não existe, principalmente porque esse erro significaria sua total destruição e porque não é certo que aqueles que compartilham de sua imagem sejam destruídos.

Então, o que Deus poderia fazer? O que ele, sendo Deus, poderia fazer além de renovar sua imagem na humanidade para que por meio dela o homem pudesse novamente conhecer a Deus? E como isso poderia ser realizado a não ser pela vinda da própria imagem dele, nosso Senhor Jesus Cristo? Os seres humanos não poderiam ter feito isso, pois são apenas feitos conforme a imagem de Deus; nem os anjos poderiam, pois não são imagens de Deus. A Palavra de Deus veio em pessoa, porque somente ele, a imagem do Pai, poderia recriar o homem de acordo com essa imagem.

Entretanto, para realizar essa recriação, ele precisava eliminar a morte e o pecado. Por isso, encarnou em corpo humano para que, por meio desse corpo, a morte pudesse ser destruída e para que o ser humano fosse renovado em conformidade com a imagem de Deus. A imagem do Pai era suficiente para essa necessidade. Eis uma ilustração para provar isso.

5. Restaurando o retrato

Você sabe o que acontece quando um retrato pintado em tela é manchado. O artista não joga fora o retrato, mas o objeto do retrato precisa ser colocado novamente diante do artista. Então ele pinta outra vez a mesma tela à semelhança do objeto. Foi justamente isso o que aconteceu com o santíssimo Filho de Deus. Ele, a imagem do Pai, veio habitar em nosso meio, para que pudesse restaurar a humanidade criada segundo a imagem de Deus e para buscar as ovelhas perdidas, assim como declarou nos Evangelhos: "Vim buscar e salvar o que se havia perdido" (cf. Lucas 19.10).

Quando a loucura da idolatria e da incredulidade encheu o mundo, e o conhecimento de Deus foi obscurecido, de quem era a responsabilidade de ensinar ao mundo sobre o Pai? Dos seres humanos? Contudo, os seres humanos não poderiam percorrer toda a terra, e, se o fizessem, suas palavras não seriam convincentes, tampouco poderiam, por si sós, resistir aos espíritos maus. Além do mais, uma vez que o melhor deles continuava confuso e obscurecido pelo mal, como ele poderia restaurar a alma e a mente dos outros? Você não pode endireitar nos outros aquilo que está distorcido em você.

Foi a Palavra de Deus, que vê tudo o que está em nós e transforma toda a criação, a única capaz de satisfazer as exigências. Foi tarefa da Palavra e somente dela. Mas como a Palavra faria isso? Desejando o nosso bem, quando Jesus assumiu para si mesmo um corpo como todos nós. E, por meio das obras realizadas nesse corpo, ele ensinou aqueles que não poderiam aprender por outros meios a conhecer a ele, a Palavra, e por meio dele, o Pai.

Texto bíblico: Colossenses 1.15-20

Ele é a imagem
  do Deus invisível,
o primogênito
  de toda a criação,
pois nele foram criadas
  todas as coisas
nos céus e na terra,
  as visíveis e as invisíveis,
sejam tronos ou soberanias,
  poderes ou autoridades;
todas as coisas foram criadas por ele e para ele.
Ele é antes de todas as coisas,
  e nele tudo subsiste.
Ele é a cabeça do corpo,
  que é a igreja;

é o princípio e o primogênito
dentre os mortos,
para que em tudo tenha a supremacia.
Pois foi do agrado de Deus
que nele habitasse toda a plenitude,
e por meio dele reconciliasse consigo
todas as coisas,
tanto as que estão na terra
quanto as que estão nos céus,
estabelecendo a paz
pelo seu sangue derramado na cruz.

Perguntas para meditação

Estas perguntas poderão ser utilizadas para discussão em pequenos grupos ou para registro em diário pessoal.

1. De acordo com Atanásio, por que é importante para Deus que o conheçamos?

2. Quais as consequências naturais de se desviar de Deus? Como você vê essa espiral decrescente em sua vida ou na vida de outras pessoas?

3. Quais as três maneiras pelas quais Deus se revela a nós? Como Deus se revelou a você, de acordo com essas maneiras? Em qual das três maneiras Deus se tem revelado mais a você?

4. Atanásio afirma que há somente uma maneira de Deus restaurar a humanidade. Qual é e como foi realizada?

5. De acordo com Colossenses 1.15-20, *como* e *por que* todas as coisas foram criadas (cf. v. 16)?

Sugestão de exercícios

Estes exercícios poderão ser utilizados por indivíduos, compartilhados entre companheiros de caminhada ou no contexto de pequenos grupos. Escolha um exercício ou mais.

1. Leia Romanos 1. Observe como Atanásio utiliza uma forma semelhante para descrever o pecado humano. Destaque a espiral decrescente experimentada pelos seres humanos quando se afastam de Deus e se voltam para si mesmos.

2. Observe a imagem de Deus em você. Passe um tempo agradecendo a Deus por lhe dar a liberdade de agir, movimentar-se e ser criativo.

3. Leia uma história de um dos Evangelhos. Pense em como Deus se revelou na pessoa de Jesus. Reflita sobre como o povo da época viu, ouviu e sentiu Deus vivendo entre eles.

4. A passagem de Colossenses pode ter sido um antigo hino cristão. Veja se você consegue criar uma melodia ou adaptá-lo a uma já existente. Procure memorizar a passagem como se fosse a letra de um cântico.

Reflexão

Sou grato a Deus por Atanásio. Ninguém lutou tão diligentemente quanto ele por uma compreensão tão nítida da encarnação de Jesus Cristo. Sinceramente, sem essa compreensão não haveria fé cristã conforme a conhecemos. Realmente. Essa foi uma questão genuinamente essencial (sem nenhuma intenção de trocadilho... bem, talvez uma pequena intenção), e Atanásio sabia disso. Durante muitos anos, ele corrigiu atenta e prontamente tanto a doutrina ariana de que Cristo era uma criatura quanto a doutrina nestoriana de que Cristo representava dois seres distintos.

A maior contribuição de Atanásio foi cristalizada no Credo Niceno. As frases cruciais foram que Jesus foi "gerado, não feito" (contrariamente à posição de Ário de que Cristo foi criado) e "de uma só substância com o Pai" (contrariamente à posição de Nestor dos dois seres distintos de Cristo). As distinções foram primordiais, principalmente em relação ao arianismo. Se Ário tivesse vencido, a fé cristã seria uma estranha mistura de monoteísmo hebreu e paganismo grego. Ário acreditava num único Deus supremo que fez contato com o mundo por meio de criaturas inferiores como o Filho e o Espírito. O Filho foi um herói divino sofredor que deveria ser adorado à semelhança dos deuses heróis dos gregos. Por ser uma ideia similar ao pensamento pagão predominante na época (e em nossa época também), a fé cristã se tornaria aceitável para muitos pagãos. Contudo, seria fatal para a verdade cristã.

A declaração completa sobre Jesus no Credo é encarnacional à enésima potência. Veja:

> Cremos [...] em um Senhor Jesus Cristo, o unigênito Filho de Deus, gerado pelo Pai antes de todos os séculos, Deus de Deus, Luz da Luz, verdadeiro Deus de verdadeiro Deus, gerado não feito, de uma só substância com o Pai; pelo qual todas as coisas foram feitas; o qual por nós homens e por nossa salvação, desceu dos céus, foi feito carne pelo Espírito Santo da Virgem Maria, e foi feito homem; e foi crucificado por nós sob o poder de Pôncio Pilatos. Ele padeceu e foi sepultado; e no terceiro dia ressuscitou conforme as Escrituras; e subiu ao céu e assentou-se à direita do Pai, e de novo há de vir com glória para julgar os vivos e os mortos, e seu reino não terá fim.

Graças a Deus por Atanásio!

— Richard J. Foster

Para seu aprofundamento

Athanasius. **History of the Arians.** Willtis: Eastern Orthodox Books, 1993.

_____. **On the Incarnation.** Crestwood: St. Vladimir's Seminary Press, 2000. O texto completo da resposta de Atanásio à crença ariana de que Jesus era meramente humano, não Deus encarnado.

_____. **Select Works and Letters.** Wheaton: Christian Classics Ethereal Library. Disponível em: <www.ccel.org>. Acesso em: 3 set. 2008.

_____. The Life of Anthony and the Letter to Marcellinus. In: **The Classics of Western Spirituality.** Mahwah: Paulist, 1980. Biografia do fundador do monasticismo, Antônio do Egito, e uma exposição de como orar os salmos de Davi.

ANNIE DILLARD

Enxergar claramente

Introdução à autora

Nascida em Pittsburgh, Pensilvânia, nos Estados Unidos, Annie Dillard (1945-) é uma das mais admiráveis autoras contemporâneas. Ela escreveu ensaios, poesia, biografias e crítica literária. Seu livro mais famoso talvez seja *Pilgrim at Tinker Creek* [Peregrino em Tinker Creek]. Esse livro lembra os leitores da obra de Thoreau, *Walden Pond* [A lagoa de Walden]. O livro de Annie recebeu o Prêmio Pulitzer de literatura. Ela passou um ano sozinha na região de Tinker Creek, no vale Roanoke, no estado da Virgínia, lendo muitos livros, fazendo caminhadas e simplesmente contemplando. O livro reflete a luta de uma fé em um Deus de amor à medida que a autora deparava com a crueldade da natureza.

No texto seguinte, a autora trata da importância de olhar para o mundo ao nosso redor, livre de distrações interiores. As observações sobre a natureza são intrigantes, pois Annie é capaz de tomar algo terreno e ver nele algo extraordinário. Suas outras obras de destaque são *Holy the Firm* [Firme santidade] e *Teaching a Stone to Talk* [Ensinando uma pedra falar].

Extratos de *Pilgrim at Tinker Creek* [Peregrino em Tinker Creek]

1. Dois modos de ver

A visão é, naturalmente, muito mais uma questão de verbalização. A não ser que eu canalize minha atenção para algo que passa diante de mim, simplesmente não o verei, como Ruskin diz, "não somente despercebido, mas no sentido mais pleno e claro da palavra, não visto". Meus olhos por si sós não conseguem resolver testes de analogia utilizando figuras, as que demonstram com maiores elaborações um quadrado grande, depois um pequeno dentro de um grande, depois um triângulo grande, e esperar que eu encontre um pequeno triângulo dentro do grande. Preciso verbalizar as palavras, descrever o que vejo.

Se o monte Tinker entrasse em erupção, eu provavelmente notaria, mas para observar aspectos menos catastróficos da vida no vale preciso ter em mente uma descrição contínua do presente. Não que eu seja observadora: é que falo demais. Do contrário, principalmente num lugar estranho, nunca saberei o que está acontecendo. Como um cego assistindo a um jogo, preciso de um rádio.

Quando vejo dessa maneira, analiso e investigo. Levanto toras e faço rolar pedras; analiso barrancos, uma parte de cada vez, inquirindo e balançando a cabeça. Um dia, quando a neblina cobrir a montanha, quando os ratos almiscarados não aparecerem e a lâmina do microscópio estilhaçar, quero subir à abóbada azul desbotada como alguém que invade a tenda de um circo e ali, dependurado, com uma faca de aço, rasga o topo e espia — e, se precisar, despenca lá de cima.

Contudo, há outro modo de ver que envolve relaxar. Quando vejo dessa maneira, flutuo pasmada e esvaziada. A diferença entre as duas maneiras de ver consiste em andar ou não com uma máquina fotográfica. Quando carrego uma câmera, caminho de fotografia em fotografia, prestando atenção ao sensor de luz da máquina. Quando ando sem a máquina, meu próprio obturador se abre, e a luz do momento é registrada em minhas entranhas de prata. Quando olho desse modo, pondo-me acima de todo observador inescrupuloso.

2. *Vendo um novo mundo*

Era uma tarde ensolarada do verão passado, em Tinker Creek. O sol estava baixo no horizonte, rio acima, e eu estava sentada numa ponte de madeira de sicômoro com o sol atrás de mim, observando brilhos do tamanho dos peixes que se alimentavam da areia argilosa em bandos agitados. Várias vezes, um peixe, depois outro, numa fração de segundo, voltava-se contra a correnteza e, de repente, um brilho! O sol disparava um raio prateado. Eu não conseguia ver. Sempre acontecia em outra direção e chamava a minha atenção justamente quando desaparecia: um brilho, como o reflexo de uma lâmina muito fina, uma faísca sobre uma isca artificial ou sobre uma azeitona caindo em intervalos aleatórios vindo de todas as direções. Depois, notei manchas brancas, um tipo de pétalas desbotadas, pequenas, flutuando sob meus pés na superfície do riacho, bem devagar e constante.

Então, com a vista embaçada, olhei atentamente para a borda de meu chapéu e enxerguei um novo mundo. Vi os pequenos círculos brancos desbotados rolando e rolando, como se o mundo estivesse girando, silencioso e perfeito, e vi os brilhos lineares, raios prateados, como estrelas nascendo aleatoriamente no desenrolar do tempo. Algo se rompeu, e alguma coisa surgiu. Abasteci-me como um novo odre. Respirei ar como luz; vi a luz como água. Eu era a borda de uma fonte que o riacho abastecia para sempre. Estava em espaço celeste, a folha no vento suave. Era um floco de carne, uma pena, um osso.

3. O domínio da realidade

Quando enxergo dessa maneira, enxergo de verdade. Como Thoreau disse, volto aos meus sentidos. Sou como a pessoa que assiste a um jogo de futebol em silêncio num estádio vazio. Assisto ao jogo puramente, estou distraída e entorpecida. Quando termina o jogo e os jogadores uniformizados saem do campo para o vestiário, dou um pulo e vibro intensamente.

Contudo, não posso sair e tentar enxergar dessa maneira. Não terei sucesso. Ficarei louca. A única coisa que posso fazer é tentar amordaçar o comentarista, acalmar a agitação do inútil murmúrio interior que me impede de enxergar, assim como um jornal balançando diante de meus olhos. O esforço depende realmente de uma disciplina que exige uma vida inteira de dedicação. Ele marca a literatura de santos e monges de todas as ordens do Ocidente e do Oriente, sob toda regra e sem nenhuma regra, descalçadas ou calçadas.

Os gênios espirituais do mundo parecem descobrir universalmente que a mente do rio enlameado, esse incessante fluxo de trivialidade e bobagem, não pode ser detida, e é inútil tentar contê-la, pois poderá levar à loucura. Antes, você deve permitir ao rio enlameado fluir despercebido nos canais obscurecidos da consciência. Abra a visão, observe suavemente, reconheça sua presença despretensiosa e olhe para além da consciência, para o domínio da realidade, no qual sujeitos e objetos agem e jazem puramente sem proferir coisa alguma. Jacques Ellul diz: "Lança-te nas profundezas, e verás".

4. O segredo da visão

O segredo da visão, então, é uma pérola preciosa. Se eu imaginasse que ele me pudesse ensinar a encontrar e preservar para sempre essa pérola, atravessaria descalça, mesmo cambaleando, centenas de desertos, seguindo qualquer lunático. Contudo, apesar de poder ser encontrada, a pérola não pode ser procurada. A literatura sobre iluminação revela isto acima de tudo: embora venha sobre aqueles que a esperam, sempre é uma dádiva e surpresa total, até para os mais experientes e hábeis. Volto de uma caminhada sabendo onde o borrelho-de-dupla-coleira faz seu ninho no campo próximo do riacho e a hora em que o louro floresce.

No dia seguinte, volto da mesma caminhada, mal lembrando meu nome. Litanias sussurram aos meus ouvidos; a língua vibra em minha boca, aleluia! Não posso gerar luz; o máximo que posso fazer é ficar na direção de seu facho. É possível, no profundo espaço, navegar no vento solar. A luz, seja partícula, seja onda, possui força: você arma uma gigantesca vela e sai. O segredo de ver é navegar no vento solar. Prepare e estenda seu espírito até que você mesmo seja uma vela afiada, translúcida, um costado sensível ao menor sopro.

5. A árvore com luz dentro dela

Quando o médico retirou o tampão dos olhos e a levou ao jardim, a menina, que não estava mais cega, viu "a árvore com luz dentro dela". Era essa árvore que eu procurava entre os pessegueiros de verão, nas florestas do outono, atravessando o inverno e a primavera anos a fio. Até que um dia estava caminhando em Tinker Creek, sem pensar em nada, e vi a árvore com luz dentro dela. Vi o cedro do quintal, onde a rola se abriga, ser carregado e transfigurado, cada cavidade zunindo em chamas. Fiquei no gramado diante das luzes, o gramado que estava todo em fogo, em total concentração e devaneio.

Não foi tanto uma experiência de ver quanto — pela primeira vez — de ser vista, derrubada sem fôlego por um olhar poderoso. A enchente de fogo diminuiu, mas ainda estou utilizando sua carga. As luzes do cedro diminuíram gradualmente, as cores se apagaram, as cavidades perderam as chamas e desapareceram. Eu continuava ressoando. Em toda a minha vida fui um sino, mas nunca soube disso até aquele momento em que me levantei e fui tocada. Desde então, muito raramente, vi a árvore com as luzes dentro. A visão vem e vai, principalmente vai, mas vivo por ela, pelo momento em que os montes se abrem e uma nova luz ruge, invadindo pelas frestas, e os montes se fecham.

Texto bíblico: Marcos 8.22-26

Eles foram para Betsaida, e algumas pessoas trouxeram um cego a Jesus, suplicando-lhe que tocasse nele. Ele tomou o cego pela mão e o levou para fora do povoado. Depois de cuspir nos olhos do homem e impor-lhe as mãos, Jesus perguntou: "Você está vendo alguma coisa?"

Ele levantou os olhos e disse: "Vejo pessoas; elas parecem árvores andando".

Mais uma vez, Jesus colocou as mãos sobre os olhos do homem. Então seus olhos foram abertos, e sua vista lhe foi restaurada, e ele via tudo claramente. Jesus mandou-o para casa, dizendo: "Não entre no povoado!"

Perguntas para meditação

Estas perguntas poderão ser utilizadas para discussão em pequenos grupos ou para registro em diário pessoal.

1. Quais são os "dois modos de ver"?
2. Você já teve alguma experiência como a de Annie Dillard, em que de repente teve os olhos obscurecidos e enxergou um mundo inteiramente novo? Descreva a experiência.

3. A autora chama nossa conversa interior de "o rio enlameado da mente". Ela nos aconselha lutar contra o "fluxo de trivialidade e bobagem" para que possamos enxergar? Qual a solução que ela propõe?

4. Você já foi "tocado" pelo mundo criado, como se fosse um sino? Por que você acha que Deus criou o mundo assim?

5. O relato de Marcos 8 mostra como nossa cura é muitas vezes gradativa. O homem conseguiu ver, mas de modo embaçado. Então Jesus tocou nele segunda vez. Deus já o tocou mais de uma vez, para que você pudesse ver?

Sugestão de exercícios

Estes exercícios poderão ser utilizados por indivíduos, compartilhados entre companheiros de caminhada ou no contexto de pequenos grupos. Escolha um exercício ou mais.

1. Saia para uma caminhada. Procure observar tudo o que puder. Dê nome às cores, converse em voz alta, aponte para toda árvore, pedra, folha e passarinho. Amplie sua capacidade de ver.

2. Tente "embaçar" a vista enquanto olha à sua volta — mesmo dentro de casa. Veja se consegue enxergar outro mundo, que talvez tenha passado despercebido.

3. Annie fala de nosso diálogo interior como "esse incessante fluxo de trivialidade e bobagem". Acompanhe sua conversa interior durante 15 minutos. Apenas escute, sem julgar. Escreva num diário tudo o que você aprendeu.

4. Às vezes, como o cego, precisamos de um segundo toque. Passe um tempo avaliando como Deus curou você e onde você ainda precisa de cura. Peça a Deus que toque novamente em você.

Reflexão

As observações de Annie Dillard são realmente um comentário ampliado das famosas palavras de Jesus: "Vendo, não veem; e, ouvindo, não ouvem, nem entendem [...] Bem-aventurados, porém, os vossos olhos, porque veem; e os vossos ouvidos, porque ouvem" (Mateus 13.13,16. ARA). Quantas vezes vejo apenas com os olhos, ouço apenas com os ouvidos, e deixo de ver e ouvir com o coração! As Escrituras nos dizem que Jesus, quando viu as multidões, "teve compaixão delas" (Mateus 9.36). Muitas vezes, quando olho para as multidões sinto aversão por elas, fico amedrontado ou apenas desinteressado. Vendo, não vi, e, ouvindo, não ouvi.

Quando caminho entre os pinheiros em nosso sítio, o que vejo? Às vezes, apenas um pequeno bosque com veados caminhando timidamente ao longo das grotas e, de vez em quando, uma raposa correndo para sua toca. Outras vezes, porém, vejo mais: vejo um sinal de esperança no canto da cotovia, um ícone de força nos altos cones que se estendem em direção ao céu, uma incorporação de mansidão na corça que permanece quieta e imóvel no lado de fora da janela de meu escritório enquanto seu filhote mama contente.

Mesmo assim, minha visão é tão limitada, tão fragmentada, tão parcial! Que eu, que todos nós possamos ver com maior exatidão, de modo mais completo. Ver, nas palavras de Gerard Manley Hopkins, que "o mundo está carregado com a majestade de Deus".

— RICHARD J. FOSTER

Para seu aprofundamento

DILLARD, Annie. **An American Childhood.** New York: Perennial, 1999. A brilhante prosa de Dillard captura de modo natural a dor de crescer nessa maravilhosa lembrança da infância.

_____. **For the Time Being.** New York: Random House; Vintage, 2000.

_____. **Pilgrim at Tinker Creek.** New York: HarperCollins; Perennial, 1998. Essa obra, vencedora do Prêmio Pulitzer, contém diversos ensaios interligados, que desafiam o leitor a contemplar o mundo natural para além da superfície e das generalidades.

_____. **Teaching a Stone to Talk.** Ed. rev. New York: HarperCollins; Perennial, 1999.

_____. **The Writing Life.** New York: HarperCollins; Perennial, 1999. Apesar de pequena, essa obra expressa esplendidamente a existência atormentadora, tortuosa e, raramente, transcendente do escritor.

SØREN KIERKEGAARD

Suplicando por algo

Introdução ao autor

Søren Kierkegaard (1813-1855) nasceu em Copenhague, Dinamarca, no início do século XIX. Formou-se pela Universidade de Copenhague, depois passou dois anos na Alemanha e retornou a Copenhague, onde passaria o restante de sua vida. Em 1843, escreveu e publicou seu primeiro livro, *Either/ Or* [Ou/ ou], que assustou o mundo religioso com a denúncia de um cristianismo diluído.

Na verdade, a vida e as obras de Kierkegaard desafiaram severamente a Igreja institucional que, segundo ele, havia eliminado o passo necessário de fé e o compromisso individual (em vez de coletivo). Todos os seus escritos condenavam uma igreja que desprezava a distância entre o humano e o divino. Kierkegaard acreditava que havia uma enorme ruptura entre Deus e os seres humanos e que Jesus Cristo era a única ponte. No período histórico chamado Iluminismo (quando a razão parecia triunfar sobre a fé, e o potencial humano, sobre a fraqueza humana), a filosofia de Kierkegaard serviu de corretivo para um mundo e uma igreja que haviam perdido sua identidade.

O texto a seguir é uma coletânea de orações encontradas nos diversos escritos de Kierkegaard. É muito interessante ver que um renomado filósofo, cujos escritos compõem 14 grandes volumes, que variam da literatura à teologia, insere orações no meio de seus discursos. Sem dúvida, ele não admitia nenhuma dicotomia entre as coisas sagradas e as coisas seculares. Para Kierkegaard, a vida intelectual e a vida devocional estão juntas.

CLÁSSICOS DEVOCIONAIS

Extratos de *The Prayers of Kierkegaard*
[As orações de Kierkegaard]

1. Movido por amor infinito

Tu, que és imutável, em quem nada muda! Tu, que és imutável em amor, justamente para o nosso bem-estar, não se sujeitando a mudança alguma: que nós também possamos desejar nosso bem-estar, submeten-do-nos à disciplina de tua imutabilidade, para que possamos, mediante obediência incondicional, encontrar descanso e continuar descansados em tua imutabilidade. Tu não és como nós: se pudéssemos manter o mínimo de constância, não nos deixaríamos mudar muito nem permitiríamos que tantas coisas nos afetassem. Mesmo aquilo que nós, seres humanos, consideramos ninharia ou ignoramos, como a necessidade de um pardal, até isso move a ti. Um suspiro humano, que raramente notamos, move a ti, tu que és imutável! Tu, que por meio de teu amor infinito te deixas mudar, permita que nossa oração também te mova, e concedas tua bênção para que provoque em nós alguma mudança que nos leve à conformação com tua imutável vontade. Tu, que és imutável!

2. Tu nos amaste primeiro

Pai celeste! Tu, que nos amaste primeiro, ajuda-nos a nunca esquecer que és amor, para que essa certeza triunfe em nosso coração contra a sedu-ção do mundo, contra a inquietude da alma, contra a ansiedade do futuro, contra o medo do passado, contra a angústia do presente. Todavia, permite também que essa convicção discipline nossa alma, para que nosso coração permaneça fiel e sincero no amor para com todos os que nos ordenaste amar como a nós mesmos.

Tu nos amaste primeiro, ó Deus! Falamos disso em termos de história, como se tivesses apenas nos amado uma única vez, em vez de incessante-mente nos amar primeiro muitas vezes, todos os dias e por toda a nossa vida. Quando acordamos de manhã e buscamos a ti — tu és o primeiro —, tu nos amaste primeiro. Se me levanto de madrugada e no mesmo

462

instante volto minha alma para ti em oração, tu estás ali antes de mim; tu me amaste primeiro. Quando me desvio das distrações do dia e me volto para ti, tu és o primeiro, e assim sempre. Contudo, sempre expressamos ingratidão, como se nos tivesses amado primeiro uma única vez.

3. Tem um pouco de paciência

Pai celeste! Tem um pouco de paciência, pois, com toda sinceridade, sempre desejamos ter comunhão contigo, embora demonstremos muita insensatez. Às vezes, quando ficamos contentes com o que acontece conosco, não temos palavras suficientes para te agradecer, assim como a criança birrenta fica contente por conseguir o que queria. Às vezes, as coisas estão tão ruins que clamamos a ti, como a criança sem entendimento, que tem medo do que lhe faz bem. Ah, mas se somos tão infantis, como estamos longe de ser verdadeiros filhos teus, tu que és nosso Pai! Ah, como se um animal quisesse ter um ser humano por pai! Como somos infantis e como nossas propostas e linguagem parecem tão pouco com a linguagem que deveríamos ter para falar contigo. Pelo menos, entendemos que não deveria ser dessa maneira e que deveríamos agir de outro modo. Tem, então, paciência conosco.

4. Sustenta-nos contra nosso pecado

Pai celeste! Não atribua a nós nosso pecado, mas sustenta-nos contra nosso pecado para que quando em nossa alma despertar o pensamento de ti não sejamos lembrados do que cometemos, mas do que fizeste para nos perdoar; não de como nos desviamos, mas de como nos salvaste!

5. A promessa e a dor

Pai celeste! De fato, sabemos que a busca nunca está livre de promessa, como então deixaríamos de te buscar, tu, que és autor de todas as promessas e doador de toda boa dádiva! Sabemos muito bem que quem busca nem sempre precisa vaguear para longe, uma vez que, quanto mais sagrado for o objeto de sua busca, mais próximo dele está; e se a pessoa te busca, ó Deus, és aquele que está mais próximo!

Todavia, sabemos também que a busca nunca está livre de sofrimento e de tentações, como, então, te buscar não seria algo temerário, a ti, que és poderoso? Mesmo quem confia na ideia de parentesco contigo não ousa seguir adiante sem temer aquelas decisões cruciais da mente em que, por meio da dúvida, procura reconhecer tua presença na sábia ordem da existência ou, no desespero, tenta reconhecer a ti por meio da obediência sob a providência de acontecimentos revoltosos.

Aqueles que chamas "amigos", que caminham na luz de teu rosto, eles também, não sem temor, procuram encontrar amizade em ti, o único poderoso. Pessoas que oram e que amam de todo o coração — não é sem ansiedade que se arriscam no conflito da oração com Deus. O homem, diante da morte, para quem transformas as circunstâncias, não abandona a vida temporal sem um arrepio de medo, quando o chamas. Mesmo a criança miserável, a quem o mundo não oferece outra coisa além do sofrimento, foge para ti sem temor; tu, que não só alivias, mas também és tudo em todos! Como, então, o pecador ousaria buscar-te? Contudo, ele te busca na confissão de pecados.

6. Doença mortal

Pai celeste! A congregação muitas vezes intercede a ti por todos os doentes e aflitos, e quando um de nós adoece de enfermidade mortal, a congregação às vezes deseja fazer um pedido especial por ele. Permite que cada um de nós tenha consciência a tempo desse tipo de doença e saiba quando está afligido por ela.

Ó Senhor Jesus Cristo, que veio à terra curar aqueles que sofrem dessa enfermidade, da qual todos nós sofremos, mas que só ouves aqueles que estão conscientes de estar doentes! Ajuda-nos em meio à enfermidade a permanecer firmes em ti, até o final, para que sejamos curados.

Ó Deus Espírito Santo, que vens ajudar-nos nessa doença, se de fato desejamos ser curados! Permanece conosco para que em nenhum instante possamos, para nossa própria destruição, evitar o Médico, mas permanecer nele — livres de doença. Pois estar junto dele é estar livre de nossas enfermidades, e quando estamos com ele estamos salvos de toda doença.

7. Desejar uma única coisa

Pai celeste! O que seria de nós sem ti! Se não conhecêssemos a ti, o que seria de todo o nosso conhecimento, por maior que fosse, senão farelo! Se não conhecêssemos a ti, o que seria de todo o nosso esforço, mesmo que abarcasse o mundo, senão uma obra inacabada: tu, o único, que é um e é tudo!

Então, concede ao intelecto sabedoria para compreender isso; ao coração, sinceridade para ter esse entendimento; à vontade, pureza que deseje uma única coisa. Na prosperidade, concede perseverança para desejar uma única coisa; diante das distrações, serenidade para desejar uma única coisa; no sofrimento, paciência para desejar uma única coisa.

Tu, que concedes tanto o princípio quanto o fim, concede, no amanhecer, ao jovem a resolução para desejar uma única coisa. No decorrer do dia, dá ao ancião uma lembrança renovada de sua primeira resolução, para que a primeira seja como a última, e a última, como a primeira, em posse de uma vida que buscou uma única coisa.

Lamentavelmente, isso nunca aconteceu! Algo o impediu. A separação do pecado interferiu. Todo dia, e dia após dia, algo interfere: atraso, bloqueio, interrupção, desilusão, corrupção. Portanto, nesse tempo de arrependimento, concede mais uma vez coragem para desejar uma única coisa.

Sem dúvida, é uma interrupção de nossas atividades rotineiras. Deixamos nosso trabalho como se fosse um dia de descanso, quando o penitente está só, diante de ti, acusando a si mesmo. Sem dúvida, é uma interrupção, mas uma interrupção que retorna ao princípio para que possa religar aquilo que o pecado separou; para que no sofrimento possa restaurar o tempo perdido; para que na ansiedade possa completar aquilo que está adiante.

Tu, que concedes tanto o princípio quanto o fim, concede tua vitória no dia da necessidade; para que seja concedida a nós na tristeza do arrependimento aquilo que nem nosso desejo ardente nem nossa resolução determinada conseguem alcançar: desejar uma única coisa.

8. Destruído cada manhã

Senhor! Faze de nosso coração o templo de tua habitação. Permite que todo pensamento impuro, todo desejo terreno seja como o ídolo Dagom — destruído cada manhã diante da arca da aliança. Ensina-nos a controlar a carne e o sangue, e que esse domínio próprio seja nosso sacrifício de sangue, para que possamos dizer como o apóstolo: "Cada dia morro" (1Coríntios 15.31, *ARC*).

Texto bíblico: 1Samuel 5

Depois que os filisteus tomaram a arca de Deus, eles a levaram de Ebenézer para Asdode e a colocaram dentro do templo de Dagom, ao lado de sua estátua. Quando o povo de Asdode se levantou na madrugada do dia seguinte, lá estava Dagom caído, rosto em terra, diante da arca do Senhor! Eles levantaram Dagom e o colocaram de volta em seu lugar. Mas, na manhã seguinte, quando se levantaram de madrugada, lá estava Dagom caído, rosto em terra, diante da arca do Senhor! Sua cabeça e mãos tinham sido quebradas e estavam sobre a soleira; só o seu corpo ficou no lugar. Por isso, até hoje, os sacerdotes de Dagom e todos os que entram em seu templo, em Asdode, não pisam na soleira.

Depois disso a mão do Senhor pesou sobre o povo de Asdode e dos arredores, trazendo devastação sobre eles e afligindo-os com tumores. Quando os homens de Asdode viram o que estava acontecendo, disseram: "A arca do deus de Israel não deve ficar aqui conosco, pois a mão dele pesa sobre nós e sobre nosso deus Dagom". Então reuniram todos os governantes dos filisteus e lhes perguntaram: "O que faremos com a arca do deus de Israel?"

Eles responderam: "Levem a arca do deus de Israel para Gate". E então levaram a arca do Deus de Israel.

Mas, quando a arca chegou, a mão do SENHOR castigou aquela cidade e lhe trouxe grande pânico. Ele afligiu o povo da cidade, jovens e velhos, com uma epidemia de tumores. Então enviaram a arca de Deus para Ecrom.

Quando a arca de Deus estava entrando na cidade de Ecrom, o povo começou a gritar: "Eles trouxeram a arca do deus de Israel para cá a fim de matar a nós e a nosso povo". Então reuniram todos os governantes dos filisteus e disseram: "Levem embora a arca do deus de Israel; que ela volte ao seu lugar; caso contrário ela matará a nós e a nosso povo". Pois havia pânico mortal em toda a cidade; a mão de Deus pesava muito sobre ela. Aqueles que não morreram foram afligidos com tumores, e o clamor da cidade subiu até o céu.

Perguntas para meditação

Estas perguntas poderão ser utilizadas para discussão em pequenos grupos ou para registro em diário pessoal.

1. No item 1, Kierkegaard começa sua oração reconhecendo a imutabilidade de Deus. Por que a imutabilidade de Deus é importante?

2. Kierkegaard afirma que Deus não só nos amou primeiro uma vez, mas também nos ama primeiro sempre. Como isso influencia sua compreensão de quem você é aos olhos de Deus? Como isso afetará sua oração?

3. Kierkegaard diz que buscar a Deus é uma experiência cheia de promessas e sofrimentos. Quais sofrimentos você já experimentou em consequência de buscar a Deus? Como isso afetou sua vida?

4. Assim como o ídolo Dagom (v. 1Samuel 5) foi destruído diante da arca da aliança, Kierkegaard ora para que todo pensamento impuro, todo desejo terreno seja destruído a cada manhã. Que desejos terrenos você gostaria que Deus destruísse para que você seja inteiramente comprometido com Deus?

5. De acordo com a história de 1Samuel 5, Deus é mais poderoso que qualquer ídolo. Como o poder de Deus tem operado em sua vida recentemente? Onde a "mão de Deus pesou" em sua vida?

Sugestão de exercícios

Estes exercícios poderão ser utilizados por indivíduos, compartilhados entre companheiros de caminhada ou no contexto de pequenos grupos. Escolha um exercício ou mais.

1. Faça das orações de Kierkegaard sua oração em seus momentos devocionais. Repita-as calmamente, saboreando cada frase, considerando seu significado e elevando a Deus o clamor de seu coração.

2. O fato de que Deus nos amou primeiro e continua amando-nos foi importante para Kierkegaard. Escreva as três simples palavras "eu te amo" num cartão ou papel de rascunho. Leve com você onde quer que vá e cada vez que olhar para ele lembre-se de que, onde quer que você esteja, o que esteja fazendo, Deus está ali, amando você.

3. Um dos principais temas dos escritos de Kierkegaard é o desejo por uma única coisa. Essa única coisa, para Kierkegaard, significava buscar o Reino de Deus em primeiro lugar e permanecer comprometido com Deus em tudo o que fizesse. Simplifique sua vida esta semana, concentrando-se apenas nisso, certo de que tudo aquilo de que você precisa lhe será acrescentado.

4. Kierkegaard inseriu sem remendos a oração em seu trabalho de filósofo. Esta semana, escreva toda manhã uma oração, principalmente em relação ao seu trabalho.

Reflexão

É maravilhoso ver um renomado filósofo orando. Uma reflexão intelectual rigorosa e uma reverência compassiva caminham juntas, não são inimigas. Por muito tempo, separamos a mente do coração, e perdemos muito com isso.

Amamos a Deus com a mente e amamos a Deus com o coração. Na verdade, descemos com a mente para o coração e ali ficamos diante de Deus em incessante admiração e infindável louvor. Quando o coração e a mente trabalham juntos, um tipo de "racionalidade afetuosa" passa a dominar tudo o que falamos e fazemos. Isso promove unidade em nós e glorifica a Deus.

— RICHARD J. FOSTER

SØREN KIERKEGAARD — SUPLICANDO POR ALGO

Para seu aprofundamento

BRETALL, Robert (Org.). **A Kierkegaard Anthology.** Princeton: Princeton University Press, 1946. Uma coletânea importante de todos os escritos de Kierkegaard. Compreende 17 obras, até mesmo textos de *The Journals* [Os diários], *Either/ Or* [Ou/ ou] e *The Attack Upon "Christendom"* [O ataque contra a cristandade].

KIERKEGAARD, Søren. **Purity of Heart Is to Will One Thing.** New York: Harper & Bros., 1938. Um dos melhores livros sobre a disciplina clássica do autoexame. Foi escrito, como declara Kierkegaard, como "preparação espiritual para o banquete da confissão". A "única coisa" que devemos desejar é, naturalmente, o bem que, em última instância, é o próprio Deus.

LEFEVRE, Perry D. **The Prayers of Kierkegaard.** Chicago: University of Chicago Press, 1956. Quase uma centena de orações de Kierkegaard foi reunida nesse livro, extraídas de obras publicadas e material particular, não só para iluminar sua vida de oração, mas também para servir de livro de devoção pessoal para muitos cristãos hoje.

LOWRIE, Walter. **A Short Life of Kierkegaard.** Princeton: Princeton University Press, 1970. Uma excelente e legível introdução pelo principal biógrafo do grande pensador dinamarquês.

469

Dag Hammarskjöld

Dizer sim

Introdução ao autor

Dag Hjalmar Agne Carl Hammarskjöld (1905-1961) foi um homem de fé discreta, forte e despretensiosa. Importante figura política do século XX, foi secretário geral das Nações Unidas de 1953 a 1961, quando morreu num acidente aéreo em missão de paz no Congo. Ele nasceu em 29 de julho de 1905, em Jonkoping, no centro-sul da Suécia.

Em 1933, doutorou-se pela Universidade de Estocolmo, onde mais tarde trabalhou como professor assistente em política econômica. Em 1945, foi nomeado conselheiro do gabinete governamental sobre questões financeiras e econômicas, contribuindo com a formação da política financeira da Suécia.

Foi unanimemente nomeado secretário geral das Nações Unidas pela Assembleia Geral de 1953 e serviu nessa função até sua morte. Durante seu mandato, foi decisivo na luta e na prevenção contra a injustiça.

Depois de sua morte, o manuscrito do livro que conhecemos por *Markings* [Marcações] foi descoberto em sua casa em Nova York com um bilhete ao seu amigo Leif Belfrage, dizendo que havia escrito esse diário para si, mas, "se você considerá-lo digno de publicação, tem minha permissão para publicar". Ele chamou o diário "um manual sobre minhas negociações comigo mesmo — e com Deus". Felizmente, o livro *Markings* de Hammarskjöld foi publicado e tem sido fonte de sabedoria para muitas pessoas. W. H. Auden opinou sobre o livro: "Depois de terminar a leitura, o leitor terá tido o privilégio de ter conhecido um grande, bom e amável homem".

Extratos de *Markings* [Marcações]

1. *Dizer sim*

Eu sou a vasilha. O gole é de Deus. É Deus quem tem sede.

* * *

Na última avaliação, o que significa a palavra "sacrifício"? Ou mesmo a palavra "dádiva"?

Quem não possui nada não pode doar nada. A dádiva é de Deus — para Deus.

* * *

Ser livre, ser capaz de se levantar e deixar *tudo* para trás — sem olhar para trás. Dizer *sim*.

* * *

Dizer sim à vida é o mesmo e ao mesmo tempo dizer sim para si próprio.

Sim — até para aquele elemento dentro de si mais resistente a se deixar transformar de tentação em força.

2. *Mais firmeza, simplicidade e tranquilidade*

Uma paisagem pode louvar a Deus; um corpo, o Espírito.

* * *

Maturidade: entre outras coisas, a serena felicidade da criança brincando, que toma por certo que está unida aos seus companheiros.

* * *

Se eu pudesse apenas crescer: ter mais firmeza, simplicidade — tranquilidade, cordialidade.

* * *

Sua vida não tem fundamento se, em qualquer questão, suas escolhas forem a seu favor.

* * *

Diante de ti, Pai,
   Em retidão e humildade.
Contigo, irmão,
   Em fé e coragem.
Em ti, Espírito,
   Em tranquilidade.

* * *

Teu — pois meu destino é cumprir tua vontade,

Dedicado — pois meu destino é ser usado e ser esgotado de acordo com tua vontade.

3. Deixando o trabalho ficar leve em suas mãos

Graças ao seu "sucesso", você tem algo a perder. Por causa disso — como se de repente estivesse consciente desse risco — você pergunta se você, ou qualquer outro, pode "ser bem-sucedido". Se pensar assim, distraidamente mirando a si mesmo num obituário, logo se encontrará fazendo uma inscrição para seu túmulo — nos dois sentidos.

* * *

Faça o que puder — e o trabalho ficará leve em suas mãos, tão leve que você poderá prever as provações mais difíceis que o estão aguardando.

* * *

Quando o frescor da manhã é substituído pelos aborrecimentos do meio-dia, quando os músculos das pernas estremecem com o peso, continuar escalando parece algo interminável, e, de repente, nada acontece como você deseja — é aí que você *não* deve hesitar.

O perdão é a resposta à criança que sonha com um milagre, pelo qual o que foi quebrado é consertado e o que foi manchado se torna limpo. O sonho explica por que precisamos ser perdoados e por que precisamos perdoar. Na presença de Deus, nada permanecendo entre ele e nós — *somos* perdoados, mas *não podemos* sentir a presença dele se houver algum empecilho entre nós e os outros.

4. Tentação, agonia e calma

Não nos deixe cair em tentação,
Mas livra-nos do mal:
Tudo que há em mim te sirva,
Livra-me, *então*, de todo medo.

* * *

Há ações — justificadas somente pela fé — que nos podem elevar a outra esfera, na qual a batalha é contra "principados, potestades e dominadores". Ações sobre as quais — pela misericórdia — *tudo* está marcado.

"Pois a tua santidade é nosso caminho, e tua adorável paciência, a estrada pela qual nos aproximamos de ti."

* * *

A terceira hora. E a nona — Eles estão *aqui*. E, *agora*. Eles *estão* agora!

"Jesus estará agonizado, até o fim do mundo. Não podemos dormir durante esse tempo" (Pascal).

Não devemos — e para o vigia é o presente longínquo — tampouco estar presentes no contato dele com a humanidade, no meio da qual Jesus, a cada momento, morre dentro de alguém que seguiu as marcas do caminho interior até o final:

amor e paciência,
retidão e humildade,
fé e coragem,
calma.

* * *

Entenda — através da calma,
Aja — pela calma,
Conquiste — com calma.

"Para que os olhos percebam a cor, precisa despir-se de todas as cores."

CLÁSSICOS DEVOCIONAIS

5. *Deus encontra utilidade para nossos esforços*

O que acontece em seguida? Por que perguntar? Em seguida virá uma exigência sobre a qual você já sabe tudo o que precisa saber: toda a sua força se resume a isso.

* * *

Santificado seja o teu nome,

não o meu,

Venha o teu Reino,

não o meu,

Seja feita a tua vontade,

não a minha,

Dá-nos paz contigo

paz com os homens

paz com nós mesmos,

E livra-nos de todo medo.

* * *

Seus esforços "não se concretizaram", somente os de Deus — mas fique contente se Deus considerar seus esforços úteis para a obra dele.

Alegre-se quando você sentir que o que fez foi "necessário", mas lembre-se, mesmo assim, de que você foi simplesmente um instrumento pelo qual Deus acrescentou um minúsculo grão ao Universo que ele criou para o propósito dele.

* * *

Seja grato quando suas realizações estiverem cada vez menos associadas ao seu nome, à medida que suas pegadas deixem menos marcas na terra.

Texto bíblico: Eclesiastes 12.9-14

Além de ser sábio, o mestre também ensinou conhecimento ao povo. Ele escutou, examinou e colecionou muitos provérbios. Procurou também encontrar as palavras certas, e o que ele escreveu era reto e verdadeiro.

As palavras dos sábios são como aguilhões, a coleção dos seus ditos como pregos bem fixados, provenientes do único Pastor. Cuidado, meu filho; nada acrescente a eles.

Não há limite para a produção de livros, e estudar demais deixa exausto o corpo.

Agora que já se ouviu tudo,
aqui está a conclusão:
Tema a Deus
e obedeça aos seus mandamentos,
porque isso é o essencial para o homem.
Pois Deus trará a julgamento
tudo o que foi feito,
inclusive tudo o que está escondido,
seja bom, seja mau.

Perguntas para meditação

Estas perguntas poderão ser utilizadas para discussão em pequenos grupos ou para registro em diário pessoal.

1. Como você entende a declaração do autor, "Eu sou a vasilha. O gole é de Deus. É Deus quem tem sede"?

2. Leia outra vez o item 2. Quais "marcações" chamam sua atenção? Por quê?

3. No item 3, na última anotação, o autor escreve sobre a importância de perdoar os outros. Por que isso é tão importante?

4. O autor percebe muito claramente que Deus interage com nossas ações e as utiliza para seus propósitos. Descreva um momento em que você sentiu que Deus estava realmente usando seus esforços para algum bem.

5. O "mestre" (ou Pregador) de Eclesiastes utilizou Provérbios para ensinar. As "marcações" que lemos também podem ser consideradas provérbios. Por que isso é tão eficaz para o ensino?

Sugestão de exercícios

Estes exercícios poderão ser utilizados por indivíduos, compartilhados entre companheiros de caminhada ou no contexto de pequenos grupos. Escolha um exercício ou mais.

1. Tente escrever algumas "marcações" suas esta semana. Reflita sobre sua vida e suas lutas e sobre o que Deus lhe está ensinando. Escreva essas ideias em frases breves e quase poéticas.

2. Memorize uma das marcações. Na próxima semana, preste atenção a quantas vezes essa sabedoria é posta em prática.

3. Hammarskjöld via sua vida como uma expressão de trabalho com Deus e para Deus. Antes de iniciar as atividades diárias esta semana, pense nas responsabilidades que estão diante de você. Execute-as com alegria, uma de cada vez, percebendo que Deus está com você.

4. Leia o livro de Eclesiastes esta semana. É um livro repleto de sólida sabedoria. Leia um capítulo ou dois antes de dormir e leia novamente antes de começar o dia. Reflita sobre como essa experiência influenciou seu dia.

Reflexão

Hammarskjöld mexe comigo continuamente. Durante trinta e seis anos esse servidor público manteve um registro particular de uma caminhada íntima, complexa e, às vezes, sofrida do "casamento de Deus com a alma". Durante todos aqueles anos, ninguém jamais viu uma página de seu diário — na verdade, ninguém tinha sequer conhecimento de sua existência, até sua morte.

Na primeira página, ele escreveu uma única palavra em sueco, vägmärken, termo típico das montanhas para se referir aos pequenos amontoados de pedras que os praticantes de caminhadas juntam para demarcar o caminho quando não há trilha ou ela não está claramente demarcada. Tenho bastante familiaridade com vägmärken, ou "marcos", para utilizar um termo de nosso idioma. Houve ocasiões em que procurei desesperadamente esses marcos em alguma região montanhosa, sabendo que encontrá-los significava preservar a vida, e não achá-los poderia ser muito perigoso, até fatal. Que alívio era encontrar um deles, pois indicavam duas coisas; primeira: Estou no caminho certo; segunda: Estou mais próximo de meu objetivo. Os "marcos" de Dag Hammarskjöld dão justamente esse tipo de direcionamento para a vida.

— RICHARD J. FOSTER

Para seu aprofundamento

HAMMARSKJÖLD, Dag. **Markings.** New York: Ballentine, 1983. Por meio desse fascinante autorretrato, Hammarskjöld não faz uma única referência direta à sua brilhante carreira de funcionário público internacional, tampouco menciona os inúmeros presidentes, reis e primeiros-ministros com os quais precisou negociar ou os acontecimentos históricos dramáticos nos quais teve papel fundamental. Antes, anota suas "negociações consigo mesmo — e com Deus".

LITTLE, Marie-Noelle (Org.), **The Poet and the Diplomat: The Correspondence of Dag Hammarskjöld and Alexis Leger**. SyracuseSyracuse: University Press, 2001.

VAN DUSEN, Henry P. **Dag Hammarskjöld: The Statesman and His Faith.** New York: Harper & Row, 1967. O melhor livro que conheço que relaciona a jornada espiritual de Hammarskjöld com relatos de sua vida pública, principalmente depois que ele se tornou secretário geral das Nações Unidas.

KATHLEEN NORRIS

Encontrando fé no mundano

Introdução à autora

Kathleen Norris (1947-) escreve sobre espiritualidade de maneira profunda, concreta e corriqueira. Ela morou e viveu em diversos lugares (Dakota do Sul, Honolulu, Vermont, cidade de Nova York) e trabalhou como administradora cultural da Academia Americana de Poetas. Sua primeira obra publicada foi um livro de poesia intitulado *Falling Off* [Inclinação] (1971). Pouco depois, ela se mudou para a casa de seus avós, em Dakota do Sul, permanecendo ali desde então.

Foi ali que escreveu seu *best-seller* premiado: *Dakota: A Spiritual Geography* [Dakota: uma geografia espiritual]. Ela recebeu prêmios das fundações Guggenheim e Bush. Escreveu também vários ensaios e poemas que foram publicados em revistas e jornais renomados, como *The New Yorker* e *The New York Times Magazine*. Entre outros de seus livros estão *O caminho do claustro* e o popular *Amazing Grace* [Graça maravilhosa]. Ela é casada com o poeta David Dwyer.

O texto a seguir foi extraído de *The Quotidian Mysteries* [Mistérios cotidianos], um livro pequeno, singular e eloquente sobre a busca da estrutura de fé no ambiente secular, escrito pela perspectiva encarnacional, sobre o sentido espiritual de lavar a louça e as roupas.

Extratos de *The Quotidian Mysteries* [Mistérios cotidianos]

1. Criando e fazendo

Não gosto muito do uso indiferente da figura do nascimento aplicada ao processo da escrita. A distinção feita no *Credo Niceno* é bastante útil: Deus é criador, não artesão. Já os poetas são artesãos, não criadores. *Artesão* é o que a palavra "poeta" significa em sua raiz grega, e tenho plena consciência de que o que faço, os poemas e as personagens que preenchem meu trabalho, não são criaturas no pleno sentido, com vida e respiração.

Contudo, percebo no cotidiano, isto é, nos acontecimentos comuns do dia a dia, um compasso de escrita de um drama que pode ser descrito como *parturiente*, ou em trabalho de parto, prestes a produzir ou fazer surgir uma ideia ou uma descoberta. Dá a impressão de que, quanto mais insuportável parece a vida diária, estirada diante de mim como uma sentença de prisão, quando me sinto mais estagnada, reduzida ao tédio, com lágrimas amargas ou tudo isso, o que está no interior, no mais profundo, então irrompe, e percebo que aquilo que parecia "tempo perdido" na verdade era um tempo de gestação.

Este é um mistério do cotidiano: a rotina diária pode provocar tal desespero, mas pode também estar no centro de nossa salvação. Expressamos isso toda vez que proferimos a oração do pai-nosso. Como Simone Weil declara de maneira tão expressiva em seu ensaio "Sobre o pai-nosso", o "pão deste mundo" é a única coisa que nos nutre e fortalece, não apenas como alimento, mas é o amor de amigos e familiares, "dinheiro, ambição, consideração [...] poder [...] tudo o que desperta em nós a capacidade de agir".

Ela nos lembra que precisamos continuar orando pelo alimento, reconhecendo nossa necessidade diária, porque no ato de pedir a oração suscita em nós a confiança de que Deus o providenciará. Todavia, como o maná que Deus providenciou para Israel no deserto, esse "alimento" não pode ser armazenado. Weil escreve: "Não podemos hoje comprometer nossa vontade para amanhã, não podemos fazer um pacto [com Cristo], garantindo que amanhã ele estará em nós, apesar de nós".

2. Fé, esperança e amor para com o cotidiano

Cada dia traz consigo não só a necessidade de comer, mas também a renovação de nosso amor para com Deus. Isso pode parecer simples, mas não é fácil manter a fé, a esperança e o amor no cotidiano. Fico pensando se é porque o orgulho humano, principalmente a preocupação com questões intelectuais, culturais e espirituais, pode oferecer uma maneira conveniente de ignorarmos nossas necessidades comuns, diárias e físicas.

Como ser humano, Jesus Cristo estava sujeito ao cotidiano como qualquer um de nós, e vejo tanto o milagre do maná quanto a encarnação de Jesus Cristo como escândalos. Ambos sugerem que Deus estava intimamente interessado nas necessidades de nosso corpo; duvido, porém, que seja exatamente isso o que gostaríamos de ouvir. Nosso corpo enfraquece, envelhece, debilita-se e torna-se frágil, até finalmente nos levar à cruz. Como é tentador desprezar o que Deus criou e cair num confortável gnosticismo. Os membros da seita do Portão do Céu[3] consideravam o corpo um obstáculo à perfeição, um mero "recipiente" a ser descartado no caminho para o que eles chamavam "um nível além do humano".

A perspectiva cristã não poderia ser diferente. Ela entende o corpo humano como um meio dado por Deus para a salvação, pois além da cruz Deus realizou a ressurreição. Queremos que a vida tenha significado, satisfação, cura e até mesmo êxtase, mas o paradoxo humano é que encontramos essas coisas a partir de onde estamos, não de onde gostaríamos de estar. Precisamos saber que podemos encontrar bênçãos nos lugares mais improváveis do cotidiano — fora da Galileia, como se diz — e não apenas em eventos espetaculares, como na passagem de um cometa.

Apesar de em nosso século os artistas e poetas não terem a fama de reverentes — dizem que Dylan Thomas, no leito de morte, disse à freira que cuidava dele: "Deus a abençoe, irmã. Que todos os seus filhos sejam arcebispos" —, a sensibilidade estética está em harmonia com a possibilidade sacramental de todas as coisas. As melhores figuras poéticas, apesar de ressoarem possibilidades de transformação, são resolutamente concretas, específicas e encarnacionais. Conceitos como *maravilha*, ou mesmo *santidade*, não são discutidos tanto quanto são apresentados para a contemplação do leitor.

---

[3] Seita fundada por Marshall Applewhite que, em 1997, levou 40 seguidores ao suicídio pela convicção de que seriam transportados para outra dimensão da existência. [N. do T.]

3. Deus convida-me para diversão

De certo modo, não é engraçado pensar que, quando Deus nos castigou com o trabalho, por causa da desobediência no Éden, esse trabalho seria interminável, repetido dia após dia, estação após estação, ano após ano? Vemos nisso não só o senso de humor aguçado de Deus, mas também um amor criativo e prazeroso. São justamente essas tarefas ingratas, monótonas e repetitivas as mais difíceis de serem apreciadas pelos trabalhadores compulsivos ou para a mentalidade utilitarista. Deus sabe que o que nos permite a aproximação do santuário do santo descanso é justamente, em nossa luta, sermos submetidos temporariamente ao tédio. Quando enfrentamos uma pia cheia de louça suja — algo que faço frequentemente, já que em casa meu marido é o cozinheiro e eu lavo a louça —, reconheço que geralmente perco de vista o fato de que Deus me está convidando à diversão. Contudo, lembro-me de que, quando era universitária, às vezes trabalhava como auxiliar de professora do jardim de infância e observei com curiosidade que uma das brincadeiras preferidas, tanto das meninas quanto dos meninos, era numa pia no canto da sala. Depois de pintar, as crianças lavavam os pincéis naquela pia, mas outras vezes, por simples prazer — para sentir a água na pele e Deus sabe o que mais —, a professora deixava algumas crianças por vez fazerem o que ela chamava "brincadeira com água". As crianças se divertiam enchendo, esvaziando e enchendo outra vez vasilhas, copos e xícaras de plásticos, observando a formação de bolhas ao afundar os utensílios na pia ou tentando fazê-los flutuar.

4. A repetição é o descanso do dia

É difícil para os adultos ficar tão à vontade com as tarefas cotidianas do mundo. As tarefas necessárias podem deprimir-nos, e em geral as coisas repetitivas e familiares não são oportunidades de renovação, mas atividades áridas, sem graça e inertes. Quando lavo a louça, não sou melhor que ninguém na habilidade de transformar pela diversão o trabalho enfadonho em algo mais prazeroso.

Meu lado contemplativo reconhece o potencial sagrado da tarefa secular, mesmo que uma pessoa ambiciosa ao extremo se ressinta da necessidade de repetição. Entretanto, como lembra Søren Kierkegaard, "a repetição é a realidade e consiste na seriedade da vida [...] a repetição é o pão diário que se satisfaz com a graça divina". A repetição é comum e necessária como o pão, tanto quanto a própria essência do êxtase.

Quem de nós, ao ler histórias como *Os três porquinhos* para uma criança, não a ouve exigir com autoridade: "Leia de novo"? Certa vez, observei uma criança de aproximadamente 4 anos de idade achar uma moeda no chão da agência dos correios. Ela disse: "Olha mãe, uma moeda!". A mãe, ocupada com o funcionário do guichê, resmungou em concordância. Fiquei surpreso de ver a menina colocar a moeda de volta no chão, em outro lugar. "Olha mãe, encontrei mais uma!", disse a criança outra vez. Ela repetiu a cena até encontrar "cinco" moedas, e cada uma era uma novidade.

5. Obras que Deus atribui a nós

É difícil para os adultos entender a sabedoria daquela criança. No mínimo, esperamos manter essas brincadeiras tão banais apenas para nós mesmos. Os místicos e poetas se divertem; embora haja muita concordância da boca para fora com ambas as tradições em nossa cultura, há muito desprezo por elas. Nenhum pai ou mãe quer, na verdade, que seu filho cresça para se tornar poeta; ninguém de um lar religioso deseja de fato ser vizinho de um místico.

Para mim o trabalho — e o prazer — de escrever é poder divertir--me com as metáforas que Deus introduziu no mundo e apresentá-las aos outros de maneira que possam aceitá-las. Meu objetivo é propiciar aos leitores uma experiência própria com as descobertas que fiz, para que eles percebam algo novo, mas familiar, que tenha algo em comum com sua experiência. É um tipo de brincadeira séria.

Foi justamente no jogo de escrever um poema que percebi pela primeira vez que a necessidade de lavar roupa está relacionada com o mandamento de Deus para adorarmos e cantarmos louvores regularmente. Tanto a tarefa de lavar roupa quanto a adoração consistem em atividades repetitivas potencialmente enfadonhas, mas, detesto reconhecer, lavar roupa geralmente parece mais útil. Contudo, ambas as tarefas são obras atribuídas por Deus a nós.

Texto bíblico: Êxodo 31.1-11

Disse então o SENHOR a Moisés: "Eu escolhi Bezalel, filho de Uri, filho de Hur, da tribo de Judá, e o enchi do Espírito de Deus, dando-lhe destreza, habilidade e plena capacidade artística para desenhar e executar trabalhos em ouro, prata e bronze, para talhar e esculpir pedras, para entalhar madeira e executar todo tipo de obra artesanal. Além disso, designei Aoliabe, filho de Aisamaque, da tribo de Dã, para auxiliá-lo. Também capacitei todos os artesãos para que executem tudo o que lhe ordenei: a Tenda do Encontro, a arca da aliança e a tampa que está sobre ela, e todos os outros utensílios da tenda — a mesa com os seus utensílios, o candelabro de ouro puro e os seus utensílios, o altar do incenso, o altar do holocausto com os seus utensílios, a bacia com a sua base — as vestes litúrgicas, tanto as vestes sagradas para Arão, o sacerdote, como as vestes para os seus filhos, quando servirem como sacerdotes, e o óleo para as unções e o incenso aromático para o Lugar Santo. Tudo deve ser feito exatamente como eu lhe ordenei".

Perguntas para meditação

Estas perguntas poderão ser utilizadas para discussão em pequenos grupos ou para registro em diário pessoal.

1. O que significa dizer que Deus é "criador" e nós apenas "artesãos"?
2. Descreva seus sentimentos sobre as rotinas cotidianas: escovar os dentes, preparar as refeições, lavar louça, lavar roupas, e assim por diante.
3. Você já teve a experiência daquilo que a autora chama "divertir-se" em meio a essas rotinas?
4. Kathleen Norris parece sugerir que tanto a adoração quanto a tarefa de lavar roupa são igualmente importantes para Deus. Por que então quase nunca pensamos assim?

5. Bezalel é a primeira pessoa na Bíblia descrita como alguém "cheio do Espírito" (cf. Êxodo 31.2). Qual a profissão dele e por que era importante?

Sugestão de exercícios

Estes exercícios poderão ser utilizados por indivíduos, compartilhados entre companheiros de caminhada ou no contexto de pequenos grupos. Escolha um exercício ou mais.

1. Ao realizar suas tarefas esta semana, pense como Deus permite a você cooperar com ele (fazer, não gerar) no mundo criado.
2. Escreva a palavra "DIVERSÃO" num cartão de 7,5 x 12,5 centímetros e coloque-o onde você trabalha. Lembre-se de que seu trabalho pode ser sua diversão.
3. Ao se envolver nas tarefas cotidianas, combine trabalho com adoração, como, por exemplo, ao lavar louça e lavar roupa. Considere seu trabalho verdadeiramente um ato de adoração.
4. Faça alguma coisa. Faça um desenho. Escreva um poema. Dê um novo acabamento a um velho móvel. Enquanto estiver fazendo isso, fique atento à capacidade do espírito de criar algo novo.

Reflexão

Foi Teilhard de Chardin quem disse: "Não se esqueça de que o valor e o interesse da vida não consistem tanto em realizar coisas notáveis [...] quanto em fazer coisas comuns com a consciência de seu enorme valor". É importante para nós, do século XXI, ouvir isso, pois temos a tendência de nos fechar num apartheid *interior. Segregamos um pequeno canto de nossa vida para atividades religiosas, depois não conseguimos dar sentido espiritual para o restante da vida. A desonra atual do cristianismo é a heresia de uma espiritualidade com 5% de vida.*

Nesse texto, Kathleen Norris liberta-nos dessa espiritualidade castradora e falsa. Ela nos conduz diretamente à regularidade não encenada do ordinário e nos lembra que justamente ali nos encontraremos com Deus. Construiremos uma história com Deus. Na atividade comum, ordinária, diária, mundana, rotineira e monótona da vida.

Uma das razões pelas quais as tarefas comuns são imprescindíveis à vida espiritual é simplesmente o fato de que a maioria de nós passa a maior parte do tempo nessas tarefas. Se deixarmos de santificar o rotineiro, estaremos deixando Deus fora de grande parte do que somos e fazemos.

Um dirigente espiritual russo foi certa vez severamente criticado por gastar um tempo excessivo conversando com uma velhinha sobre sua criação de perus. Ele se defendeu dizendo: "Vocês não entendem, toda a vida dessa velhinha está nessa criação de perus". Isso também acontece conosco: nossa vida toda está no cotidiano, no comum. E, temos um Pai celeste que tem prazer de nos mostrar que ele é Deus do comum.

— RICHARD J. FOSTER

Para seu aprofundamento

NORRIS, Kathleen. **Amazing Grace: A Vocabulary of Faith.** New York: Penguin; Rivershead, 1999. Nessa obra, Norris apresenta, de uma perspectiva esclarecedora, maneiras de incorporar tradições antigas e encontrar fé no mundo contemporâneo e cotidiano.

_____. **O caminho do claustro.** São Paulo: Nova Era, 2001. Um olhar íntimo de como a vida religiosa preenche o vazio da alma.

_____. **Dakota: A Spiritual Geography** New York: Houghton Mifflin; Mariner, 2001.

_____. **The Quotidian Mysteries: Laundry, Liturgy and "Women's Work".** New York: Paulist, 1998. Considerados em termos de sua enorme importância para a preservação da vida, as refeições, o vestuário de uma família e a manutenção do lar podem ser executados em espírito de contemplação. Eles se tornam, como a oração e a adoração, atos de amor que nos transformam e, por sua vez, transformam o mundo ao nosso redor.

IRMÃO LOURENÇO

Percepção constante da presença de Deus

Introdução ao autor

Nascido numa família pobre de Lorraine, na França, Nicholas Herman (conhecido depois por Irmão Lourenço) (1611-1691) cresceu e se tornou soldado e serviçal doméstico. Ele nunca teve instrução formal, contudo deixou uma das clássicas autobiografias da vida devocional.

Em 1666, tornou-se membro leigo da Ordem dos Carmelitas Descalços de Paris. Permaneceu ali até sua morte, aos 80 anos de idade. Decidiu transformar sua vida no experimento de viver cada momento "na presença de Deus". A tentativa de criar um estado habitual de comunhão levou-o a novas alturas da vida espiritual. Como forasteiro, descobriu um novo mundo de vida espiritual que outros, como Frank Laubach e Thomas Kelly, desde então passaram a explorar.

Lourenço pertence à tradição encarnacional pela maneira em que combina seu trabalho diário com uma fé viva. Trabalhando numa cozinha todos os dias, ele era um "servo dos servos de Deus". Nesse trabalho tão corriqueiro, pôde testemunhar que "o tempo de trabalho para mim não difere do tempo de oração, e na agitação e no ressoar dos pratos da minha cozinha, enquanto várias pessoas estão ao mesmo tempo pedindo coisas diferentes, sinto tanta tranquilidade em Deus quanto se estivesse ajoelhado diante do santo sacramento".

Para o Irmão Lourenço, nenhuma tarefa era demasiadamente banal, pois ele era capaz de transformar as pequenas tarefas corriqueiras da cozinha em experiências gloriosas do céu. Como Benedito e Bernardo de Claraval, ele combinava trabalho com oração.

O texto a seguir foi extraído de um livro compilado depois de sua morte. Joseph de Beaufort, seu abade, agrupou as cartas e anotações de Lourenço e também alguns registros de conversas que teve com Lourenço. Talvez não haja nenhuma outra obra em toda a literatura cristã que expresse, de maneira tão maravilhosa e simples, a alegria de viver na presença de Deus.

Extratos de *The Practice of the Presence of God* [A prática da presença de Deus]

1. *Percepção constante da presença de Deus*

Escrevo isto apenas porque você, tão sinceramente, me pediu que eu explicasse o método pelo qual aprendi a desenvolver uma percepção constante da presença de Deus, que nosso Senhor, em sua misericórdia, se agradou em conceder a mim.

Preciso dizer-lhe que foi com relutância que me comprometi a compartilhar isso com você e só o faço sob a condição de que você não mostre esta carta a mais ninguém. Se eu tivesse a certeza de que você a mostraria para alguém, tudo o que desejo para seu desenvolvimento não seria suficiente para me fazer enviar-lhe esta carta. No entanto, o que posso dizer-lhe é o seguinte...

2. *Tudo de mim para tudo de Deus*

Encontrei em muitos livros diversas maneiras de me aproximar de Deus e muitas práticas diferentes de viver a vida espiritual. Comecei a perceber que tudo aquilo era muito confuso, pois eu estava apenas procurando uma forma de me entregar totalmente a Deus.

Então, decidi entregar tudo de mim para tudo de Deus. Depois de me entregar inteiramente a Deus para que ele tirasse meu pecado, renunciei, pelo amor de Deus, a tudo o que não pertencia a ele e comecei a viver como se no mundo existissem apenas eu e Deus.

Às vezes, eu me imaginava diante dele como um miserável criminoso diante de um juiz. Outras vezes, via-o em meu coração como meu Pai e meu Deus. Eu o adorava quantas vezes pudesse, mantendo minha mente em sua santa presença e fazendo-a retornar para lá sempre que me encontrava divagando.

3. As dificuldades enfrentar

Esse exercício foi muito doloroso, contudo persiste mesmo diante de todas as dificuldades enfrentadas, procurando não me perturbar ou me irritar quando minha mente divagava involuntariamente. Eu me dedicava a isso durante todo o dia, além de meus momentos de oração.

Durante todo o tempo, a cada hora, a cada minuto, mesmo nos momentos mais agitados, eu tirava de meu pensamento tudo o que pudesse interferir minha reflexão sobre Deus.

Pratico isso desde que ingressei na vida religiosa. Embora não tenha agido com perfeição, encontrei enormes benefícios nessa prática. Contudo, estou ciente de que todas essas vantagens devam ser atribuídas à misericórdia e à bondade de Deus, porque não podemos fazer nada sem ele — principalmente eu!

4. Intimidade com Deus

Todavia, se formos fiéis em nos manter em sua santa presença, conservando-o sempre diante de nós, isso não só impedirá que o ofendamos ou façamos algo que lhe desagrade (pelo menos intencionalmente), como também nos conferirá uma santa liberdade, ou, se posso dizer assim, uma intimidade com Deus, pela qual podemos pedir e receber as benevolências de que tanto necessitamos.

Em suma, ao repetir constantemente esses atos, eles se tornam *costumeiros*, e a presença de Deus passa a ser natural. Agradeça a Deus comigo pela imensa bondade que demonstrou em relação a mim, a qual nunca poderei admirar o suficiente, e por tantos benefícios dispensados a um pecador miserável como eu.

5. O melhor retorno possível

Nunca encontrei em nenhum livro esse método que estou descrevendo, contudo, aparentemente, não tenho nenhuma dificuldade com ele. Conversei recentemente com alguém muito devoto, e ele me disse que a vida espiritual era uma vida plena de graça. Disse-me também que ela começa com um santo temor, cresce com a esperança da vida eterna e é consumada pelo amor puro de Deus. Disse-me ainda que cada um desses estados tem diferentes estágios e métodos, por meio dos quais a pessoa chega à santa consumação.

Não segui nenhum dos métodos descritos por ele. Pelo contrário, descobri que os métodos me desanimavam. Por isso, decidi entregar-me totalmente a Deus como o melhor retorno possível ao amor dele por mim. Por causa de meu amor a Deus, renunciei a tudo.

6. A fé foi o bastante

No primeiro ano, passei boa parte do tempo em devoções voltadas para pensamentos sobre morte, juízo, inferno, céu e meus pecados. Continuei assim por alguns anos, alimentando esses pensamentos pela manhã e passando o restante do dia, mesmo em meio a todos os meus afazeres, na presença de Deus. Eu considerava que ele estivesse sempre presente comigo, até mesmo dentro de mim.

Depois de um tempo, acidentalmente comecei a fazer a mesma coisa nos momentos devocionais durante o restante do dia. Isso me trouxe grande satisfação e consolo. Essa prática produziu em mim uma estima tão alta por Deus que bastou a fé para satisfazer minhas necessidades.

7. A fonte e essência do meu sofrimento

Foi assim que comecei. Contudo, preciso dizer-lhe que nos primeiros dez anos sofri muito. A consciência de que eu não era tão dedicado a Deus quanto desejava, de meus pecados sempre presentes em minha mente e dos grandes benefícios não merecidos concedidos por Deus eram a fonte e a essência de meu sofrimento.

Nesse tempo, pequei muitas vezes, apenas para logo me levantar outra vez. Parecia-me que todas as criaturas da terra, a razão e mesmo Deus estavam contra mim. A única coisa a meu favor era a fé. Eu estava perturbado e às vezes com o pensamento de que todas as bênçãos advindas desses esforços não passavam de presunção, que eu fingia ter alcançado esse estado facilmente enquanto outros só o atingiam com imensa dificuldade. Outras vezes, pensava que tudo era uma simples ilusão voluntária e que, nessa tentativa, havia perdido a esperança da salvação.

8. *Uma conversa frequente, silenciosa e secreta*

Quando finalmente cheguei ao ponto de querer desistir, vi-me totalmente transformado. De repente, senti em minha alma, até então angustiada, profunda paz interior, como se ela estivesse em seu verdadeiro lugar de descanso.

Desde então, ando diante de Deus com simples fé, humildade e amor e me dedico a não fazer ou pensar nada que possa desagradar a Deus. Espero que, fazendo eu o que posso, ele fará comigo o que lhe agrade.

Quanto ao que acontece comigo atualmente, não consigo expressar. Não tenho mais dor ou dificuldades porque não tenho outra vontade a não ser cumprir a vontade de Deus em todas as coisas, e estou tão resignado a ela que não seria capaz de apanhar uma palha do chão contra essa vontade ou por nenhum outro motivo que não o puro amor a Deus.

Desde então, abandonei toda forma de devoção e estabeleci apenas aquelas orações apropriadas a essa prática. Minha preocupação é tão somente manter-me em sua santa presença, na qual permaneço por meio de uma simples atenção e de um afeto normal para com Deus, que chamo "presença real" de Deus. Em outros termos, uma conversa frequente, silenciosa e secreta entre a alma e Deus. Isso, muitas vezes, provoca sentimentos de arrebatamento interior — e, às vezes, exteriores também! São tão fortes que sou forçado a moderá-los e escondê-los dos outros.

9. Pleno de misericórdia e bondade

Em resumo, não tenho a menor dúvida de que minha alma tem estado com Deus há quase trinta anos. Não compartilhei tudo para não cansá-lo, mas acho bom contar a você como imagino a mim mesmo diante de Deus, a quem contemplo como Rei.

Considero-me o mais miserável de todos os homens, cheio de feridas e pecados, alguém que cometeu todo tipo de crime contra o Rei. Abatido em profunda tristeza, confesso a ele todos os meus pecados, suplico seu perdão e me entrego em suas mãos para que ele faça comigo o que desejar.

Esse Rei, cheio de misericórdia e bondade, longe de me castigar, abraça-me com amor, convida-me a festejar em sua mesa, serve-me com as próprias mãos e entrega-me as chaves de seu tesouro. Ele conversa comigo e se agrada de mim, tratando-me como se eu fosse seu favorito. É assim que imagino a mim mesmo, de tempos em tempos, na santa presença dele.

10. A inexprimível tranquilidade

Meu método mais útil é essa simples atenção, aplicada apaixonadamente a Deus, a quem me encontro muitas vezes apegado com mais prazer e tranquilidade que uma criancinha no seio da mãe. Tanto que — se posso ousar tal expressão — prefiro chamar a isso "seio de Deus", por causa da inexprimível tranquilidade que experimento e desfruto ali.

Se ocasionalmente, por necessidade, meus pensamentos se desviam de Deus, logo retorno a ele por meio de uma sensação interior tão encantadora e deliciosa que temo falar a respeito. Gostaria que você visse e soubesse de minha grande miséria, mais que dos grandes benefícios que Deus me concede, indigno e ingrato que sou.

11. Uma pedra diante do escultor

Quanto aos meus momentos de oração, são apenas continuação do mesmo exercício. Às vezes, imagino a mim mesmo como uma pedra diante de um escultor sobre a qual ele esculpirá uma maravilhosa estátua.

Diante de Deus, peço para que ele molde a imagem perfeita dele em minha alma e me torne inteiramente como ele.

Outras vezes, quando me dedico à oração, sinto meu espírito e minha alma se elevarem sem nenhum esforço ou atenção de minha parte. Eles se mantêm como que suspensos e solidamente firmados em Deus, como seu lugar e centro de descanso.

Sei que alguns me acusarão de ineficácia, delírio e amor-próprio. Confesso que é uma santa ineficácia e seria um ótimo amor-próprio se a alma nesse estado fosse capaz disso, porque, na verdade, enquanto me encontro nesse estado de repouso não sou perturbado por essas emoções que antes eram minha força e me sustentavam, mas que nesse estado são empecilhos, não auxílios.

Não posso permitir que esse estado seja chamado "delírio" porque a alma que desfruta Deus dessa maneira não deseja outra coisa a não ser o próprio Deus. Se isso for um delírio, cabe a Deus corrigir-me. Que ele faça em mim o que lhe agrade. Não desejo nada além dele e desejo apenas dedicar-me inteiramente a ele.

Texto bíblico: Salmos 108

> Meu coração está firme, ó Deus!
> Cantarei e louvarei, ó Glória minha!
> Acordem, harpa e lira!
> Despertarei a alvorada.
> Eu te darei graças, ó SENHOR, entre os povos;
> cantarei louvores entre as nações,
> porque o teu amor leal
>   se eleva muito acima dos céus;
> a tua fidelidade alcança as nuvens!
> Sê exaltado, ó Deus, acima dos céus;
> estenda-se a tua glória sobre toda a terra!
> Salva-nos com a tua mão direita
>   e responde-nos,
>   para que sejam libertos aqueles a quem amas.

Do seu santuário a Deus falou:
"No meu triunfo dividirei Siquém
e repartirei o vale de Sucote.
Gileade me pertence, e Manassés também;
Efraim é o meu capacete, Judá é o meu cetro.
Moabe é a pia em que me lavo,
em Edom atiro a minha sandália,
sobre a Filístia dou meu brado de vitória!"
Quem me levará à cidade fortificada?
Quem me guiará a Edom?
Não foste tu, ó Deus, que nos rejeitaste
e deixaste de sair com os nossos exércitos?
Dá-nos ajuda contra os adversários,
pois inútil é o socorro do homem.
Com Deus conquistaremos a vitória,
e ele pisará os nossos adversários.

Perguntas para meditação

Estas perguntas poderão ser utilizadas para discussão em pequenos grupos ou para registro em diário pessoal.

1. O Irmão Lourenço fala de seu conflito com "as diversas maneiras de me aproximar de Deus" que ele leu nos livros, até que finalmente decidiu relacionar-se com Deus de uma maneira que atendesse às suas necessidades pessoais. Que maneira de viver com Deus você acha mais proveitosa?

2. Em suas primeiras tentativas de praticar a presença de Deus, o Irmão Lourenço era impedido pela divagação da mente. O que tem ajudado você a vencer essa dificuldade?

3. No item 8, o Irmão Lourenço confessa, "finalmente cheguei ao ponto de querer desistir". O que aconteceu justamente naquele momento que mudou a vida dele para sempre?

4. O Irmão Lourenço abandonou "todas as formas de devoção e de oração" porque desejava viver o tempo todo, não apenas uma hora aqui e ali, em

atitude de oração. Você tem esse desejo? Como a "prática da presença de Deus" poderia ajudá-lo?

5. O salmista proclama a fidelidade de Deus e louva a Deus por seu amor fiel. Quais atributos de Deus levam você a louvá-lo e adorá-lo?

Sugestão de exercícios

Estes exercícios poderão ser utilizados por indivíduos, compartilhados entre companheiros de caminhada ou no contexto de pequenos grupos. Escolha um exercício ou mais.

1. Esta semana, experimente a prática da presença de Deus. Desenvolva o hábito de voltar-se para Deus mesmo durante suas atividades diárias.

2. O Irmão Lourenço escreveu esse texto para um amigo como forma de ajudá-lo a crescer em intimidade com Deus. Escreva uma carta a um amigo esta semana para compartilhar algumas das coisas que ajudam você na vida devocional.

3. Durante uma semana, veja se você consegue tornar seu trabalho uma oferta de amor a Deus. Tome nota do que aprender.

4. Esta semana, troque seus momentos de oração pelo desenvolvimento do santo hábito da constante percepção da presença de Deus.

5. Memorize o salmo 108. Repita-o enquanto estiver trabalhando, glorificando, assim, a Deus em tudo o que você fizer.

Reflexão

É impressionante como uma pessoa tão simples pôde escrever um livro tão extraordinário. Lourenço chamava a si mesmo de "senhor de todas as panelas e frigideiras", uma referência ao seu trabalho regular na cozinha. Contudo, ele transformou esse simples trabalho no "sacramento do momento presente".

Espero que a experiência dele seja um incentivo para você. O trabalho da maioria de nós não é fascinante, nem tem status ou prestígio. Dificilmente nossas decisões diárias terão alguma influência no cenário mundial. Contudo, podemos conhecer também essa prática constante da presença de Deus. Talvez essa experiência seja a mais importante de todas.

— RICHARD J. FOSTER

Para seu aprofundamento

BROTHER LAWRENCE. **The Practice of the Presence of God.** New York: Doubleday, 1977. Essa é uma nova tradução para o inglês, com introdução detalhada e breve prefácio por Henri J. M. Nouwen. Esse pequeno livro mostra-nos como "confiar em Deus de uma vez por todas e entregar-nos somente a ele". O apelo universal encontra-se no fato de que esse homem comum, Lourenço da Ressurreição, encontrou uma maneira de estar sempre na presença de Deus, e ele mostra que todos nós podemos viver dessa maneira.

AGRADECIMENTOS

Somos imensamente gratos às seguintes pessoas e organizações por permitirem a utilização de textos protegidos por direitos autorais ou textos de sua responsabilidade:

A. P. Watt Ltd., em favor da Royal Literary Fund, pelos textos de *Orthodoxy*, "The Ethics of Elfland", de G. K. Chesterton. Direitos reservados ©1995. Impresso com permissão de A. P. Watt Ltd., Londres.

Abingdon Press, pelos textos de *Prayer*, de George A. Buttrick. Direitos reservados ©1942 por Whitmore & Stone; direitos renovados ©1969 por George A. Buttrick. Pelos textos de *Conversion*, de Stanley E. Jones. Direitos reservados ©1959 por Abingdon Press; direitos renovados ©1987 por Eunice Matthews. Pelos seguintes textos extraídos de *The Fellowship of the Saints: The Rule and Exercises of Holy Living*, de Jeremy Taylor, *Christian Perfection*, de John Wesley. *The Fellowship of the Saints*, organizado por Thomas S. Kepler. Direitos reservados ©1947 por Stone & Pierce; direitos renovados ©1976 por Florence Tennant Kepler. Textos extraídos com permissão da editora Abingdon Press.

Baker Book House, pelos textos de *The Golden Booklet of the True Christian Life*, de João Calvino, traduzido para o inglês por Henry J. Van Andel. Direitos reservados ©1952 por Baker Book House. Reimpresso com permissão da editora.

Bantam Doubleday Dell Publishing Group, pelos textos de *Introduction to the Devout Life*, de Francisco de Sales, traduzido para o inglês por John K. Ryan. Direitos reservados ©1950 por Harper & Brothers. Pelos textos de *The Spiritual Exercises of St. Ignatius*, traduzido para o inglês por

CLÁSSICOS DEVOCIONAIS

Anthony Mottola. Direitos reservados ©1964 por Doubleday, uma divisão de Bantam, Doubleday, Dell Publishing Group, Inc. Pelos textos de *The Little Flowers of St. Francis*, do Irmão Ugolino di Monte Santa Maria, traduzido para o inglês por Raphael Brown. Direitos reservados ©1958 por Beverly H. Brown. Usado com permissão de Doubleday, uma divisão de Bantam, Doubleday, Dell Publishing Group, Inc.

Benedictine College, pelos textos de *The Holy Rule of Our Most Holy Father Benedict*, traduzido para o inglês pelo rev. Boniface Verheyen, da Ordem de São Benedito, 1906. Impresso com permissão do Benedictine College.

Christian Books, pelos textos de *Experiencing the Depths of Jesus Christ*, de Madame Jeanne Guyon, editado por Gene Edwards. Direitos reservados ©1975 por Gene Edwards. Impresso com permissão de The Seedsowers, P. O. Box 3568, Beaumont, TX, 77.704, (409) 838-3774.

Cistercian Publications e The Merton Legacy Trust, pelos textos de *The Climate of Monastic Prayer*, de Thomas Merton. Direitos reservados ©1969 por Cistercian Publications, Inc., Kalamazoo, Michigan — Spencer, Massachusetts. Essa obra também foi publicada em brochura sob o título *Contemplative Prayer*. Usado com permissão.

Pelos textos de "The Power of the Lord Is Over All": *The Pastoral Letters of George Fox*, editado por T. Canby Jones. Direitos reservados ©1989 por Friends United Press. Impresso com permissão de Friends United Press, Richmond, IN, 47374.

HarperCollins Publishers, pelos textos de *The Spirit of the Disciplines: Understanding How God Changes Lives*, de Dallas Willard. Direitos reservados ©1989 por Dallas Willard. Pelos textos de *Making All Things New: An Invitation to the Spiritual Life*, de Henri J. M. Nouwen. Direitos reservados ©1981 por Henri J. M. Nouwen. Pelos textos de *A Testament of Devotion*, de Thomas Kelly. Direitos reservados ©1941 por Harper & Brothers, direitos renovados ©1969 por Lois Lael Kelly Statler. Pelos textos de *The Sacrament of the Present Moment*, de Jean-Pierre de Caussade, traduzido para o inglês por Kitty Muggeridge. Direitos reservados ©1981 da tradução inglesa por William Collins Sons & Co., Ltd. Direitos

AGRADECIMENTOS

reservados da introdução ©1982 por Harper & Row Publishers. Pelos textos de *Letters to Scattered Pilgrims*, de Elizabeth O'Connor. Direitos reservados ©1979 por Elizabeth O'Connor. Pelos textos de *Life Together*, de Dietrich Bonhoeffer, traduzido para o inglês por John W. Doberstein. Direitos reservados ©1954 por Harper & Brothers. Pelos textos de *With and Without Christ*, de Sundar Singh. Direitos reservados ©1929 por Harper & Brothers, direitos renovados ©1957 por Sadhu Sundar Singh. Pelos textos de *Christian Perfection: Reflections on the Christian Life*, de François de Salignac de La Mothe Fénelon. Direitos reservados ©1947 por Charles Whitson. Impresso por permissão de HarperCollins Publishers e William Collins Sons & Co., marca de HarperCollins Publishers Limited. Pelos textos de *Pilgrim at Tinker Creek*, de Annie Dillard. Direitos reservados ©1974 por Annie Dillard. Impresso com permissão da editora.

HarpersCollins Publishers UK e Curtis Brown Group Ltd., pelos textos de *Mere Christianity*, de C. S. Lewis. Direitos reservados ©1943, 1945, 1952 por The Macmillan Company. Usado com permissão de Collins Fount, marca de HarperCollins Publishers Limited e Curtis Brown Group Ltd.

Kingsway Publications Ltd. e Tyndale House Publishers, pelos textos de *What Shall This Man Do?*, de Watchman Nee. Direitos reservados ©1961 por Agnus I. Kinnear. Edição Americana publicada em 1978 por Tyndale House Publishers, Inc. Usado com permissão de Kingsway Publications, Ltd., Sussex, Inglaterra. Todos os direitos reservados.

Macmillan Publishing Company e Oxford University Press, pelos textos de *A Diary of Private Prayer*, de John Baillie. Direitos reservados ©1949 por Charles Scribner's Sons, direitos renovados ©1977 por Ian Fowler Baillie. Impresso com permissão de Charles Scribner's Sons, marca de Macmillan Publishing Company e Oxford University Press.

New England Province of the Society of Jesus, pelos textos de *On the Love of God*, de Bernardo de Claraval, traduzido para o inglês por Terence L. Connolly, 1937. Impresso com permissão.

New Reader's Press, pelos textos de *Letters by a Modern Mystic*, de Frank Laubach. Direitos reservados ©1955 por New Reader's Press, divisão de publicações da Laubach Literary International. Impresso com permissão.

CLÁSSICOS DEVOCIONAIS

Paulist Press, pelos seguintes textos, todos extraídos da série *The Classics of Western Spirituality*: *The Dark Night of the Soul*, de João da Cruz, editado por E. Allison Peers. Edição da Image Books publicada em 1959 sob acordo especial com The Newman Press. *The Life of Moses*, de Gregório de Nissa, traduzido para o inglês por Abraham J. Malherbe e Everett Ferguson. Direitos reservados ©1978 por The Missionary Society of St. Paul the Apostle in the State of New York. *A Serious Call to a Devout and Holy Life/ The Spirit of Love*, de William Law, editado por Paul G. Stanwood (paráfrase). Direitos reservados ©1978 por The Missionary Society of St. Paul the Apostle in the State of New York. *The Interior Castle*, de Teresa de Ávila, traduzido para o inglês por Kiernan Kavanaugh e Otilio Rodriguez (paráfrase). Direitos reservados ©1979 por The Washington Province of Decalced Carmelites, Inc. *The Dialogue*, de Catarina de Sena, traduzido para o inglês por Suzanne Noffke. Direitos reservados ©1980 por The Missionary Society of St. Paul the Apostle in the State of New York. Usado com permissão da Paulist Press. *The Quotidian Mysteries*, de Kathleen Norris. Direitos reservados ©1998 por Kathleen Norris, Paulist Press, Inc., New York/ Mahwah, NJ.

Paulist Press e The Society for Promoting Christian Knowledge, pelos textos de *Showings*, de Juliana de Norwich, traduzido para o inglês por Edmund Colledge e James Walsh (paráfrase), parte da série *The Classics of Western Spirituality*. Direitos reservados ©1978 por The Missionary Society of St. Paul the Apostle in the State of New York. Usado com permissão da Paulist Press e The Society for Promoting Christian Knowledge.

Penguin Books Ltd. pelos textos de *Confessions*, de Agostinho, traduzido para o inglês por R. S. Pine-Coffin. Direitos reservados ©1961 por R. S. Pine-Coffin. Pelos textos de *The Fire of Love*, de Ricardo Rolle, traduzido para o inglês por Clifton Wolters. Direitos reservados ©1971 por Clifton Wolters. Pelos textos de *Pensées*, de Blaise Pascal, traduzidos para o inglês por A. J. Krailsheimer. Direitos reservados ©1966 por A. J. Krailsheimer. Pelos textos de *Christianity and Social Order*, de William Temple. Direitos reservados ©1942 por Penguin Books, Inc. Impresso com permissão de Penguin Books Ltd.

AGRADECIMENTOS

Phillips P. Moulton, pelos textos de *The Journal and Major Essays of John Woolman*, editado por Phillips P. Moulton. Publicado em 1971 pela Oxford University Press. Impresso com permissão.

Random House, Inc., pelos textos de *Markings*, de Dag Hammarskjöld, traduzido para o inglês por W. H. Auden e Leif Sjoberg, direitos reservados ©1964 por Alfred A. Knopf, uma divisão da Random House, Inc. e Faber & Faber Ltd. Usado com permissão de Alfred A. Knopf, uma divisão da Random House, Inc.

St. Vladimir's Seminary Press, pelos textos de *On the Incarnation*, capítulo 3, "The Divine Dilemma and Its Solution in the Incarnation", de Atanásio. Direitos reservados ©2000. Impresso com permissão de St. Vladimir's Seminary Press, 575 Scarsdale Rd, Crestwood, NY, 10707.

Thomas Nelson, Inc. pelos textos de *The Imitation of Christ*, de Thomas à Kempis, traduzido para o inglês por E. M. Blaiklock. Direitos reservados ©1979 por E. M. Blaiklock. Impresso com permissão.

University of Chicago Press, pelos textos de *The Prayers of Kierkegaard*, editado por Perry D. LeFevre. Direitos reservados ©1956 por The University of Chicago. Impresso com permissão da editora.

The Westminster/ John Knox Press, pelos textos de *A Compend of Luther's Theology*, editado por H. T. Kerr. Impresso com permissão.

Yale University Press, pelos textos de *Religious Affections*, de Jonathan Edwards, editado por John E. Smith, volume 2 de *The Works of Jonathan Edwards*, Perry Miller, editor geral. Direitos reservados ©1959 pela Yale University Press, Inc. Usado por permissão.

ÍNDICE ALFABÉTICO DE AUTORES DEVOCIONAIS

Atanásio, 446-453

Agostinho, 85-93

Baillie, John, 151-159

Bernardo de Claraval, 67-75

Bonhoeffer, Dietrich, 358-366

Bunyan, John, 284-292

Buttrick, George A., 125-132

Calvino, João, 187-195

Catarina de Gênova, 242-249

Catarina de Sena, 349-357

Chesterton, G. K., 437-445

Crisóstomo, João, 406-414

Caussade, Jean-Pierre de, 267-275

Dillard, Annie, 454-460

Edwards, Jonathan, 39-47

Fénelon, François, 76-84

Fox, George, 250-258

Francisco de Assis, 388-396

Gregório de Nissa, 171-178

Guyon, Madame Jeanne, 397-405

Hammarskjöld, Dag, 470-477

Inácio de Loyola, 259-266

João da Cruz, 57-66

Jones, E. Stanley, 369-378

Juliana de Norwich, 107-115

Kelly, Thomas, 233-241

Kierkegaard, Søren, 461-469

Laubach, Frank, 142-150

Law, William, 213-220

Lourenço, Irmão, 486-495

Lewis, C. S., 21-30

Lutero, Martinho, 160-167

Merton, Thomas, 97-108

CLÁSSICOS DEVOCIONAIS

Nee, Watchman, 425-434

Norris, Kathleen, 478-485

Nouwen, Henri J. M., 116-124

O'Connor, Elizabeth, 331-339

Pascal, Blaise, 196-204

Penington, Isaac, 276-283

Rolle, Ricardo, 179-186

Sales, Francisco de, 48-56

Singh, Sadhu Sundar, 379-387

Smith, Hannah Whitall, 313-321

Spurgeon, Charles, 415-424

Taylor, Jeremy, 322-330

Temple, William, 295-303

Teresa de Ávila, 221-229

Thomas à Kempis, 205-212

Underhill, Evelyn, 133-141

Wesley, John, 340-348

Willard, Dallas, 31-38

Woolman, John, 304-312

ÍNDICE CRONOLÓGICO DOS AUTORES DEVOCIONAIS

297
Atanásio

331
Gregório de Nissa

345
João Crisóstomo

354
Agostinho

1090
Bernardo de Claraval

1182
Francisco de Assis

1290
Ricardo Rolle

1343
Juliana de Norwich

1347
Catarina de Sena

1380
Thomas à Kempis

1447
Catarina de Gênova

1483
Martinho Lutero

1491
Inácio de Loyola

1509
João Calvino

1515
Teresa de Ávila

1542
João da Cruz

1567
Francisco de Sales

1611
Irmão Lourenço

1613
Jeremy Taylor

1617
Isaac Penington

1623
Blaise Pascal

1624
George Fox

CLÁSSICOS DEVOCIONAIS

1628
John Bunyan

1648
Madame Jeanne Guyon

1651
François Fénelon

1675
Jean-Pierre de Caussade

1686
William Law

1703
Jonathan Edwards
John Wesley

1720
John Woolman

1813
Søren Kierkegaard

1832
Hannah Whitall Smith

1834
Charles Spurgeon

1874
G. K. Chesterton

1875
Evelyn Underhill

1881
William Temple

1884
E. Stanley Jones
Frank Laubach

1886
John Baillie

1889
Sadhu Sundar Singh

1892
George A. Buttrick

1893
Thomas Kelly

1898
C. S. Lewis

1903
Watchman Nee

1905
Dag Hammarskjöld

1906
Dietrich Bonhoeffer

1915
Thomas Merton

1921
Elizabeth O'Connor

1932
Henri J. M. Nouwen

1935
Dallas Willard

1945
Annie Dillard

1947
Kathleen Norris

O QUE É RENOVARE?

RENOVARE (do latim, "renovar") é um movimento intraeclesiástico comprometido com a renovação da Igreja de Jesus Cristo em todas as suas múltiplas expressões. Foi fundado pelo autor de *best-sellers* e renovado palestrante Richard J. Foster. O RENOVARE é cristão por compromisso, tem alcance internacional e abrangência ecumênica.

Ressaltando os melhores aspectos de seis tradições cristãs — contemplativa, santidade, carismática, de justiça social, evangelical e sacramental —, o RENOVARE oferece uma visão equilibrada da vida espiritual. Mas o RENOVARE não se limita a apresentar teorias abstratas. Promove estratégias práticas para pessoas que procuram renovação por meio de pequenos grupos de renovação espiritual; conferências nacionais, regionais e internacionais; seminários de um dia; retiros para indivíduos e grupos; e leituras dos clássicos devocionais que sustentam um compromisso com a renovação em longo prazo.

Os recursos de renovação espiritual do RENOVARE foram escritos por pessoas comprometidas com a renovação da Igreja e procuram integrar textos históricos, acadêmicos e inspirativos de forma prática e acessível. Os recursos podem ser utilizados em diversos contextos: pequenos grupos, retiros particulares ou de organizações, devocionais individuais, classes de escolas bíblicas etc. Todo material apresenta uma visão equilibrada da vida e fé cristã juntamente com uma estratégia prática para o crescimento e enriquecimento espiritual.

Para maiores informações sobre RENOVARE e sua missão, visite o *site* www.renovare.org.br ou escreva para: RENOVARE, Av. General Guedes da Fontoura, 125, sala 202 — Barra da Tijuca, 22620-031 — Rio de Janeiro — RJ.

Fonte de Recursos

Fontes de Recursos *RENOVARE* para renovação espiritual

A Spiritual Formation Journal [Diário de formação espiritual], criado por Jana Rea

Desenvolvido para acompanhar *A Spiritual Formation Workbook* [Manual de formação espiritual], esse livro oferece espaço para escrever reflexões e orações. Contém ainda citações inspirativas, perguntas, exercícios e planilhas.

Embracing the Love of God [Abraçando o amor de Deus, no prelo, por Editora Vida], de James Bryan Smith

Smith destila princípios básicos de amor cristão e oferece um novo paradigma para o relacionamento com Deus, consigo mesmo e com o próximo baseado em aceitação e cuidado.

Jornada espiritual (São Paulo: Vida, 2009), de Eduardo Pedreira [Adaptado de *A Spiritual Formation Workbook*, de James Bryan Smith e Lynda L. Graybeal]

Um manual para iniciantes destinado a grupos de formação espiritual que oferece orientações sobre como começar um grupo, planos de estudos para os primeiros nove encontros e um questionário para orientar os próximos passos.

Rios de água viva: práticas essenciais das seis grandes tradições da espiritualidade cristã (São Paulo: Vida, 2008), de Richard J. Foster

Uma história espiritual da Igreja que explora seis tradições da fé e da vida cristãs, examinando a contribuição de cada uma delas. Procura apresentar um caminho equilibrado para a renovação espiritual, unindo os melhores aspectos de cada tradição ou corrente.

Sedentos por Deus: os sete caminhos da devoção cristã (São Paulo: Vida, 2009), de Richard Foster e Gayle Beebe

Os autores, líderes experientes em formação espiritual, apresentam cristãos que no passado conheceram a Deus profundamente. Cada um deles mostra ao leitor como trilhar um dos sete caminhos para a intimidade com Deus descobertos ao longo da história cristã.

Spiritual Classics [Clássicos espirituais, no prelo, por Editora Vida] coeditado por Richard J. Foster e Emilie Griffin

Textos extraídos de uma herança de quase 2 mil anos de escritos cristãos. Baseada em disciplinas espirituais, cada leitura termina com um texto das Escrituras, perguntas dirigidas de reflexão, exercícios e uma meditação.

The Renovare Spiritual Formation Bible [Bíblia de formação espiritual RENOVARE]

Organizada sob o tema "A vida com Deus", o texto da *New Revised Standard Version* é dividido em 15 períodos da história do povo de Deus. Inclui introdução à Bíblia e a cada livro, breves biografias, notas sobre o texto e perguntas e exercícios que ressaltam o crescimento espiritual.

Wilderness Time [Tempo de solitude], de Emilie Griffin

Mostra a importância de se isolar para a oração, encoraja a adoção dessa prática e orienta o leitor, passo a passo, sobre como fazer um retiro.

Outras obras de Richard J. Foster

A liberdade da simplicidade (São Paulo: Vida, 2008). Edição revista e atualizada

Explica a complexidade da simplicidade, examina as raízes bíblicas e discute sua prática no contexto pessoal, familiar, da Igreja e da sociedade.

Celebração da disciplina (São Paulo: Vida, 2007)

Apresenta perspectivas críticas de como exercitar 12 disciplinas espirituais: meditação, oração, jejum, estudo, simplicidade, solitude, submissão, serviço, confissão, adoração, orientação e celebração.

FONTE DE RECURSOS

Celebrating the Disciplines [Celebrando a disciplina], de Richard J. Foster e Kathryn A. Helmers

Uma combinação prática de diário e manual que auxilia o leitor a encontrar novos caminhos de reflexão, experiência e integração com as disciplinas espirituais em sua vida.

Dinheiro, sexo e poder: um chamado para renovação ética (São Paulo: Mundo Cristão, 2005)

Explora três importantes temas éticos — dinheiro, sexo e poder — e ajuda os que se esforçam para viver fielmente a situar corretamente esses temas.

Oração: o refúgio da alma (São Paulo: Vida, 2008)

Cartilha atraente e sensível que nos ajuda a compreender, experimentar e praticar a oração de diversas formas — desde a simples oração até a oração incessante, da oração sacramental à súplica.

Prayers from the Heart [Orações do coração]

Uma coletânea de orações organizadas de acordo com três aspectos da peregrinação humana: voltando-se para dentro do coração, olhando para Deus no alto e voltando-se para fora, a fim de ajudar o próximo.

Richard J. Foster's Study Guide for Celebration of Discipline [Guia de estudo de Richard J. Foster para *Celebração da disciplina*]

Breves e incisivos ensaios que dão continuidade às discussões iniciadas no livro *Celebração da disciplina*.

Seeking the Kingdom [Em busca do Reino]

Apresenta as principais passagens dos livros de Foster: *Celebração da disciplina*; *Dinheiro, sexo e poder*; *A liberdade para a simplicidade*; *Oração*, todas relacionadas com uma passagem bíblica e uma reflexão.

Study Guide to Money, Sex & Power [Guia de estudo para *Dinheiro, sexo e poder*] (agora intitulado *The Challenge of the Disciplined Life* [O desafio da vida disciplinada])

Prático para grupos que desejam estudar o livro *Dinheiro, sexo e poder*.

Esta obra foi composta em *Adobe Garamond* e *Myriad*
e impressa por Imprensa da Fé sobre papel
Offset 63 g/m² para Editora Vida.